◉鉄道史叢書 3◉

# 都市近郊鉄道の史的展開

武知京三著

日本経済評論社

# まえがき

本書の意図するところは、序説に述べるとおりであるが、近代日本経済史の分野で交通問題の研究史の蓄積は必ずしも多いとはいえないであろう。近年少しずつ事情が変わり、鉄道史についていえば、数年前に鉄道史学会が誕生し、何かと情報交換もスムーズになり、会員諸兄から啓発される機会が増え、拙い研究の支えとなっている。原田勝正会長以下のご指導とご鞭撻に、心から謝意を表させて頂きたいと思う。

私が最初に鉄道史に関する拙稿を書いたのは、一九七三年のことで、早や一二、三年になる。爾来、この分野に関心を寄せ、かなりの資料紹介的な拙稿を発表してきたが、生来の怠惰と愚鈍ゆえ、その成果は貧しく恥じ入っている次第である。日本経済評論社の「鉄道史叢書」の一冊として話を承ってからも、三年余になり、この点でも、研究上の遅れが指摘されよう。その間、それなりにいくつかの構想が浮かんでは消えていったが、辛棒強く待って頂き、拙著を「鉄道史叢書」の一冊に加えてもらえたことに対し、お詫び旁々謝意を表したいと思う。

一連の研究は、本来もう少し違った形で公刊されるべきものであるが、諸般の事情から、このような体裁となった。この分野は、まだ実証上の空白部分が少なくないように思われるから、何よりも一次資料の発掘につとめ、実証的研究を意図している。本書は、序説と三章、あとがき――むすびにかえて――、からなる。序説では、本書の意図や視点を明らかにする。鉄道交通の成立過程を若干の個別鉄道の展開を通して、具体的にあとづけることを課題としているが、筆者の根底には「地方中小鉄道の興亡」というテーマがあるといってもさしつかえない。全国的鉄道体系の形成過程を扱った、第一章および第二章第一節は、先学に負うところが大きいが、本書の中心をなす第二章第二節、

第三節および第三章のための準備的考察、ないし個別事例研究の全国的位置づけを意図して書かれるものである。そこでも、やはり地方中小鉄道の興亡について一定の言及をしている。また鉄道国有化問題についても、地方中小私鉄は幹線鉄道とは異なったビヘイビヤーをとろうとしたことを確認できよう。

本書の主題は、いわば大阪近郊における諸鉄道成立史についての事例研究ということになるが、主として明治期の鉄道政策をふまえ、その間に生誕した個別鉄道の昭和期に至る動向を扱っている。第二章第二節の西成鉄道は、当初官設案があったものの、地方中小私鉄として産ぶ声をあげ、国有化されたものである。第三節の関西主要電鉄の成立過程をみると、各社とも生誕期は随分と波乱に富んだものであったことが看取されよう。開業に至るまでは、「中小」の範疇に入れてよいものもあるくらいである。軽便鉄道については、概観にとどめているが、これは全くの局地鉄道であり、採算性に乏しく、ここから本格的な鉄道経営者が育つ余地は少なかった。

第三章で取り上げた諸鉄道も、「中小」の範疇に属するものの推移がかなりの部分を占めるし、またいわゆる「大」と「中小」の関係を扱っている。第一節の阪堺鉄道と大阪鉄道は、やがて南海鉄道と関西鉄道に吸収される。阪堺から南海への歩みは、既定のコースであったかもしれないが、他方、関西鉄道による鉄道網の統合過程は、まさに「大」が「中小」を吸収していく事例である。第二節から第四節では、南海鉄道の成立と展開を詳細にあとづけるが、その生誕までには随分と曲折があったことがわかる。同社の軌道部門への進出や高野線の形成過程は、やはり「大」が「中小」を淘汰していく過程といえよう。高野線の前史にあたる高野鉄道から高野登山鉄道への編成替えや、第五節の河陽鉄道から河南鉄道への編成替えもまた地方中小私鉄の興亡を余すところなく伝えている。その他、鉄道労働力形成過程における諸特徴および労務問題への一定の言及も、本書の課題の一つとして指摘できよう。

ところで、鉄道史研究は隣接諸科学との関連が重要であろう。だから、まさに多様な分野からのアプローチが可能とされ、またその必要性が叫ばれるのだが、社会科学に限定したとしても、たとえば交通全体から鉄道へスポットをあてることがのぞまれよう。この意味から、本書では、不十分ながら人力車や自動車交通、小運送問題等にも多少言及している。なお本書脱稿の時期が少し前のことであるため、一九八五年一〇月一二―一三日の鉄道史学会大会（武蔵大学）で得た論点を十分に生かす余裕がなかったことは心残りである（共通論題「鉄道史からみた国鉄問題」）。

本書は、新たに書き下したものと既発表の論文からなっている。その関係を示せば、断片的に扱った部分もあるが、序説と第一章はほぼ全面的に書き下したものである。第二章第一節と第三節もほぼ同様である。第二節は『大阪の歴史』第七号に掲載された拙稿「西成鉄道の成立と展開――日本鉄道史の一断面――」を骨子とし、若干の加筆と削除を行った。第三章第一節と第五節は、かつて少し取り上げた部分もあるが、今回新たに書き下したものである。第二節一と二は、拙稿「南海鉄道の生誕をめぐる諸動向」㈠〜㈤（『南海道研究』No.九六〜一〇〇）を骨子とし、若干の加筆・修正を行った。ただし二―2は、未発表のものである。同節三は、拙稿「南海鉄道の電化と労務問題一斑」（『鉄道史学』第二号）をもとに、大幅な加筆を行った。同節四は、新たに書き下したものである。第三節は、大阪経済大学日本経済史研究所発行の『経済史経営史論集』に掲載された拙稿「南海軌道線の生誕と統合過程――南海鉄道と阪堺電軌の対抗をめぐって――」に、かなりの加筆を行うとともに、さらに一と五を、今回新たに書き下した。だから、分量的には相当ふくれあがった。第四節は三本の拙稿、すなわち「近代大阪における鉄道建設の一類型――地方鉄道創業史の一齣――」（黒羽兵治郎先生喜寿記念会編『大阪地方の史的研究』巌南堂書店）、「南海高野線の成立過程」㈠㈡（『南海道研究』No.五二、五三）および南海道総合研究所編『南海沿線百年誌』所載の拙稿部分（高野線関係）をもとに、かなりの加筆、修正を行った。五―2は未発表のものである。以上、序説をはじめ、今回新たに書き下した部分は決して少なくない。既発表のものを含め、可能な限り全体的調整につとめた。既発表の論文を、そのまま収録した箇所はないといってよい。

本書の未熟さは私自身が一番よく承知しているが、曲りなりにも一書にまとめることができたのは、恩師黒羽兵治郎先生、故竹安繁治先生、また藤井定義先生のご高恩、ご教導の賜物である。大阪府立大学大学院以来のご高恩に報いるには、あまりにも貧しい成果で恥じ入るばかりである。また常に落穂拾いのようなことばかりに熱をあげてきた不肖の弟子だが、今後の精進を誓ってお礼に代えさせて頂くことをお許し願いたいと思う。数少ない同門の福山昭（大阪教育大学）、三浦忍（長崎県立国際経済大学）、美馬佑造（神戸山手女子短期大学）、川島孝（島根医科大学）ら諸兄の日頃のご厚誼にも、この機会に謝意を表させて頂く。

さて、本書で利用した諸資料は、私が参加を許された地方史編纂事業の中で得られたものがかなりの数にのぼる。とくに、和歌山県史、新修大阪市史、岸和田市史、東大阪市史等の編纂過程で得た関係各位からの有形無形のご高配には、日頃ご教導を賜わっている各編纂委員の諸先生方のご厚誼とともに、改めて謝意を表する次第である。その際、あるいは個人的調査を通じて日本国有鉄道総裁室文書課、同鉄道図書室、運輸省地域交通局鉄道業務課、交通博物館等の関係各位から、種々ご高配を賜わった。さらに、南海道総合研究所および元南海電気鉄道社史編纂室の各位には、資料の閲覧等で随分とお世話になったことを特記しておかねばならない。実に、有難いことであった。この間、近畿大学中央図書館、大阪経済大学日本経済史研究所の各位からも資料蒐集等でいろいろとお世話になった。営業報告書は、主として神戸大学経済経営研究所経営分析文献センター、東京大学附属経済学部図書館、和歌山大学附属経済学部図書館、国立国会図書館、日本国有鉄道中央鉄道学園図書館、総務庁統計局図書館所蔵のもの、および雄松堂のマイクロ（営業報告集）を利用させて頂いた。以上、記して心から謝意を表する次第である。

本書は、もとより誤謬や方法上の未熟さがつきまとい、学究生活上の一里塚にしか過ぎないものであろうが、大方のご叱正、ご批判を得て前進させていきたいと思う。私の前著『明治前期輸送史の基礎的研究』（雄山閣出版）以来、ご高教に接している法政大学の山本弘文先生はじめ、本書刊行にあたり、とくに冒頭に掲げた原田勝正先生（和光大学）ほか、野田正穂（法政大学）、青木栄一（東京学芸大学）、宇田正（追手門学院大学）、中務一郎（千葉商科大学）、中川浩一（茨城大学）、和久田康雄（民鉄協会）、星野誉夫（武蔵大学）、老川慶喜（関東学園大学）、今城光英（大東文化大学）、西藤二郎（京都学園大学）、佐藤豊彦（交通博物館）氏らの諸先生から得たご高教、ご厚誼には、改めて謝意を表させて頂きたい。また富永祐治（大阪市立大学名誉教授）、中西健一（大阪市立大学）、杉山和雄（成蹊大学）の諸先生には、主として著書・論文を通して、随分とご高恩に接したが、中西先生からは直接ご高説を賜わる機会にもめぐまれた。大阪社会労働運動史編纂事業における木村敏男先生（大阪市立大学名誉教授）を中心とする研究会メンバーや同事務局の各位、さらに日頃ご厚誼を得ている高嶋雅明（和歌山大学）、上川芳実（京都学園大学）両先生の学恩も決して小さくはない。さらに、竹中靖一（近畿大学名誉教授）、宮下忠雄（神戸大学名誉教授）、吉田昇三（和歌山大学名誉教授）の三先生をはじめ、職場の先輩・同僚の諸先生方のご高教、ご厚誼にも感謝しなければならぬ。併せて、心から謝意を表させて頂きたい。

出版にあたっては、日本経済評論社の栗原哲也代表取締役社長、同社の谷口京延氏に、随分とお手数を煩わし、一方ならぬご高配を賜わった。かなり分量が増え、この面でもご迷惑をかけることになった。「鉄道史叢書」の企画がなければ、私のごとき書物は世に出なかったであろう。また校正の段階では、同じく五十嵐美那子さんに大変お世話になった。厚くお礼申し上げる次第である。

最後に、私事にわたって恐縮であるが、戦後引揚げて以来、菲才をかえりみず勝手な道に進もうとした私の我儘を許され、そして何よりも本書刊行を心待ちにしてくれた年老いた両親ならびに貧弱な学究生活を支えてくれている妻綾子にも、この機会に謝意を表しておきたい。ささやかながら、出版の喜びを分かちあうことをお許し願いたいと思う。

一九八五年一〇月

名張市桔梗が丘にて　武知京三

目次

# 序説　本書の課題と限定

本書は、日本資本主義の発展過程における鉄道史の諸相を実証的に扱うことを課題としている。従来、交通と運輸をめぐる諸問題を歴史的に検討しようとする作業は、比較的等閑に付されてきたが、近年その事情はかなり変わりつつあるといってもよかろう。詳細に、鉄道史研究の系譜を回顧する余裕はないが[1]、ほぼ一九六〇（昭和三五）年前後を境に大きな変化がみられたことは確かである。前期は、戦前の日本資本主義論争以来、鉄道の政治的・軍事的意義を強調する傾向がきわめて強かったわけであるが、この点は画期的な、山田盛太郎氏の『日本資本主義分析』（岩波書店、一九三四年）の規定に影響されてきたからにほかならない。この著作は、日本資本主義発展の中で鉄道の役割を論じた最初の著作ともいえようが、第二次大戦後になると、同様に唯物史観の立場から、大島藤太郎氏『国家独占資本としての国有鉄道の史的発展』（伊藤書店、一九四九年）、島恭彦氏『日本資本主義と国有鉄道』（日本評論社、一九五〇年）、富永祐治氏『交通における資本主義の発展』（岩波書店、一九五三年）の三著作が相ついで刊行された。「明確な方法論の提示とそれに基づく実証的研究……これらの成果は鉄道史を近代史研究の一分野として正当に位置づける基礎作業と評価することができよう[2]」が、現在の研究水準からすれば、若干の問題が潜在していることは否めないであろう。さらに、一連の研究は、中西健一氏の『日本私有鉄道史研究』（日本評論新社、一九六三年）に受け継がれ、のち『増補版』（ミネルヴァ書房、一九七九年）も刊行された。そこでは、鉄道国有化の問題にとどまらず、従来捨象されていた地域の問題にも目を向けられ、明治期の鉄道資本の性格や都市交通の構造を具体的に分析されている。『増補版』では、電鉄労働にも言及している。以上の四著作は、いわば鉄道史研究における古典的労作であり、いまなおその存在価値を失っていないといえよう。ただ、われわれ後進のものにとって、多くの示唆を与えてくれるものの、この学派は、一次資料の発掘には必ずしも熱心ではない。いわば、二次資料に基づき鉄道の役割を資本主義発展の法則で単純に割り切っていく傾向には自ら限界があるといわねばならぬであろう[3]。もっとも、先駆的業績が本来の歴史家、とくに交通史研究者ではなく、それ以外の学問分野で一家をなし、指導者的存在となっている人たちによる歴史的アプローチであったことの方に注目すべきかもしれないし[4]、また問題点もそこに起因していると思われる。なお中西氏の著作と同じ年に、政治史の立場から田中時彦氏の『明治維新の政局と鉄道建設』(吉川弘文館、一九六三年)が出版された。

一九六〇年代以降の特徴は、石井常雄氏の経営史学の立場から書かれた二つの論文「両毛鉄道会社における株主とその系譜」(『明治大学商学論集』第四一巻第九・一〇号、一九五八年)、「両毛鉄道会社の経営史的研究」(明治大学『商学研究年報』第四集、一九五九年)を先駆として、一次資料に基づく個別鉄道史研究が活発となってきたことである。経営史学会の生誕による経営史的研究の盛行に加えて、『日本国有鉄道百年史』(全一九巻)の編纂や全国各地における自治体史の編纂過程で、厖大な新資料が発掘されたことが個別鉄道史研究を深化させていったとみられるが、何よりも基本資料の発掘とそれに基づく実態研究は重要であろう。青木栄一氏が指摘されるように、マクロ経済史(鉄道史)の立場からばかりではなく、厳密な史料批判と分析を通じて、一つ一つの事実を確認し、それぞれの時代の日本の政治・経済の中で意義づけていく作業は必要不可欠であるといっても過言ではあるまい[5]。この分野は、実証上の空白部分がまだ少なくないし、一方、多様な分野から鉄道史へのアプローチがみられることも特徴的であり、いわば学際的な分野になっている。詳細は、青木栄一氏の前掲論文に譲るとして、宇田正氏の要約によると、「社会経済史の分野では、たとえば全国的ないし地方的市場圏の形成という視点から、また経営史の立場では鉄道企業経営の成立・展開の論理あるいは先覚的鉄道企業家の理念と行動分析というアプローチで、あるいは金融論の範疇では鉄道業の投資ないし鉄道企業金融の制度化とその実態をフォローするという形で、都市社会学や公企業論の見地からは市内公営鉄軌道の役割再評価という取組み方で、さらにそのほか技術史・産業考古学・社会文化史など、鉄道史に接近する視角がいちじるしく多元化して来ており、各専門分野での鉄道史に関わる研究業績も年々蓄積を増すに至った[6]」のである。すなわち、商品流通あるいは市場構造との関連を重視した研究に、老川慶喜氏の『明治期地方鉄道史研究』(日本経済評論社、一九八三年）があり、鉄道会社金融史の面では、野田正穂氏の『日本証券市場成立史』（有斐閣、一九八〇年）をあげることができる。さらに、原田勝正氏は、政治史的背景をふまえながら、鉄道技術史にも力を入れている。同氏は、前掲『日本国有鉄道百年史』を実質的に指導されたのをはじめ、随分と著書は多いが、ここでは、概説書としていまなお定評のある青木栄一氏との共著『日本の鉄道』（三省堂、一九七三年）および日本科学史学会編『日本科学技術史大系』第16巻土木技術（第一法規、一九七〇年）、海野福寿編『技術の社会史』3（有斐閣、一九八二年）、飯田賢一編『技術の社会史』4（同右）、永原慶二・山口啓二代表編『講座・日本技術の社会史』8交通・運輸（日本評論社、一九八五年）所収論文をあげておく。

鉄道文化史の分野では、日本のものではないが、小池滋氏の『英国鉄道物語』（晶文社、一九七九年）、中川浩一氏の『地下鉄の文化史』（筑摩書房、一九八四年）がある。他方、地方史・地理学の立場からの鉄道史研究が盛んであり、青木栄一氏の論文はきわめて多数にのぼっている。(7)また地域別の鉄道史も、いくつか公刊されている。(8)その他、前述の中西健一氏に代表される鉄道労働問題も欠かせない課題であろう。なお生活史としての鉄道、もしくは民衆史の立場からの鉄道史へのアプローチは、今後の課題というべきであろう。(9)

以上のような鉄道史研究の系譜をふまえながら、本書においては、現在の研究水準に照らして、できる限り一次資料に基づき、全体の鉄道史を再構成するための基礎的研究を意図している。主として、大阪近郊の鉄道史をあとづけることによって、将来への展望を期そうとしているわけであるが、さしあたり㈠鉄道企業成立史、㈡鉄道労働問題、㈢地方鉄道網形成史の三点を柱に、鉄道交通成立期の諸問題を究明したいと思う。もっとも、以下の実証過程では、この三者が十分に整合しているとはいい難いであろうが、少なくとも、地方中小私鉄の興亡をかなり詳細にあとづけた点や鉄道交通成立期における労務問題等への言及は、従来あまり蓄積がないだけに、多少本書の特徴をなすものといえよう。つまり鉄道史研究にあたっても、一定の成果がある幹線鉄道にのみ目をやるのではなく、むしろ地方中小鉄道の展開をフォローすることの重要性を指摘しておきたい。いわゆる局地鉄道の展開は、日本資本主義発展の「法則」からいけば具体的に取り上げられることは少ないが、逆にこれらを通じて日本資本主義発展の一側面を把握できるのではないかと思われる。[10]素朴ながら、筆者の根底には、このような問題意識がある。かくて、地方中小鉄道を含め、鉄道企業と鉄道労働力の両面にスポットをあててみようと思うわけである。ただ㈢に関連していえば、各鉄道企業の建設・開業に至る過程を、発起人や株主の性格をふまえ、かなり詳細に扱ったものの、鉄道建設に伴う地域社会の変貌という点は不十分であり、今後に残された部分が大きいといわねばならぬであろう。地域別の鉄道史という点でも、同様の欠陥は免れない。

以下、方法的には未熟な面がつきまとうであろうが、逆に従来方法論に重点を置くことによって、ともすればおろそかになりがちであった事実の解明に力を入れることもそれなりの意義があろう。いずれにせよ、本書は個別鉄道史に関する事例報告の域を出ないものかもしれないが、将来の鉄道史構築の一素材となればと思う。ひいては従来のやや公式論的な巨視的視点からの研究に対して、実証上の基礎資料を提供するとともに、素朴ながらこの分野の研究に一定の展望をもたせることができればと思う。いいかえれば、若干の事例を通して、鉄道建設の意義や鉄道網形成過程の諸特徴について、いくつかの視点から、改めて事実関係の解明を資料に即して行うことを課題とするものである。

(1) さしあたり、原田勝正「わが国鉄道史研究上の成果と問題点」(交通史学会『交通文化』創刊号、一九六三年)、交通学説史研究会編『交通学説史の研究』(運輸経済研究センター、一九八二年)第2部第4章、同(そのII)第2部第1章・第11章(一九八五年)、青木栄一「日本における鉄道史研究の系譜」(交通史研究会『交通史研究』第九号、一九八三年)、老川慶喜『明治期地方鉄道史研究』日本経済評論社、一九八三年)序章、宇田正「鉄道史学会の発足について」(追手門学院大学『追手門経済論集』第一八巻第二号、一九八三年)を参照されたい。

(2) 原田勝正、前掲論文、四〇頁。

（3）　同右。青木栄一、前掲論文、九―一〇頁。
（4）　宇田正、前掲論文、一五四頁。
（5）　青木栄一、前掲論文、一一頁。
（6）　宇田正、前掲論文、一五七頁。
（7）　ここで、青木栄一氏の論稿を含め、国連大学『日本の経験プロジェクト』の研究報告をあげておく。
一、山本弘文『日本の工業化と輸送』（一九七九年）。同『鉄道時代の道路輸送』（一九七九年）。
一、原田勝正『鉄道導入と技術自立への展望』（一九七九年）。同『鉄道技術の自立と規格化の進行』（一九八〇年）。
一、青木栄一『地域社会からみた鉄道建設』（一九七九年）。同『都市化の進展と鉄道技術の導入』（一九八二年）。同『軽便鉄道の発達』（一九八二年）。
（8）　地方自治体史の中にも重厚なものが出はじめたし、また公営電鉄史や私鉄の社史などの成果も、この中に入るが、これらは割愛し、一応つぎのものをあげておく。
一、青木栄一「富士山をめぐる交通網の形成」（児玉幸多監修『富士山麓史』富士急行株式会社、一九七七年）。
一、北洞孝雄『北海道鉄道百年』（北海道新聞社、一九八〇年）。
一、中川浩一『茨城県鉄道発達史』（筑波書林、一九八一年）。同『茨城の民営鉄道史』（同右）。
一、大町雅美『栃木県鉄道史話』（落合書店、一九八一年）。
一、岩村潔『大阪の地下鉄』（日刊建設産業株式会社、一九八一年）。
一、朝日新聞大阪本社社会部編『関西の私鉄』（清文堂出版、一九八一年）。
一、静岡新聞社編集局『静岡県鉄道物語』（静岡新聞社、一九八一年）。
一、老川慶喜『埼玉の鉄道』（埼玉新聞社、一九八二年）。
一、田宮利雄『秋田ローカル線今昔』（無明舎出版、一九八二年）。
（9）　以上に関連して、かつて前掲『交通文化』第二号、第三号（一九六四年）に収録された座談会（「交通史の方法をめぐって」「近代交通史の諸論点」）およびシンポジウム（「産業革命と鉄道の問題――主としてドイツ、イギリスを中心として――」）は、当時の水準を示すものとして興味深い論点を提起している。
最近では、一九八二年度の社会経済史学会第五一回大会において、「工業化と輸送」というテーマが設定された。このテーマ設定は、前掲国連大学のプロジェクトとの関係も大きいが、きわめて興味深い論点を提示している(社会経済史学会『社会経済史学』第四八巻第五号、一九八三年を参照のこと)。

また本書校正の過程で発刊をみたが、藤井良晃・宇佐美ミサ子監修『西さがみ鉄道物語』(西さがみ庶民史録の会『西さがみ庶民史録』第一一号、一九八六年)は、小冊子ながらきわめて意欲的な取り組みをしている。

(10) さきに公刊した、拙著『近代中小企業構造の基礎的研究』(雄山閣出版、一九七七年)は、このような観点に立つ経済史的研究である。もとより、本書とは対象業種が異なるが、基本的には一脈通じるものがあろう。

# 第一章　全国的鉄道体系の形成と鉄道の経営主体

# 第一節　鉄道時代の開幕と展開

## 一　鉄道の導入

明治維新以降、日本の輸送体系は新しい局面を迎えるが、とくに鉄道の開通は、社会の各方面に大きな影響を及ぼしたといえる。[1]鉄道についての知識は、すでに幕末から伝わっており、実は当時幕府も鉄道導入の意向を示しはじめたし、また一部外国人による鉄道計画もみられた。しかし、これらは日の目をみず、一八六九（明治二）年になって、イギリス駐日公使パークスやお雇い外国人ブラントンの意見に影響されつつ、大隈重信らを中心とした明治政府の鉄道建設構想が固まるという状態であった。[2]その構想は、「北は青森から東京・横浜を経て東海道沿いに名古屋に至り、さらに大津・京都・大阪・神戸まで延びて、ゆくゆくは中国地方を貫通する本邦縦断鉄道であ」ったが、それは「国防上、警察上、あるいは市場統一のうえで、新政府が当時直面していた状況に対応する判断と、国家構築の未来像が織り込まれていた」[3]という。

明治新政府の鉄道政策は、「鉄道国有主義」「幹線官設主義」を原則としていたと一般に認められているところである。原田勝正氏によると、それは、「兵商二途」の道、つまり「一方において明治政府の中央集権体制強化の手段として、他方において殖産興業政策の重要な方策として」、官設官営という方式で建設されることになった。[4]当時の状況からすると、鉄道建設は、軍事的役割と経済的役割を同時に充たすことが課題とされねばならなかったのである。

他方、星野誉夫氏が、「明治2（一八六九）年から翌年にかけての政府の鉄道建設計画決定時において、私鉄がどのような位置づけを与えられていたか」を明らかにし、『国有主義』によって無視あるいは軽視されてきた政府部内の私鉄論を確認」されんとしたことは注目されよう。(5) 確かに、新政府内部には鉄道導入派と反対派の二大対立があり、一部開明派官僚のリーダーシップと、それを功利的に支持するイギリス側外交とのスクラムで鉄道導入派が反対派を押し切るという政策基調があったように思われるものの、その具体策についてはかなり流動的であったといえよう。(6)

それはともかく、わが国の鉄道時代は、一八七二（明治五）年一〇月のイギリス資本・イギリス技術による新橋・横浜間開通で幕が開く。この間一〇〇万ポンドの外債募集を依頼したネルソン・レイに三分の利ざや稼ぎをされていることが知られたため、あわてて彼との契約を解除し、イギリス・オリエンタル・バンクに契約を承継させるなどの事態も発生したが、レイの斡旋で来日した雇イギリス人技師長エドモンド・モレルが工事の全般を統轄して実施の運びとなった。モレルは、また日本人技術者養成の必要性を説き、殖産興業政策の中枢機関としての工部省や技術者養成機関としての工学寮（のち工部大学校）の設置に寄与した。

いわゆるお雇い外国人が、日本の近代化に果たした役割は決して小さくない。一八七五（明治八）年には技術者の数は最高に達して五二七名を数えたが、このうち一〇〇名以上は鉄道寮の雇外国人であった。「その職種も、鉄道業務全般を総括する鉄道差配役から、技師長にあたる建築師長、あるいは汽車監察方などの首脳陣から、倉庫方、書記、絵図師（製図）、木工、石工、鍛冶工、塗装工、はては施轍工（線路工夫）、運転方、汽車組立方、汽車掛兼夜番に至るまで外国人を雇入れなければならなかった」(7) という。いうまでもなく、彼らは高給をもって迎えられた。「職工」などは日給だったが、それでも最低二円であり、年々昇給して二年後には四円ぐらいになる。だから、月給一〇〇円を超えるわけで、これは奏任官七等の給料にあたる。ちなみに、日本人「職工」は日給三〇銭であった。(8) なお、機関車の運転技術指導のため、最後まで残されていたジョン・マクドナルドが解雇となった一九〇一（明治三四）年に、鉄道関係のお雇い外国人はすべて姿を消した。(9)

つぎに、大阪を中心とする官設鉄道の建設状況を瞥見しておくと、京都・神戸間のうち、大阪・神戸間の鉄道は、一八七〇（明治三）年一二月に着工し、一八七四（明治七）年五月に完成した。しかし、京都・大阪間は財政的な理由から、一八七三（明治六）年一二月になって漸く着工、工事はジョン・ダイアックら雇外国人技術者が担当し、一八七七（明治一〇）年一〇月に完成にこぎつけた。さらに、一八八〇（明治一三）年に京都・大津間、一八八四（明治一七）年には長浜・敦賀間が開通したが、この建設費は、政府の起業公債基金から割り当てられた。なお、長浜・敦賀間と大津・神戸間の鉄道を結ぶため、一八八二（明治一五）年五月大津・長浜間に湖上連絡運輸を目的とする太湖汽船会社が設立された。これによって、大阪と敦賀との間の連絡が行われたが、この連絡船は、一八八九（明治二二）年七月新橋・神戸間の東海道線が全通するまで継続した。(10)

この間、一八八三（明治一六）年には神戸、大阪両停車場構内において、共同運輸会社へ地所貸渡を行っているが、それはいうまでもなく、「荷物納屋及荷物取扱所ノ如キ鉄道ト連接スル該会社ノ運送営業ニ必要ナル建物ノ敷地并荷物置場ニ限リ之ヲ供用スヘキモノトス」とされた。(11) 翌一八八四（明治一七）年には、実現はしなかったが、「大阪府知事ヨリ居留地領事大阪神戸間兼務ニ付汽車常乗切符下渡之義」が申達されたようである。(12)

ところで、鉄道創業当初の機関車乗務員は、すべてお雇い外国人によって行われていたが、一八七七（明治一〇）年に日本人鉄道技術者養成のため、鉄道局長井上勝によって大阪駅構内に「工技生養成所」が開設されたことは注目に値する。さきの京都・大津間の起工は、日本人技術者の手で行われたものであり、一八七九（明治一二）年には、最初の日本人機関士三名が生まれた。この養成所の出身者が、その後の日本人技術者の主要メンバーとなり、それまでのイギリス人の下働きの地位から脱却していった。(13)

一八七九（明治一二）年六月、「雇吏同様之取扱可致」と雇使職工等級及月給表が制定されたのは注目すべきことであろう。その等級は一等から一〇等までに区分され、ほかに職工見習があったが、その経緯は、こうである。すなわち、「……職工ノ輩ハ自今以後……其等級ヲ十等ニ分チ各其芸能ニ応シテ某等職工ノ名称ヲ附シ、雇吏同様ノ取扱ニ致度於然ハ技術官トノ区別明瞭ニ相立チ、且ツ彼等モ亦異日ニ比スレハ聊一身ノ栄誉モ相増シ競励心モ従テ相興リ自然勧奨ノ道ニ適フヘクト存候、去リナガラ若シ他ニ事由ノアルアリテ此請ヲ認可セラレス是非トモ職工ヲ技手ニ任スベク定メラレタランニハ止ヲ得ズ、前陳大学校（工部大学校―筆者注）ヨリ出ツルモノ其他工技ヲ支配スベキ学業アリテ目下将来技手ニ相当スルモノハ、譬ヘハ陸海軍ニ於テ尉官ノ例ノ如ク他ノ相当官ヨリモ遙ニ其給額ヲ減少シテ、之ヲ準奏任官ト為シ、以テ彼ノ職工ヨリ出ツルモノト区別相立ラレ候」と。つまり「一般ノ教ヲ受ケ普通ノ学ヲ修メ来テ初メテ工芸ノ道に入リシモノヲ技術家」と称し、実地修行より成立する職工とが、同じ技術官では権衡を失するというのであった。ちなみに、月給は一等職工五〇円〜六〇円迄、二等職工四〇円〜五〇円迄、三等職工三五円〜四〇円迄、四等職工三〇円〜三五円迄、五等職工二六円〜三〇円迄、六等職工二二円〜二六円迄、七等職工一八円〜二二円迄、八等職工一五円〜一八円迄、九等職工一二円〜一五円迄、一〇等職工一〇円〜一二円迄、職工見習三円〜八円迄となっている(14)。

鉄道建設の計画が立てられたとき、東海道・中山道という江戸時代以来の重要な街道のいずれかに沿って鉄道を建設するかは大問題であった。いったん中山道幹線案が主張されたが、中山道経由は、当時陸軍が海上からの攻撃を予想したからにほかならなかった。しかし、この案は鉄道の機能を十分に発揮することができなくなるという理由で、一八八六（明治一九）年七月再び東海道経由への幹線変更が決定公布された(15)。その結果、翌一八八七（明治二〇）年七月横浜・国府津間が開通したのを皮切りに、東西からの工事が進み、長浜・大津間、深谷・米原間を含めて、前述のとおり、一八八九（明治二二）年七月新橋・神戸間の東海道幹線が全通するに至るのである。

（1）この点の基本資料としては、鉄道院『本邦鉄道の社会及経済に及ぼせる影響』上・中・下巻（一九一六年）等がある。

（2）近年の成果としては、石井満『日本鉄道創設史話』（法政大学出版局、一九五二年）、原田勝正『鉄道の語る日本の近代』

（そしえて文庫、一九七七年）、同『明治鉄道物語』（筑摩書房、一九八三年）、久保田博『鉄道経営史』（大正出版、一九八五年）等があげられよう。

また、日本交通協会『汎交通』（明治百年記念特集号、第六八巻第一〇号、一九六八年）、和久田康雄『改訂新版資料・日本の私鉄』（鉄道図書刊行会、一九七六年）は資料集として便利である。なお鉄道導入については、青木栄一「鉄道忌避伝説に対する疑問」（日本地理教育学会『新地理』第二九巻第四号、一九八二年）もある。

（3）田中時彦「鉄道輸送」（松好貞夫・安藤良雄編『日本輸送史』日本評論社、一九七一年）一七六頁。

（4）原田勝正「日本近代史における国鉄」（『ジュリスト増刊特集号』国鉄――公企業と公共交通――No.三一、一九八三年）二二頁。詳しくは、同『日本の国鉄』（岩波新書、一九八四年）を参照のこと。

（5）星野誉夫「明治初年の私鉄政策――『鉄道国有主義説』・『幹線官設主義説』の再検討――」（『武蔵大学論集』経済学部三〇周年記念論文集、第二七巻第三・四・五号、一九七九年）一四二―一四三頁。

さらに、同「明治初年の私鉄政策と関西鉄道会社」(1)(2)（同右第二九巻第一号、一九八一年、第二九巻第五・六号、一九八二年）において通説批判を試みている。

（6）宇田正「南海電鉄社史における企業的特質の形成」（I）（南海道総合研究所『南海道研究』No.五四、一九八一年）一一頁。

（7）日本国有鉄道『国鉄歴史辞典』（一九七三年）四九頁。

（8）同右。

（9）お雇い外国人の役割については、『お雇い外国人』（鹿島研究所出版会）シリーズが詳しい。梅溪昇『①概説』、山田直匡『④交通』（一九六八年）を参照されたい。

（10）太湖汽船については、同社『太湖汽船の五十年』（一九三七年）を参照のこと。

（11）日本国有鉄道編『工部省記録』鉄道之部（明治十六年、一九七七年刊）巻二十七ノ一、七六―七九頁。

（12）同右（明治十七年後期、一九七八年刊）巻三十二ノ一、一七三頁。

（13）鉄道創業時代の状況をエピソードをふまえて明らかにした好著として、沢和哉『鉄道に生きた人びと』（築地書館、一九七七年）、同『鉄道――明治創業回顧談』（同右、一九八一年）がある。

（14）前掲『工部省記録』（明治十二年前期、一九六五年刊）巻十五ノ一、二一七―二一九頁。

（15）この点については、宇田正「明治前期日本における東西連絡幹線鉄道の建設――中山道鉄道から東海道線へ――」（『追手門学院大学創立十周年記念論文集』経済学部篇、一九七六年）がある。

## 二　鉄道熱と鉄道敷設法

私設鉄道建設の具体化は、一八七二（明治五）年京阪間の鉄道建設資金調達のために、京都府が三井その他に関西鉄道会社を設立させようとしたことに端を発するが、これは御用金取り立てにも似たもので実現しなかった。また、岩倉具視や蜂須賀茂韶らを中心とした華族資本による京浜間鉄道の払い下げ計画が起こったが、これも実現しなかった。

ところが、明治一〇年代になって、「一方で鉄道建設が停滞し、他方で華族資金の投資が再燃すると、かつて鉄道払い下げのために結集した華族を中心として、全国に鉄道を建設するための会社を設立しようという機運がおこった。岩倉はこれを積極的に援助し、松方大蔵卿は政府による補助を暗示した」(1)のである。これが、一八八一（明治一四）年一一月資本金二〇〇〇万円で、華族を主体とする四六一名の発起により、政府の特許条約書を得て設立の運びとなった民間最初の鉄道会社日本鉄道生誕の経緯といえる。同鉄道の構想は、「日本」という名称のとおり、全国に路線網を建設するという雄大な構想で出発したが、実現するのはその一部分であった。社長には、元老院議官兼工部大輔の吉井友実が官を辞して就任し、その他の重役は華族、第十五国立銀行、発起人中の士族、三菱、鉄道通過予定地の代表で占められたという(2)。

日本鉄道は、「民営」とはいうものの、政府は同社に対し、用地買収上の特権や用地の免税をはじめ、年八分の利益保証、利子補給をするという手厚い保護を与えている。さらに建設工事は鉄道局が担当し、車輛・資材の供給、線路の保守も鉄道局にまかせるという、全く政府依存型の鉄道会社であった。同鉄道は、まず一八八三（明治一六）—

一八八五（明治一八）年の間に上野・前橋間を開通させ、従来の河川輸送に代わり、上毛蚕糸業地帯の生糸を横浜に運び出す主要ルートとなった。上野・青森間が全通するのは、一八九一（明治二四）年九月のことであった。常磐海岸地方を経由する路線（現在の常磐線）の全通は、一八九八（明治三一）年であり、水戸鉄道・両毛鉄道の買収や支線の建設によって、同社は、主として北関東と東北地方にその路線網を拡大していったのである。

さて日本鉄道の営業成績は好調であり、配当率は一割に達し、鉄道の好収益性を実証した。これに刺激を受けて、いわゆる松方財政が一段落すると、企業熱に浮かされた人びとの目は鉄道に向けられた。その結果、第1-1表に示すように、私鉄の営業マイル数は一八九〇（明治二三）年官鉄を追い抜き、一四〇〇マイル中約八五〇マイルに達した。しかし、投機本位のものも多く、一八九二（明治二五）年までに出願した五三社中、開業一四社というありさまであった。

ところで当時の鉄道企業熱について、野田正穂氏は、㈠日本鉄道会社にみられたような好収益性の見通し、㈡鉄道業のもつ特殊な性格＝公共性、㈢鉄道株投機の果たした役割の三つの要因を指摘されているが、とりわけ鉄道企業熱の盛りあがりは第三の要因たる鉄道株投機のそれに集中的に表現されているといってよかろう。(3) この点で、一八八四（明治一七）年四月に東京株式取引所に上場された日本鉄道株が、早くも投機の花形株として活発な売買の対象となったことは重要であろう。いずれにせよ日本鉄道会社の設立を皮切りに、その後私設鉄道の敷設を計画するものが数多くあらわれたのである。とくに一八八七（明治二〇）年五月の「私設鉄道条例」公布以後、その傾向が強くなり、この年前後を中心に、いわゆる第一次鉄道熱期を出現せしめた。この段階では、山陽鉄道や九州鉄道など、主として幹線の系列に属する大規模な鉄道会社が発起されたことが目立つが、それはさきの日本鉄道とともに政府から下付された特許条約書に基づいて補助金が与えられるなど、手厚い保護・助成を受けたことに注意しなければならぬ。したがって、この場合は政府に代わって主要幹線を建設・運営する会社という性質を帯びていたといえよう。一八九二（明治二五）年

### 第1-1表　官鉄・私鉄併立から国有化に至る輸送体制の推移

| 年度 | 官設鉄道 開業マイル程 | | 機関車 | 客車 | 貨車 | 私設鉄道 開業マイル程 | | 機関車 | 客車 | 貨車 |
|---|---|---|---|---|---|---|---|---|---|---|
| | マイル | チェーン | 輛 | 輛 | 輛 | マイル | チェーン | 輛 | 輛 | 輛 |
| 1887 | 244 | 40 | 79 | 338 | 1,072 | 293 | 24 | 30 | 138 | 364 |
| 88 | 445 | 19 | 85 | 427 | 1,215 | 406 | 38 | 55 | 238 | 636 |
| 89 | 550 | 49 | 95 | 547 | 1,392 | 525 | 22 | 82 | 367 | 1,132 |
| 90 | 550 | 49 | 114 | 565 | 1,491 | 848 | 43 | 140 | 605 | 1,921 |
| 91 | 550 | 49 | 124 | 617 | 1,685 | 1,165 | 40 | 169 | 685 | 2,445 |
| 92 | 550 | 49 | 133 | 630 | 1,753 | 1,320 | 26 | 185 | 739 | 2,819 |
| 93 | 557 | 49 | 142 | 652 | 1,844 | 1,366 | 77 | 211 | 802 | 3,465 |
| 94 | 580 | 69 | 167 | 683 | 2,105 | 1,537 | 33 | 273 | 968 | 4,301 |
| 95 | 593 | 22 | 171 | 710 | 2,228 | 1,679 | 75 | 351 | 1,238 | 5,156 |
| 96 | 631 | 62 | 183 | 801 | 2,321 | 1,800 | 09 | 429 | 1,475 | 6,582 |
| 97 | 661 | 65 | 258 | 876 | 2,877 | 2,282 | 37 | 636 | 2,029 | 8,541 |
| 98 | 768 | 37 | 317 | 984 | 3,249 | 2,642 | 57 | 786 | 2,837 | 10,827 |
| 99 | 832 | 72 | 343 | 1,019 | 3,683 | 2,802 | 49 | 871 | 3,129 | 12,822 |
| 1900 | 949 | 69 | 387 | 1,081 | 4,245 | 2,905 | 16 | 892 | 3,331 | 14,046 |
| 01 | 1,059 | 48 | 407 | 1,117 | 5,066 | 2,966 | 48 | 943 | 3,407 | 14,708 |
| 02 | 1,226 | 56 | 453 | 1,322 | 5,598 | 3,010 | 52 | 975 | 3,537 | 15,861 |
| 03 | 1,344 | 70 | 513 | 1,468 | 6,286 | 3,140 | 36 | 1,031 | 3,628 | 16,449 |
| 04 | 1,461<br>3 | 38<br>52 | 552<br>4 | 1,571<br>23 | 7,018<br>227 | 3,228<br>40 | 12<br>4 | 1,092 | 3,666 | 17,390 |
| 05 | 1,531<br>4 | 58<br>44 | 594<br>4 | 1,633<br>23 | 8,236<br>227 | 3,147<br>40 | 51<br>15 | 1,123 | 3,672 | 18,947 |
| 06 | 3,116 | 22 | 1,357 | 3,405 | 20,240 | 1,691<br>24 | 57<br>08 | 570 | 2,090 | 10,192 |
| 07 | 4,452 | 67 | 1,924 | 4,983 | 32,242 | 445 | 62 | 111 | 677 | 1,367 |

（備考）　宇田正「鉄道国有化」（森川英正編『日本経営史講座4，日本の企業と国家』）90頁。

までに免許状を得て開設されたのは、幹線的大鉄道として山陽・九州のほか、地方鉄道として両毛・水戸・関西・甲武・釧路、近郊都市間鉄道として阪堺・伊予・大阪・讃岐、産業鉄道として筑豊興業・北海道炭礦などであった。

しかし、この鉄道熱については、『鉄道局年報』でも、安易な見通しにより、投機の手段とする傾向があることを指摘している。一八八七（明治二〇）年度鉄道局年報の総論は、かくいう。すなわち、「本年度ハ鉄道ノ豊年ト称スヘキモノニシテ……今ヤ鉄道敷設ヲ企ツルモノ、為ス所ヲ見ルニ工費予算ハ山河地形ノ険夷ヲ問ハス一哩三四万円ヲ支出スレハ足ルヘシト臆測シ、営業費ハ収入ノ多寡ニ拘ハラス其半額ヲ費セハ余リアルヘシト妄信シ、苟モ一条ノ鉄道ヲ開通スレハ殖産興業無数ノ利益モ亦立トコロニ起スヘシト想像スルモノ多キカ如シ、啻ニ之ノミナラス鉄道敷設ヲ名トシ会社ヲ設立シ其株式ノ売買ヲ以テ一攫千金ノ巨利ヲ博セント欲スルモノ亦少ナカラス」と。(4)そして、翌年度の総論では、私設鉄道企業者のうち射利の目的をもつものを、第一に「株式ヲ売買シ若クハ株式応募ノ約束ヲ受授シテ投機ノ奇貨トナスノ資本家」、第二は「地方ノ富豪ニシテ鉄道熱心家若クハ有志者ト称スルモノノ」、第三に「鉄道会社ノ設立ニ依リ其役員トナリテ我技倆ヲ顕スニ熱心シ或ハ一家ヲ立ントスルニ汲々タルモノ」の三つに分類し警告したのである。(5)さらに、一八八九（明治二二）年度鉄道局年報の総論は、政府の保護を受けている一部の私設鉄道を除いて私設鉄道会社の株価が下落している状況を指摘している。(6)一八九〇（明治二三）年のわが国最初の資本主義的恐慌とそれに続く不況によって、鉄道会社は少なからぬ打撃を受けたのである。この打撃の度合は鉄道会社の設立時期、その経営基盤の相違などによって不均等であったが、この間における株価の下落および収益の減少は、とくに建設工事の過程にあった鉄道会社の場合には建設資本の調達が困難になるという大きな打撃を蒙った。(7)

こうした中で、私鉄救済の立場から一部民間でも国有論が唱えられたが、他方、元来鉄道官設論者である井上勝鉄道庁長官は、さきの私設鉄道条例よりも強力な統制を加え、さらに軍事的・経済的効果を測定したうえ、政府の主導権のもとに鉄道網を拡大しようという構想を明らかにしている。彼は、一八九一（明治二四）年「鉄道政略ニ関スル議」を著したが、これが契機となって、一八九二（明治二五）年六月鉄道敷設法が公布された。(8)ここに、今後官設鉄道として建設すべき路線を決定すると同時に、建設に必要な鉄道公債の発行、私設鉄道の買収などを規定し、わが国の幹線鉄道網の将来あるべき姿が決定されたのである。鉄道敷設法は、日本の鉄道史上、画期的な法律であった。計画路線は四三線、のちに北海道鉄道敷設法が公布され、八路線が追加された。

鉄道敷設法には計画路線を第二条に、直ちに予算がついて着工できる路線（第一期鉄道）を第七条に示している。だから、新しい計画路線を追加したり、計画路線を第一期鉄道に昇格させたりする場合は法律改正を必要としたのであ

**第1-2表　私設鉄道仮免状下付申請の状況**

| 年　度 | 件　数 | 線路哩数 | 資本金 |
|---|---|---|---|
| | 件 | 哩 鎖 | 円 |
| 1894 | 51 | 2,000.00 | 103,091,831 |
| 95 | 99 | 3,253.57 | 162,535,045 |
| 96 | 555 | 16,314.62 | 796,020,229 |
| 97 | 307 | 8,542.04 | 443,822,454 |
| 98 | 44 | 1,411.43 | 83,655,000 |

（備考）野田正穂・原田勝正・青木栄一編『明治期鉄道史資料』第1集（4）鉄道局（庁）年報（1898年）36頁。

る。そこで、政府は諮問機関として、広汎な権限をもつ鉄道会議を設け、会議での決議を原案とし、議会の賛成を得るという方策をとった。鉄道会議の構成は、議長一名、議員二〇名、臨時議員若干名からなるが、鉄道庁やその他の関係官庁の高級官僚、陸海軍軍人、帝国議会議員が中心メンバーであった。かくて、地域社会の鉄道誘致運動などが、この鉄道会議議員メンバーに対して積極的に展開されることになる。それでも、従来とは随分変わり、鉄道建設政策は議会のコントロールのもとにある長期計画のワク内に組み込まれ、ある程度まで「民意」を反映しながら行われるようになったといわれる。(9)

しかし、鉄道敷設法は私鉄買収を実現することはできず、この段階では必ずしも井上の官設構想が実現したわけではなかった。財政的な理由から、逆に私設鉄道による鉄道建設を認め、幹線鉄道網における官私鉄併立政策を成文化してしまうことになった点に注意を要する。(10)

こうして鉄道の建設は大部分が民間会社の手で行われることになり、鉄道の営業マイル数は私設鉄道が官設鉄道のそれよりも圧倒的に大きなものになっていく。とくに、日清戦争中の軍事輸送と戦後の好況に乗じて、この頃第二次鉄道熱期を迎えたことが注目される。この場合は既存会社の路線拡張と会社の新設が相ついで起こったのであるが、それは一八九六（明治二九）年から一八九八（明治三一）年に集中した。とりわけ日清戦争終了後の翌一八九六（明治二九）年は、空前の投資熱が起こり、各企業部門において活発な活動が展開されたが、鉄道投資は異常なものがあった。具体的な数字を示すと、第1-2表のようであり、同年度に仮免許の申請を行ったものは実に五五五件にも達している。もっとも、このうち仮免許を受けたものはごくわずかであり、出願者のほとんどが同一路線の競願であるか、または鉄道としての基本設計が妥当でないと判断され、その大半は却下された。

この事実をみると、当時の鉄道熱は投機的な泡沫会社がいかに多かったかが察せられるが、実は会社の設立認可を受けても、実際に開業にこぎつけるのはそのうちの約四分の一くらいにしか過ぎなかったようである。その多くは「官吏の古手や実業界のゴロが、待合の二階、商店の一隅に於て、物指一本を以て、参謀本部の地図に線を引き、名ある人を昇ぎて株式を募集せば、幾十万、幾百万の鉄道会社は忽に成立し、その権利は一株につき三円五円の価を発する有様であった。実に参謀本部の地図は、この鉄道の企業計画用に充つる為に全く売りつくされた」[11]というような状態であった。この点は、まさに半ば泡沫的な中小鉄道会社の発起と「権利株」投機といった当時の鉄道熱の一側面をとらえたエピソードとして有名である。つまり、第二次鉄道熱期には、「幻の鉄道」計画が続出し、さながら「近来流行の鉄道病」という状況を招来したのである。[12] 前掲第 1-2 表の免許申請数も、事実かどうか疑わしく、実際にはもっと多かったのではないかともみられる。[13]

第二次鉄道熱期に計画され、建設されていった私設鉄道をみると、第一次鉄道熱期における幹線の系列に属する大規模なものとは異なり、地方中小鉄道会社が多かった。これは、鉄道敷設法公布の結果、私設鉄道の建設がこの法律で予定された官設鉄道以外に局限されたからである。この投機的な鉄道熱は、まもなく沈静を余儀なくされるが、この間北海道炭礦鉄道、日本鉄道、関西鉄道、山陽鉄道、九州鉄道の五大幹線鉄道をはじめとする既設の鉄道会社が巨額の増資を相ついで行い、線路の延長をはかったのに平行して局地的な私設鉄道の建設が進められた。青梅・成田・太田・豊川・中越・七尾・浪速・奈良・南和・紀和・参宮・播但・徳島・唐津・伊万里・博多湾などの営業マイルの比較的短い鉄道が開業したのはその例である。

しかるに、日清戦争後の不況期以降、私設鉄道の集中・合併はいっそう進行する。本書においても、その一端を取り上げるが、実は日清戦争前の一八九三（明治二六）年鉄道局は鉄道会議に、「小会社分立ノ弊ヲ予防スルノ方法」を諮詢するなど、政府当局の積極的な支持があったからである。すなわち、その答申にある「小鉄道会社分立ノ弊ヲ予

第1-3表　私設鉄道の減資状況

| 認可年 | 会社名 | 減資額 | 理由 |
|---|---|---|---|
| | | 千円 | |
| 1900 | 阪鶴鉄道 | 500 | 財政整理 |
| 01 | 唐津鉄道 | 2,300 | 〃 |
| | 七尾鉄道 | 350 | 〃 |
| | 博多湾鉄道 | 2,625 | 線路延長の中止 |
| | 房総鉄道 | 200 | 〃 |
| 02 | 豊川鉄道 | 500 | 財政整理 |
| | 高野鉄道 | 900 | 線路延長の中止 |
| | 京都鉄道 | 510 | 〃 |
| 03 | 北海道鉄道 | 1,660 | 財政整理 |
| | 成田鉄道 | 1,425 | 線路延長の中止 |
| | 奈良鉄道 | 150 | 〃 |
| | 京都鉄道 | 90 | 財政整理 |
| 04 | 近江鉄道 | 500 | 〃 |
| | 関西鉄道 | 600 | 線路延長の中止 |
| 05 | 近江鉄道 | 400 | 財政整理 |
| | 徳島鉄道 | 700 | 〃 |
| | 房総鉄道 | 880 | 線路延長の中止 |
| | 房総鉄道 | 260 | 財政整理 |

（備考）　野田正穂『日本証券市場成立史』144頁。

防スルノ方法ハ鉄道線路ノ起終両点及地方ノ区画ヲ定メ、其区画内ノ線路ハ之ヲ一会社ノ経営ニ付スルヲ以テ適当ナリトス、然レトモ今法律規制ヲ制定シテ之ヲ実行スルニハ精密ナル調査ヲ要シ、数年ノ時日ヲ以テセサレハ其方法ヲ定ムルコト能ハス、故ニ今日ノ場合ニ於テハ其事業ノ実施ニ就キ之ヲ精査シ其経営上為シ得ヘキ程度ニ於テ合併若クハ接続延長セシメ小会社分立ノ弊ヲ防クヲ時宜ニ適シタルモノト思考ス」という立場がそれをよく表わしている。(14)

それは内容からみて、「大鉄道による小鉄道の合併」および「小鉄道同士の合併」の二つに大別されるが、前者がこの時期の合併を主として規定したという(15)。日本・山陽・九州・関西のように幹線を建設・営業していた大鉄道会社が、その支線にあたる中小鉄道会社を合併・譲り受けた場合が多いのである。他方、一九〇〇（明治三三）―一九〇一（明治三四）年の恐慌とそれに続く不況の時期を通じて、経営難に陥った新設鉄道会社は、減資や優先株の発行といった財政整理の断行によって会社の更生、経営の再建をはかったことも注目すべき現象である。とくに財政整理もしくは予定線路の一部の建設中止による減資が続出したが、そのほとんどは日清戦争後に設立された地方中小鉄道会社であった。野田正穂氏は、『鉄道局年報』を使って、その様子を第1-3表のように示されている。

ここで詳細を論ずる余裕はないが、以上の経過の中でとくに注目されるのは、多少とも自生的な産業鉄道的性格をもつものの多くが、独立性を保持して成長することができずに、大鉄道会社に併合されたことである。両毛鉄道が日本鉄道に併合されたのに続き、明治三〇年代半ばまでに、筑豊、伊万里、豊州、唐津などの諸鉄道が九州鉄道へ吸収されていったのは、その例である。九州鉄道は、北九州を中心とした幹線鉄道網を建設する目的で、福岡・佐賀・熊本の各県当局、それに長崎県当局と地元有力者の主唱で発起されたものであり、一八八九（明治二二）年に最初の開業を行い、一八九一（明治二四）年までに門司・熊本間および鳥栖・佐賀間を完成させた。長崎までの開通は、一八九八（明治三一）年のことである。翌年社長の椅子は、創立以来の高橋新吉から仙石貢に引き継がれた。前社長のもとで九州鉄道の基礎は固まり、新たな発展の段階に入ろうとしていたが、このあと、いわゆる九鉄改革運動が浮上してくる。『日本国有鉄道百年史』第四巻によると、同社の利益配当率は、一八九四（明治二七）年度から急上昇し、それまでの五分から七分台に達し、翌年度下半期には一割となり、一八九七（明治三〇）年度上半期・下半期とも一割を確保していた。しかし、一八九八（明治三一）年度には上・下両半期とも七分五厘、さらに翌年度上半期は六分に落ちたため、同年（一八九九）七月足立孫六・尾崎三良・根津嘉一郎ら大株主一四一名による配当率低下原因究明の臨時株主総会要求が起こったのである。この問題は、当時大いに世間の注目を集めたが、結局渋沢栄一・益田孝・雨宮敬次郎ら財界の首脳や鉄道資本家が斡旋に乗り出し、元老のひとり井上馨に仲裁を依頼するところとなり、井上は益田孝・片岡直温・住江常雄・根津嘉一郎に調査委員を委嘱する一方、改革派による臨時株主総会の開会要求を撤回させた。かくて、調査委員会は同年一〇月一六日から二三日まで九州鉄道本社で営業状態その他の問題について調査を行い、一九〇〇（明治三三）年二月調査報告書を発表し、改革運動の参加者たちも、それ以上追及することを止め、事件は落着したのである。その後、一九〇二（明治三五）年四月の株主総会で、株主の一人今西林三郎は、仙石貢社長の独走を規制する動きをみせたが、これらの紛争は当時九州鉄道を支配していた三菱に対する三井の挑戦・反撃であったといえよう。(16)

（1）　有沢広巳監修『日本産業百年史』上巻（日本経済新聞社、一九六七年）一〇〇頁。

(2) 詳細は、星野誉夫「明治期の私鉄と銀行――日本鉄道会社と第十五国立銀行を中心に――」(前掲『交通文化』第五号、一九六五年)、同「日本鉄道会社と第十五国立銀行」(1)〜(3)(『武蔵大学論集』第一七巻第二―六号、一九七〇年、第一九巻第一号、一九七一年、同第五・六号、一九七二年)を参照のこと。

日本鉄道は、当初半官半民の会社であったが、やがて自立的鉄道に変わるといわれる。

(3) 野田正穂、前掲『日本証券市場成立史』六五―六六頁。

(4)『明治二十年度鉄道局年報』(野田正穂・原田勝正・青木栄一編『明治期鉄道史資料』第1集(1)鉄道局(庁)年報、日本経済評論社、一九八〇年)四一―四二頁。

(5)『明治廿一年度鉄道局年報』(同右)三九頁。

(6)『明治廿二年度鉄道局年報』(同右)三七―三八頁。

(7) 野田正穂、前掲書、八三―八六頁。当時の恐慌・不況過程における鉄道会社への影響は、配当率の推移からみると、「第一は、恐慌・不況にもかかわらず配当率を継続的に引き上げている阪堺・大阪などの都市近郊鉄道のグループ、第二は、恐慌・不況の影響を僅かしか受けない甲武・伊予・日本などの都市近郊鉄道もしくは幹線鉄道のグループ、第三は、恐慌・不況の影響により配当率がいちじるしく低落したか、あるいは低率をよぎなくされた北海道炭礦・山陽・九州・関西の幹線鉄道のグループ」(同書、八三―八四頁)の三つに分けられるという。

(8) 鉄道敷設法については、原田勝正、前掲『明治鉄道物語』などで、当然取り上げられているが、同氏の個別論文として、「鉄道敷設法成立の前提」(『日本歴史』第二〇八号、一九六五年)がある。

(9) 原田勝正・青木栄一、前掲『日本の鉄道』四四頁。

(10) 宇田正「鉄道国有化」(宮本又次・中川敬一郎監修『日本経営史講座4　日本の企業と国家』日本経済新聞社、一九七六年)八三―八四頁。

(11) 東洋経済新報社編『金融六十年史』(一九二四年)四〇四頁。

(12) 鉄道省編『日本鉄道史』上篇(一九二一年)六六三頁。

(13) 原田勝正、前掲『日本の国鉄』三六頁。

(14) 日本国有鉄道『日本国有鉄道百年史』第四巻(一九七二年)二三九頁。

(15) 野田正穂、前掲書、一六二―一六五頁。

(16) 以上、前掲『日本国有鉄道百年史』第四巻、五四三―五四六頁。九州鉄道に関連する詳細な成果としては、秀村選三「九州鉄道会社の歴史」(一・二)(西日本文化協会『西日本文化』第五七・六〇号、一九七〇年)、同「明治一〇年代における九州鉄道会社の胎動」(西南地域史研究会『西南地域史研究』第一輯、一九七七年)、山田秀「明治中期産業鉄道会社経営の一分析――筑豊興業鉄道会社の経営史的考察――」(『福岡大学大学院論集』第一一巻第一号、一九七九年)、東条正「明治二十年代における九州鉄道会社の経営実態」(九州大学石炭研究資料センター『エネルギー史研究』第一三号、一九八四年)、同「明治期鉄道会社の経営紛争と株主の動向」(経営史学会『経営史学』第一九巻第四号、一九八五年)等がある。

## 第二節　鉄道資本の存在形態

### 一　鉄道会社大株主層の性格

さきに鉄道発達の一端をみたが、私設鉄道の具体的な担い手、いいかえると鉄道資本の存在形態を明らかにしておくことも重要であろう。明治期株式会社の中心部門として発展した鉄道会社は、建設費の大部分を株式資本によってまかなったのであるが、それは社会のどの階層から調達したのであろうか。いわゆる日本資本主義確立期の状況については、別の機会に述べたが、(1)当時の三三鉄道会社のうち、比較的持株数の多い株主の性格をみると、一応「会社役員・商業会議所関係」がトップである。業種別では銀行重役が多く、またこの系列に属する商人として「質屋・貸付業」等も若干みられる。ついで「旧藩士・華族・政治家・官吏」が続くが、「株式・綿糸・米穀等仲買業」がかなりの割合であることも注目される。このほか重要株主の中には、大地主も少なくない。とくに、当時実際には他に職業をもち、同時に大地主でもあった場合が多いから、この階層の存在を軽視することはできない。

## 第1-4表　主要株式・綿糸・米穀等仲買人および取引所役員の鉄道株所有状況

| 氏名 | 摘要 | 鉄道株所有状況 | | | |
|---|---|---|---|---|---|
| 奥田 正香 | 名古屋株式取引所　理事長 | 北越鉄道 | 500 | | |
| 織田 昇次郎 | 東京株式取引所　仲買人 | 山陽鉄道 | 2,250 | 九州鉄道 | 1,527 |
| 岩本 栄蔵 | 大阪株式取引所　仲買人 | 山陽鉄道 | 1,001 | 大阪鉄道 | 691 |
| 今西 林三郎 | 大阪糸綿木綿取引所　理事 | 山陽鉄道<br>播但鉄道 | 1,000<br>630 | 浪速鉄道<br>九州鉄道 | 375<br>1,200 |
| 石田 卯兵衛 | 大阪株式取引所　仲買人 | 関西鉄道 | 940 | 参宮鉄道 | 1,518 |
| 石田 卯三郎 | 堂島米穀取引所　仲買人 | 関西鉄道 | 635 | 参宮鉄道 | 931 |
| 大島 甚三 | 大阪株式取引所　仲買人 | 大阪鉄道 | 474 | | |
| 秋月 清十郎 | 和歌山米穀株式取引所　理事 | 浪速鉄道 | 150 | 中国鉄道 | 600 |
| 江崎 権兵衛 | 伏見商品取引所　理事長 | 奈良鉄道 | 630 | | |
| 朝田 喜三郎 | 大阪株式取引所　監査役 | 南和鉄道 | 230 | 讃岐鉄道 | 210 |
| 阿部 彦太郎 | 同 | 播但鉄道<br>九州鉄道 | 817<br>1,197 | 河陽鉄道<br>豊州鉄道 | 100<br>875 |
| 太田 平次 | 堺株式取引所　監査役 | 高野鉄道 | 400 | | |
| 石蔵 卯之吉 | 大阪米穀取引所　仲買人 | 中国鉄道 | 1,750 | | |
| 川崎 芳之助 | 東京株式取引所　仲買人 | 播但鉄道 | 262 | | |
| 加賀 市太郎 | 大阪株式取引所　仲買人 | 九州鉄道 | 1,380 | | |
| 志摩 長平 | 高岡米商会所　仲買人 | 中越鉄道 | 70 | | |
| 芝田 大吉 | 大阪株式取引所　仲買人 | 山陽鉄道 | 1,679 | | |
| 島 徳次郎 | 同 | 大阪鉄道<br>九州鉄道 | 893<br>3,192 | 参宮鉄道<br>豊州鉄道 | 200<br>885 |
| 曽野 作太郎 | 京都株式取引所　仲買人 | 奈良鉄道 | 327 | 豊州鉄道 | 682 |
| 下倉 仲 | 大阪株式取引所　仲買人 | 西成鉄道 | 2,538 | | |
| 佐伯 勢一郎 | 大阪糸綿木綿取引所　理事長 | 阪堺鉄道 | 155 | | |
| 柴 虎次郎 | 堺株式米穀取引所　仲買人 | 河陽鉄道 | 352 | | |
| 阪上 新治郎 | 大阪株式取引所　理事 | 河陽鉄道 | 190 | | |
| 沢田 清兵衛 | 神戸米穀株式外四品取引所理事 | 讃岐鉄道 | 1,697 | | |
| 田中 新七 | 横浜綿糸綿花金属株式取引所<br>理事 | 北海道炭礦<br>山陽鉄道<br>参宮鉄道 | 3,320<br>1,236<br>526 | 両毛鉄道<br>関西鉄道 | 1,280<br>4,097 |
| 徳田 孝平 | 東京株式取引所　仲買人 | 房総鉄道 | 411 | | |
| 丹下 幾太郎 | 名古屋株式取引所　仲買人 | 豊川鉄道 | 150 | | |
| 田中 市兵衛 | 堺株式取引所　監査役 | 山陽鉄道<br>九州鉄道 | 3,035<br>1,322 | 南海鉄道 | 250 |
| 竹原 友三郎 | 大阪株式取引所　仲買人 | 阪堺鉄道 | 107 | | |
| 根津 嘉一郎 | 東京米穀取引所　理事 | 甲武鉄道 | 470 | | |
| 中村 惣兵衛 | 大阪糸綿木綿取引所　理事 | 浪速鉄道 | 149 | | |
| 野本 貞次郎 | 東京株式取引所　仲買人 | 播但鉄道 | 506 | 九州鉄道 | 3,059 |
| 福島 浪蔵 | 同 | 両毛鉄道 | 310 | 九州鉄道 | 1,465 |
| 原 善三郎 | 横浜蚕糸外四品取引所　理事長 | 北越鉄道 | 1,000 | 総武鉄道 | 600 |
| 古門 九右衛門 | 堂島米商会所　仲買人 | 山陽鉄道 | 1,200 | | |
| 浜崎 永三郎 | 堂島米穀取引所　仲買人<br>大阪株式取引所　仲買人 | 大阪鉄道<br>九州鉄道 | 311<br>1,447 | 中国鉄道<br>豊州鉄道 | 750<br>888 |

| | | | | | |
|---|---|---|---|---|---|
| 橋本伊兵衛 | 堂島米商会所　仲買人 | 高野鉄道 | 250 | | |
| 林　倉八 | 大阪株式取引所　仲買人 | 中国鉄道 | 500 | | |
| 牧口義方 | 直江津米塩取引所　理事長 | 北越鉄道 | 500 | | |
| 村上太三郎 | 東京株式取引所　仲買人 | 関西鉄道 | 660 | 参宮鉄道 | 621 |
| 八木朋直 | 新潟商品取引所　理事長 | 北越鉄道 | 600 | | |
| 横井光敬 | 名古屋株式取引所　仲買人 | 豊川鉄道 | 300 | | |
| 山内卯之助 | 大阪株式取引所　仲買人 | 山陽鉄道 | 1,000 | | |
| 山本亀太郎 | 神戸米穀株式外四品取引所監査役 | 播但鉄道 | 216 | | |
| 安川敬一郎 | 若松石炭米穀取引所　理事 | 筑豊鉄道 | 2,603 | | |
| 渡辺福三郎 | 横浜蚕糸外四品取引所　理事 | 両毛鉄道 | 250 | 北越鉄道 | 1,000 |

（備考）　拙稿「日清戦争後鉄道会社の株主とその系譜」（『青踏女子短期大学紀要』第6号）45—46頁。

そこで、各鉄道会社の株主表の中から、「株式・綿糸・米穀等仲買業および取引所役員」ならびに「大地主」を抜き出してみると、第1-4・5表のようになる。第1-4表によれば、いわゆる「株式取引所仲買人」が圧倒的に多いことがうかがわれるが、これは当時の鉄道熱に鉄道株投機という一面があったことのあらわれとみてよかろうと思う。有力な鉄道株投資家としては、織田昇次郎・島徳次郎・浜崎永三郎らがあげられる。また「取引所役員」は他にも職業をもっている場合が多いが、その中では、今西林三郎・阿部彦太郎・田中新七・田中市兵衛らの鉄道株所有の高さが目立っている。

第1-5表にみえる岩崎久弥・阿部彦太郎・住友吉左衛門・原六郎らは、大地主でもあるが、むしろ実業家として著名な人物であることはいうまでもなかろう。なお同表に示した地主は、その所有地価額からみて、当時としては大きな地主である。ただそのうちの六六・二%は、実際には他に商売を営むか、会社銀行の重役をつとめるかしているのである。これによって、当時の「大地主」の性格はある程度察せられるわけであるが、彼らの鉄道株投資は、どちらかといえば、地方鉄道へ集中していることが指摘されよう。とりわけ北越鉄道や中越鉄道の場合、その比率の高さが注目されるが、鉄道敷設による米の輸送条件の変化が考慮されたようである。前者の場合について、守田志郎氏は、かくいう。(2)

鉄道敷設およびその投資については、第一に県政と国政の前提を忘れてはならない。……北越鉄道の株式は大小の地主を通じてさらに徹底して割当てられたあ

## 第1-5表　鉄道会社株主中の大地主

| 大地主名 | 住所 | 所有地価額 | 鉄道株所有状況 | | | |
|---|---|---|---|---|---|---|
| 岩崎久弥 | 東京 | △ 93,361 | 日本鉄道<br>関西鉄道<br>九州鉄道 | 25,796<br>11,700<br>34,659 | 山陽鉄道<br>参宮鉄道<br>筑豊鉄道 | 32,220<br>518<br>26,588 |
| 岩下善七郎 | 栃木 | 12,859 | 両毛鉄道 | 500 | 佐野鉄道 | 364 |
| 大倉喜八郎 | 東京 | | 北越鉄道 | 1,000 | | |
| 市場徳次郎 | 新潟 | △ 446,582 | 北越鉄道 | 700 | | |
| 岩田作兵衛 | 東京 | | 甲武鉄道 | 5,542 | 川越鉄道 | 260 |
| 生島嘉蔵 | 大阪 | 10,125 | 山陽鉄道 | 1,500 | 豊州鉄道 | 1,609 |
| 伊藤長次郎 | 兵庫 | △ 180,160 | 山陽鉄道 | 1,001 | 播但鉄道 | 795 |
| 小津清左衛門 | 三重 | △ 21,371 | 関西鉄道 | 800 | | |
| 足立孫六 | 静岡 | 19,066 | 関西鉄道 | 570 | | |
| 岡橋治助 | 大阪 | 19,098 | 大阪鉄道 | 1,909 | 河陽鉄道 | 100 |
| 今村勤三 | 奈良 | 10,407 | 奈良鉄道 | 600 | | |
| 上野勘助 | 和歌山 | 10,596 | 紀和鉄道 | 537 | | |
| 阿部彦太郎 | 大阪 | △ 123,848 | 播但鉄道<br>九州鉄道 | 817<br>1,197 | 河陽鉄道<br>豊州鉄道 | 100<br>875 |
| 安積春次 | 兵庫 | △ 26,519 | 播但鉄道 | 295 | | |
| 太田平次 | 大阪 | △ 54,166 | 高野鉄道 | 400 | | |
| 岩倉與吉郎 | 富山 | | 中越鉄道 | 100 | | |
| 菊池長四郎 | 東京 | △ 45,200* | 両毛鉄道 | 310 | | |
| 北川安左衛門 | 千葉 | △ 30,578 | 成田鉄道 | 200 | | |
| 小西新右衛門 | 兵庫 | 15,062 | 山陽鉄道 | 2,867 | 摂津鉄道 | 938 |
| 梶源左衛門 | 同 | △ 20,789 | 摂津鉄道 | 402 | | |
| 鴻池新十郎 | 大阪 | △ 103,478 | 摂津鉄道 | 100 | 浪速鉄道 | 241 |
| 亀井済九郎 | 三重 | 18,019 | 関西鉄道 | 535 | | |
| 川端三郎平 | 大阪 | | 大阪鉄道<br>南海鉄道 | 915<br>315 | 南和鉄道 | 247 |
| 木下七郎 | 静岡 | 10,711 | 参宮鉄道 | 341 | | |
| 紀璋司 | 大阪 | 12,445 | 西成鉄道 | 100 | | |
| 日下安左衛門 | 兵庫 | △ 55,039 | 播但鉄道 | 269 | | |
| 久保田真吾 | 大阪 | △ 63,239 | 河陽鉄道 | 100 | | |
| 越井醇三 | 同 | | 河陽鉄道 | 100 | | |
| 金光豊吉 | 福岡 | △ 28,495 | 筑豊鉄道 | 874 | | |
| 白勢長衛 | 新潟 | △ 361,472 | 北越鉄道 | 700 | | |
| 清水門吉 | 同 | △ 37,146 | 北越鉄道 | 520 | | |
| 渋谷初次郎 | 同 | △ 22,336 | 北越鉄道 | 500 | | |
| 佐藤伊佐衛門 | 同 | △ 270,944 | 北越鉄道 | 500 | | |
| 相馬順胤 | 東京 | △ 50,179 | 総武鉄道 | 2,000 | 九州鉄道 | 1,109 |
| 桜井直蔵 | 千葉 | △ 26,153 | 成田鉄道 | 200 | | |
| 住友吉左衛門 | 大阪 | △ 183,935 | 山陽鉄道<br>九州鉄道 | 1,000<br>3,075 | 大阪鉄道<br>筑豊鉄道 | 345<br>538 |
| 徳川義礼 | 愛知 | △ 29,913 | 日本鉄道 | 8,440 | 関西鉄道 | 1,500 |

| | | | | | | |
|---|---|---|---|---|---|---|
| 蓼沼丈吉 | 栃木 | 15,730 | 両毛鉄道 | 200 | 佐野鉄道 | 140 |
| 高広次平 | 富山 | △ 21,000 | 中越鉄道 | 100 | | |
| 寺田甚與茂 | 大阪 | △ 22,787 | 山陽鉄道 | 2,718 | | |
| 滝　兵右衛門 | 愛知 | △ 22,884 | 関西鉄道 | 905 | | |
| 津久居彦七 | 栃木 | 11,144 | 両毛鉄道 | 357 | | |
| 団野慶次 | 大阪 | 14,127 | 浪速鉄道 | 100 | | |
| 出水弥太郎 | 同 | | 河陽鉄道 | 100 | | |
| 田守三郎平 | 同 | 11,625 | 河陽鉄道 | 100 | | |
| 南部利泰 | 東京 | △ 26,740 | 北海道炭礦 | 1,885 | | |
| 西脇済三郎 | 新潟 | △ 87,600 | 両毛鉄道 | 3,588 | 関西鉄道 | 1,388 |
| 二宮孝順 | 同 | △ 241,091 | 北越鉄道 | 500 | | |
| 根津嘉一郎 | 山梨 | | 甲武鉄道 | 470 | | |
| 西川武左衛門 | 埼玉 | △ 35,285 | 甲武鉄道 | 332 | 青梅鉄道 | 150 |
| 根津一秀 | 山梨 | △ 68,362 | 川越鉄道 | 100 | 九州鉄道 | 1,120 |
| 中島伊平 | 群馬 | 16,704 | 佐野鉄道 | 181 | | |
| 西浦円次 | 岐阜 | 12,611 | 豊川鉄道 | 200 | | |
| 内藤卯三郎 | 兵庫 | 14,744 | 播但鉄道 | 378 | | |
| 布井良之助 | 大阪 | 16,396 | 中国鉄道 | 630 | | |
| 馬場道久 | 富山 | △ 97,025 | 両毛鉄道 | 360 | 九州鉄道 | 1,034 |
| 原　六郎 | 東京 | | 北越鉄道<br>山陽鉄道<br>播但鉄道 | 1,000<br>1,000<br>297 | 総武鉄道<br>南和鉄道 | 3,000<br>3,900 |
| 原　善三郎 | 神奈川 | △ 77,666 | 北越鉄道 | 1,000 | 総武鉄道 | 600 |
| 本所又寿郎 | 大阪 | | 河陽鉄道 | 110 | | |
| 鮒田市蔵 | 愛媛 | 11,746 | 道後鉄道 | 75 | | |
| 藤江謙吉郎 | 千葉 | △ 56,142 | 成田鉄道 | 375 | | |
| 堀　二作 | 富山 | | 中越鉄道 | 100 | | |
| 松浦　詮 | 長崎 | △ 49,767 | 日本鉄道 | 13,087 | | |
| 牧口義方 | 新潟 | △ 27,832 | 北越鉄道 | 500 | | |
| 増田忠順 | 埼玉 | 17,879 | 川越鉄道 | 123 | | |
| 正村義太郎 | 富山 | 15,002 | 中越鉄道 | 100 | | |
| 宮井茂九郎 | 香川 | 16,448 | 讃岐鉄道 | 212 | | |
| 諸戸清六 | 三重 | △ 405,657 | 九州鉄道 | 9,145 | 豊州鉄道 | 4,125 |
| 山口権三郎 | 新潟 | △ 35,353 | 両毛鉄道 | 200 | | |
| 吉田千九郎 | 三重 | 15,044 | 関西鉄道 | 790 | | |
| 山泉保治 | 愛媛 | 10,020 | 中国鉄道 | 724 | | |
| 渡辺福三郎 | 神奈川 | | 両毛鉄道 | 250 | 北越鉄道 | 1,000 |
| 渡辺治右衛門 | 東京 | △ 47,300* | 両毛鉄道 | 1,000 | | |
| 鷲尾久太郎 | 兵庫 | △ 82,906 | 摂津鉄道 | 836 | | |

（備考）1　同前，47—49頁。

2　ただし所有地価額は，渋谷隆一・石山昭次郎「明治中期の地主名簿」（土地制度史学会『土地制度史学』第30号），鈴木喜八・関伊太郎編『日本全国商工人名録』（1898年）による。前者については△印を付す。＊印は 1890年の地価額を示す。

とがあり、株所有に全く関心をもたず余裕もできていない小地主でも、少量の農工銀行株とこれより多い量の北越鉄道株をもっている……それは地主米を売るためという要求がなまのまま鉄道を実現するというよりも、その要求が政策の一部に抽象化されて実現することがこの結果をもたらすのであり、地主の私利によって設けられた鉄道と考える必要もなければ、また今日鉄道あるは地主のおかげだと考える必要はもとよりない。

また後者の場合は、近世以来加賀藩の穀倉と称せられてきた米作地帯たる砺波地方の有力者たちが発起人に名を連ねているが、淡路憲治氏は、発起人三二名の性格を分析され、中越鉄道敷設の意義を、以下のように把握される。(3)

……県の穀倉としての砺波地方の中央平坦地帯の有力町村の大地主たちと、背後地帯である山寄りの町村の大地主や織物業主たちを結集し、砺波地方を商業都市高岡と伏木港に直結するために発起人として参加したのである。他方高岡側からすれば、高岡市の米穀・肥料商たちは鉄道敷設によって、砺波地方の米と米作のための魚肥の売買の独占を確保するという重要な利害関係があったわけである。

しかし地主の鉄道投資意欲は、一般的には米の問題との関連よりも、むしろ、いわゆる鉄道熱に影響されているところが大きいとみるべきであろう。たとえば地主米の販売とは直接関係のない、日本・山陽・関西・九州などの大鉄道会社へも、かなりの集中投資がみられた事実に注目したいと思う。服部之総氏が、かつて「鉄道企業は日清戦争ブームの花形となり、ために参謀本部の地図が売切れになったほど、全国の地主が争って鉄道株に投資し、沿線地のもくろみ売買に狂奔した(4)」と指摘されたのはまさに至言なのである。

つぎに関連資料を掲げることにする。第1－6表は、明治二〇年代末の高額所得者名簿ベスト九九名のうち、鉄道株を所有しているものを拾いあげたものである。調査時点には若干のズレがある場合もみられるが、それはさておき、いわゆる高額所得者、つまり資産家が有力な鉄道資本家であることが察せられる。とくにベスト一〇名のうち、第七位の旧藩主細川護久以外は、全員鉄道株の所有者となっていることは注目に値しよう。同表にみえる三六名の職

**第1-6表　明治20年代末における高額所得者の鉄道株所有状況**

| 氏　名 | 身分または職業 | 所得高 | 秩禄公債 | 鉄道株所有状況 | |
|---|---|---|---|---|---|
| | | 円 | 円 | | |
| 1. 岩崎久弥 | 実業家 | 696,596 | | 日本鉄道 25,796<br>関西鉄道 11,700<br>九州鉄道 34,659 | 山陽鉄道 32,220<br>参宮鉄道 518 |
| 2. 岩崎弥之助 | 同 | 250,664 | | 筑豊鉄道 9,038 | |
| 3. 毛利元徳 | 旧藩主 | 173,164 | 1,107,755 | 総武鉄道 1,000 | |
| 4. 前田利嗣 | 同 | 145,542 | 1,194,076 | 日本鉄道 4,912 | 総武鉄道 590 |
| 5. 原　六郎 | 実業家 | 117,062 | | 北越鉄道 1,000<br>山陽鉄道 1,000<br>播但鉄道 297 | 総武鉄道 3,000<br>南和鉄道 3,900 |
| 6. 島津忠義 | 旧藩主 | 111,116 | 1,322,845 | 北海道炭礦 4,900<br>関西鉄道 3,000 | 参宮鉄道 462 |
| 8. 渋沢栄一 | 実業家 | 97,316 | | 北越鉄道 1,000 | |
| 9. 住友吉左衛門 | 同 | 77,351 | | 山陽鉄道 1,000<br>九州鉄道 3,075 | 大阪鉄道 345<br>筑豊鉄道 538 |
| 10. 徳川茂承 | 旧藩主 | 74,842 | 738,326 | 日本鉄道 9,130 | 紀和鉄道 1,324 |
| 11. 徳川義礼 | 同 | 72,586 | 706,110 | 日本鉄道 8,440 | 関西鉄道 1,500 |
| 12. 池田章政 | 同 | 71,190 | 490,052 | 日本鉄道 17,996 | |
| 14. 鴻池善右衛門 | 実業家 | 60,354 | | 浪速鉄道 100 | |
| 15. 浅野長勲 | 旧藩主 | 57,240 | 635,432 | 日本鉄道 108,318 | |
| 16. 松平頼聡 | 同 | 57,153 | 301,933 | 讃岐鉄道 200 | |
| 21. 黒田長成 | 同 | 51,233 | 510,015 | 房総鉄道 700<br>筑豊鉄道 1,915 | 九州鉄道 2,227 |
| 22. 原　善三郎 | 実業家 | 51,211 | | 北越鉄道 1,000 | 総武鉄道 600 |
| 23. 鍋島直大 | 旧藩主 | 50,591 | 693,597 | 日本鉄道 7,500 | 参宮鉄道 259 |
| 25. 浅野惣一郎 | 実業家 | 49,875 | | 青梅鉄道 150 | |
| 26. 渡辺治右衛門 | 同 | 44,087 | | 両毛鉄道 1,000 | |
| 29. 松浦詮 | 旧藩主 | 42,000 | 165,496 | 日本鉄道 13,087 | |
| 30. 井伊直憲 | 同 | 41,708 | 315,000 | 日本鉄道 13,338 | |
| 31. 渡辺福三郎 | 実業家 | 41,180 | | 両毛鉄道 250 | 北越鉄道 1,000 |
| 33. 伊達宗徳 | 旧藩主 | 40,441 | 165,496 | 甲越鉄道 1,666 | |
| 34. 安田善次郎 | 実業家 | 40,220 | | 釧路鉄道 2,000<br>中国鉄道 1,228 | 青梅鉄道 150 |
| 36. 久松安譲 | 旧藩主 | 38,512 | 300,382 | 甲武鉄道 5,000 | |
| 38. 諸戸清六 | 大地主 | 38,091 | | 九州鉄道 9,145 | 豊州鉄道 4,125 |
| 41. 吉川経健 | 旧藩主 | 36,765 | 138,462 | 総武鉄道 1,400 | 大阪鉄道 1,035 |
| 42. 蜂須賀茂韶 | 同 | 36,340 | 508,951 | 北越鉄道 1,000 | |
| 45. 大倉喜八郎 | 実業家 | 35,235 | | 北越鉄道 1,000 | |
| 46. 徳川篤敬 | 旧藩主 | 34,758 | 386,276 | 北海道炭礦 3,150 | |
| 47. 中村清蔵 | 実業家 | 34,305 | | 両毛鉄道 390 | |
| 50. 田中平八 | 同 | 33,540 | | 北海道炭礦 2,600 | 甲武鉄道 1,404 |
| 56. 小西新右衛門 | 酒造業 | 31,353 | | 山陽鉄道 2,867 | 摂津鉄道 938 |
| 60. 市島徳次郎 | 大地主 | 30,000 | | 北越鉄道 700 | |
| 78. 藤田伝三郎 | 実業家 | 23,564 | | 筑豊鉄道 3,020 | |
| 98. 白勢長衛 | 大地主 | 20,045 | | 北越鉄道 700 | |

（備考）　同前，52—53頁。

業・階層などの内訳は、旧藩主一七名、実業家一五名、大地主三名、酒造業一名となっており、これまた鉄道資本家の性格を余すところなく示している。すなわち高額所得者のトップにおどり出ていたのは、三菱の岩崎久弥と岩崎弥之助であり、このほか住友家当主の住友吉左衛門は第九位にそれぞれランクされ、彼らが同時に有力な鉄道資本家でもあったことがうかがわれる。さらに量的には旧藩主が多いことも注目されるところであり、日本鉄道はその最たるものであった。

これらの問題と関連し、当時鉄道会社の役員兼任もまた目立っていたことを、つぎに指摘しておきたい。とくに今村清之助、松本重太郎、田中市兵衛らの多角的な活動ぶりが察せられよう。今村清之助は長野県の出身で、一八七〇(明治三)年ごろには横浜で両替屋を開き、一八七七(明治一〇)年ごろには東京に出て株式仲買を業とするようになった。東京株式取引所の設立にも関係している。また松本重太郎・田中市兵衛は、ともに明治二〇年代の大阪財界の有力な資本グループを構成していたのであった。

職業についての分析はこのくらいにして、つぎに株主の地域性についてみることにする。各鉄道会社の「株主表」から、住所の明記されている各社ごとの居住府県別株主数を示すと、第1－7表のとおりである。同表によれば、大多数の鉄道会社、とくに地方鉄道において重要株主は当該会社の所在する府県と同一の府県に居住するものが圧倒的に多かったことが判明する。この例にあてはまらないのは、房総・山陽・関西・紀和・参宮・播但・九州・豊州の各鉄道会社である。このうち紀和鉄道は、同社の解散時の状況を示したものであるから、他社と同一基準で論じることはできないかもしれない。その他の会社の場合をみると、各社とも沿線に居住する重要株主がやはり多かったことが知られるが、これはさきのケースに準ずるものと考えてよかろう。

以上、きわめて概括的な考察をしてきたが、厳密にいえば、日本・山陽・九州・北海道炭礦・関西の五大幹線鉄道とその他の地方中小鉄道とでは、上位株主層の性格、社債発行の状況など相当異なっていたことに注意しなければな

## 第1-7表　鉄道会社の居住府県別重要株主数

| 会社名 | 住所 | 内訳 | 計 |
|---|---|---|---|
| 両毛鉄道 | 栃木県 | 栃木14，東京12，新潟 5，群馬 5，和歌山 3，その他 6 | 45 |
| 北越鉄道 | 東京府 | 東京21，新潟13，その他 3 | 37 |
| 甲武鉄道 | 同 | 東京40，その他 2 | 42 |
| 川越鉄道 | 同 | 東京14，その他 3 | 17 |
| 総武鉄道 | 同 | 東京17，神奈川 3，その他 4 | 24 |
| 青梅鉄道 | 同 | 東京 8，その他 1 | 9 |
| 房総鉄道 | 千葉県 | 東京15 | 15 |
| 成田鉄道 | 同 | 千葉 7，東京 3 | 10 |
| 佐野鉄道 | 栃木県 | 栃木13，その他 2 | 15 |
| 豊川鉄道 | 愛知県 | 愛知10，東京 3，岐阜 2 | 15 |
| 中越鉄道 | 富山県 | 富山 7 | 7 |
| 山陽鉄道 | 兵庫県 | 大阪22，東京14，兵庫 4，その他 4 | 44 |
| 摂津鉄道 | 同 | 兵庫 9，大阪 2 | 11 |
| 関西鉄道 | 三重県 | 東京11，大阪 8，愛知 3，京都 3，三重 3，その他 8 | 36 |
| 大阪鉄道 | 大阪府 | 大阪27，奈良 4，その他 5 | 36 |
| 浪速鉄道 | 同 | 大阪20，その他 3 | 23 |
| 奈良鉄道 | 奈良県 | 大阪10，京都 7，奈良 3 | 20 |
| 南和鉄道 | 同 | 奈良15，大阪12，東京 4 | 31 |
| 紀和鉄道 | 和歌山県 | 東京 8，大阪 5，和歌山 4 | 17 |
| 参宮鉄道 | 三重県 | 大阪27，東京 8，静岡 2，三重 2，その他 1 | 40 |
| 西成鉄道 | 大阪府 | 大阪15，奈良 3 | 18 |
| 播但鉄道 | 兵庫県 | 東京21，兵庫11，大阪10，その他 2 | 44 |
| 阪堺鉄道 | 大阪府 | 大阪16，その他 4 | 20 |
| 南海鉄道 | 同 | 大阪14，東京 2 | 16 |
| 河陽鉄道 | 同 | 大阪18，その他 1 | 19 |
| 高野鉄道 | 同 | 大阪18，その他 3 | 21 |
| 中国鉄道 | 岡山県 | 大阪17，岡山 5，東京 4，兵庫 3，その他 3 | 32 |
| 讃岐鉄道 | 香川県 | 大阪10，香川 4，その他 3 | 17 |
| 伊予鉄道 | 愛媛県 | 愛媛 6，大阪 5，その他 1 | 12 |
| 道後鉄道 | 同 | 愛媛10，その他 1 | 11 |
| 九州鉄道 | 福岡県 | 大阪12，東京11，三重 2，熊本 2，山梨 2，その他 3 | 32 |
| 筑豊鉄道 | 同 | 福岡 6，東京 5，大阪 3 | 14 |
| 豊州鉄道 | 同 | 大阪13，京都 3，三重 2，その他 3 | 21 |

（備考） 1　同前 55頁。
2　表中たとえば「栃木 14」とあるのは，栃木県に居住する重要株主14名の意。

第1-8表　鉄道関係大株主の多角的出資（1902年）

| 氏　名 | 関係鉄道会社名（持株数） | | | |
|---|---|---|---|---|
| 岩崎　久弥 | 日　本(22,982) | 九　州(91,307) | 山　陽(27,870) | 関　西(3,589) |
| | 岩　越(8,000) | 参　宮(714) | 北海道(1,000) | |
| 岩崎　弥之助 | 日　本(10,500) | 九　州(18,440) | 山　陽(10,800) | |
| 赤星　弥之助 | 日　本(1,009) | 九　州(2,005) | 北　炭(1,000) | 関　西(1,190) |
| | 阪　鶴(1,100) | 南　海(1,071) | 房　総(300) | |
| 住友吉左衛門 | 日　本(3,994) | 九　州(9,502) | 山　陽(4,280) | 関　西(1,090) |
| | 伊　予(500) | 北海道(1,000) | | |
| 松本　重太郎 | 九　州(2,833) | 山　陽(3,292) | 阪　鶴(1,500) | 南　海(3,750) |
| | 七　尾(1,750) | 讃　岐(200) | | |
| 原　六郎 | 九　州(2,250) | 山　陽(1,204) | 北　越(1,000) | 総　武(3,052) |
| | 東　武(2,500) | 北海道(1,000) | | |
| 大倉　喜八郎 | 日　本(1,301) | 北　越(880) | 成　田(11,159) | 北海道(1,000) |
| 根津　嘉一郎 | 日　本(2,740) | 九　州(6,416) | 総　武(670) | 房　総(210) |
| 今村　清之助 | 九　州(6,074) | 山　陽(3,208) | 北　越(1,000) | 東　武(560) |
| 田中　新七 | 九　州(5,028) | 北　炭(15,523) | 関　西(6,228) | 参　宮(438) |
| 安田　善次郎 | 日　本(1,000) | 中　国(2,400) | 中　越(430) | 北海道(1,000) |
| 雨宮　敬次郎 | 北　炭(17,821) | 甲　武(4,250) | 川　越(1,140) | |
| 日本生命 | 日　本(1,123) | 九　州(3,479) | 山　陽(1,516) | 関　西(1,000) |
| | 紀　和(500) | 参　宮(1,250) | 北海道(500) | |
| 三井銀行 | 日　本(11,292) | 九　州(7,179) | 山　陽(30,351) | 北　炭(66,200) |
| | 北海道(1,000) | | | |
| 大阪貯蓄銀行 | 九　州(2,640) | 関　西(2,000) | 総　武(8,750) | 奈　良(9,818) |
| | 北海道(3,000) | | | |
| 明治生命 | 九　州(8,324) | 山　陽(7,395) | 北　越(550) | 岩　越(2,000) |
| 鴻池銀行 | 日　本(2,500) | 九　州(1,200) | 山　陽(1,000) | |
| 日本貯蓄銀行 | 九　州(4,081) | 山　陽(5,450) | 関　西(1,400) | |

（備考）　杉山和雄「株式会社制度の発展―鉄道，紡績を中心に―」（小林正彬・下川浩一・杉山和雄・栂井義雄・三島康雄・森川英正・安岡重明編『日本経営史を学ぶ』Ⅰ）117頁。

らない。要約的にいえば、前者の場合、日本鉄道は華族を主体としたものであり、山陽鉄道は三菱や関西資本を中心とし、北海道炭礦鉄道は渋沢栄一をはじめ、東京の有力な資産家によって設立・発起されたものであった。これに対して地方中小鉄道の多くは、地主や商人など地方的名望家によって設立・計画されたものが多い。しかし、幹線鉄道会社においても時代が降るに伴い株主層に大きな変化があらわれてきたのである。すなわち、「日本鉄道では設立当初、有力株主であった池田章政、徳大寺実則、細川護久、毛利元徳、藤堂高潔らの華族がしだいに姿を消し、一九〇二（明治三五）年の最大株主に第十五銀行、第二位に内蔵頭（皇室の一職掌）があらわれ、第三位に岩崎久弥、第七位に三井銀行、第八位に岩崎弥之助が名をつらねている（もっとも、岩崎弥太郎は創業期に第三位株主であるが）。山陽鉄道の場合は、一九〇二年には、創業期に上位にあった大阪地方の個人株主の大部分が脱落し、旧来からの大株主、岩崎久弥、寺田甚與茂に、岩崎弥之助、住友吉左衛門、明治生命、明治火災、日本貯蓄銀行が加わって、新しい大株主層を形づくった。北炭でも、設立期の大株主層にかわって三井合名や三井鉱山をはじめ三井関係者が登場するようになった」[5]ことが指摘される。

このような株主層の変化などを通じて鉄道会社へ多角的に出資する有力資産家もあらわれたのであるが、他方次第に銀行や生命保険会社などの有力金融機関も登場してくるのが注目される（第1-8表）。株式会社の株主名簿のうえで個人株主と法人株主の区別が明確化されるのは、一八九〇年代末以降のことであるといわれるが、野田正穂氏によれば、当時の若干の鉄道会社の株式所有者別構成は、第1-9表のとおりである。これによると、十五銀行を最大の株主とする日本鉄道を別とすれば、金融機関の持ち株は幹線の山陽鉄道の場合で一〇・五％、関西鉄道の場合で六・六％に過ぎず、明治期の鉄道株の大部分は個人によって保有されていたことが察せられる。したがって、金融機関の鉄道株投資を過大に評価することはできないという[6]。とはいうものの、一つの変化があらわれたことは事実であった。

**第1-9表　鉄道会社の株主の構成**
（持ち株比率）

| 鉄道会社名 | 時　　期 | 銀行 | 保険 | 個人その他 |
|---|---|---|---|---|
| | | % | % | % |
| 日本鉄道 | 1904年12月末 | 25.2 | 1.3 | 73.6 |
| 山陽鉄道 | 1899年9月末 | 9.9 | 0.6 | 89.5 |
| 関西鉄道 | 1902年9月末 | 5.8 | 0.8 | 93.4 |
| 豊州鉄道 | 1899年9月末 | 5.3 | 0.1 | 94.5 |
| 参宮鉄道 | 1904年9月末 | 3.6 | 3.5 | 92.8 |
| 京都鉄道 | 1903年6月末 | 0.5 | 0.1 | 99.4 |

（備考）　野田正穂，前掲『日本証券市場成立史』268頁。

終わりに、鉄道投資をその主体からみれば、産業資本家的な立場と鉄道資本家的な立場に大別できるが、中西健一氏は、当時の私設鉄道の大株主と経営者との組み合せから、もう少し詳細な類型化をされているので、以下同氏の説くところを借用し、小括にかえることにしよう[7]。

第一は、三菱・三井・藤田・渋沢・住友らの政商―財閥系。とくに三菱は、参宮・関西・山陽・九州・筑豊の各私鉄に関係し、しかもそのほとんどにおいて最大の株主であり、その投資・支配集中の比重は卓越したものがあるという。

第二は、大阪・浪速・関西などの大阪周辺の鉄道を中心に、山陽・九州・豊州の各鉄道に大株主や重役として参加している大阪在来の商人高利貸資本より転成せる鉄道ブルジョア群。具体的な人物をあげると、さきの松本重太郎・田中市兵衛をはじめ、岡橋治助・浮田桂造・今西林三郎・鴻池・福井精三・外山脩造・井上保次郎・大塚磨・今村勤三・山中利右衛門・竹尾治右衛門らである。彼らの活発な鉄道投資、鉄道業への意欲的な進出は阪堺鉄道以来藤田伝三郎の指導が大きく作用しており、山陽・九州などの幹線鉄道ではむしろ藤田組の一勢力として三菱・三井と拮抗するという役割を果たした。

第三は、甲武・川越・青梅などの関東の諸鉄道を掌握している安田善次郎・雨宮敬次郎・浅野総一郎・田中平八・岩田作兵衛・米倉一平らの甲越系資本家。この中で鉄道に対してもっとも強い関心を示したのは雨宮であるが、この系統からはのちに根津嘉一郎が輩出する。

第四は、筑豊鉄道にみられる安川敬一郎・麻生太吉・松本健次郎などの九州の炭鉱企業主と地方的小鉄道を設立所有している地方素封家、つまり地方的資本家や地主などである。両毛鉄道あるいは唐津鉄道などの自生的鉄道資本もこれに入れてよかろう。

第五は、技術指導役として鉄道技術官僚から鉄道会社に天下り、私鉄経営者に転成した一群の人たちである。このケースは創設以来みられたが、明治三〇年代に入ってさらにその数を増してくる。異色としては、東京帝国大学総長たりし工学博士渡辺洪基、京都帝国大学工科大学教授をつとめた白石直治らがこの系列に含められよう。

(1) 詳細は、拙稿「日清戦争後鉄道会社の株主とその系譜」(近畿大学『青踏女子短期大学紀要』第六号(一九七六年)、前掲拙著『明治前期輸送史の基礎的研究』第一部第三章を参照されたい。
さらに、杉山和雄氏は、より詳細な「明治三〇年代における鉄道会社の大株主と経営者」（『成蹊大学経済学部論集』第七巻第二号、一九七七年）を発表されている。

(2) 守田志郎『地主経済と地方資本』（御茶の水書房、一九六三年）二八三―二八四頁。

(3) 淡路憲治「中越鉄道敷設と地主層との関連」（富山大学経済学会『富大経済論集』第一二巻第二号、一九六六年）一二一頁。

(4) 服部之総『明治の思想家たち』下（岩波新書、一九五九年）一〇三頁。地主制については、中村政則『近代日本地主制史研究』（東京大学出版会、一九七九年）を参照されたい。

(5) 杉山和雄「株式会社制度の発展――紡績、鉄道を中心に――」（小林正彬・下川浩一・杉山和雄・栂井義雄・三島康雄・森川英正・安岡重明編『日本経営史を学ぶ』I（有斐閣、一九七六年）一一六―一一七頁。

(6) 野田正穂、前掲『日本証券市場成立史』二六八頁。

(7) 中西健一、前掲『日本私有鉄道史研究』増補版六九―七二頁。なお渋沢栄一は、いわゆる指導者型の企業家であり、鉄道株所有の意味も他の政商とは異なった面があると思われる。

## 二　鉄道会社金融の特徴

明治期の鉄道会社金融については、断片的に多少ふれたところであるが、野田正穂・杉山和雄氏らの鉄道会社金融の分析が一つの方向を示している。野田氏の研究は、鉄道の資本調達を中心に、証券市場あるいは資本市場との関連を歴史的に解明されたものであり、杉山氏は紡績会社金融との対比で鉄道会社金融に関心を寄せているように思われる。大まかにいえば、前者は証券市場的アプローチ、後者は企業金融史的アプローチに重点が置かれている。(1) また小川功氏も、生保財務史の視点から、すぐれた研究を続けている。(2)

以下、紙数その他の関係から、主として杉山氏の要約的説明を借りるにとどめるが、さきに指摘した有力株主の多角的出資は、単に彼らの蓄積資金だけでは不可能であり、これを支えたのは株式の分割払込制と銀行の株式担保金融（株式担保貸付け）であったといわれる。前者については、旧商法では会社設立後すみやかに額面の四分の一以上を払い込むことが義務づけられ、新商法では四分の一以上の払込みが設立登記の要件とされたものの、それ以外の規定がなかったことから、実際には数期にわたり分割して払い込まれるのが一般的であった。これによって、鉄道会社は建設工事の進行にあわせて株式を調達し、株主も分割によって払込みが容易になった。しかも、後者の事情、つまり銀行が積極的に株式担保の貸付けを行ったため、株主は現実の資金蓄積高を超えて払込みに応ずることが可能であったといわれる。すなわち、大株主がその所有する株式を担保として銀行から資金を借り入れ、株式の追加払込ならびに新規投資を行ったのであるが、とくに鉄道株は銀行から歓迎された。というのは、一八九〇（明治二三）年の救済融資に際し、日本銀行が手形割引の適格担保に指定した株式に鉄道株が多かったから、自ら市中銀行で貸出担保として歓迎されるに至ったという。たとえば、三井銀行では、一八九六（明治二九）年各支店に貸出金を抑制して担保品を厳選するよう注意しているが、担保とすべき有価証券の取り扱いについては、日本銀行株式のほか、日本鉄道、両毛鉄道、甲武鉄道、大阪鉄道、関西鉄道、山陽鉄道、九州鉄道、筑豊鉄道の株式を最優遇扱いとして市価の八〇%を担保価格とするなどを指示したという。(3)

つぎに、鉄道会社の社債発行についてみておこう。鉄道会社の社債発行は、当初株式資本の調達難に対処するためにとられた手段であって、一八九〇（明治二三）年恐慌に大阪鉄道が二六万八五〇〇円を起債したのがはじまりといわれる。その後、次第に増加し、大会社へも波及した。日清戦争前後には、社債発行は主に日本・山陽・九州・北海道炭礦の四大鉄道会社に集中し、これら四社が発行総額の九割前後を占めた。(4)

しかし、一八九七（明治三〇）年以降になると、社債発行のほとんどは第二次鉄道熱期に設立された地方中小鉄道会社によるものとなった。とくに中小鉄道会社では、巨額の建設資金を株式資本によって全額まかなうことは困難だ

### 第1-10表　鉄道会社の資本構成

| | 払込資本(a) | 積立金(b) | 社　債(c) | 借入金(d) | 建設費(e) | a+b | c+d | e/(a+b) | e/(a+b+c+d) |
|---|---|---|---|---|---|---|---|---|---|
| 1898年度 | 千円 | 千円 | 千円 | 千円 | 千円 | 千円 | 千円 | % | % |
| 五大鉄道 | 102,559 | 2,073 | 5,074 | 2,409 | 105,561 | 104,632 | 7,483 | 1.01 | 0.94 |
| 中小鉄道 | 51,366 | 609 | 5,100 | 2,471 | 54,398 | 51,975 | 7,571 | 1.05 | 0.91 |
| 総　計 | 153,925 | 2,682 | 10,174 | 4,880 | 159,959 | 156,607 | 15,054 | 1.02 | 0.93 |
| 1902年度 | | | | | | | | | |
| 五大鉄道 | 149,898 | 4,371 | 5,075 | 0 | 149,753 | 154,269 | 5,075 | 0.97 | 0.94 |
| 中小鉄道 | 52,706 | 785 | 7,778 | 1,585 | 66,996 | 53,491 | 9,363 | 1.25 | 1.07 |
| 総　計 | 202,604 | 5,156 | 12,853 | 1,585 | 216,749 | 207,760 | 14,438 | 1.04 | 0.98 |

（備考）　杉山和雄，前掲論文「株式会社制度の発展――鉄道，紡績を中心に――」122―123頁。

### 第1-11表　銀行による鉄道社債の引受け状況

| 年 | 会　社　名 | 起債額(1,000円) | 利　率(%) | 期　間(年) | 発行価格(円) | 引受け銀行名 |
|---|---|---|---|---|---|---|
| 1898 | 阪鶴鉄道 | 1,300 | 10.0 | 5 | 95.00以上 | 北浜・共立・百三十・住友 |
| | 播但鉄道 | 360 | 10.0 | 4 | 95.00以上 | 北浜・住友・十五 |
| | 唐津興業鉄道 | 500 | 12.0 | 4 | 100.00以上 | 北浜 |
| | 中国鉄道 | 600 | 10.0 | 3 | 97.50以上 | 安田・第三 |
| 99 | 徳島鉄道 | 300 | 7.5 | 5 | 97.50以上 | 安田 |
| 1901 | 讃岐鉄道 | 75 | 10.0 | 3 | 100.00 | 多度津・坂出 |
| | 阪鶴鉄道 | 1,000 | 10.0 | 10 | 96.00以上 | 住友 |
| 02 | 甲武鉄道 | 800 | 7.6 | 1.5 | 100.00 | 日本興業 |
| | 京浜電気鉄道 | 250 | 8.5 | 1 | | 日本興業 |
| 03 | 総武鉄道 | 600 | 7.0 | 6 | 100.00以上 | 三菱・第一 |
| | 伊予鉄道 | 50 | 8.0 | 4 | | 松山商業 |
| | 北海道炭礦鉄道 | 2,000 | 8.0 | 15 | | 第三 |
| | 阪神電気鉄道 | 500 | 8.5 | | | 第三 |
| 04 | 伊予鉄道 | 20 | 8.5 | 3.5 | 100.00 | 五十二 |
| 06 | 高野鉄道 | 200 | 10.0 | 5 | 100.00 | 安田 |

（備考）　野田正穂，前掲『日本証券市場成立史』135頁。引受けには総額引受けを含むという。

ったからである。杉山和雄氏は、日本・山陽・九州・関西・北海道炭礦の五大鉄道全体では、一八九八（明治三一）年には払込資本金および積立金をもってほぼ建設資金をまかない得たが、全中小鉄道では、一九〇二（明治三五）年に至るも社債・借入金に依存し、かつこれらをもっても建設費をカバーできないありさまであったことを明らかにしている（第1-10表）。(5)

なお五大鉄道会社のうち、一八九七（明治三〇）年から一九〇四（明治三七）年までの間に社債を発行したのは、一八九七（明治三〇）年七月の九州鉄道（総額三九万五〇〇〇円、利率は七%）、一九〇三（明治三六）年三月の北海道炭礦鉄道（総額一〇〇万円、利率は八%）、同年六月の山陽鉄道（総額一四〇万円、利率は六%）、一九〇四（明治三七）年七月の関西鉄道（総額九〇万円、利率は六%）であった。このうち設備資金の調達を目的に社債を発行したのは北海道炭礦鉄道だけであり、残りはいずれも他の鉄道会社の吸収合併に関連して社債を発行していたのである。(6) この間、社債発行の条件も悪化したようである。

またこの時期の変化として、銀行の鉄道社債引受けをあげることができる。初期の中小私鉄における社債発行は株主からの直接募集であったが、大鉄道会社の場合には、これ以前にもすでに第一銀行など大銀行が社債募集を取り扱うようになっていたという。社債の応募と区別して社債引受けが法的に規定されたのは、一八九九（明治三二）年公布の北海道拓殖銀行法、ついで翌年の日本興業銀行法であったが、鉄道社債についていえば、すでに一八九八（明治三一）年の北浜、共立、百三十、住友の各銀行による阪鶴鉄道社債一三〇万円の引受けがあり、右の銀行法施行後、安田、北浜、住友などの有力大銀行が積極的にこの分野に進出してくることになる。(7)

野田正穂氏によると、一八九八（明治三一）年以降の銀行による鉄道社債の引受け状況は、第1-11表に示すように多数にのぼっている。「九〇（明治三三）年以降の鉄道社債の発行が直接募集もしくは銀行の募集取扱いによって行なわれていたのに対して、この時期に鉄道社債の発行方法がさらに高度化した」(8) という。とくに、安田（同系の第三）と北浜の両銀行は、単に社債の引受けにとどまらず、さらに一九〇五（明治三八）年七月に担保附社債信託法が施行されると、いち早く信託事業兼営の免許を取得し、この分野でも他の銀行の追随を許さない大きな足跡を残したのである。(9)

その他、杉山和雄氏は『日本帝国統計年鑑』『鉄道局年報』『帝国鉄道要鑑』の三種類の鉄道統計の利用について示唆に富んだ指摘をされている。(10) すなわち、鉄道会社金融の分析には『鉄道局年報』所載のいくつかの統計表が一定の手がかりを与えてくれるが、まず「開業私設鉄道各社事業年度末現況表」は各社の年度別資本勘定の財源およびその使途、つまりバランスシートを示しているから、たとえば日本鉄道あるいは私設鉄道会社全体についての当該年度における資産・負債規模を量的に確定することが可能であるという。その資金の源泉が何であるかということを株式、社債、借入金、積立金およびその他という項目で知ることができ、またそれがいかに使われているかということを建設費、貯蔵費、その他の項目で一応把握できるわけである。つぎに、「私設鉄道現況累年表」は資本金のほか、積立金、社債、借入金および建設費を示しているから、私設鉄道会社が設備投資に要する資金がいかなる源泉からどの程度調達したかを知ることができるという。杉山氏の前掲第1－10表は、この統計表を使って鉄道会社の資本構成をみようとされたものである。このほか、増資および減資のデータも参考となる。野田氏の作成された前掲第1－3表は、その一例である。

要するに、『鉄道局年報』は、鉄道会社の設備金融あるいは全体のバランス、資本構成をみる場合、欠かすことのできない資料を提供しているといえるわけである。これらを使ってなし得る仕事は多々あるであろうが、たとえば「官私設鉄道運輸延哩程累年表」「官私設鉄道営業収支累年表」などを加えての経営規模別の分析ならびに年差額を算出してのフローの分析も可能であるといわれる。ただ、鉄道会社金融の実態をいっそう立ち入って分析するためには、営業報告書はもとより、株主総会や取締役会の議事録などの基礎的経営史料の発掘にまたねばならない。大株主の性格を知るためのデータは、『鉄道局年報』からは得られないのである。

（1）　野田正穂、前掲『日本証券市場成立史』、杉山和雄、前掲論文「株式会社制度の発展――紡績、鉄道を中心に――」等を参照のこと。
（2）　たとえば、小川功『生保財務論』(1)－生保財務発達史（明治・大正期）－（生命保険文化研究所、一九八五年）を参照のこと。
（3）　杉山和雄、前掲論文、一一八－一二〇頁。なお三井銀行の紡績会社株式の担保価格は、市価の七〇－七五％という。

(4) 同右、一二二―一二三頁。
(5) 同右、一二三頁。
(6) 野田正穂、前掲書、一三〇頁。
(7) 杉山和雄、前掲論文、一二三頁。
(8) 野田正穂、前掲書、一三五―一三六頁。
(9) 同右、一三六頁。
(10) 以下、杉山和雄「鉄道会社金融と鉄道統計」(野田正穂・原田勝正・青木栄一編『明治期鉄道史資料』月報No.四、日本経済評論社、一九八〇年)一―八頁。

さらに杉山氏は、別稿「解題『鉄道局年報』『鉄道輸送主要貨物数量表』」(山口和雄監修『近代日本商品流通史資料』第十一巻、日本経済評論社、一九七九年)、「解題『本邦鉄道の社会及経済に及ぼせる影響』」(同第十二巻、一九七九年)でも有益な指摘を行っている。

# 第二章　鉄道国有化と「国有化」後の鉄道政策

# 第一節　鉄道国有化と国鉄の経営理念等

## 一　鉄道国有化とその論理

周知のように、鉄道国有化の問題は、昭和三〇年代にかけて、国家独占資本主義論との関連から研究がみられたテーマでもあり、大島藤太郎、島恭彦、富永祐治、中西健一氏らの著作は、日本鉄道史研究における古典的労作として、いまなおその価値を失っていないといえよう。近年も、鉄道国有化を扱った業績は少なくないが(1)、以下、簡単にその推移をたどっておこう。

鉄道国有化の要求は、すでに明治二〇年代からあらわれていた。一八九〇(明治二三)年恐慌のあと、各地の商業会議所が中心となり、全国国有同盟会を組織し、運動を開始している。だが、私設鉄道買収法案は、衆議院第一読会で大多数を以て否決された(2)。鉄道公債法案の方は、議決に至らないうちに衆議院が解散してしまい、廃案となる。続いて、日清戦争前に、軍事輸送の観点からの軍部の要請があり、日清戦争後にも北海道炭礦鉄道の井上角五郎、雨宮敬次郎、岩田作兵衛ら、いわゆる鉄道投機家は恐慌対策の一つとして鉄道国有を請願する動きを示した。その後、国有請願の歩調は揃わなくなるが、とくに財界主流は、これに消極的だったようである。

すなわち、宇田正氏が指摘されるように、「私鉄の国有化」を「一時の政略」に選んだものの、やがて一八九四(明治二七)年ごろから渋沢栄一、中上川彦次郎らを主唱者として、漸く産業資本段階にまで成長しようとする企業家たちによる鉄道民有調査会の官設鉄道払下げ計画=反国有化の立場が目立ってくる。ところが、この鉄道民有調査会の官鉄払下論は、同じく反国有化の立場にあるはずの一部私鉄経営者から激しい反対を受けた。それは、明治二〇年代の民間の私鉄イデオローグの代表と目されていた、佐分利一嗣および田口卯吉らに代表されるものであったとみてよかろう。[3]とくに佐分利の鉄道論（「将来ノ鉄道」『工学会誌』第一一巻・第一二三巻、一八九一年）は、例の「鉄道政略ニ関スル議」以前に発表されたものだけに注目に値しようが、[4]この点に関連し、宇田正氏は、つぎのように述べている。[5]

しかし彼等（佐分利一嗣・田口卯吉―筆者注）がいずれも先進資本主義国英国の鉄道の存在形態を理想とし、その自由主義経済観に基づく問題意識から単純比較的・教条的に鉄道民営論を引き出して、例えば渋沢・中上川らが代表する財閥政商資本家グループによる官鉄払下げ論などとは対蹠的な立場にあったということは、佐分利＝甲信鉄道・成田鉄道、田口＝両毛鉄道と、彼等がいずれも地方産業ブルジョア資本による中小鉄道の経営者であったこと、そしてそういう地方産業開発鉄道の型はわが国の資本主義の展開の中でしだいに疎外、従属化され、自生的、主体的な発達をとげえなかったことと無関係ではあるまい。

いずれにせよ、双方とも鉄道を営利事業と規定し、反国有化の立場では一致しながらも、それぞれが立脚する資本の性格の相違から、複雑な様相を呈したのであった。

曲折をへたが、鉄道国有を主張するのは、何よりも鉄道官僚であり、また軍部、とくに陸軍であった。一九〇〇（明治三三）年には、議会対策上もあって、政府は鉄道国有化問題を取り上げ、鉄道国有法案および私設鉄道買収法案が帝国議会で審議されるところまでいった。「このときの買収予定私設鉄道は、日本、西成、北海道炭礦、北越、甲武、関西、山陽、九州、京都の九社で、買収費額二億円以下、買収期間一〇か年とされた」[6]が、財政難の制約に加えて、もともと政府自身、この法案成立への熱意を欠いていたことから、審議未了で不成立となった。つまり、「この当時における鉄道国有論は、不況による経営難といった理由によるもので、鉄道国有の方針やその意義などについての定見があるわけではなかった。したがって財界では、いくつかの商業会議所が鉄道国有についての建議書を政府に提出したが、この法案の成立に最後まで尽力する熱意がなかった」[7]といわれる。

ここで、一八九六（明治二九）―一九〇〇（明治三三）年の五年間における官私鉄線の建設費に対する純益の割合を掲げると、第2－1表のようである。これによると、まず一九〇〇（明治三三）年段階における官設鉄道の建設費に対する純益の割合は、東海道線一割六分、北陸線は六分、信越線は五分五厘であり、その他奥羽線・北海道線などは振るわなくなっている。篠の井線・中央線は開業まもないため、利益が少ないのはやむを得ない面があった。他方私設鉄道の場合は、五年間に大体五分以上のところは、日本・山陽・甲武・参宮・佐野・総武・川越・奈良・南和・南海・伊予・讃岐・九州・豊州・北炭の一五社である。一九〇〇（明治三三）年についてみれば、一割もしくは一割以上のところは四〇余社のうち、日本・甲武・参宮・佐野・総武・川越・讃岐・豊州・北炭の九社であり、五分以上のものは、山陽・関西・播但・奈良・南和・成田・豊川・南海・龍崎・青梅・伊予・九州の一二社である。その他は四分八厘ないし一分一厘の間にあり、とくに収益乏しきところは太田・高野の二社であった。

以上の諸点と野田正穂氏の分析された主要鉄道会社の配当率の推移等を検討し[8]、この段階における各社の国有化への対応をもみるべきであろうが、いまはその余裕がなく、今後の課題としておきたい。一応の展望を許されるならば、幹線ないし準幹線で収益の多い鉄道会社は、大部分静観の立場を貫き、業績の振るわない地方中小私鉄の多くは、やはり国有化を希望する場合が強かったのではないかと思われる。

それはさておき、日露戦後の段階になると、鉄道国有化を単に目前の利潤追求という立場からではなく、帝国主義段階における資本の要請として主張する立場が明確となってきた。たとえば、渋沢栄一は、「現政府が若し鉄道政策に依て輸出入杯の上に注意を加へ国力を増進すると云ふ見地から鉄道国有を主張するものなれば止むを得ず、自分等も最初は反対した政策であるけれども今日の場合或は同意せざるを得ぬかと思ふ」[9]と述べ、鉄道国有支持の立場にま

## 第2-1表　諸官設および主要私設鉄道の建設費に対する純益の割合

| | 1896年度 | | 1897年度 | | 1898年度 | | 1899年度 | | 1900年度 | |
|---|---|---|---|---|---|---|---|---|---|---|
| 官　設 | 建設費 | 建設費に対する利益割合 | 建設費 | 建設費に対する利益割合 | 建設費 | 建設費に対する利益割合 | 建設費 | 建設費に対する利益割合 | 建設費 | 建設費に対する利益割合 |
| | 円 | % | 円 | % | 円 | % | 円 | % | 円 | % |
| 東海道線 | 33,209,785 | 12.5 | 34,323,614 | 13.7 | 41,773,497 | 11.2 | 44,188,090 | 14.7 | 48,728,893 | 16.1 |
| 北陸線 | 3,008,685 | 0.2 | 4,193,790 | 0.5 | 8,354,908 | 2.8 | 8,912,473 | 4.5 | 9,636,097 | 6.0 |
| 信越線 | 6,169,768 | 1.8 | 6,185,556 | 4.2 | 6,660,679 | 0.8 | 6,832,472 | 4.5 | 6,957,600 | 5.5 |
| 篠の井線 | — | — | — | — | — | — | — | — | 4,404,134 | 0.3 |
| 中央線 | — | — | — | — | — | — | — | — | 3,249,821 | 2.1 |
| 奥羽線 | 1,179,670 | 1.7 | 1,529,148 | 0.5 | 1,653,952 | 0.3 | 7,905,480 | 損 0.2 | 10,072,861 | 0.8 |
| 北海道線 | — | — | — | — | 1,169,200 | ? | 2,140,534 | 損 2.3 | 2,524,105 | 損 1.0 |
| 総計 | 43,567,908 | 10.2 | 46,232,108 | 10.7 | 59,612,236 | 8.3 | 69,979,049 | 10.2 | 85,573,511 | 10.6 |
| 私設 | | | | | | | | | | |
| 日本 | 26,074,598 | 10.3 | 36,560,462 | 9.4 | 42,503,147 | 6.6 | 45,068,282 | 9.2 | 45,956,076 | 11.4 |
| 山陽 | 10,032,828 | 10.6 | 16,342,532 | 7.0 | 18,124,766 | 7.1 | 18,433,224 | 7.8 | 21,266,610 | 7.7 |
| 甲武 | 1,598,009 | 12.1 | 1,736,934 | 13.0 | 1,767,152 | 7.1 | 1,792,006 | 16.1 | 1,912,417 | 16.4 |
| 関西 | 5,591,718 | 4.0 | 8,889,070 | 5.3 | 12,579,433 | 2.9 | 13,264,263 | 5.0 | 21,295,646 | 5.4 |
| 参宮 | 966,877 | 14.7 | 1,345,052 | 11.7 | 1,415,472 | 10.8 | 1,586,368 | 11.8 | 1,664,391 | 12.2 |
| 佐野 | 165,035 | 6.9 | 124,088 | 10.4 | 129,490 | 6.7 | 131,347 | 10.7 | 143,583 | 10.0 |
| 総武 | 1,196,684 | 18.0 | 2,377,024 | 14.7 | 2,853,683 | 13.5 | 2,987,825 | 14.5 | 3,405,466 | 14.9 |
| 播但 | 1,123,181 | 5.1 | 1,174,063 | 4.1 | 1,205,111 | 3.7 | 1,219,938 | 4.3 | 1,233,383 | 5.0 |
| 青梅 | 164,911 | 0.4 | 173,022 | 3.5 | 174,340 | 4.5 | 174,388 | 7.2 | 174,774 | 5.5 |
| 川越 | 334,204 | 0.9 | 337,245 | 10.0 | 338,483 | 8.6 | 340,838 | 12.3 | 359,431 | 13.2 |
| 奈良 | 1,260,479 | 7.4 | 1,417,603 | 7.4 | 1,937,163 | 6.2 | 2,243,738 | 5.8 | 2,378,320 | 6.6 |
| 房総 | 584,868 | 6.6 | 1,179,839 | 5.2 | 1,217,288 | 5.0 | 1,723,267 | 3.0 | 1,983,463 | 2.7 |
| 南和 | 592,424 | 4.9 | 750,782 | 3.6 | 763,668 | 5.0 | 778,298 | 6.0 | 779,693 | 7.7 |
| 成田 | 422,541 | 3.4 | 985,024 | 4.8 | 998,217 | 5.8 | 999,739 | 6.3 | 1,337,600 | 5.6 |
| 京都 | — | — | 932,642 | 1.5 | 960,844 | 3.4 | 3,298,734 | 1.7 | 3,391,701 | 4.0 |

| | | | | | | | | | | |
|---|---|---|---|---|---|---|---|---|---|---|
| 阪鶴 | 313,673 | 1.3 | 753,907 | 5.3 | 3,048,018 | 2.7 | 5,864,760 | 2.3 | 5,999,736 | 4.0 |
| 中越 | — | — | 409,733 | 2.0 | 442,887 | 6.0 | 469,478 | 5.2 | 842,928 | 4.0 |
| 上野 | — | — | 467,739 | 0.5 | 482,315 | 2.9 | 520,000 | 4.7 | 545,460 | 3.3 |
| 北越 | — | — | 2,407,095 | 0.2 | 5,687,896 | 0.4 | 5,949,883 | 4.0 | 6,175,119 | 4.7 |
| 豊川 | — | — | 522,637 | 3.7 | 740,025 | 4.7 | 774,990 | 6.0 | 992,966 | 5.0 |
| 南海 | — | — | 777,389 | — | 3,562,640 | 5.0 | 3,639,236 | 9.1 | 3,993,910 | 9.5 |
| 太田 | — | — | 413,627 | 0.5 | 429,764 | 0.5 | 589,479 | 0.1 | 586,102 | 0.1 |
| 高野 | — | — | — | — | 827,011 | 0.8 | 890,214 | 0.1 | 1,814,084 | 損 0.3 |
| 尾西 | — | — | — | — | 205,101 | 2.1 | 552,558 | 4.0 | 702,414 | 4.8 |
| 西成 | — | — | — | — | 1,638,201 | 0.7 | 1,643,504 | 1.5 | 1,515,122 | 1.3 |
| 紀和 | — | — | — | — | 788,291 | 4.3 | 841,973 | 2.6 | 2,045,607 | 1.9 |
| 七尾 | — | — | — | — | 1,036,435 | 2.1 | 1,096,258 | 1.7 | 1,394,411 | 4.2 |
| 豆相 | — | — | — | — | 342,318 | 1.3 | 499,168 | 0.5 | 538,454 | 2.3 |
| 近江 | — | — | — | — | 710,856 | 0.4 | 742,747 | 1.8 | 1,613,907 | 1.1 |
| 岩越 | — | — | — | — | 425,914 | 5.9 | 2,063,234 | 2.7 | 2,129,600 | 2.3 |
| 中国 | — | — | — | — | 2,810,996 | 0.5 | 2,968,762 | 3.5 | 3,095,510 | 2.2 |
| 河南 | — | — | — | — | — | — | 218,176 | 1.6 | 220,474 | 3.8 |
| 東武 | — | — | — | — | — | — | 1,427,055 | 4.4 | 1,402,375 | 4.1 |
| 龍崎 | — | — | — | — | — | — | — | — | 61,993 | 5.2 |
| 伊予 | 188,350 | 12.1 | 188,550 | 13.3 | 189,254 | 13.1 | 189,254 | 14.7 | 576,407 | 9.3 |
| 讃岐 | 983,283 | 5.8 | 1,257,823 | 9.3 | 1,286,761 | 9.9 | 1,298,397 | 11.1 | 1,299,129 | 12.2 |
| 徳島 | — | — | — | — | 596,970 | 1.1 | 745,215 | 4.5 | 1,150,115 | 3.8 |
| 九州 | 8,722,565 | 10.4 | 17,272,659 | 8.2 | 22,852,582 | 7.1 | 28,344,451 | 5.1 | 29,971,088 | 8.7 |
| 豊州 | 1,592,438 | 19.7 | 3,809,562 | 5.0 | 4,262,596 | 8.8 | 4,940,298 | 9.0 | 5,200,311 | 10.4 |
| 唐津 | — | — | — | — | 638,200 | 0.2 | 2,057,955 | 1.2 | 2,212,010 | 3.3 |
| 北海道炭礦 | — | — | — | — | 7,315,289 | 6.7 | 7,492,926 | 11.8 | 7,868,405 | 11.4 |
| 通計 | 71,334,289 | 9.5 | 107,699,514 | 8.1 | 151,027,861 | — | 173,444,231 | 7.2 | 191,230,391 | 8.0 |
| 総計 | 114,902,197 | 9.8 | 153,931,622 | 8.9 | 210,640,097 | — | 243,423,280 | 8.0 | 276,803,902 | 8.7 |

（備考）『東洋経済新報』第229号（1902年4月25日付）22—23頁。ただし，一部訂正。

わった。軍部の鉄道国有化への意向は一挙に固まり、同問題は、山県・桂の連繋を受けて第一次西園寺公望内閣のときに具体化する。一九〇五（明治三八）年一二月鉄道国有調査会による「鉄道国有ノ趣旨概要」「私設鉄道買収調査要項」の二答申をもとに作成された鉄道国有法案が閣議において決定され、京釜鉄道買収法案とともに、第二二帝国議会に提出される運びとなった。曲折はあったが、その趣旨は、㈠鉄道国有が国内産業振興に役立つこと、㈡外国資本の鉄道支配を防止すること、㈢戦後財政の整理に役立つことの三点をあげており、いわゆる日露戦後経営の立場から、明らかにされた論点がそこにみられる。(10)

具体的な政治過程では、二転三転し、買収会社三二社を一七社にするなどの修正が行われたが、一九〇六（明治三九）年三月、鉄道国有法案は第二二帝国議会の最終日、衆議院本会議において討論省略、反対派総退場という異常な事態のもと

の概要と金融関係

| 融資金融機関（判明分のみ） | 社債 | |
|---|---|---|
| | 引受又は募集取扱 | 大口社債権者の例 |
| | 第一，十五，三十四，第三，安田，チャータード他 | 共済，日本，明治，仁寿，護国各生命 |
| | 興銀 | |
| | 十五銀行 | 十五銀行，名古屋生命 |
| | ― | ― |
| 日生 | 四十二，百三十，第一，百十九，正金，十五，三井，三菱 | 日本海陸，明生，明火，東海上 |
| 日生，肥後銀行 | ― | ― |
| 第一，三井，三菱，第百，今村各行，日生 | 第一，十五，百四十八，四十二，百三十六，第三，百十九他地元行 | 日生，山口銀行，東海上，明生，明火，二十九，阿波商業 |
| 安田銀行 | 第一，第三，三井，安田，第百，住友，興銀他 | 明治，日本，千代田，仁寿各生命 |
| | ― | ― |
| 明生，日生他26行社 | 百三十，大阪共立，住友，北浜，三十四，鴻池，浪速，第三他 | 明治，日本，共済，日本教育，仁寿各生命 |
| 明生 | 第一，今村，二十七，帝商，第二他地元行 | 明生，東海上，仁寿 |
| | 三菱，第一 | 東海上 |
| | 三菱，帝商，千葉商業，北浜各行 | ― |
| 百三十銀行 | 松本重太郎，百三十銀行 | 日本教育，明治各生命 |
| | 第三，北浜 | 共済，日本各生命 |
| 浪速，住友，三十四，三菱，山口各行，日生 | サミュエル商会 | 日生 |
| 第一銀行 | ― | ― |
| ― | ― | ― |

42巻第10号）52頁。合計の数値は，必ずしも表中の総和となつていない場合がある。
なし（静観，その他）を示す。

**第2-2表　国有化された17私鉄**

| 国有化への基本姿勢 | | 哩数 | a. 買収日の鉄道建設費 | b. 鉄道買収価額(無認可建設費を除く) | b/a | 代表者 | 資本系統(大株主) |
|---|---|---|---|---|---|---|---|
| | | | 千円 | 千円 | % | | |
| ○ | 北海道炭礦 | 207 | 12,152 | 30,366 | 249.9 | 井上角五郎 | 三井・安田 |
| ○ | 甲武 | 28 | 4,895 | 14,214 | 290.4 | 三浦　泰輔 | 雨宮・安田 |
| ― | 日本 | 860 | 55,058 | 137,609 | 249.9 | 曽我　祐準 | 十五銀行 |
| ― | 岩越 | 112 | 2,729 | 2,521 | 92.4 | 前田　青莎 | 日鉄・三菱 |
| ― | 山陽 | 433 | 38,129 | 78,525 | 205.9 | 牛場　卓蔵 | 三菱・三井 |
| ○※ | 西成 | 4 | 1,751 | 1,705 | 97.3 | 岩下　清周 | 北浜銀行 |
| ― | 九州 | 495 | 56,324 | 113,751 | 202.0 | 仙石　貢 | 三菱 |
| ※ | 北海道 | 158 | 11,365 | 11,365 | 100.0 | 北垣　国道 | (大阪貯蓄銀行 日本生命他) |
| ○※ | 京都 | 22 | 3,458 | 3,340 | 96.6 | 田中源太郎 | 横浜銀行 |
| ×※ | 阪鶴 | 70 | 6,933 | 6,928 | 99.9 | 田　艇吉 | 三井物産 |
| ×※ | 北越 | 101 | 7,307 | 7,747 | 106.0 | 渡辺　嘉一 | (明治生命) |
| ― | 総武 | 74 | 6,154 | 12,853 | 208.9 | 青田　綱三 | (大阪貯蓄銀行) |
| ※ | 房総 | 39 | 2,216 | 2,135 | 96.3 | 大野　丈助 | (大野丈助) |
| ― | 七尾 | 34 | 1,532 | 1,490 | 97.3 | 飯村　幸蔵 | (松本→安田) |
| ○ | 徳島 | 21 | 1,332 | 1,310 | 98.3 | 川真田徳三郎 | (大串・共済生命) |
| ×※ | 関西 | 299 | 24,790 | 36,013 | 145.3 | 片岡　直温 | (大阪貯蓄銀行 日本生命他) |
| × | 参宮 | 38 | 2,772 | 5,497 | 198.3 | 〃 | (日本生命) |
| | 計 | 3,004 | 238,897 | 467,371 | 195.6 | ―― | ―― |

(備考)　1　小川功「関西鉄道の国有化反対運動の再評価―片岡直温の所論紹介―」(運輸調査局『運輸と経済』第
2　○…国有化に賛成，×…国有化に反対，※…価格時期等に不満（請願等を実施），―…特記すべき事項

で通過成立した。ここに、「一般運送ノ用ニ供スル鉄道ハ総テ国ノ所有トス、但シ一地方ノ交通ヲ目的トスル鉄道ハ此ノ限リ在ラス」(同法第一条)という鉄道国有の原則が樹立され、一九〇七(明治四〇)年一〇月一日までに、北海道炭礦以下一七社の主要幹線は、国有として運営されることになる。同時に、京釜鉄道買収法案も公布された。

しかし、被買収鉄道のすべてが買収に積極的であったわけではなく、むしろ鉄道国有法案成立以前に買収反対運動を繰り広げた私鉄もあった。この点について

は、小川功氏の興味深い研究がある（第2－2表）。各私鉄の国有化への基本姿勢の評価には問題がないわけではないが、同氏は、買収価額が「明治三十五年後半期乃至明治三十八年前半期ノ六営業年度間ニ於ケル建設費ニ対スル益金ノ平均割合ヲ買収ノ日ニ於ケル建設費ニ乗シタル額ヲ二十倍シタル金額」を基準とし、これが建設費に達しない場合には、建設費以内において政府と協定するものとされたこと、つまり、建設費の実費を補填するのではなく、交付国債の利率五％で純収益を永久還元する収益還元法を採用したため、優良私鉄では買収価額が建設費の二倍を超過する反面、不振私鉄では建設費にも達しないなど、著しく明暗をわけたという[11]。表中では、明らかにされていないが、九州鉄道とそれに関西鉄道が合併反対ないし抵抗の姿勢を示した双璧といえよう。これは、「採算路線を擁して経営基盤が安定しているか、ないしはその発展が約束されている交通市場に立地した関西以西の幹線的大私鉄グループにおいて見られる[12]」方向であった。三菱が実質的に支配していた九州鉄道は、三菱の鉱山経営にとって重要な役割を果たし、石炭輸送の独占的支配で高配当を続けていたからである。三菱（岩崎）の女婿である加藤高明外相は、法律成立とともに辞職してしまった。一九〇二（明治三五）年から一九〇四（明治三七）年にかけて二回にわたって、名古屋・大阪間で官設鉄道と激烈な競争を展開した関西鉄道も、やはり最後まで国有化に反対した私鉄の一つである。一九〇六（明治三九）年一二月鉄道国有法第一条が買収対象を幹線に限定していることに反するという理由で、「鉄道国有除外請願書」を内閣総理大臣に提出している。また「国有除外請願懇願書」を貴・衆両議院に送付して賛同を求めたのである[13]。ただ一方で、同社は、いずれ国有化は免れないとして同月開かれた株主総会では少しでも条件を有利にしようと、「複線ヲ敷設シ電力ヲ併用スル等[14]」を決議している。結局一九〇七（明治四〇）年一〇月一日買収と指定されたが、このように「買収価額の算定をめぐって、各私鉄から各種の請願が出される一方、優良私鉄では建設工事を急増させ、建設費を増大し、買収価額のつり上げを[15]」はかるケースが多かったように思われる。

もう少し、私鉄企業の国有化への対応をみておこう。宇田正氏によると、日本鉄道の場合、鉄道国有法案が議会へ提出されるや、社長の曽我祐準が全社員に動揺を押さえるよう訓示し、社員一同の自覚と責任感を喚起した。「同社の場合、半『官鉄』としてのその成立事情や資本の性格からして、他の大私鉄企業とはやや対応を異にし、ある程度国有化を必然の道とうけとめていたのではあるまいか」という。甲武鉄道の場合は、もともと幹線の一部としての役割を負わされ、将来国有化される予定もあって、日本鉄道より以上に国有化への抵抗は少なかったとみられる。すなわち、国有化問題に先立って、一九〇二（明治三五）年参謀本部から国家買収の内交渉があり、同年一二月同社は臨時株主総会を開き、賛成過半数で買収に応ずることになっていたのである。だから、鉄道国有法の適用は、既定の路線の法的確認に過ぎなかったといわれる。他方、農村的・地方中小私鉄の対応の典型的事例として、北越鉄道の場合、国有化に必ずしも反対ではなく、むしろ期待しているというのが本音だろうが、少しでも買収価額算定に有利となるような特例を認める法律改正を要求し、併せて「当社鉄道ノ買収ヲ明治四十六年度富山直江津間全通ノ際マデ延期」することを要請するほどであった。このような「露骨に私的資本の論理を貫徹しようとするビヘイビアは、まさしく国内各地に同類項が見られる鉄道利権屋的私鉄経営者に固有のものであったといえよう」と指摘されている。また京都鉄道の場合、巨額の建設費を要したにもかかわらず、建築費以内で買収価額が協定されることを不利益として、一九〇七（明治四〇）年三月、貴・衆両議院に対し鉄道国有化除外を請願し、さらに同年六月逓信大臣へ買収価額の算定方法につき特別の詮議を行っているが、国有化への対応の姿勢には共通点があるといわねばならない(16)。

ちなみに、鉄道国有法公布当時における官私鉄道の実態を掲げると、第2－3表のようである。官鉄と私鉄では、圧倒的に後者が優位となっており、とりわけ私鉄の中でも買収一七社の占めるウェイトがきわめて高いこともうかがえる。鉄道国有法の公布施行に伴い、その実行機関として、同年五月臨時鉄道国有準備局が設置され、被買収鉄道の買収価格の調査・算定や職員・固定施設・流動資産・計理等の調査と引継事務を担当した。前述のような経緯はあったものの、一九〇七（明治四〇）年一〇月までに、北海道炭礦・甲武・日本・岩越・山陽・西成・九州・北海道・京

## 官私鉄道の実態　（1906年3月31日現在）

| 数量 | 営業収入 | | | | 営業費 | 営業利益 | 営業収入100円に対する営業費 |
|---|---|---|---|---|---|---|---|
| 貨物 | 客車収入 | 貨車収入 | 雑収入 | 計 | | | |
| トン | 円 | 円 | 円 | 円 | 円 | 円 | 円 |
| 2,787,514 | 10,333,421 | 5,828,569 | 495,568 | 16,657,558 | 5,903,454 | 10,754,104 | 35.4 |
| 387,362 | 1,156,156 | 688,535 | 17,463 | 1,862,154 | 1,022,387 | 839,767 | 54.9 |
| 376,872 | 849,684 | 648,220 | 19,316 | 1,517,220 | 1,254,774 | 262,446 | 82.7 |
| 124,883 | 173,950 | 150,500 | 2,080 | 326,530 | 255,340 | 71,190 | 78.2 |
| 216,059 | 358,653 | 259,909 | 9,490 | 628,052 | 469,801 | 158,251 | 74.8 |
| 99,243 | 152,552 | 133,493 | 2,099 | 288,144 | 155,504 | 132,640 | 54.0 |
| 452,233 | 1,003,819 | 709,633 | 46,452 | 1,759,904 | 1,120,097 | 639,807 | 63.6 |
| —— | —— | —— | —— | —— | —— | —— | —— |
| —— | —— | —— | —— | —— | —— | —— | —— |
| 29,610 | 90,215 | 35,531 | 764 | 126,510 | 105,829 | 20,681 | 83.7 |
| 43,166 | 127,084 | 51,941 | 859 | 179,884 | 124,558 | 55,326 | 69.2 |
| 299,573 | 290,350 | 360,543 | 59,291 | 710,184 | 717,410 | 損 7,226 | 101.0 |
| 4,403,494 | 14,535,884 | 8,866,874 | 653,382 | 24,056,140 | 11,129,154 | 12,926,986 | 46.3 |
| 3,274,936 | 5,670,439 | 7,513,817 | 1,384,961 | 14,569,217 | 6,394,410 | 8,174,807 | 43.9 |
| 1,493,535 | 4,528,646 | 2,150,716 | 349,536 | 7,028,898 | 3,285,935 | 3,742,963 | 46.8 |
| 493,782 | 399,683 | 272,328 | 98,646 | 770,657 | 380,259 | 390,398 | 49.3 |
| 824,878 | 2,221,532 | 836,417 | 258,408 | 3,316,357 | 1,571,018 | 1,745,339 | 47.4 |
| 52,205 | 278,297 | 29,306 | 14,849 | 322,452 | 121,236 | 201,216 | 37.6 |
| 346,765 | 701,402 | 280,547 | 76,636 | 1,058,585 | 488,587 | 569,998 | 46.2 |
| 106,479 | 134,648 | 77,165 | 35,840 | 247,653 | 129,212 | 118,441 | 52.2 |
| 136,189 | 120,406 | 55,689 | 20,153 | 196,248 | 91,098 | 105,150 | 46.4 |
| 237,764 | 379,140 | 285,375 | 6,298 | 670,813 | 311,834 | 358,979 | 46.5 |
| 182,034 | 404,610 | 231,276 | 60,377 | 696,263 | 309,793 | 386,470 | 44.5 |
| —— | —— | —— | 17,571<br>貸上料82,831 | 100,402 | 10,611 | 89,791 | —— |
| 36,129 | 102,535 | 40,951 | 2,795 | 146,281 | 75,313 | 70,968 | 51.5 |
| 82,563 | 100,484 | 95,660 | 27,758 | 223,902 | 132,459 | 91,443 | 70.8 |
| 56,546 | 78,808 | 25,593 | 12,576 | 116,977 | 56,070 | 60,907 | 47.9 |
| 6,299,371 | 3,446,279 | 4,927,128 | 590,353 | 8,963,760 | 4,000,983 | 4,962,777 | 44.6 |
| 2,097,253 | 553,270 | 2,386,723 | 133,431 | 3,073,424 | 1,635,358 | 1,438,066 | 53.2 |
| 154,750 | 470,677 | 217,835 | 12,924 | 701,436 | 534,319 | 167,117 | 76.2 |
| 15,875,179 | 19,590,856 | 19,426,526 | 3,185,943 | 42,203,325 | 19,528,495 | 22,674,830 | 46.3 |
| 1,251,391 | 1,959,194 | 557,504 | 257,002 | 2,773,700 | 1,497,525 | 1,276,175 | |
| 17,126,570 | 21,550,050 | 19,984,030 | 3,442,945 | 44,977,025 | 21,026,020 | 23,951,005 | 46.7 |
| 21,530,064 | 36,085,934 | 28,850,904 | 4,096,327 | 69,033,165 | 32,155,174 | 36,877,991 | 46.6 |

## 第2-3表　鉄道国有法公布当時における

| | 線路または会社名 | 開業線 | | | 車両 | | | 取扱 |
|---|---|---|---|---|---|---|---|---|
| | | 開業マイル程 | 停車場 | 建設費（開業） | 機関車 | 客車 | 貨車 | 旅客 |
| | | マイル\|チェーン | | 円 | | | | 人 |
| 官設鉄道 | 東海道線 | 403 52 | 101 | 57,091,176 | 223<br>借受 4 | 570<br>ボ 220<br>借受 23 | | 20,582,846 |
| | 北陸線 | 154 12 | 31 | 12,425,017 | 37 | 56<br>ボ 18 | | 2,838,626 |
| | 信越線 | 117 66 | 24 | 7,712,521 | 44 | 136 | 4,036<br>借受227 | 2,105,061 |
| | 篠ノ井線 | 42 06 | 9 | 7,689,825 | 5 | 11 | | 616,249 |
| | 中央（八王子・岡谷） | 99 76 | 22 | 16,951,415 | 18 | 68 | | 1,209,919 |
| | 線（名古屋・中津） | 49 52 | 9 | 6,473,281 | 4 | 11 | | 496,764 |
| | 奥羽線 | 302 23 | 52 | 26,095,203 | 49 | 171<br>ボ 16 | | 2,270,020 |
| | 呉線 | 12 35 | 5 | 2,150,317 | 貸渡96 | 貸渡129 | 貸渡<br>3,296 | —— |
| | 舞鶴線 | 24 08 | 6 | 3,466,932 | | | | —— |
| | 陰陽線 | 54 32 | 15 | 4,986,682 | 11 | 38 | 70 | 455,858 |
| | 鹿児島線 | 40 42 | 8 | 4,656,014 | 7 | 36 | 86 | 497,871 |
| | 北海道各線 | 230 54 | 39 | 10,220,062 | 38 | 11<br>ボ 36 | 635 | 707,949 |
| | | | | | 修繕中 62 | 修繕中100<br>同上ボ 36 | 修繕中113 | |
| | 小計 | 1,531 58 | 321 | 159,918,445 | 594<br>借受 4 | 1,663<br>借受 23 | 8,236<br>借受227 | 31,026,964 |
| 私設鉄道 | 日本 | 860 35 | | 53,364,042 | 356 | 747<br>ボ 100 | 5,731 | 14,231,020 |
| | 山陽 | 406 03<br>借受 16 07 | | 35,835,847 | 142<br>借受 3 | 371<br>ボ 150<br>借受 21 | 1,805<br>借受 5 | 12,464,864 |
| | 甲武 | 27 65 | | 2,946,703<br>電力設備546,430 | 13 | 80 | 266 | 4,904,345 |
| | 関西 | 280 37 | | 27,238,400 | 102 | 519<br>ボ 42 | 1,069 | 10,265,716 |
| | 参宮 | 26 10 | | 1,860,865 | 8 | 78<br>ボ 1 | 54 | 1,217,612 |
| | 総武 | 73 16 | | 5,208,662 | 24 | 106 | 274 | 3,219,128 |
| | 房総 | 39 32 | | 2,049,192 | 9 | 32 | 95 | 545,713 |
| | 京都 | 22 16 | | 3,450,199 | 5 | 60 | 100 | 932,357 |
| | 阪鶴 | 70 11<br>借受 24 08 | | 6,379,278 | 14<br>借受 3 | 22<br>ボ 22<br>借受 21 | 238<br>借受 60 | 1,791,933 |
| | 北越 | 85 65 | | 7,129,947 | 17 | 74 | 298 | 1,173,635 |
| | 西成 | 貸渡　4 44 | | 1,753,129 | 4 | 23 | 227 | —— |
| | 七尾 | 34 27 | | 1,524,814 | 4 | 19 | 77 | 331,373 |
| | 岩越 | 49 36 | | 2,586,956 | 6 | 23 | 112 | 288,893 |
| | 徳島 | 21 39 | | 1,289,407 | 5 | 25 | 46 | 510,980 |
| | 九州 | 446 02 | | 50,947,516 | 220 | 286<br>ボ 104 | 5,690 | 12,845,671 |
| | 北海道炭礦 | 207 51 | | 11,513,793 | 71 | 102 | 1,505 | 1,291,722 |
| | 北海道 | 158 77 | | 10,479,291 | 22 | 25<br>ボ 19 | 250 | 660,064 |
| | 買収鉄道小計 | 2,814 06<br>借受 40 15 | | 226,104,471 | 1,022<br>借受 6 | 2,592<br>ボ 438<br>借受 42 | 12,837<br>借受 65 | 66,775,026 |
| | その他非買収鉄道 | 433 45 | | 25,536,119 | 101 | 1,080 | 6,110 | 15,873,413 |
| | 小計 | 3,247 45<br>借受 40 15 | 1,017 | 251,640,590 | 1,123<br>借受 6 | 3,672<br>借受 42 | 18,947<br>借受 65 | 82,648,439 |
| 合計（1905年度） | | | 1,338 | 411,559,035 | 1,717 | 5,335 | 27,183 | 113,675,403 |

（備考）　1　日本国有鉄道『日本国有鉄道百年史』第4巻，248—249頁。客車欄のボ印はボギー車，他は4輪車である。

2　合計の数値は，必ずしもそれぞれの表中の総和となつていない場合がある。

**第2-4表 「国有化」に伴う国鉄・私鉄の趨勢**

| 年度 | | 営業キロ | 輸送人キロ | 輸送貨物トンキロ | 従業員数 | 収入 |
|---|---|---|---|---|---|---|
| | | キロ | 百万人キロ | 百万トンキロ | 人 | 千円 |
| 1905 | 国鉄 | 2,562 | 1,521 | 650 | 28,878 | 24,056 |
| | 私鉄 | 5,231 | 2,511 | 1,560 | 48,693 | 50,571 |
| 06 | 国鉄 | 4,978 | 1,971 | 1,167 | 59,647 | 35,478 |
| | 私鉄 | 2,722 | 2,126 | 1,420 | 27,086 | 50,650 |
| 07 | 国鉄 | 7,153 | 3,787 | 2,356 | 88,266 | 69,775 |
| | 私鉄 | 717 | 733 | 223 | 11,611 | 21,784 |

（備考） 前掲『日本国有鉄道百年史』第5巻，209頁。

都・阪鶴・北越・総武・房総・七尾・徳島・関西・参宮の一七社の買収を完了した。国有化の具体的内容は、別の箇所で述べるが、[17]「被買収企業（払込資本金総額二一二億円、建設費総額二・五億円）にたいし、買収価額を四・八億円と査定して公債四・五億円が交付され、また日本・山陽・阪鶴の三社の海運業および西成の倉庫業については兼業に属する資産として買収され、公債二二六六万円の交付」[18]が行われた。

かくて、第2-4表に示すように、主要幹線は国有として運営されることになり、官設鉄道の営業キロ数は全鉄道の三分の一であったのが、買収後は全鉄道の九〇％を占めるに至ったのである。当然のことながら、輸送貨物トン数、従業員数、収入とも大幅にその立場が逆転した。なお貴族院における法案審議の際、幹線に該当しないという理由で買収の対象から除かれた一五社は、川越・成田・東武・上武・豆相・水戸・中越・豊川・尾西・近江・南海・高野・河南・中国・博多湾の諸鉄道であった。この修正基準は、一応鉄道敷設法の予定線を念頭において判断されたようである。

ところで買収鉄道一七社の株式は、買収と同時に株式取引所への上場を廃止され、以後はもっぱら現物市場で売買されていたが、その価格は、一九〇八（明治四一）年半ばにかけて低落の一途をたどり、その後は上昇に転じたものの、公債の交付額と比べてなお割安の時期が続いた。この過程で、買収鉄道の株式は中小株主等の手を離れ、銀行・その他資産家の手に集中することになった。まず、いち早くこのような買収鉄道の株式に目をつけ、その積極的な売買により莫大な利益をあげたのは、小池国三・神田鐳蔵・福島浪蔵（東京）、二代野村徳七（大阪）らの有力な現物商もしくは現物取引に主力をおく仲買人であった。また彼らは外商を通じて、買収鉄道の株式を海外へ輸出した。[19]

さらに鉄道買収公債の交付は、銀行・保険をはじめとする買収鉄道株式の大口の所有者に対して、大きな利得をもたらすことになった。さきに述べたように、買収鉄道一七社は払込資本金の約二倍の鉄道買収公債を得たが、これによって大口の所有者はその株式を二倍もの安全・確実な公債に引き換えることができたからである。十五銀行・三井銀行・住友銀行、東京海上保険などは大きな利得を収めたのである。なお買収後の鉄道株下落の過程で、これを買い入れた銀行、その他の資産家も、鉄道買収公債の交付により「何れも三四割の利益を占め」ることができたという。

要するに、一九〇六（明治三九）年以降に戦後経営の一環として行われた鉄道国有化は、銀行・保険等が納税者である国民大衆の負担ならびに中小株主の犠牲において多大の金融的利得をあげ、その資本蓄積を強化する機会となったといわざるを得ない。[20]

（1）　大島藤太郎氏以下の著作は、「序説」を参照のこと。近年の個別論文としては、佐藤豊彦「日本における鉄道国有化過程」（池田博行『交通資本の論理』ミネルヴァ書房、一九七一年）、宇田正、前掲論文「鉄道国有化」、桜井徹「日本鉄道株式会社の資本蓄積条件と国有化問題――国家独占生成に関する準備的考察――」上・下（『大阪市大論集』第二五、二六号、一九七六、一九七七年）、同「山陽鉄道株式会社の資本蓄積条件と国有化問題――国家独占生成に関する基礎的考察――」（日本大学商学研究会『商学集志』第四九巻第三号、一九八〇年）等があげられよう。

また甲武鉄道については、関島久雄「甲武鉄道――東京地域の地方公益企業としての研究――」(一)～(四)（成蹊大学経済学会『政治経済論叢』第一一巻第二号、一九六一年、同第一二巻第四号、一九六二年、同第四号、同第一三巻第二号、一九六三年）、今城光英「甲武鉄道会社の成立と展開――地方公益企業の形成過程――」(上)・(中)・(下)（大東文化大学『経済論集』第三一号、一九八一年、同第三四号、一九八二年、同第三九号、一九八五年）が詳しい。今城論文の(下)では、五大鉄道と中小鉄道の固定比率の比較も行われている。

中国鉄道については、藤沢晋・在間宣久「中国鉄道の設立とその資本・営業の展開過程――私鉄の設立・経営とその国有化をめぐる問題として――」(岡山大学教育学部『研究集録』第二八号、一九六九年)、同「中国鉄道の大正・昭和期経営と国有化――私鉄経営の苦悩と国有化を中心として――」(同第三一号、一九七一年)がある。

(2) 明治ニュース事典編纂委員会『明治ニュース事典』第四巻(毎日コミュニケーションズ出版部、一九八四年)四九一頁(朝日新聞、一八九一年一二月二五日付、東京日日新聞、同年一二月二四日付)。

(3) 宇田正、前掲論文、八七―八八頁。また財界首脳の官設鉄道払下げの動きは、同右第五巻、四八四―四八五頁(時事新報、一八九三年六月二七日付、一八九四年六月一九日付)にかなり詳しく報ぜられている。

(4) 佐分利一嗣については、原田勝正「日本の工業化と鉄道網の形成」(前掲『社会経済史学』第四八巻第五号)、老川慶喜「鉄道開通前山梨県物産移出入概況――佐分利一嗣『甲信鉄道』を中心に――」(地方史研究協議会『地方史研究』第三二巻第五号、一九八二年)で言及されている。

田口卯吉の鉄道論については、内田義彦「日本資本主義と局地的市場圏――田口鼎軒の鉄道論――」(有沢広巳・東畑精一・中山伊知郎編『経済主体性講座』第七巻歴史Ⅱ、中央公論社、一九六〇年)が詳しいが、他に老川慶喜、前掲『明治期地方鉄道史研究』第Ⅱ章補論㈠、同「両毛地方における鉄道建設――『北関東市場圏』形成の問題として――」(『立教経済学論叢』第八号、一九七四年)でも具体的に言及されている。

(5) 宇田正、前掲論文、八八頁。その後東京商業会議所などは、繰り返し鉄道国有請願の動きをみせるが、一八九八年の動きに対し、たとえば福沢諭吉は「国有は断じて不可」と力説している(前掲『明治ニュース事典』第六巻、五〇〇―五〇二頁。時事新報、一八九八年五月三一日付、同年六月一日付)。

(6) 原田勝正、前掲『明治鉄道物語』二四三頁。

(7) 同右。原敬は、一九〇一年一二月二五日付の日記に、「鉄道国有は到底今日に行はるべき問題にあらざれば断念ありたし」(原奎一郎編『原敬日記』第一巻、福村出版、一九六五年、三八二頁)と記している。

(8) 野田正穂、前掲『日本証券市場成立史』一三一頁第三―四表。

(9) 原田勝正・青木栄一、前掲『日本の鉄道』一〇九頁。

(10) 具体的な政治過程は、原田勝正、前掲書、二三三頁以下が詳しい。また大島藤太郎氏は、その著『国鉄』(岩波新書、一九五六年)の中で、「私鉄の資本家・陸軍・国鉄官僚の三者とも、漸次、私鉄の全面的国有政策」(三三頁)に傾いていった状況を略述されている(同書、一九頁以下)。なお原敬は、一九〇六年二月一七日付の日記に、「閣議にて鉄道国有問題を協議せり、此問題は昨年来の問題にて、前内閣の時に桂より大要を聞きたる事もあり、……余は其方法に関し多少の説あるも其主義は賛成なり、又往掛り上今期の議会に提出せざるを得ずと信じ之を主張せしが、加藤外相は固く執て之に反対したり」と記している。また同月一九日付には、「鉄道国有問題は国家の安危存亡に関する内閣の死活問題にもあらず、依て枉げて之に賛成すべし」という（前掲『原敬日記』第二巻、一六七―一六八頁）。その他、同巻では、九鉄問題や加藤外相の姿勢、買収着手の件など鉄道国有化問題への言及が多くみられる。

(11) 小川功「関西鉄道の国有化反対運動の再評価――片岡直温の所論紹介――」（運輸調査局『運輸と経済』第四二巻第一〇号、一九八二年）五一―五二頁。
(12) 宇田正、前掲論文、一〇一頁。
(13) 関西鉄道の国有除外請願文は、拙稿「日本鉄道史に関する一考察――鉄道国有化前後の動向――」（『近畿大学短大論集』第一四巻第二号、一九八二年）で紹介している。同鉄道の国有化反対運動については、小川功氏の前掲論文が詳しい。
(14) 前掲『日本国有鉄道百年史』第四巻、四七五頁。詳しくは、本書第三章第一節三を参照されたい。
(15) 小川功、前掲論文、五二頁。
(16) 以上、宇田正、前掲論文、一〇〇―一〇三頁。なお北海道鉄道買収に関して、同社幹部の不当な動きを批判する記述が、前掲『原敬日記』第二巻（一九〇八年二月二四日付および同年三月一〇日付）にみえる（二九二、二九五頁）。
(17) 本書第二章第二節、第2-14表を参照のこと。
(18) 宇田正、前掲論文、九八頁。
(19) 野田正穂、前掲書、三〇一―三〇四頁。
(20) 同右、三〇五―三〇六頁。

## 二 「国有化」後の経営理念と労務問題等一斑

### 1 国鉄の経営理念等

ここで、鉄道国有化後の諸状況を概観しよう。国有化の結果、従業員数は、一躍三倍強に増加したが、いわゆる管理者的人材は、二つの方向に分かれていった。すなわち、一方で私設鉄道各社から国鉄に移り、技術畑で活躍する人物が輩出されたが、他方で官吏に移行することをいさぎよしとせず、鉄道会社を含む民間会社に再就職する者が出現し、いわゆる専門経営者の進出につながったことである。

前者の例としては、島安次郎、結城弘毅などがあげられよう。島は和歌山県出身、東京帝国大学工科大学機械工学科卒業。関西鉄道へ技師として入社。汽車課長のとき客車の等級帯色（一等白、二等青、三等赤）を考案したことでもよく知られる。国鉄では、工作課長をへて工作局長に昇進し、一九一五（大正四）年七月仙石貢鉄道院総裁の指名により広軌鉄道改築取調委員にもなった。国鉄の車輌設計製造の根本策を樹立した功績は大きいといわれる。(1) 「国鉄車輛の父」と呼ばれたりもする。結城は、北海道出身、同じく東京帝国大学工科大学機械工学科卒業。直ちに技士見習として山陽鉄道へ入社。同社の急行、特急列車の運転等に縦横の才能を発揮した。国鉄に移ってからは、帝国鉄道庁技師に任ぜられ、機関庫主任、鉄道管理局機関車掛長等を歴任した。少し先のことだが、一九二八（昭和三）年には大阪鉄道局運転課長、翌年運輸局運転課長に就任する。運輸方面に数多くの業績を残したが、「中でも石炭の投炭技術の改善、列車の集結貨物輸送、列車の定時運転確立等は世界に誇るものとして高く評価される。また昭和五年東京・神戸間に超特急『つばめ』の運転を実施し、全国的に旅客列車のスピードアップを断行して、官私鉄道を通じて

第2-5表　鉄道国有化に伴う退職事例

| 氏名 | 私鉄時代の役職 | 退職後の活動舞台 |
|---|---|---|
| 山田英太郎 | 日本鉄道庶務課長 | 成田鉄道社長，日清生命社長，岩倉鉄道学校長 |
| 神戸挙一 | 日本鉄道営業部副部長 | 東洋モスリン専務，東京電燈専務・社長 |
| 粟屋新三郎 | 日本鉄道営業部副部長 | 横浜船渠 |
| 鈴木寅彦 | 日本鉄道営業部庶務係長 | 東京瓦斯常務，日本曹達社長 |
| 島村鷹衛 | 日本鉄道営業部車輛掛長 | 日本エアーブレーキ取締役 |
| 高橋虎太 | 日本鉄道営業部水戸事務所長 | 帝国冷蔵社長 |
| 西野恵之助 | 山陽鉄道運輸課長 | 帝国劇場専務・社長，東京海上支配人，東洋製鉄社長，白木屋社長 |
| 井田清三 | 山陽鉄道会計課長 | 麒麟麦酒専務 |
| 岡田高介 | 山陽鉄道汽車課電機掛長 | 名古屋電燈技師長 |
| 山本久三郎 | 山陽鉄道運輸課多度津事務所長 | 日清紡績事務長，帝国鉱泉総支配人，帝国劇場専務 |

（備考）1　森川英正『日本経営史』99頁。
2　私鉄時代の役職は，1905年段階，退職後に就任した主要な役職は，時期を問わない。

のスピード時代を現出させた功績も大きい」という。一九三一（昭和六）年江木翼鉄相時代の減俸騒動のとき、二一万職員とともに辞表を提出した。(2)

このように、私鉄時代の経験を生かして国鉄でも活躍した事実も無視できないが、どちらかといえば、私鉄からの転出組は、その後要職から疎外される傾向がみられた。それは、政府の各官庁一般に強いセクト主義の通弊か、事実この頃から、帝国大学卒業生で高等文官試験合格者の採用人員が増加し、とくに法科大学卒業生の、いわゆるエリート組が幹部へのコースを占める傾向が強まっていったからだといわれる。(3)後者の例として、森川英正氏は、第2－5表のようなケースを指摘している。彼らの中には、私鉄時代の管理能力を評価されて、最初から専門経営者として招かれる者もあれば、まず転職先でミドル・マネジメントを経験し、その後に専門経営に昇格する者もあったという。(4)他方、東京帝国大学卒業後、鉄道作業局に入り、鉄道国有化直後の一九〇七（明治四〇）年に帝国鉄道庁を課長で退官して、京阪電鉄の総務課長となった太田光凞のケースも注目されよう。京阪では用地買収から開業までの一切の事務を担当し、やがて取締役、一九一一（明治四四）年には常務となる。もっぱら会社の実務面を担当した。(5)

このような人事傾向とならんで、国有化の結果、従業員数が激増し

第2-6表　国鉄の人員整理

| 年　次 | 高等官 | 判任官 | 雇 | 傭　人 | 俸給年額 |
|---|---|---|---|---|---|
| | 人 | 人 | 人 | 人 | 円 |
| 1908.12 | 52 | 318 | 336 | | 291,224 |
| 09. 6 | 25 | 398 | 794 | 2,254 | 866,545 |
| 10. 4 | 36 | 302 | 336 | | 338,010 |
| 計 | 113 | 1,018 | 1,466 | 2,254 | 1,495,779 |

（備考）　鶴見祐輔『後藤新平』第3巻，144頁。鉄道省『国有十年』280頁では，俸給および給料の節減は179万5,779円となつている。

たことは、新たな労務政策成立の起点となり、鉄道院総裁後藤新平の考え方により、「国鉄大家族主義」の精神運動が展開されることになる。すなわち、後藤の「鉄道従業員ハ凡テ一家族タルノ精神ヲ以テ相奨メ相扶ケ、家族ハ家長ノ命ニ従ヒ、其期待スルトコロ個人ヲ離レテ常ニ其家ノ名誉利益ノ為ニ活動スヘキモノ……、九万ノ従業員ヲシテ献身的ニ事業ニ盡瘁スルノ思想ヲ涵養セシメ、以テ鉄道国有ノ美果ヲ収ルニ努メタリ」(6)、「職員の人選に関しては……上は総裁より下は駅夫、工夫に至る迄、其連鎖に一の欠点なく、上下意思疎通し、相和合して一般事業の経営全きを得べし」(7)という立場が典型的にそれを示している。一九〇八（明治四一）年ごろ、後藤総裁の考え方に基づいて、能率をあげるために国鉄職員の考課表作成が行われた。後藤は信愛主義を提唱し、経費節減を強調したのであった。(8) 冗費節約の一策として、一九〇八（明治四一）年一二月から一九一〇（明治四三）年四月にかけて三回にわたり人員整理が断行されたが、その人員は第2-6表のとおりである。総計で、高等官一一三名、判任官一〇一八名、雇一四六六名、傭人二二五四名におよんだ。

さらに、後藤は反対説もあり、帯剣など冷笑を買った面もあるが、一九〇九（明治四二）年一二月には、健全な鉄道精神の創造との観点から職員の制服制定に踏み切ったりもした。その当否はともかく、国鉄経営の困難な中で、やはり一般鉄道員の一体観を鼓舞せんとしたものといえそうである。

他方、一九〇七（明治四〇）年四月国有化後の大集団の職員統制のためにも救済制度の設定が必要とされるに至り、帝国鉄道庁職員救済組合が定められた。そして、翌五月一日わが国最初の救済組合を発足させている。鉄道院総裁官房保健課発行の『鉄道院職員救済組合詳説』は、組合設置の目的を、㈠鉄道作業上ノ目的、㈡一般保険上ノ目的、㈢社会政策上ノ目的の三つに分けて述べ、災害救済と労働争議への対処であることを明らかにしている。㈢の中で、「救済組合制度ハ一面強制貯金ニ外ナラザレバ、斯クシテ漸次累積シ兼テ堅実ナル志操ヲ訓練スルガ故ニ、妄リニ其境遇ニ不平ヲ鳴ラスコトナク同盟罷工等ノ騒擾ニ付和雷同シ秩序ヲ紊ルガ如キ弊根ヲ絶チ、其生活状態ヲ改善シ着実穏健ノ気風ヲ養フニ到ルベシ、而シテ如斯制度ハ産業界ニ於ケル大企業ノ先駆タル鉄道事業者ノ率先シテ創設スベキ所ナリトス」とその趣旨が述べられている。(9) 四年後に開院した常盤病院は、組合事業として開始されたものであった。

経営家族主義の観点から、労働者の経済的地位の向上をはかり、労働運動の台頭を押さえようとする新たな労務政策の展開は、同時に労働者の身分編成を変容させたといわれる。(10) 従来職員は、一般官庁の例にならって、官吏すなわち勅任官・奏任官・判任官の職員と雇員・傭人と呼ばれる従事員からなっていたが、後二者が圧倒的多数を占めている。一九〇七（明治四〇）年四月から、帝国鉄道庁の官制が公布され、これとともに一般官吏と異なる特別の任用制度が設けられた。制度上の変遷はかなりあったが、ともかく下級職員の待遇改善が当時の状況から必要とされたのである。西成田豊氏は、かくいう。すなわち、『官鉄』に引き継がれた私鉄労働者の少なからぬ部分が身分的に優遇され、雇員に編入された結果、下級職員・労働者中の雇員比率は国有化前の二〇％前後から一九〇七（明治四〇）年の二七％に著増し、雇員の特権的性格の稀薄化＝身分編成の弛緩がすすんだ。こうして一九一三（大正二）年、判任官・雇員の間に新たに『鉄道手』の身分が設けられ、弛緩した身分編成が補強されることになる」(11) と。

右の「鉄道手」は、一九一三（大正二）年五月鉄道院官制の改正により設けられ、判任官待遇とすることにしたものであるが、その新設理由について、床次竹二郎総裁は、つぎのように訓示している。(12)

新官制ニハ新ニ鉄道手ト云フモノヲ判任官待遇ト致シテ設ケタノデアリマス、其趣意ハ鉄道ノ事業ハ御承知ノ如ク現業員ヲ其礎トシテ其一挙一動ハ鉄道経営全般ノ利害ニ影響スルノデアリマスガ故ニ成績ノ優等ナルモノデアッテ、信号手デアルトカ、操車掛デアルトカ、職工長デアルトカ、若クハ転轍手デアルトカ云フ類ノ現業員ハ之ヲ鉄道手トシテ待遇シ、外ノ者ノ模範ニシテ以テ全般ノ現業員ノ品性ト地位トヲ向上スルヤウニシタイト云フ趣意デア

リマス

要するに、この制度は、勤労意欲を向上させ、内部昇進の道を開いたものである。鉄道手任用試験規則によると、受験者は年齢満二〇歳以上、中学校三年修業程度の学科試験が課せられたようである。定員は、二〇〇〇名と定められたが、勤続五年以上で、優秀なものは無試験で任用されたという。一方、「雇員以下の採用に関しては、それぞれの官制における各部長・各課長・各事務所長・各出張所長等の専決事項として処理された」[13]のである。ここに、縁故採用という一特徴を確認することができよう。[14]ただ、鉄道労働は特殊な技術を必要とする業務が多いため、一九〇八（明治四一）年六月の「機関夫並機関車乗務員採用規程」をはじめ、一九一四（大正三）年四月は「車掌及車掌心得採用規程」が制定されるなど、各職種について独立の採用規程が定められていった。[15]同時に、鉄道国有化後、職員の養成・教育も、一段とその内容を整備・充実することとなる。いうまでもなく、これは全国主要私鉄を掌中にした国鉄が職員教育の再編成を余儀なくされたからでもあるが、とくに一九〇九（明治四二）年六月の「鉄道院職員中央教習所規程」および「同地方教習所準則」は、新時代の幕明けを告げる法令として鉄道教育史上画期的な意義をもつものであった。[16]もっぱら実用的人物の養成を目指したものであり、一九一一（明治四四）年四月現在で中央教習所一二六名、地方教習所八〇九名の卒業生を出し、皆実務に従事したという。[17]

なお岩倉鉄道学校は、多少曲折をへたが、ついに大学レヴェルの専門学校になり得ず、地方教習所などと同程度の学校として位置づけられてしまう。要約的にいえば、「鉄道事業の経営者・管理者層の造出は帝国大学や高等専門学校等の一般高等教育機関に委ね、国鉄内の職員養成機関は、岩倉鉄道学校のような民間の私立中学校と同様、主として鉄道の現場で働く要員を対象にするという鉄道教育の分担方式がしっかりと定着した」といえよう。[18]

さて、再び国鉄労働者の状況に目を移そう。第２－７表から、勅任官・奏任官・判任官の上級職員に比し、雇員・傭人と呼ばれる従事員＝下級職員の数が圧倒的に多いことを改めて確認できる。同時に、前述のとおり、国有化を契機として、明治末年にかけて、わずかながら下級職員の比率は低下しており、身分的再編が進められたことがうかがえよう。ただ、前掲「鉄道手」は、『「正規の判任官として任用されない職員であって特に長期に亘り勤続し且成績優秀なものを雇員から抜擢し、部内的な諸々の取扱において判任官の待遇に均霑せしめんとする』主旨のもとに制定された身分であるが、判任官へのルートを外したものへの恩恵的措置であり、待遇においては判任官に準ずるものの、あきらかに労働者身分である」[19]といわれる。また月額給料は、これら職員の配置とは逆に、少数の上級職員が多数を占める下級職員よりはるかに高くなっていることはいうまでもない。

さらに、表示はしなかったが、国鉄業務内容の多様性に関連して、富永祐治氏の指摘される国鉄労働者の配置をみると、一九一一（明治四四）年末の場合、現場労働者の一九・五％が施設工務、一九・二％が車輛工作、三六・二％が運転、二五・一％が駅務をそれぞれ担当している。後二者が本来の交通労働者であり、合わせると六一・三％になる。施設工務では、一万七一七五人のうち一万一九四一人が「線路工夫」、一〇五二人が「建築工夫」である。車輛工作では、一万七一三五人のうち、上位三者は「職工給付同見習」三五〇八人、「木工」三〇七〇人、「車輛修繕関係者」二一三五人である。運転部門は三万三〇七四人に達しており、その職種は実に広汎にわたっている。「車掌」四一四五人、「転轍手」三七二一人、「火夫」三五三七人、「機関手」三四九二人、「踏切番」三一五〇人が上位を占めている。駅務では、二万二五九〇人のうち八九三六人が「駅夫」、三〇〇八人が「貨物駅夫」である。[20]

つぎに、労働形態等を瞥見しておくと、鉄道開業当初、京浜間のみに列車運転が行われていた時には、従業員はすべて日勤のみであり、しかも午後二時に交代したという。やがて、一八八九（明治二二）年七月の東海道線全通により、部分的に夜間運転が行われるようになり、一八九一（明治二四）年四月から一昼夜交代の徹夜勤務が施行される

## および給料の推移

| 員 | | | | | | | | | |
|---|---|---|---|---|---|---|---|---|---|
| 雇員 (c) | | 傭人 (d) | | 総計 (e) | | 人員 | | 給料 | |
| 人員 | 給料月額 | 人員 | 給料月額 | 人員 | 給料月額 | c+d/a+b | c+d/e | c+d/a+b | c+d/e |
| 人 | 円 | 人 | 円 | 人 | 円 | 倍 | % | 倍 | % |
| 3,114 | 46,322 | 18,666 | 248,611 | 23,461 | 362,705 | 13.0 | 92.8 | 4.4 | 81.3 |
| 3,849 | 58,562 | 23,002 | 308,158 | 28,878 | 449,565 | 13.2 | 93.0 | 4.4 | 81.6 |
| 15,217 | 310,912 | 42,204 | 543,654 | 59,647 | 948,829 | 25.8 | 96.3 | 9.1 | 90.1 |
| 22,306 | 413,776 | 60,336 | 835,169 | 88,266 | 1,468,801 | 14.7 | 93.6 | 5.7 | 85.0 |
| 22,106 | 380,869 | 60,404 | 861,686 | 89,868 | 1,539,692 | 11.2 | 91.8 | 4.2 | 80.7 |
| 22,311 | 400,373 | 60,918 | 883,728 | 90,131 | 1,577,156 | 12.1 | 92.3 | 4.4 | 81.4 |
| 23,709 | 465,023 | 65,131 | 956,006 | 95,627 | 1,777,064 | 13.1 | 92.9 | 4.0 | 80.0 |
| 25,806 | 501,418 | 70,371 | 1,051,351 | 103,418 | 1,938,607 | 13.3 | 93.0 | 4.0 | 80.1 |
| 27,745 | 542,716 | 74,661 | 1,137,952 | 109,983 | 2,093,661 | 13.5 | 93.1 | 4.1 | 80.3 |
| × 695<br>28,086 | × 26,167<br>540,356 | 76,155 | 1,157,911 | 112,087 | 2,109,271 | 14.7 | 93.6 | 4.5 | 81.8 |
| × 687<br>29,432 | × 26,449<br>573,465 | 77,664 | 1,218,860 | 114,964 | 2,206,463 | 15.0 | 93.8 | 4.7 | 82.4 |
| 29,985 | 607,072 | 74,782 | 1,189,450 | 112,102 | 2,191,803 | 14.3 | 93.5 | 4.5 | 82.0 |
| × 883<br>30,597 | × 34,832<br>601,414 | 76,336 | 1,214,111 | 115,282 | 2,253,732 | 14.4 | 93.5 | 4.6 | 82.1 |
| × 1,051<br>34,978 | × 42,395<br>743,152 | 82,272 | 1,478,683 | 125,888 | 2,677,181 | 15.6 | 94.0 | 5.5 | 84.6 |
| × 1,420<br>39,102 | × 60,578<br>923,868 | 90,314 | 1,867,964 | 139,043 | 3,306,757 | 15.9 | 94.1 | 6.3 | 86.3 |
| × 1,480<br>46,831 | × 71,222<br>1,258,125 | 100,501 | 2,446,844 | 158,595 | 4,362,196 | 15.2 | 93.8 | 6.4 | 86.6 |

ハ外国留学生及休職官吏ヲ含マズ。

ようになる。大正初期には、非乗務員（駅、機関庫）には日勤・徹夜勤務および三交代勤務が適用されていたらしい。[21] とくに乗務員労働の不規則性――拘束時間と標準労働時間の二重性――は、鉄道労働の一つの特徴であった。[22] 富永祐治氏は、それにも増して重要なのは、農業労働と結合された一昼夜交代勤務のもつ特殊日本的な性格であるとして、佐竹義昌氏の『交通労働論』の一節を、つぎのように引用している。[23]

　一昼夜交代勤務が、決して労働条件として恵まれたものでないにも拘らず、国鉄労働者に嫌はれることなく逆に時には日勤や三交代勤務よりも好ましいとされるのは、遠距離通勤の労苦

**第2-7表　国鉄職員数**

| 年度 | 職 | | | | | | | |
|---|---|---|---|---|---|---|---|---|
| | 高等官 (a) | | | | 判任官 (b) | | | |
| | 親，勅任官 | | 奏任官 | | 届，書記 | | 技手 | |
| | 人員 | 給料月額 | 人員 | 給料月額 | 人員 | 給料月額 | 人員 | 給料月額 |
| | 人 | 円 | 人 | 円 | 人 | 円 | 人 | 円 |
| 1904 | 3 | 875 | 85 | 10,832 | 1,328 | 43,950 | 265 | 12,115 |
| 05 | 3 | 875 | 120 | 14,514 | 1,550 | 52,059 | 354 | 15,397 |
| 06 | 4 | 1,166 | 135 | 15,919 | 1,682 | 59,183 | 405 | 17,995 |
| 07 | 14 | 3,834 | 324 | 33,909 | 3,995 | 127,538 | 1,291 | 54,575 |
| 08 | 17 | 4,584 | 426 | 46,133 | 4,825 | 158,835 | 2,090 | 87,585 |
| 09 | 18 | 4,833 | 441 | 48,658 | 4,492 | 154,810 | 1,951 | 84,754 |
| 10 | 18 | 5,942 | 453 | 60,735 | 4,344 | 185,132 | 1,972 | 104,226 |
| 11 | 21 | 6,658 | 502 | 68,654 | 4,562 | 197,652 | 2,156 | 112,874 |
| 12 | 21 | 7,358 | 517 | 73,904 | 4,749 | 209,960 | 2,290 | 121,771 |
| 13 | 19 | 6,591 | 431 | 63,242 | 4,526 | 199,562 | 2,175 | 115,442 |
| 14 | 21 | 7,342 | 451 | 67,912 | 4,569 | 199,962 | 2,140 | 112,473 |
| 15 | 20 | 6,700 | 450 | 68,667 | 4,675 | 205,199 | 2,190 | 114,715 |
| 16 | 20 | 6,600 | 449 | 71,754 | 4,704 | 206,496 | 2,293 | 118,525 |
| 17 | 19 | 6,292 | 441 | 69,913 | 4,809 | 215,348 | 2,318 | 121,398 |
| 18 | 20 | 6,558 | 512 | 81,625 | 5,181 | 236,322 | 2,494 | 129,842 |
| 19 | 20 | 6,533 | × 44<br>600 | × 5,040<br>96,051 | 6,143 | 309,142 | × 44<br>2,932 | × 2,980<br>166,259 |

（備考）1　前掲『日本国有鉄道百年史』第5巻，300頁。ただし，人員・給料の比率等は，筆者が算出した。
2　×印ハ各相当官ノ待遇ヲ受クル鉄道医ヲ示ス。但シ雇員欄×ハ鉄道手（判任官待遇）ヲ示ス。本表中ニ

が二分の一ですむということの他に、この副業的労働に最も好適な勤務形態であるによる。然し、かくみる時、非番日はむしろ主要労働日であり、日本農業独特の自家労働搾取は、最も特異な形で現われるであろう。

引き続き、富永祐治氏によると、労働時間は、官鉄開業前の建設工事中は「七字出五字引」という一〇時間労働が記録されており、一八七二(明治五)年七月の仮規則では、「朝八字ヨリ夕四字迄八字間」と八時間労働を規定しているという。後者は、当時工事を指導したイギリス人の進歩的な思想の結果であろうが、しかしその適用を受けたものは建設工事に使役された「臨時的人夫」に対して

**第2-8表　国有鉄道職員平均給料および各種労働賃金**

(1)　国有鉄道職員（判任官以下）一人平均日給額

| 年度 | 判任官 | | | 雇員 | | | 傭人 | | | 物価指数 |
|---|---|---|---|---|---|---|---|---|---|---|
| | 合計人数中 | 日給 | 増加指数 | 合計人数中 | 日給 | 増加指数 | 合計人数中 | 日給 | 増加指数 | |
| | % | 銭 | | % | 銭 | | % | 銭 | | |
| 1894 | 8.8 | 72 | 80 | 8.9 | 34 | 75 | 82.3 | 29 | 70 | 69 |
| 97 | 7.9 | 78 | 85 | 12.6 | 39 | 87 | 79.5 | 37 | 90 | 88 |
| 1902 | 9.4 | 1.03 | 112 | 13.1 | 49 | 110 | 77.5 | 44 | 105 | 97 |
| 07 | 6.0 | 1.15 | 125 | 25.4 | 62 | 139 | 68.6 | 46 | 111 | 131 |
| 12 | 6.4 | 1.57 | 171 | 25.4 | 65 | 145 | 68.2 | 51 | 125 | 149 |

(2)　全国諸傭平均賃金（普通職）　(単位銭)

| | 大工 | 左官 | 石工 | 煉瓦積職 | 車製造職 | 鍛冶職 | 活版植字職 | 船大工 | 農作男 | 養蚕男 | 機織男 | 漁夫 | 日傭人夫 |
|---|---|---|---|---|---|---|---|---|---|---|---|---|---|
| 1894 | 30 | 31 | 35 | 36 | 26 | 29 | 22 | 31 | 17 | 18 | 17 | 21 | 21 |
| 97 | 44 | 43 | 47 | 48 | 35 | 33 | 28 | 44 | 25 | 27 | 22 | 33 | 29 |
| 1902 | 58 | 59 | 70 | 73 | 49 | 52 | 42 | 65 | 32 | 32 | 33 | 34 | 39 |
| 07 | 75 | 76 | 87 | 96 | 63 | 65 | 49 | 81 | 36 | 42 | 42 | 47 | 49 |
| 12 | 87 | 89 | 1.00 | 1.06 | 73 | 71 | 57 | 91 | 44 | 43 | 43 | 62 | 58 |

(備考)　富永祐治『交通における資本主義の発展』303頁。増加指数は，1900年を 100とする。

だけであろうという。[24] 一八八〇（明治一三）年一月から、「京浜間鉄道午後十時列車出発従事駅長以下ノ者事務勉励賞与兼テ同済之通壱人壱ケ月金弐円以内」（賞与金）が支払われた。[25] 工務工作関係の傭人については、一九〇〇（明治三三）年三月の「鉄道工作局傭人給料支給規則」が一〇時間勤務を規定している。また、大正初期には非乗務の駅および機関庫所属員は平均一二時間、乗務員も一二時間を標準としていた。ただし、準備時間等を入れると、実際の拘束時間は当然延長する。

一方、鉄道労働者の賃金は、こうである。すなわち、富永祐治氏によると、国有鉄道職員（判任官以下）の一人平均日給額は、第2－8表のようである。とくに明治期においては、七、八割前後を占める傭人級の賃金が一般の賃金および少数の国有鉄道労働者上層部のそれの増加傾向に著しく遅れをとっているのが特徴的であり、明治末期では、「農業労働者及び家計補助的な機織労働者より僅かに高く、日傭人夫賃金にさえ平均的には劣っているのである。そして右の国有鉄道労働者の三層部の労賃上昇率を比較すると、上層部ほど大であり、且つ物価指数の動きに対しても上層部ほど有利で、傭人では物価指数の上昇にとり残されている」ということである。しかも、各層部内に、賃金層のピラミッド型が存在し、鉄道工場従業員を除けば最も多数を占める「工夫」および「駅夫」は不熟練労働者として常に平均給以下にあった。(26) なお、一九〇〇(明治三三)年出札掛などに、はじめて女子職員が採用された。

終わりに、日露戦争後本格化する、いわゆる「我田引鉄」という鉄道誘致問題に少しふれておく。詳細は、本書の課題を越えるので別の機会に譲るが、要点は「個々の代議士の鉄道誘致というかたちをとるというより、政党の政策というかたちをとって具体化するようになった」ことである。「我田引鉄」に最も積極的であったのは、政友会であったとされるが、一九一〇(明治四三)年三月、「全国鉄道速成及改良に関する建議」を第二六帝国議会に提出している。政友会領袖原敬は、「全国必要の線路を相当の年限内に悉く完成せしむるの方針」(前掲『原敬日記』一九一〇年一月二九日)を鉄道政策の基本課題としており、資本主義の発展に伴って、都市との格差が開いていく農山漁村の振興、さらに広域的な地域開発の必要を説いていたのである。(27) その評価は別として、広軌改築問題は内閣の交代によって、一貫した方策がとられず錯綜するが、建設か改良かをめぐる鉄道政策の重要な争点となった。原敬内閣は、一九一八(大正七)年九月に成立したが、その時から四大政策の一つに交通機関の発達を掲げており、鉄道網の拡充をめざしていたのである。そして、いわゆる「建主改従」が「改主建従」に優先するという結末を迎えたのである。ちなみに、「改主建従」の政策をとったのは、後藤新平も含め、主として非政友会の内閣であった。(28)

ところで、内閣の交代によって、鉄道官僚のポストが左右されるという事態が、一方で表面化してくる。すなわち、木下淑夫が鉄道院運輸局長から、中部鉄道管理局長(翌年組織改正により東京鉄道管理局長)に転任したのは、原敬内閣成立の年であった。中央組織から地方組織への転任は、木下の立場が、「建主改従」の方策に適合しないという見方によるものであったといわれる。さらに、この時運輸局貨物課長であった大蔵公望も西部鉄道管理局運輸課長に左遷され、翌一九一九(大正八)年満鉄から誘われ入社、運輸部次長、一九二一(大正一〇)年に理事・運輸部長となっている。原田勝正氏は、これらの状況を紹介されながら、「政党人事が人材を疎外するという弊害がここにおこってきた。……このようにして、軍部と政党、この二つの外部からの介入が、とくに第一次大戦後、国鉄の進路にとって大きな問題を投げかけてきたのである」と結んでいる。[29]

木下淑夫は、京都府出身、東京帝国大学工科大学土木工学科卒業。大学院で法律と経済学を学び、鉄道作業局に就職後、ペンシルバニア大学では、エモリー・R・ジョンソン教授に師事して交通政策論、鉄道運輸論などを研究した人物である。[30] 弱冠四〇歳で運輸局長となり、「鉄道院に新風を吹き込む営業方針を次々と実行し、近代的鉄道経営の基本を作った」[31] といわれる。後世の人に、「営業の父」と呼ばれたりする。木下が死の直前に執筆し、遺稿集『国有鉄道の将来』(一九二四年)として刊行された文献は、「未成線の一部に民衆的自動車運輸を試むべし」とするなど、卓抜した現実認識に基づく国鉄の未来像を描いており、まさに六〇年後の国鉄の現状を衝く内容として話題にもなった。遺稿集の巻頭を飾った論文は、鉄道官僚としての卓見がみられるのである。[32]

だが、現実の歴史は、原敬による政友会内閣の成立とともに広軌改築策(改良主義)は正式に廃棄され、一九二二(大正一一)年四月従来の鉄道敷設法を全面改正し、一挙に一四九の予定線をあげ、鉄道会議の諮詢をへて具体化するという道を選んだのである。これまでのような法改正の手続きは不要となる。改正鉄道敷設法の公布によって、政友会の「建主改従」政策は法的裏づけを得、同党寄りの予定線を固定化することになったといわざるを得ないであろう。一八九二(明治二五)年の旧鉄道敷設法が幹線鉄道網の建設を目的としていたのに対し、改正鉄道敷設法は地方の局地鉄道網の拡充を意図している点に特徴がある。ここに、局地鉄道政策の転換がみられたわけであり、政府依存型の鉄道誘致時代がはじまったといえよう。[33] いわゆるローカル線問題の元凶は、ここにあるといわねばならない。

(1) 日本交通協会鉄道先人録編集部『鉄道先人録』(日本停車場出版事業部、一九七二年)一八二―一八三頁。

(2) 同右、三七七頁。

(3)　原田勝正、前掲『日本の国鉄』七〇頁。なお国鉄ＯＢの体験を綴った、日本交通協会『国鉄の回顧』(日本国有鉄道、一九五二年)、鉄道八十周年記念論文集『現場の思い出集』(交通協力会、一九五二年)は貴重であろう。

(4)　森川英正『日本経営史』(日経文庫、一九八一年)九八頁。

(5)　和久田康雄『日本の私鉄』(岩波新書、一九八一年)七三頁。太田光凞については、同『電鉄生活三十年』(同編、一九三八年)を参照のこと。

(6)　鶴見祐輔『後藤新平』第三巻(後藤新平伯伝記編纂会、一九三七年)二〇一—二〇二頁。間宏『日本労務管理史研究』(ダイヤモンド社、一九六四年)も、国有化に伴う特異な経営家族主義の展開について言及されている(同書、六八—六九頁)。

(7)　同右、一二六頁。

(8)　労務管理史料編纂会編『日本労務管理年誌』第一編下巻(日本労務管理年誌刊行会、一九六四年)二〇九—二一三頁。なお、物件費等の節約については、前掲『後藤新平』第三巻、一四七頁以下を参照のこと。

(9)　前掲『日本国有鉄道百年史』第五巻(一九七二年)三五四—三五五頁。

(10)　国鉄労働事情を扱ったハンディな文献として、幸田寿三郎『国鉄現業をみる33年』(交通協力会、一九五二年)、鈴木正里『日本国有鉄道論』(日本評論新社、一九五七年)等があげられよう。

(11)　西成田豊「官営鉄道工場の労務政策と賃労働」(労働運動史研究会『黎明期日本労働運動の再検討』労働運動史研究第六二号、労働旬報社、一九七九年)一一三—一一四頁。

(12)　前掲『日本国有鉄道百年史』第五巻、二七九—二八〇頁。

(13)　同右、二八二頁。

(14)　この点に関連して、一九二六年のデータであるが、国鉄職員の勤続年数の長いことを指摘しておく。詳しくは、鈴木正里、前掲書、二八—三〇頁を参照のこと。その他、関連文献として、橋本克彦『線路工手の唄が聞えた』(ＪＩＣＣ出版局、一九八三年)が有益である。

(15)　詳細は、前掲『日本国有鉄道百年史』第五巻、二八三—二八七頁を参照されたい。

(16)　同右、三二六—三二七頁。

(17)　前掲『日本労務管理年誌』第一編下巻、三〇二頁。

(18)　前掲『日本国有鉄道百年史』第五巻、三三四頁。

(19) 鈴木正里、前掲書、六七頁。
(20) 富永祐治、前掲『交通における資本主義の発展』二九六―二九七頁。
(21) 同右、二九九―三〇〇頁。
(22) いうまでもなく、鉄道労働時間の二重性は、他の鉄道企業でも同様である。拙稿「大阪市営交通事業の展開と労働問題――一九二〇年代の動向を中心として――」(近畿大学労働問題研究所『労働問題研究』第二〇号、一九八五年)を参照されたい。
(23) 富永祐治、前掲書、三〇一頁。
(24) 同右、三〇一―三〇二頁。
(25) 前掲『工部省記録』鉄道之部(明治十三年後期、一九六五年刊)巻十八ノ二、五七一頁。
(26) 以上、富永祐治、前掲書、三〇一―三〇六頁。
(27) 原田勝正、前掲『日本の国鉄』、八一頁。以下、同書ならびに同前掲『鉄道の語る日本の近代』等を参照。この時期を扱った論文に、杉野圀明「日本における鉄道政策の展開――とくに第一次大戦後を中心として――」(高橋幸八郎編『日本近代化の研究』下、東京大学出版会、一九七二年)もある。
(28) 第一次大戦を契機として、国鉄の将来について政府内部で意見が分かれたが、改良主義者は後藤新平(鉄道院総裁)、中村是公(鉄道院総裁)、仙石貢(鉄道大臣)、白石直治(帝大教授)、古川阪次郎(鉄道院副総裁)、島安次郎(国鉄技官)、木下淑夫(国鉄営業局長)等、建設主義者は原敬(鉄道院総裁)、床次竹二郎(鉄道院総裁)、大沢界雄(参謀本部運輸部長)、石丸重美(鉄道院副総裁)、大村鋿太郎(国鉄建設局長)等であったという。――大島藤太郎、前掲『国鉄』四三頁以下。同「日本における鉄道政策の転換――日本的交通形態の形成――」(東洋大学『経営論集』第一八号、一九八一年)八頁。
その他、青木槐三『国鉄繁昌記』(交通協力会、一九五二年)、同『国鉄』(新潮社、一九六四年)、同『人物国鉄百年』(中央宣興出版、一九六九年)も参考となろう。
(29) 原田勝正、前掲『日本の国鉄』八三―八四頁。この木下、大蔵両人事に関連して、大蔵公望は、原敬内閣・石丸重美次官の動きにふれながら、「鉄道の政党化」を回顧している(前掲『国鉄の回顧』五三―五四頁)。木下淑夫については、日本交通協会『国鉄興隆時代』(一九五七年)を参照のこと。
松下豊治『歴代総裁・大臣を通じて観たる鉄道史』(交通研究所、一九四一年)は読物だが、鉄道史研究における一方向を示唆した文献といえよう。最近の論稿としては、原田勝正「鉄道技術の自立過程における専門官僚」(歴史科学協議会『歴史評論』

第三五〇号、一九七九年）、大島藤太郎、前掲論文、同「日本における鉄道政策の転換――日本的交通形態形成の原点――」（一橋大学『一橋論叢』第八七巻第一号、一九八二年）等があげられる。

大島氏は、後者の論文で、「注目されるのは、政友会内閣の成立とともに井上勝以来国鉄の指導部を形成してきた『技術屋』――工学士は廃除され、法学士閥がこれに代って行ったことである」と指摘している。ちなみに井上勝、松本荘一郎、平井晴二郎は工学博士であった。前掲木下淑夫に代って運輸局長となった中川正左は、法学士である（一二一―一二三頁）。

(30) 原田勝正、前掲書、六五―六六頁。

(31) 前掲『汎交通』第六八巻第一〇号、八一頁。

(32) 後述の改正鉄道敷設法成立後の鉄道会議で、議員の正木照蔵は、「日本ノ鉄道ハ人口一万ニ付テ二哩半ニナツテ居ルヤウデアリマス（中略）、私ハ衆議院ノ議場デモ述ベタコトガアリマスガ、地方ノ線路ニ対シテハ、自動車ヲ用イタラドウカ、自動車ヲ用ヒマスレバ、費用モ非常ニ少ナクテ済ム」（『第一回鉄道会議特別委員会議事録』一九二二年一二月）と発言している。大正末年には、「鉄道網ト自動車運輸トノ問題」が改めて議論され（『第三回鉄道会議議事録』〈第一次本会議〉一九二六年一二月）、翌年議員の古川阪次郎は、「ドウモ政府当局者ハ、鉄道デナケレバ交通運輸ハ出来ナイト云フヤウナ観念ガアルノデハナイカト私ハ懸念シテ居ル」（『第四回鉄道会議議事録』〈第一次本会議〉一九二七年一二月）と主張するが、鉄道省側は、種々調査をしているものの、やはり時期尚早との立場を貫いた。ちなみに、省営自動車の実現は、一九三〇年一二月のことであるが、当時の諸情勢をかんがみ、国産自動車の採用に踏み切ったことは注目されよう。

(33) 本書においては、割愛せざるを得なかったが、当時の国鉄労働事情等については、鉄道省大臣官房文書課『国有鉄道現況』一九二〇年一〇月調査（一九二二年刊）、同一九二二年一〇月調査（一九二三年刊）が参考となる。具体的な成果としては、大阪鉄道局『大阪鉄道局史』（一九五〇年）、運輸調査局『日本陸運二十年史』第二巻（一九五六年）が、一定の手がかりを与えてくれる。また時期は少しずれるが、つぎの拙稿を併せて参照されたい。

一、「大正15年創刊の雑誌『鉄道生活』とその周辺」(I)〜(V)（大阪労働協会『月刊労働』No.四一二―四一六、一九八三年）。

一、「第一次大戦後の国鉄労働団体について――大日本機関車乗務員会の動向――」（『大阪私立短期大学協会研究報告集』第二一〇集、一九八四年）。

一、「全日本鉄道従業員組合と労働農民党」（武部善人・谷山新良編『産業経済分析』大明堂、一九八四年）。

# 第二節　鉄道国有化の事例

――西成鉄道の成立とその国有化――

## 一　西成鉄道の成立

さきに、鉄道国有化の過程を概観したが、本節では一つのケース・スタディとして西成鉄道の場合を取り上げることにする。さて、大阪湾に注ぐ安治川は古くから幹線水路として利用され、大阪における商業発展の基盤をなしていたが、一八七五（明治八）年五月大阪駅の西端から分岐し、安治川の北岸に達する延長一哩六〇鎖の官設安治川支線が建設された。しかし、一八七七（明治一〇）年大阪駅から曽根崎川に至る水路が開削されたため、同年一一月安治川支線は廃止となった。そして、その後十数年の間貨物の輸送はこの水路によって行われたが、やがて大阪築港問題が起こり、これを契機として鉄道建設計画が再燃したのであった。(1)

当時の安治川河口は、川幅も水深も小さく汽船の大型化に対応できず、大型船は次第に大阪を去って神戸港を利用するようになったため、地元の有志は水陸連絡設備の必要を痛感していたが、一八九二（明治二五）年大阪市は新たに大阪築港の計画をたて、国の補助を得て着手することを市会で可決したのである。この第一次修築工事と呼ばれた築港工事は、一八九七（明治三〇）年から一九二八（昭和三）年に至る三〇年余にわたって続けられることになるが、一九〇三（明治三六）年の第五回内国勧業博覧会が大阪で開催されたのを機として一部が利用できるようになった。築港計画が発表されると、築港資材の輸送や完成後の臨港鉄道として鉄道建設計画が行われたのは当然のことであるといえようが、大阪築港にあたってこれに使用する石材は海上輸送による運搬が計画されていたので、これを知った安治川付近の住民らは、「築港着手ニ先ンジ大阪市ニ於テ鉄路布設ノ意ナキヤ否ヤヲ慥メ、若シ企画ナシトセハ本郡有志ニ於テ発起シテハ如何ンヲ評議シ遂ニ之レヲ築港測量担任者ヘ質議(2)」する動きを示した。

一方、鉄道建設にいち早く着目していた堺市の食満藤平らの発起人は、一八九三（明治二六）年一〇月大阪駅付近から西成郡川北村大字南川口に達する三哩四五鎖の川口鉄道の建設を出願した。資本金は二一万円であった。これを知った前述の有志者の一派は大阪市との交渉を絶ち、同月一六日新たに西成郡下福島村江川常太郎ほか二六名の発起人による西成鉄道の敷設出願を行った。この計画は、西成郡川北村大字南天保山対岸を起点とし、同郡下福島村・野田村・上福島村をへて曽根崎村に至り、大阪駅で東京神戸間の官設鉄道に接続するものであった。その距離は三哩五二鎖で、資本金は二〇万円であった。両社の競願は次第に高まり、同年一二月に西成鉄道は将来の貨客増加を予想して複線敷設を可能とする設計変更を行うため、資本金を三〇万円に増額して追願するところとなった。これに対し、川口鉄道の発起人らは資本金を三五万円に増額して、当初の軽便鉄道から普通鉄道に改めて出願したのである(3)。

右の段階の西成鉄道設立願の理由としては、つぎの四点があげられていた(4)。また旅客・貨物などの収支概算は、第2-9表のように目論まれたのである。

一、我西成郡ハ大阪市街ニ接近シ土地平坦地味豪艘(壮)ニシテ……今ヤ大阪ハ更ニ地理ト大資本家ノ多数ナルトニヨリテ工業競ヒ起リ実ニ日進月歩ノ勢ニシテ已ニ我郡内ニ設立スル資本金壱千円乃至壱百弐拾万円ノ諸工場壱百三拾有余ケ所ニ及ヒ就中其所在ノ多キハ安治中津二川附近ノ地トス……現在此等多数ノ工場ニ応スル原料及製作ノ貨物諸職工等其数巨多ニシテ尚将来工場人口ノ増加スルニ至ラハ之ニ応シテ総テノモノ其数莫大ナルヘシ

一、大阪川口ニ入港スル貨物ノ内畿内及東北地方ヘ再輸出又東北地方ヨリ大阪ヘ輸入シタル貨物ノ内四国中国九州地方ヘ再輸出スルモノ其数夥多ニシテ尚将来大阪築港成ルノ暁ニ至テハ旅客貨物共ニ益其数ヲ増多シ実ニ莫大ナ

ル量ニ昇ルヤ明ナリ

一、大阪市街西北両区ノ西南部及ヒ西成郡西南部ノ住民概数三拾万其他商工業若クハ神社仏閣ニ参拝スルモノ等ニシテ大阪港ノ便船ニヨリ相往来スル旅客其数莫大ナリ

一、安治木津両川沿岸ノ地ハ頗ル工業ニ適スルヲ以テ本鉄道株主中該地方ノ大地主タルモノハ益工事ノ発達シテ日本工業ノ地タル大阪ノ工場トシテ其土地ノ繁栄ヲ企図スルモノナレハ即チ本鉄道成功ノ速ナランコトヲ希望シ…

ところが両社競願となった鉄道建設計画は、一方で官設鉄道敷設の見込があったため却下された。この間の詳しい事情は、こうである。すなわち、「同鉄道（西成鉄道株式会社―筆者注）ハ其延長僅カニ四哩余ニシテ水路大阪ニ輸入シ又ハ大阪ヨリ輸出スル物貨ノ内官線ニ依テ輸送スルモノ若クハ沿線地方ニ漸次増設シツヽアル製作場ノ輸出入物貨ニシテ官線ニ依テ輸送スルモノ等ノ利用ニ供スヘキモノナレハ実ニ官線ノ一支線ノ如キ位置ニアルモノナレハ、運輸上ニ於ケル幹支ノ関係ハ日本鉄道ノ秋葉原線又ハ同鉄道ニ於テ新設セムトスル隅田川線ノ如キモノナルガ故ニ之ヲ一個分立ノ会社ニ経営セシムルハ鉄道ノ利用及経理上宜ヲ得タルモノト謂フ可カラス、是レ曩キニ本線ハ官設ノ見込ヲ以テ許可セラレサルノ案ヲ具シ高裁ヲ仰キタル事理ノ要点ナリ(5)」と。

こうした趨勢の中で、川口・西成両派の中にも競願による争いを不利とするものもあって、両派合併の機運が高まった。両派の歩み寄りはいったん不調に終わったが、その後再び合併説が起こり、桜井義起の斡旋によって合併が成立し、川口鉄道の発起人らは西成鉄道の事業に加わることとなり、一八九四（明治二七）年一月一八日同鉄道は願書を撤回した。ここに私設案は西成鉄道の計画に一本化されたわけであり、他方同線路の官設案は「本線布設ニ要スヘキ費額ハ朝鮮事変ニ関シ国費多端ノ折柄其予算ヲ提出スルヲ許サス、暫ク其時機ヲ俟タサルヘカラサルノ事況ナリ(6)」とのことで、私設案が具体化していった。すなわち、一八九四（明治二七）年六月二五日の鉄道会議における「東海ニノ支線トシテ当然官設トスヘキ必要ヲ認ムルモ線路敷地付近ハ工場其他建設物続々起リ敷設一日ヲ緩フスル能ハザ

## 第2-9表　西成鉄道の企業目論見概算

(1)　天保山沖(安治川港外)ニ碇船スベキ汽船ノ積載貨物概算(1892年ノ調査ニ拠ル)

| 区分 | 船数 | 壱ケ年間着船数 | 壱ケ年間発船数 | 発着合数 | 平均壱艘ノ積載噸数 | 総積載噸数 |
|---|---|---|---|---|---|---|
| 朝鮮支那及中国地方航路汽船 | 6 | 99 | 99 | 198 | 425噸 | 84,150 |
| 琉球大島及四国九州地方航路ノ汽船 | 9 | 139 | 140 | 279 | 315 | 87,885 |

合計壱ケ年間天保山沖ニテ碇舶スベキ汽船ノ積載量17万2,035噸

(2)　天保山沖（同断）ニ碇舶スベキ汽船ノ乗客人員概算（前同断）

| 区分 | 船数 | 壱ケ年間着数 | 壱ケ年間発数 | 壱ケ年間発着数 | 平均壱艘ノ乗客数 | 総乗客人員 |
|---|---|---|---|---|---|---|
| 朝鮮支那及中国地方航路ノ汽船 | 6 | 99 | 99 | 198 | 45人 | 8,910人 |
| 琉球大島及四国九州地方航路ノ汽船 | 9 | 139 | 140 | 279 | 125 | 32,875 |

合計壱ケ年間天保山ニテ上陸シ人力車ニ乗スベキ人員４万1,785人

(3)　西成鉄道乗客貨物数量及賃金之概算

| 区分 | 壱ケ年間ノ旅客 | 壱ケ年間ノ賃金 | 壱ケ年間ノ貨物 | 壱ケ年間ノ賃金 |
|---|---|---|---|---|
| 川口梅田間 | 21,596人 | 1,280.550円 | 160,600駄 | 3,533.200円 |
| 川口川床間 | 16,790 | 610.350 | 116,800 | 1,168.000 |
| 川口安治川橋間 | 25,870 | 1,239.200 | 103,196 | 1,651.143 |
| 川床安治川橋間 | 18,615 | 401.500 | 30,113 | 240.896 |
| 川床梅田間 | 13,870 | 503.700 | 140,525 | 2,248.400 |
| 梅田安治川橋間 | 12,775 | 284.700 | 50,187 | 538.361 |
| 合計 | 109,516 | 4,320.000 | 601,421 | 9,380.000 |

合計壱ケ年間収入金１万3,700円

旅客員数10万9,516人ニ付キ賃金4,320円（１日平均300人強）

貨物数量60万1,421駄ニ付キ賃金9,380円（１日平均1,647駄73）

（備考）1. 旅客員数ハ汽船乗客４万1,785人ニ尼ケ崎街道並ニ安治川港通路ノ人員（汽船出入毎ノ送迎人荷物人夫等）６万7,731人ヲ加エタル者ナリ

1. 貨物ハ汽船積載総噸数ヨリ全ク鉄路便ニ拠ルベキ額ヲ見積リタル者ナリ

1. 右ハ旅客貨物ノ概算ヲ示シタル者ナレバ運輸開通ノ上ハ漸次増加スル勿論ナリ

1. 賃金（旅客ハ下等壱人ニ付キ壱哩壱銭強ノ割合ヒ，中等ハ下等ノ倍，上等ハ下等ノ３倍，貨物ハ壱駄「40貫目」ニ付キ壱哩４厘４毛ノ割合トス

(4)　壱ケ年ノ経費概算

| 区分 | 汽車運転費 | 線路保存費 | 職場費 | 運輸費 | 総掛費 | 合計 |
|---|---|---|---|---|---|---|
| 金額 | 2,000円 | 1,500円 | 800円 | 1,500円 | 300円 | 6,100円 |

合計壱ケ年間支出金6,100円

収支差引金7,600円　但シ資金20万円ニ対シテ年３朱８厘

（備考）「西成鉄道布設之理由書」（鉄道院文書「西成鉄道」）。

ルモ官設トシテ速ニ着手シ得ザルカ故ニ暫ク之ヲ私設ニ委スルヲ可トス」(7)という要旨の答申をもって、同年一〇月二四日西成鉄道に仮免状が下付されたのである。この間同社は、「政府ニ於テ本鉄道ノ買収ヲ必要ト認メラレ候トキハ時ノ相場ヲ以テ其求メニ応シ敢テ異議無之云々」との請願をしていることに注目しておきたい。この点は、まもなく「政府ニ於テ本鉄道ノ買収ヲ必要ト認メラレタルトキハ本鉄道現在物件ノ実価則チ元費金ヲ以テ其収用ニ応スル事」と改め、追願した。(8)

翌一八九五(明治二八)年二月五日西成鉄道は発起人を江川常太郎以下四七名とし、また同月一三日には倉庫の増設、単線を複線とするなどの設計変更をなし、資本金を一一〇万円に増額することを出願している。新たに計上された倉庫費は、「抑モ西成鉄道終極貨物停車場ハ安治川口天保山対岸字南新田ニ設置スル計画ニシテ東亜ノ一大商業地タル当大坂ニ於テ海陸連絡ノ要点ニ当ルヲ以テ、内国各地ヨリ鉄道ニ依テ輻輳スル所ノ貨物及各港ヨリ船舶ニ搭載シテ輸入スル貨物ノ再ヒ鉄道ニ依ツテ内地ニ送達セラル、モノ、大数ヲシテ此終極停車場ヲ経由セシメントスル目的ナリ、故ニ之ニ応スル万般ノ設備ヲナサンガ為メ大ニ規模ヲ拡張シ資本ヲ増加セリ、而シテ建設費予算中ニ倉庫費ノ一項ヲ新設シタルモ運輸ノ需要ニ適応シテ終極貨物停車場ノ設備ヲ完全ナラシメンガ為覆蓋及ヒ貨物庫ヲ造営スル目的ニ外ナラズ」(9)という意図に基づくものであった。以下、この辺の事情を述べた「西成鉄道起業之趣意」をみると、改めて西成鉄道の起業的基礎として、大阪の過去五年間の人口および輸出入の増加傾向にふれながら、貨物集散地における交通機関等の不備を指摘し、海陸連絡の要衝としての同鉄道の目論見の妥当性を主張していることが察せられる。(10)

西成鉄道起業之趣意

抑我カ日本国ハ東亜ニ於ル一大商業国ニシテ我カ大阪ハ其中心ナリ、而シテ其繁栄ハ維新以来国富ノ膨脹ニ随伴シテ年々歳々著シキ速力ヲ以テ増進セリ、最近五箇年間ノ統計ニ依ル時ハ人口ノ増加スルコト毎年平均八千六百五十二人、輸出入貨物ノ増殖スルコト五百六拾三万余円トス、此趨勢ニ依テ進昌スルトキハ今後五十七年ノ後ニ於テ其人口現在ニ倍蓰シテ百四十四万余人ノ員数ニ達セン、而シテ又其富力ノ膨脹ハ実ニ莫大ナルモノニシテ輸出入物価ハ大約三億万円ヲ下ラサルニ至ラン豈ニ盛ナリト謂ハサルヘケン哉、然ルニ其規模設計ハ三百年前豊太閤ノ初メテ覇府ヲ此地ニ建置セシ時ニ於テ画定シタルモノニ基キ漸次発達シテ現時ノ盛況ヲ呈スルニ至レリ、故ニ今時文明ノ世運ニ際シ汽船鉄道電信等ノ如キ運輸交通ノ機関整備シテ旅客ノ往復物貨ノ運送ハ多々発々便シ得ルノ時ニ於テ、独リ海陸連絡ノ要衝ニ当リ百貨集散ノ鍵鑰ヲ司ル所ノ我カ大阪ハ未タ以テ大ニ其連絡ノ法便ヲ増補シテ之ヲ実施スルコト能ハス、専ラ旧馴ヲ襲用シ単ニ運河ノ一大運搬力ニ依頼シテ目前焦眉ノ急ニ応スル姑息ノ計画ヲ施スノミニ汲々タリ、数年来淀川改修天保山築港ノ企図アリシト雖トモ未タ以テ此公共事業ノ実行ヲ見ルニ至ラス況ンヤ之ニ依テ生スル利便ニ於テヲヤ、故ニ海陸ノ各地ヨリ輻輳スル所ノ大数ノ貨物及ヒ旅客ノ再ヒ各地ニ向ツテ輸出スルモノハ尽ク艀舟ニ転載シ或ハ馬車人力車ニ依テ汽車汽船ノ連絡ヲ計ラサル可カラス、其不利不便実ニ尠少ナラサルコト識者ノ夙トニ識認スル所ニシテ、築港ノ計画アルニ至ルモ亦大ニ理由ノ存スルモノアリト雖トモ之カ実行期ハ未タ以テ確知スルコト能ハス、然ルニ本市ノ商業ハ日ニ月ニ駸々トシテ繁栄シ百貨ノ集散ハ愈々頻繁ニ趣キ安治川富島町繋船所ハ常ニ数十ノ汽船輻輳シテ貨物積卸旅客乗降ノ為メ徒ラニ貴重ノ時間ヲ空費シ、梅田難波等ノ停車場ハ貨物充溢シテ屢々運輸ノ時期ヲ愆リ、而シテ又之ニ通スル運河ハ時ニ或ハ艀舟ヲ以テ充満スルカ故ニ水路梗塞シテ運送ノ渋滞スルコトアルハ現時ノ状態ナリ、故ニ今ニシテ海陸ノ連絡ヲ従捷ニシテ百貨集散ノ敏速ヲ計ルニ非ラスンハ、滔々トシテ輻輳スル処ノ貨物ハ漸次渋滞シテ代謝スルコト愈々遅緩ナルニ至リ其反応ニ依テ駸々トシテ進歩スル本市ノ繁栄ハ頓ニ活気ヲ失ヒ、其充溢スル所ノ貨物ハ終ニ神戸港ヲ経テ集散スルニ至ランコト火ヲ見ルヨリ炳明タリ、如此現時ノ状態ヲ観察シ将来ノ繁栄ヲ考究スルトキハ海陸連絡ノ捷路ヲ開キ百貨集散ノ敏速ヲ計ルコト目下ノ最大急務ニシテ一日モ忽カセニスヘカラサルコトヲ自覚スルニ足ラン、此ニ於テ吾輩同志者相謀リ川北村大字南天保山対岸ト官設鉄道梅田駅ノ間ニ複線鉄道ヲ布設シ、川北村大字南ノ河岸ニ接シ一大停車場ヲ設置シ船渠及ヒ汽船繋留所ヲ造築シ、又大ニ倉庫ヲ造営シテ毎日二万屯ノ貨物ヲ容易ニ集散シ又瞬時間ニ数千ノ旅客ヲシテ安全ニ汽車汽船ノ間ニ移乗セシメントスルノ目的ヲ以テ予メ規模ヲ定メ、一昨年十一月其筋ニ向ツテ鉄道布設ノ免許ヲ請願シ昨年十月ニ至リ其仮免状ヲ下付セラレタルヲ以テ、実地測量ヲ施シ工事ヲ設計シ工費ヲ予算シ又営業収支ニ関スル精密ナル調査ヲ遂ケ本事業ニ伴フ直接ノ経済ヲ詳カニセリ、之ヲ要スルニ本事業タルヤ個人的単独事業トシテ最モ有利ナル企業タルノミナラス公共ニ対シ間接ノ利益ハ望ニ是ヨリ大ナルヘシ、実ニ一挙両全ノ計画ニシテ其竣功ノ日ニ於テ百貨集散ノ利便ニ随伴スル所ノ結果ハ大ニ本市繁栄ノ程度ヲ高進シ商業ノ面目ヲ革新シ漸次社会ノ必要ニ促カサレテ更ニ規模ヲ拡張シ数年来本府ノ一大問題タル天保山築港ノ実施ヲ見ルニ至ルコト期シテ待ツヘシ、茲ニ簡単ニ企業ノ趣旨ヲ迎ヘ工事設計書製図工費及ヒ営業収支予算書ノ緒言トス

要するに、西成鉄道の発起は大阪築港との関連で具体化された臨港鉄道であることが再確認できよう。つぎに同社発起人四七名の性格をうかがっておきたい。第2－10表によると、まず発起人は三八名までが大阪府の在住者で、残り九名は奈良県在住者であった。発起人の中に、いわゆる仲買人が二、三みえること、とくに最大の株式引受者が大阪株式取引所仲買人下倉仲であることは、当時の鉄道熱が鉄道株投機という一面からも説明できるだけに興味深いものがあろう。彼は旧川口鉄道発起人委員の一人であり、のち西成鉄道創立委員に名を連ねた人物でもある。会社の役員は、一八九五（明治二八）年一〇月取締役に今村清之助・井上保次郎・真中忠直・金沢仁兵衛・桜井義起が選出され、真中忠直が専務取締役に選ばれた。監査役は浜岡光哲・田島信夫が選出された。当時今村清之助は関西鉄道・九州鉄道の常議員、東京商業会議所常議員であり、井上保次郎は両替商・銀行業に関係をもっていた。金沢仁兵衛は肥物商として著名であったが、このほか大阪共立銀行頭取・平野紡績社長・日本紡績社長・大阪毛糸社長・第四十二国立銀行取締役・大阪商船取締役・日本火災保険取締役・摂津紡績取締役・大阪露油取締役・大阪セメント監査役・摂津製油監査役・関西煉瓦監査役・大阪商工協会議長・大阪商業会議所会員として広汎な活動をしていた。(11) 浜岡光哲は京都

**第2-10表　西成鉄道発起人の性格**（1895年２月）

| 引受株数 | 住所 | 氏　名 | 職　業 | 引受株数 | 住所 | 氏　名 | 職　業 |
|---|---|---|---|---|---|---|---|
| 株<br>300 | 西成郡 | 江川常太郎 | | 株<br>50 | 西成郡 | 北野梶三郎 | |
| 200 | 同 | 吉岡　直一 | | 50 | 同 | 樋口弥兵衛 | |
| 100 | 同 | 藤　　富衛 | 野田村村長 | 50 | 同 | 西島喜代三郎 | |
| 100 | 同 | 中野治兵衛 | | 50 | 同 | 杉村　房七 | 大阪運河監査役 |
| 100 | 大　阪 | 中村安右衛門 | | 300 | 東成郡 | 桜井　義起 | |
| 100 | 西成郡 | 紀　　璋司 | 日本細糸紡績取締役第百五十二銀行取締役，大地主 | 100 | 大　阪 | 菅沼　貞吉 | |
| 100 | 同 | 平松徳兵衛 | | 100 | 東成郡 | 篠川　利祐 | |
| 100 | 同 | 中谷　徳恭 | 川北村村長 | 200 | 南　郡 | 佐々木政乂 | 岸和田紡績取締役，南海鉄道取締役 |
| 100 | 同 | 天野　元七 | 下福島村村長 | 2,538 | 大　阪 | 下倉　　仲 | 大阪株式取引所仲買人 |
| 50 | 同 | 牧野伊兵衛 | 曽根崎村村長 | 50 | 西成郡 | 高橋藤右ヱ門 | |
| 50 | 同 | 甲田恒太郎 | 旭銀行取締役，関西倉庫監査役 | 50 | 同 | 関根　一郷 | |
| 50 | 同 | 見市　乗保 | 地主 | 50 | 同 | 馬淵　源蔵 | |
| 50 | 同 | 多羅尾七郎 | | 50 | 大　阪 | 筒井徳右ヱ門 | 材木仲買 |
| 50 | 同 | 北村　九輔 | 上福島村村長 | 100 | 奈　良 | 乾　徳三郎 | |
| 50 | 同 | 古谷治一郎 | | 100 | 同 | 桐山　真平 | |
| 50 | 同 | 奥田作二郎 | | 100 | 同 | 植田　弥平 | |
| 50 | 同 | 豊田宗三郎 | | 100 | 同 | 足代秀太郎 | 旅人宿 |
| 50 | 大　阪 | 小倉　利助 | 友仙染製造 | 50 | 同 | 末吉　　昇 | |
| 50 | 西成郡 | 春日　　粛 | | 50 | 同 | 岡本　丈蔵 | 大和米外三品取引所仲買人 |
| 50 | 大　阪 | 田島　伊八 | | 50 | 同 | 伊東　四郎 | |
| 50 | 西成郡 | 渋谷亀之助 | | 50 | 同 | 藤野権七郎 | |
| 50 | 同 | 北浦貞次郎 | 第百五十二銀行取締役 | 50 | 同 | 稲葉　太平 | |
| 50 | 同 | 土肥五兵衛 | 大阪運河取締役 | 50 | 大　阪 | 春元　重助 | 薬種問屋兼石鹸製造販売 |
| | | | | 100 | 同 | 坂田　熊蔵 | |

（備考）　1　「西成鉄道株式会社起業目論見書」（前掲鉄道院文書）より作成。
　　　　　2　職業については前掲『日本全国商工人名録』（1893年），渋谷隆一編『明治期日本全国資産家地主資料集成』Ⅰ～Ⅴ（1984年復刻版），三上四郎編『大阪営業案内』（1900年，1975年復刻版）等を参照。

鉄道取締役、田島信夫は北海道炭礦鉄道・総武鉄道の取締役でもあった。

西成鉄道の創設にあたり、発起人らがしばしば東京へ陳情に出かけたことは「沿革日誌」の伝えるところであるが、同鉄道の建設は大阪経済にも大いに関係するものであったから、一方で「同年（一八九五年—筆者注）四月五日藤田伝三郎、田中市兵衛ノ発起ニ依テ大阪市第一流ノ商人住友吉左衛門外拾八名ヲ専崎方ニ集会シ西成鉄道ニ対スル意見ヲ諮問シ合セテ本鉄道ノ当市将来ノ商況ニ関係ヲ有スル事頗ル大ナルカ故ニ之レヲ東京ノ有力者及ヒ西成一地方ノ有志者ニ放任シ置クコトハ本市ノ利益ニ非ス、本市有力者ハ宜ク此企画ヲ賛成シ各自株主トナツテ関係スル事最モ必要ト認ム云々説述シ住友吉左衛門外拾八名ノ賛成ヲ得テ大阪市ノ輿論ヲ一定セリ[12]」という一面があったことを特記しておきたい。営業報告書が見当らないため、詳細は明らかでないが、株式募集その他で東京の有力者ならびに大阪財界の支援を得たことは同社の産業鉄道的ないし軍事的性格を示唆しているといえよう。

(1) 前掲『日本国有鉄道百年史』第四巻、五〇五頁。
(2) 「西成鉄道株式会社創立沿革日誌」(大阪市中谷勝彦氏所蔵)。この全文は、拙稿「西成鉄道の成立と展開——日本鉄道史の一断面——」(大阪市史編纂所『大阪の歴史』第七号、一九八二年)で紹介している。
(3) 前掲『日本国有鉄道百年史』第四巻、五〇六頁。
(4) 「西成鉄道株式会社設立願」(鉄道院文書「西成鉄道」)。
(5) 「西成鉄道私設許可ノ理由」(同右)。
(6) 同右。
(7) 前掲『日本国有鉄道百年史』第四巻、五〇六頁。原典は、前掲『日本鉄道史』中篇、五五三—五五四頁。
(8) 「西成鉄道布設之義ニ付追願書」(前掲鉄道院文書)。
(9) 「倉庫費ノ説明」(同右)。
(10) 「西成鉄道起業之趣意」(藤井寺市岡田泰典氏所蔵)。
(11) 永江為政編『商業資料』(一九七三年新和出版社復刻版)第壱巻第七号、一八九四年五月一〇日付。
(12) 前掲「西成鉄道株式会社創立沿革日誌」。

## 二 西成鉄道の経営状態

西成鉄道は、一八九五(明治二八)年二月八日本免許状を受け、小川資源を技師長に大阪・安治川口間の工事が行われた。同年一〇月船渠の開削に着手し、一二月には倉庫の建築に着手した。大阪駅との連絡は仮設をもって施工し、一八九八（明治三一）年三月これら工事の大半を竣工した。南新田駅を安治川口駅と改称し、同年四月五日大阪・安治川口間三哩五二鎖を開業し、貨物列車の運転を開始した。本線は全線複線であり、軌間三呎六吋などは官設鉄道と同じであった。旅客列車は大阪・福島間連絡工事が未完成であったから福島・安治川口間に限り運転され、この間

**第2-11表　西成鉄道の輸送量および営業収入**

| 年別 | | 1898 | 1899 | 1900 | 1901 | 1902 | 1903 | 1904 |
|---|---|---|---|---|---|---|---|---|
| 開業線路 | | マイル 3 チェーン 52 | 3 52 | 3 52 | 3 52 | 3 52 | 貨渡線 3 52 | 貨渡線 4 44 |
| 取扱数量 | 旅客 | 131,677人 | 284,847 | 391,625 | 461,852 | 525,528 | 833,546 | 601,621 |
| | 貨物 | 32,314トン | 51,870 | 93,457 | 107,369 | 139,610 | 169,668 | 128,612 |
| 運輸マイル程延 | 旅客 | 296,897人マイル | 651,929 | 1,140,529 | 1,166,812 | 1,330,106 | 2,026,351 | 1,443,890 |
| | 貨物 | 117,941トンマイル | 208,269 | 319,626 | 387,462 | 490,171 | 614,198 | 463,007 |
| 収入 | 旅客 | 4,684円 | 9,947 | 12,649 | 14,505 | 19,272 | 29,508 | 17,628 |
| | 貨物 | 2,640円 | 4,165 | 8,167 | 18,019 | 20,699 | 22,726 | 19,120 |
| | 雑収入 | 24,954円 | 39,128 | 32,938 | 16,961 | 16,732 | 20,049 | 21,314 |
| | 計 | 32,278円 | 53,240 | 53,754 | 49,485 | 56,703 | 72,283 | 58,062 |
| 営業費 | | 21,528円 | 28,976 | 34,321 | 50,896 | 57,535 | 63,910 | 64,321 |
| 差引 | | 10,750円 | 24,264 | 19,433 | △1,411 | △832 | 8,373 | △6,259 |
| 建設費 | | 1,638,201円 | 1,643,504 | 1,515,122 | 1,606,593 | 1,609,103 | 1,613,229 | 1,614,205 |

（備考）1　前掲『日本国有鉄道百年史』第4巻，509頁。△印は欠損を示す。
2　原資料は『鉄道局年報』(1905年度）である。

## 貨物発着駅別分類

| 大阪間 | | | | | 他線扱 | | 合計 | |
|---|---|---|---|---|---|---|---|---|
| 島 | 大阪 | | 計 | | | | | |
| 着 | 発 | 着 | 発 | 着 | 発 | 着 | 発 | 着 |
| 屯 | 屯 | 屯 | 屯 | 屯 | 屯 | 屯 | 屯 | 屯 |
| — | — | — | 260 | 35 | 33 | 258 | 293 | 293 |
| — | — | — | 5,719 | — | — | 5,719 | 5,719 | 5,719 |
| — | 10 | — | 2,939 | 28 | 18 | 2,928 | 2,957 | *2,957 |
| — | 2 | — | 6,193 | 23 | 21 | 6,191 | 6,214 | 6,214 |
| — | — | — | 437 | — | — | 437 | 437 | 437 |
| — | 2 | — | 304 | 447 | 445 | 302 | 749 | 749 |
| 1 | — | — | 1,403 | 1 | — | 1,402 | 1,403 | 1,403 |
| — | — | — | 3,749 | — | — | 3,749 | 3,749 | 3,749 |
| — | — | — | 243 | — | — | 243 | 243 | 243 |
| — | — | — | 1,853 | — | — | 1,853 | 1,853 | 1,853 |
| — | — | — | 1,650 | 560 | 57 | 1,147 | 1,707 | 1,707 |
| — | — | — | 3,095 | 1,360 | 1,360 | 3,095 | 4,455 | 4,455 |
| — | — | — | — | 264 | 264 | — | 264 | 264 |
| — | — | — | 137 | 1,447 | 1,447 | 137 | 1,584 | 1,584 |
| — | — | 5 | 449 | 5 | — | 444 | 449 | 449 |
| — | — | — | 292 | 85 | 85 | 292 | 377 | 377 |
| — | — | 1 | 1,118 | 7 | 5 | 1,116 | 1,123 | 1,123 |
| — | 52 | 2 | 764 | 4,072 | 3,993 | 685 | 4,757 | 4,757 |
| — | — | — | 334 | 465 | 443 | 312 | 777 | 777 |
| 9 | 33 | 26 | 680 | 486 | 425 | 619 | 1,105 | 1,105 |
| — | 10 | — | 662 | 10 | — | 652 | 662 | 662 |
| — | — | — | 1,072 | — | — | 1,072 | 1,072 | 1,072 |
| — | — | 1 | 959 | 602 | 601 | 958 | 1,560 | 1,560 |
| — | — | — | 5,716 | — | — | 5,716 | 5,716 | 5,716 |
| — | — | — | — | 4,967 | 4,967 | — | 4,967 | 4,967 |
| — | 13 | — | 136 | 220 | 207 | 123 | 343 | 343 |
| — | — | — | 2,636 | — | — | 2,636 | 2,636 | 2,636 |
| — | — | — | 79,200 | 32 | 32 | 79,200 | 79,232 | 79,232 |
| — | — | — | 1,556 | — | — | 1,556 | 1,556 | 1,556 |
| 10 | 21 | 6 | 1,338 | 349 | 313 | 1,302 | 1,651 | 1,651 |
| 20 | 143 | 41 | 124,894 | 15,465 | 14,716 | *124,145 | 139,610 | 139,610 |

各項の総和となつていないが，原資料のままとした。

## 第2-12表　西成鉄道の

| 線路区別 | 安治川口 | | | | | | |
|---|---|---|---|---|---|---|---|
| 駅名 | 安治川口 | | 西九条 | | 野田 | | 福 |
| 品名 | 発 | 着 | 発 | 着 | 発 | 着 | 発 |
| | 屯 | 屯 | 屯 | 屯 | 屯 | 屯 | 屯 |
| 米 | 260 | 4 | — | 18 | — | 13 | — |
| 食塩 | 5,317 | — | — | — | 402 | — | — |
| 葉莨 | 2,903 | 28 | — | — | 26 | — | — |
| 和酒 | 6,191 | 19 | — | 4 | — | — | — |
| 甘藷 | 422 | — | — | — | 15 | — | — |
| 菜種 | 302 | 2 | — | — | — | 445 | — |
| 蜜柑 | 1,403 | — | — | — | — | — | — |
| 綿花 | 3,749 | — | — | — | — | — | — |
| 綿実 | 243 | — | — | — | — | — | — |
| 家具 | 1,848 | — | — | — | 5 | — | — |
| 肥料 | 714 | 41 | 344 | 515 | 592 | 4 | — |
| 石油 | 3,095 | 1,360 | — | — | — | — | — |
| 礦油 | — | 250 | — | — | — | 14 | — |
| 満俺 | 137 | 3 | — | 16 | — | 1,428 | — |
| 曹達 | 412 | — | — | — | 37 | — | — |
| 藍葉 | 287 | 85 | — | — | 5 | — | — |
| 紙 | 49 | — | — | — | 1,069 | 6 | — |
| 木材 | 244 | 412 | 15 | 167 | 423 | 3,491 | 30 |
| 薪炭 | 187 | 10 | — | 222 | 147 | 233 | — |
| 金物類 | 456 | 425 | 149 | 15 | 42 | 11 | — |
| 石材 | 647 | 10 | — | — | 5 | — | — |
| 石灰 | 683 | — | — | — | 389 | — | — |
| セメント | 372 | 601 | — | — | 587 | — | — |
| 煉化 | 5,534 | — | — | — | 182 | — | — |
| 礦石 | — | 3,080 | — | 406 | — | 1,481 | — |
| 陶土器 | 61 | 220 | — | — | 62 | — | — |
| 空瓶 | — | — | 70 | — | 2,566 | — | — |
| 石炭 | 78,149 | 32 | — | — | 1,051 | — | — |
| コークス | 287 | — | 847 | — | 422 | — | — |
| 雑貨 | 907 | 92 | 48 | 35 | 345 | 206 | 17 |
| 計 | 114,859 | 6,674 | 1,473 | 1,398 | 8,372 | 7,332 | 47 |

（備考）　前掲『明治期鉄道史資料』第1集（7）（『鉄道局年報』1902年度）212頁。　＊印の欄は，

### 第2-13表　西成鉄道の概要

| 区　分 | | 1898年度 | 1899年度 | 1900年度 | 1901年度 |
|---|---|---|---|---|---|
| 資本金 | 総額 | 円<br>1,650,000 | 円<br>1,650,000 | 円<br>1,650,000 | 円<br>1,450,000<br>△ 200,000 |
| | 払込額 | 1,644,816 | 1,650,000 | 1,650,000 | 1,450,000<br>△ 200,000 |
| 積立金 | | 1,700 | 3,700 | 4,500 | 5,300 |
| 社債金 | | — | — | — | — |
| 借入金 | | — | — | — | — |
| 開業線路 | | 哩 鎖<br>3.52 | 哩 鎖<br>3.52 | 哩 鎖<br>3.52 | 哩 鎖<br>3.52 |
| 停車場 | | 4 | 4 | 4 | 4 |
| 車輛 | 機関車 | 4 | 2 | 2 | 3 |
| | 客車 | 23 | 23 | 23 | 23 |
| | 貨車 | 127 | 212 | 227 | 227 |
| 建設費 | | 円<br>1,638,201 | 円<br>1,643,504 | 円<br>1,515,122 | 円<br>1,606,593 |
| (自創業至各年度) | | — | — | — | — |

| 区　分 | | 1902年度 | 1903年度 | 1904年度 | 1905年度 |
|---|---|---|---|---|---|
| 資本金 | 総額 | 円<br>1,450,000<br>△ 200,000 | 円<br>1,450,000<br>△ 200,000 | 円<br>1,450,000<br>△ 200,000 | 円<br>1,450,000<br>△ 200,000 |
| | 払込額 | 1,450,000<br>△ 200,000 | 1,450,000<br>△ 200,000 | 1,450,000<br>△ 200,000 | 1,450,000<br>△ 200,000 |
| 積立金 | | — | — | — | — |
| 社債金 | | — | — | — | — |
| 借入金 | | — | — | — | — |
| 開業線路 | | 哩 鎖<br>3.52 | 哩 鎖<br>3.52 | 哩 鎖<br>貸渡線 3.52 | 哩 鎖<br>貸渡線 4.44 |
| 停車場 | | 4 | 4 | 4 | 5 |
| 車輛 | 機関車 | 3 | | 4 | 4 |
| | 客車 | 23 | 23 | 23 | 23 |
| | 貨車 | 227 | 227 | 227 | 227 |
| 建設費 | | 円<br>1,609,103 | 円<br>1,613,229 | 円<br>1,614,205 | 円<br>1,753,129 |
| (自創業至各年度) | | — | — | 110,973 | — |

(備考)　前掲『明治期鉄道史資料』第1集(12)(『鉄道局年報』1907年度付録)33—34頁。△印は兼業に係るもの。借入金は一時借入金を除く。

の運転は一八九九（明治三二）年三月大阪駅との連絡工事が完成し、四月一日この区間が開通するまで続けられた。なお、これより先一八九八（明治三一）年一〇月西九条駅が設置され、駅は福島・野田・西九条・安治川口の四か所となった。[1]

開業後の動向をみると、まず開業とともに大阪商船および共同曳船と安治川口において船積み・陸揚げについて契約を行っている。このため大阪商船では、五月二八日から西成鉄道本店に職員を派遣して事務にあたらせた。さらに一八九九（明治三二）年三月大阪・福島間の連絡工事が完成したので、四月一日からこの区間の旅客列車を通し、四月五日関西同盟各汽船会社とも旅客の連帯運輸を開始した。一九〇〇（明治三三）年四月二五日には、安治川口・京都間に一日一往復の直通貨物列車の運転を開始した。また同年一〇月定款を改正し、倉庫業を兼営することとして一二月認可を受け、翌一九〇一（明治三四）年一月一五日から開業した。[2]

この間、一八九九（明治三二）年六月安治川口・桜島間および福島・天保町間の鉄道敷設延長の願書を提出したが却下された。しかし、一九〇二（明治三五）年九月安治川口・桜島間を再度出願し、一九〇四（明治三七）年一月仮免状を受け、同年六月二二日免許状が下付された。この延長は、わずか七七鎖であるが、「築港事業ノ進捗ニ伴ヒ海陸連絡ノ交通設備トシテ必要ノ計画ト相認メ」[3]とられた措置であった。一九〇五（明治三八）年二月に工事は竣工した。

つぎに西成鉄道の一八九八（明治三一）年度から一九〇四（明治三七）年度までの輸送量および営業収入などをみると、第2－11表のようである。創設の目的を反映して貨物輸送ならびに倉庫業兼営等の雑収入が多いのが同社の特徴であることがうかがわれよう。しかし、その経営状態は、一九〇一（明治三四）年以降は欠損の年が多く、振るわなかった。

貨物輸送の実態をもう少し詳しくみるために、一九〇二（明治三五）年度の状況を例にとってみよう。第2－12表によると、駅別では石炭をはじめとする安治川口駅発の貨物が圧倒的に多く、これに続く野田駅は木材・礦石・満俺などの資材の同駅着が目立っている。その後の状況をふまえてみても、西成鉄道取扱貨物の大部分は発送貨物であったといえる。先学によると、主たる貨物は石炭・肥料・食塩・石材・米・雑穀などであり、とくに石炭の輸送量が多く、発送貨物の六〇%を超えた。一般雑貨の利用が少なかったのは輸送距離の割合に運賃が高く、配車もうまく行われなかったからだという。そのため京都送りする綿花でも大阪揚げの方が便利であったにもかかわらず、実際には神戸から発送されるものが多かった。(4)

会社の資本金は、創業時一一〇万円であったが、一八九七(明治三〇)年これを一六五万円とし、一八九九(明治三二)年までに全額払込を完了した。そして一九〇一(明治三四)年以降はそのうち二〇万円を兼業の資本とした。この区間に当初投入された車輛は機関車四輛、客車二三輛、貨車一二七輛であり、官設鉄道に貸渡しする時期には貨車が二二七輛となっており、この点にも同社の産業鉄道的性格というか、臨港鉄道としての特徴がよく出ているといえようが(第2-13表)、短距離の路線だけに、鉄道事業としての旅客収入には自ら限界があったといわねばならぬであろう。

ところで同線路の官設鉄道への貸渡しは、関西鉄道の進出が発端となったものである。すなわち、名古屋と大阪を結ぶ交通網の確立を意図していた関西鉄道は、一八九八(明治三一)年一〇月西成鉄道を買収して大阪港との連絡をはかる計画をたて、臨時株主総会を召集したのである。しかし、調査の結果、買収後の利益が推測しがたいとの理由から、株主総会にはかった議案は撤回され、さらに一九〇二(明治三五)年にもこの買収計画は立てられたが、協定には至らなかった。(5)

(1) 前掲『日本国有鉄道百年史』第四巻、五〇七頁。
(2) 同右、五〇八—五〇九頁。西成鉄道の官私各鉄道との連帯運輸は、一八九八年四月東海道・北陸両線との間に貨物、同じく大阪鉄道との間に大阪駅をへて貨物、同じく京都鉄道との間に東海道線を経由する貨物、一八九九年四月大阪鉄道との間に大阪駅を経由して旅客、同年六月東海道線を経由し、阪鶴鉄道との間に旅客・貨物、同年一二月東海道線を経由し、山陽鉄道との間に旅客・貨物、一九〇〇年四月東海道線を経由し、近江鉄道との間に貨物、などの取扱いがそれぞれ行われるに至った(前掲『日本国有鉄道百年史』第三巻、一九七一年、四九一頁)。
(3) 「鉄道延長敷設願副申」(前掲鉄道院文書「西成鉄道」)。

（4）　大阪市港湾局『大阪港史』第三巻（一九六四年）三六〇頁。
（5）　前掲『日本国有鉄道百年史』第四巻、五〇九頁。

## 三　西成鉄道の国有化

前述の関西鉄道の動きに対し、政府においても西成鉄道との関係は将来にわたり最も重要であるとして、借り受けか買収かが議論され、調査が行われた。鉄道作業局の調査結果は、日露戦争のための一般株式市価の低落その他の事由から速かに買収するのが得策であるとし、政府もこの意見を認めるところとなった。しかし、買収にあたっては法律案を議会に提出するとともに買収費の予算措置を講ずることなど、種々問題があった[1]。たまたま日露戦争勃発に際し、軍用貨物および兵員の輸送のために大阪港が使用されるにあたって西成鉄道は一段と重要性を増し、まず同鉄道の借り受けを決定したのであった。『日本鉄道史』は、この間の事情を、つぎのように伝えている[2]。

明治三十七年戦役ニ際シ軍用貨物及兵員輸送ノ為大阪築港ノ使用セラルルニ方リ西成鉄道ハ益々重要ノ運輸機関ト為リタルヲ以テ鉄道作業局ニ於テ之ヲ管理スルノ便宜ナルヲ認メ西成鉄道貸借ノ交渉ト為リ十一月十二日ノ契約ヲ以テ会社ハ十二月一日現在ノ線路、車輛及建造物等一切ヲ同局ヘ貸渡シタリ、其料金ハ一箇月六千二百五十円ニシテ桜島延長線ハ三十八年二月末日マテニ竣工シ之ヲ同局ニ引渡スモノトシ線路、車輛及建造物ノ保存ハ作業局之ヲ管シ補充工事ハ会社之ヲ負担スルモノトセリ、三十八年二月会社ハ桜島延長線ノ工事ヲ竣リ二十七日之ヲ鉄道作業局ニ引渡シ又同年四月一日ヨリ鉄道作業局トノ契約ニ依ル料金ヲ改正シ一箇年八万六千八百円トシ三十九年四月ヨリ再ヒ之ヲ改正シ九万五千八百六十二円トセリ

一九〇四（明治三七）年一一月一二日西成鉄道と鉄道作業局との間で貸渡し契約が行われ、一一月三〇日限りで同

第2-14表　鉄道国有化の内容

| 会社名 | 買収年月日 | 線路マイル程 | | 引継車輛 | | | 引継人員 | 公債交付総額 | 現在路線名 |
|---|---|---|---|---|---|---|---|---|---|
| | | | | 機関車 | 客車 | 貨車 | | | |
| | | マイル | チェーン | 輛 | 輛 | 輛 | 人 | 円 | |
| 北海道炭礦 | 1906.10. 1 | 207 | 51 | 79 | 102 | 1,759 | 3,673 | 30,997,100 | 室蘭線・函館線等 |
| 甲武 | 1906.10. 1 | 28 | 54 | 13 | 92 | 316 | 990 | 14,599,550 | 中央線 |
| 日本 | 1906.11. 1 | 860 | 35 | 368 | 857 | 6,411 | 13,473 | 142,523,600 | 東北線・常磐線・高崎線等 |
| 岩越 | 1906.11. 1 | 112 | 60 | 6 | 23 | 112 | 266 | 2,422,000 | 磐越西線 |
| 山陽 | 1906.12. 1 | 433 | 46 | 152 | 500 | 2,109 | 8,792 | 76,639,200 | 山陽線・播但線等 |
| 西成 | 1906.12. 1 | 4 | 44 | 4 | 23 | 227 | 1 | 1,846,900 | 大阪環状線・桜島線等 |
| 九州 | 1907. 7. 1 | 495 | 27 | 256 | 392 | 7,148 | 10,854 | 118,508,150 | 鹿児島線・長崎線等 |
| 北海道 | 1907. 7. 1 | 158 | 77 | 27 | 44 | 300 | 1,203 | 6,131,500 | 函館線 |
| 京都 | 1907. 8. 1 | 22 | 16 | 5 | 60 | 100 | 266 | 3,296,400 | 山陰線 |
| 阪鶴 | 1907. 8. 1 | 70 | 11 | 17 | 44 | 265 | 1,134 | 4,284,350 | 福知山線 |
| 北越 | 1907. 8. 1 | 101 | 54 | 18 | 74 | 298 | 934 | 3,721,800 | 信越線 |
| 総武 | 1907. 9. 1 | 74 | 73 | 24 | 121 | 274 | 1,064 | 12,406,050 | 総武線 |
| 房総 | 1907. 9. 1 | 39 | 32 | 9 | 32 | 95 | 280 | 960,400 | 外房線 |
| 七尾 | 1907. 9. 1 | 34 | 27 | 4 | 19 | 77 | 243 | 994,300 | 七尾線 |
| 徳島 | 1907. 9. 1 | 21 | 39 | 5 | 25 | 46 | 197 | 697,200 | 徳島線 |
| 関西 | 1907.10. 1 | 299 | 16 | 121 | 571 | 1,273 | 4,651 | 30,437,500 | 関西線・草津線・奈良線等 |
| 参宮 | 1907.10. 1 | 38 | 58 | 10 | 88 | 74 | 388 | 5,728,950 | 参宮線 |
| | 計 | 3,004 | 00 | 1,118 | 3,067 | 20,884 | 48,409 | 456,194,950 | |

（備考）　1　宇田正，前掲論文「鉄道国有化」99頁。
2　原資料は，前掲『日本国有鉄道百年史』第4巻，250—251頁。ただし，一部訂正。

社の鉄道営業は廃止となり、翌一二月一日から官設鉄道がこれを継承運営することになったのである。旅客荷物運賃、営業マイル程および荷物の取扱方は会社線のものをそのまま適用した。(3) この点は、まさに国有化の前史をなすといえよう。

西成鉄道の国有化問題は、別の箇所で述べたとおり、すでに一九〇〇（明治三三）―一九〇一（明治三四）年の経済恐慌の際に日本・山陽・甲武・九州・関西・北海道炭礦・京都・北越など九社とともに買収案がもちあがっていたが、日露戦後改めてその対象とされたのである。鉄道国有法の公布施行に伴い、その実行機関として一九〇六（明治三九）年五月臨時鉄道国有準備局が設置され、被買収鉄道についての調査および引継事務を担当した。第2－14表に示すように、一九〇七（明治四〇）年一〇月までに北海道炭礦以下、一七社の買収を完了した。

一九〇四（明治三七）年一一月以来西成鉄道は事実上政府管理の下に置かれていたから、引継手続は簡易であった。買収価格は鉄道一七〇万四五〇九円三一銭八厘、兼業部門四七万九五五〇円であった。前者については、「建設資ニ使用シタル借入金ヲ時価ニ依リ公債券面金額ニ換算シタル金額」三三万七一八二円二二銭が差引かれ、一三六万七三五〇円の公債が交付されることになり、兼業部門を合わせると公債交付総額は一八四万六九〇〇円であった。[4] なお買収価格決定にあたっては、「客年十二月一日ヲ以テ国有ニ帰シタル西成鉄道会社ノ鉄道業ハ三十五年後半期乃至三十八年前半期ノ六営業年度間ニ於ケル営業成績常ニ不良ニシテ鉄道国有法第五条第一項第一号ニ依リテ計算スル金額ハ同鉄道買収ノ日ニ於ケル建設費ニ達セサルヲ以テ同鉄道ノ買収価額ハ鉄道国有法第八条ニ依リテ之ヲ協定セサル可ラス…（中略）…鉄道業ト共ニ国有ニ帰シタル西成鉄道会社ノ倉庫業ハ鉄道買収ノ如ク国有法ニ於テハ価額算定ノ標準ナケレトモ其収益ノ力ヲ標準トシテ買収価額ヲ算出スルコト妥当ノ方法ナルヘシ」[5]という一面があった。西成鉄道の規模は国有化された鉄道の中では最も小さいが、もともと同線路は官設構想もあり、また国有化以前に政府に貸渡ししていた関係上、その重要性から買収されたと考えてよかろう。

以上、一九〇六（明治三九）年一二月から西成鉄道は国営となり西成線と称されたが、買収後の動向を瞥見しておくと、まず当時天保山駅は船舶碇繋場とかなり離れた位置に置かれ、海陸連絡の便に欠けていたため、鉄道院は桜島桟橋の建設をまって一九一〇（明治四三）年四月桜島埋立地に新たに桜島駅を設けて、従来の天保山駅に代えている。ついで一九一一（明治四四）年には西成線を梅田駅の引込線とみなして貨車運賃を特免されたいという利用者の要望に応え、大幅に運賃値下げを断行した。また一九〇五（明治三八）年より単線運転していたのを、海陸連絡の便がよくなり輸送量が増加してきたことから、一九一二（明治四五）年七月一七日福島・安治川口間の複線運転を復活した。その他列車運転系統についても、大阪駅での操車作業を緩和するため、京都梅小路行直通列車を仕立て、桜島駅発着

貨物の中継をすべて安治川口駅で行うことに改めるなどの措置を講じた。(6)

（1）前掲『日本国有鉄道百年史』第四巻、五一〇頁。
（2）前掲『日本鉄道史』中篇、五五五―五五六頁。
（3）前掲『日本国有鉄道百年史』第三巻、四九九―五〇〇頁。
（4）逓信省『鉄道国有始末一斑』（一九〇九年）九二〇―九二二頁。
（5）同右、九一三―九一五頁。
（6）前掲『大阪港史』第三巻、三六一頁。

## 四　若干の展望

### ――西成線の推移と貨物運送取扱業等一斑――

西成鉄道の国有化は、軍事的要因が大きかったといえようが、一方、別の箇所で述べた関西鉄道も、その国有化によって、一九〇九（明治四二）年大阪・天王寺間は城東線と呼称された。一九三三（昭和八）年二月、城東線は待望の電化開業を実現し、西成線とともに、のちに大阪環状線となる。(1)

西成線の推移は、後述するとして、まず当時の大阪市内における国鉄貨物取扱駅の状況をみよう。東海道線唯一の市内駅として、また山陽・山陰両方面からの要衝で貨物集散場至便の位置にあった大阪荷扱所が断然トップであるが、西成線の安治川口駅も重要な意味をもっていた。一九一二（大正元）年には湊町駅について第三位であったが、一九二四（大正一三）年にはそれを凌駕して市内駅中の第二位となっている。前述のように、同駅が桜島駅とともに発送が多いのは、大阪の臨港線として海運により到着した工業原料品の大量連絡輸送機関であったからである。(2)いずれにせよ第一次世界大戦の影響で、夥しい貨物が大阪港にもたらされ、西成線に対する輸送需要もこれを反映して増大したのであった。同時に雑貨その他の全製品輸送量も以前に比較して増加したが、明治末から昭和初頭に至る西成線の貨物取扱高を第2-15表に掲げておく。鉄道院では貨物量の急増に対応すべく、一九一八（大正七）年貨客輸送を分離する計画をたて、ここに大阪駅高架工事が施され、旅客専用にあてられることとなった。そして貨物については、一九二八（昭和三）年梅田貨物駅が新設された。

他方、第一次世界大戦による好況は旅客輸送の面にも大きな影響をもたらした。すなわち、西成鉄道の沿線にこれまであった工場といえば、住友伸銅所・汽車製造会社・大阪鉄工所くらいでそれもまだ規模が小さかったから、同線を利用する工員数もわずかであり、住宅地としての開発も遅れていたため、一九一〇（明治四三）年当時の旅客数は年間一〇〇万人足らずであったが、大正時代になると住宅地・工場地として目ざましい発展をとげ、一九二一（大正一〇）年には年間五〇〇万人を突破

**第2-15表　西成線の貨物取扱高**

| 年度 | 発送 | 到着 | 計 | 指数 1899年＝100 | 指数 大阪市内全鉄道に対する比率 |
|---|---|---|---|---|---|
| | トン | トン | トン | | % |
| 1910 | 318,953 | 40,509 | 359,462 | 659 | 21.6 |
| 12 | 408,276 | 73,774 | 482,050 | 884 | 20.0 |
| 13 | 463,826 | 111,698 | 575,524 | 1,056 | 21.7 |
| 16 | 613,686 | 178,958 | 792,644 | 1,454 | 25.7 |
| 18 | 979,714 | 247,772 | 1,227,486 | 2,252 | 26.9 |
| 20 | 668,847 | 208,370 | 877,217 | 1,609 | 19.8 |
| 23 | 841,959 | 205,503 | 1,047,462 | 1,922 | 20.2 |
| 26 | 1,250,547 | 243,944 | 1,494,491 | 2,742 | 26.1 |

（備考）　大阪市港湾局『大阪港史』第３巻，362頁。

**第2-16表　大阪府下の各鉄道駅公認運送業者数**

（1924年7月15日現在）

| 駅名 | 公認運送業者数 | 駅名 | 公認運送業者数 |
|---|---|---|---|
| 高槻 | 4 | 茨木 | 2 |
| 吹田 | 2 | 大阪荷扱所 | 78 |
| 野田 | 2 | 西九条 | 2 |
| 安治川口 | 22 | 桜島 | 7 |
| 湊町 | 26 | 今宮 | 10 |
| 天王寺 | 5 | 平野 | 2 |
| 八尾 | 2 | 柏原 | 3 |
| 長尾 | 2 | 津田 | 2 |
| 星田 | 1 | 四条畷 | 2 |
| 住道 | 1 | 鴻池新田 | 1 |
| 徳庵 | 1 | 放出 | 2 |
| 片町 | 22 | 桃谷 | 1 |
| 玉造 | 7 | 桜ノ宮 | 2 |
| 天満 | 17 | 合計 | 228 |

（備考）　大阪府内務部工務課『大阪府下ニ於ケル小運送ノ研究』81―82頁。

するに至ったのである。もっとも、この方面の本格的な開発は昭和時代に入ってからのことであり、大阪港の第二次修築事業の一翼を担った北港株式会社によって積極的に進められたのであった。ただし、一九二四（大正一三）年四月市電桜島線が開通したことによって、西成線の利用客は減少傾向となった。[3]

ここで各鉄道駅における運送取扱業についても、少し述べておきたい。一九一九（大正八）年に鉄道省は運送取扱人公認規定を発布し、一定の資格を具備する者を鉄道省公認運送取扱人としたのであるが、一九二四（大正一三）年ごろの府下各鉄道駅における公認運送業者数を表示すれば、第2-16表のとおりである。小運送労働者の種類は非常に多いが、そのうち重要な地位を占めた「仲仕」についてみると、大別して陸仲仕（倉庫仲間・駅仲間・工場仲間その他）と沖仲仕（船内仲間）に分かれる。前者は「貨物積上積下（陸上ニ於ケル）、水上水卸、入出庫ヲ行フモノデアッテ」、後者は「本船中ニ在テ貨物ノ積卸ヲナスモノ」をいい、両者を兼ねる者は少なかった。「仲仕」はまた㈠倉庫業者運送業者直属仲仕、㈡親方に属する仲仕、㈢臨時仲仕の形態に分かれるが、㈠の「本仲仕ト業者トノ関係ハ常傭ナルヲ通常トシ往々ニシテ会社ノ傭員タルノ地位ヲ有スルコト」もあり、その賃金もしくは給料（月給・週給・日給）は歩合制度が多かった。㈡の「親方ニ属スル仲仕ト親方トノ関係ハ個人的関係ガ頗ル深イノデアッテ所謂親分子分ノ関係ト見レバ差支ナイ、親方ノ下ニハ小頭ト云フ者ガ数名アリ、小頭ハ仲仕ノ経験ヲ有シ技倆優秀ナルモノ」がこれにあたった。親方には、いわゆる縄張と称する勢力範囲があり、「其縄張ノ範囲ノ土地ニ於テ他ノ親方ニ属スル仲仕ガ荷物ヲ積下シスルコトヲ許サナイ、換言セバ其範囲内ニ於ケル貨物ノ積下其他ノ作業ハ必ズ其親方仲間ノ手ヲ経ルカ之ニ一定ノ金ヲ与エテ其許可ヲ受クルコトヲ要スルノデアル、梅田駅構内仲間、安治川口構内仲間ト云フガ如キハ其例デアル、カヽル縄張ハ阪市内各駅其他ノ荷役所碇繋場等ニ存在」したのである。親方は、「其日ノ荷役総出来高ヨリ荷役ニ要セシ費用、店費積立金（仲間ノ病気治療代、臨時前貸費等ニアテル）等ヲ控除シ残高ヲ以テ仲仕ニ支給スルノデアル」が、一〇日給、一五日給、月給など、さまざまであった。仲間賃金は、一人前の者で三円ないし三円五〇銭であった。㈢は「運送業者倉庫業者等ノ常傭若ハ直属デモナク親方ニモ属セズシテ築港、川口、各河川沿岸各駅附近等ニ流浪シ業者ヨリ臨時ニ使用サレルコトヲ待ツモノ」で、「彼等ノ作業トシテハ船内倉庫車ノ後押シ等」が主であった。雇傭賃金は全て日給で、㈠㈡の「仲仕」よりはやや安く三円以下であった。(4)

運送制度の封建的性格は後々まで続く問題点であるが、これらは小稿の課題を越えるものだから、ここでは鉄道省公認運送取扱人貨物取扱料金の一端を紹介するにとどめよう。(5) 大阪府内務部の調査によると、当時運送料金の決定は、㈠市内、㈡市接続地帯、㈢田舎にして都市に準ずべき所、㈣田舎の四種に大別され、各地方の特種事情をも考慮して決められたという。およそ市内ほど小運送賃は安く、田舎ほど高くなっている。(6) 西成線に関しては、大阪荷扱所・野田・西九条の諸駅が同一基準であり、また安治川口・桜島の諸駅も同一となっていた。(7)

終わりに、西成線の昭和前期の動向を瞥見しておこう。大阪港の第一次修築工事は、一八九七（明治三〇）年に着手して以来三三年の長い年月をへて、一九二八（昭和三）年に完成し近代的港湾としての形をととのえ、続いて一九二九（昭和四）年に第二次修築工事に着手し、一九三四（昭和九）年の室戸台風により大損害を蒙ったが、その復旧を一九三八（昭和一三）年に完成した。大阪臨港線については、一九〇一（明治三四）年大阪市の建議により端を発し、関西線今宮駅から分岐する南線と西成線を延長する北線の二案が考えられたが、関西線今宮駅から分岐する大阪臨港線が完成したのは一九二二（大正一一）年に着工してから六年後の一九二八（昭和三）年であった。一方、西成線は安治川口・桜島の両駅がそれぞれ改良を加えられ、大阪市場駅が一九三一（昭和六）年に開業した。(8)

市場線の建設は、一九二三（大正一二）年三月の中央卸売市場法公布との関連で具体化したものである。同法は、中央卸売市場を設置すべき地として六大都市を指定したが、大阪市では、最終的に安治川沿岸船津橋北詰（下福島三丁目）と決め、一九三一（昭和六）年三月に完成している。これに関連して市場貨物輸送のため、西成線野田駅から分岐する中央市場駅に至る一・三キロメートルが敷設されることになったのであり、用地買収は一九二五（大正一四）年末ごろからはじめられていた。路線は野田・市場間を単線とし、市場の引込線を複線にして各卸売場・倉庫・冷蔵庫に連絡させた。[9] この市場線の開通によって、西成線は船車連絡貨物の輸送、西大阪地区に対する旅客輸送、生鮮食品の輸送という三つの大きな使命を課せられることとなった。[10]

一九三四（昭和九）年三月には、旅客輸送のスピード・アップと輸送量の増強をはかる目的でガソリンカーの運転が開始された。ガソリンカーは軽快・迅速で好評であり、時宜に適したものであった。ところが戦時輸送体制への突入に伴い、ガソリン消費規制に遭遇し、せっかくの試みも早晩停止しなければならなくなっていた。また当時軍需工業の通勤者をガソリンカーではなかなか輸送しきれず強く電化が要望されていたが、たまたま一九四〇（昭和一五）年一月安治川口駅構内でガソリンカーの脱線転覆事故が起きた。多数の死傷者を出したこの事故を機会に、西成線は早急に電化されることになる。一九四一（昭和一六）年五月のことであった。[11] 一九四三（昭和一八）年一〇月西成線は城東線と連絡され、天王寺・桜島間に直通電車が運転されるようになるが、これは軍需要員の足を確保するためにとられた措置であった。[12]

（1） 大阪の国電を特集した雑誌として、ジー・アール・アール編『大阪の国電』（一九八四年）がある。
（2） 大阪市『明治大正大阪市史』第三巻経済篇中（一九三三年）七八一―七八三頁。
（3） 前掲『大阪港史』第三巻、三六七頁。
（4） 大阪府内務部工務課『大阪府下ニ於ケル小運送ノ研究』（一九二五年）九〇―九四頁。
（5） この点についての代表的著作としては、富永祐治、前掲『交通における資本主義の発展』、大島藤太郎『封建的労働組織の研究』（御茶の水書房、一九六一年）の二点があげられよう。
（6） 前掲『大阪府下ニ於ケル小運送ノ研究』九八頁。
（7） 安治川口・桜島駅公認運送取扱人貨物取扱料金表等は、前掲拙稿「西成鉄道の成立と展開―日本鉄道史の一断面―」を参照されたい。
小運送問題の詳細は、鉄道省運輸局編『国有鉄道の小運送問題』（株式会社運送計算所、一九三六年）、鉄道省監督局『小運

送問題概観』（一九四二年）を参照のこと。
（8）前掲『日本国有鉄道百年史』第九巻（一九七二年）二五三頁。
（9）前掲『大阪港史』第三巻、三八三―三八四頁。
（10）同右、三六三頁。なお北港線は、一九四三年八月埋立工事に使用していた線路を転用、安治川口駅から支線を出して西成線に連絡することが計画され、同年一一月に建設された。これは船車連絡貨物の輸送力増強のためにとられた措置で、戦争末期における軍事輸送に供された（同書、三八五頁）。
（11）同右、三六八―三六九頁。前掲『日本国有鉄道百年史』第一一巻（一九七三年）四五五頁。
（12）同右、三七〇頁。

# 第三節　電鉄熱の展開と軽便鉄道の盛衰

## 一　関西主要電鉄小史

### 1　関西主要電鉄の成立過程

さらに、別の視点からみると、まず「満鉄株」を中心として、いわば第三次鉄道熱期が到来したという一面がある。いうまでもなく南満州鉄道は、日露戦争により獲得した大連・長春間、奉天・安東県間の鉄道とその支線、鉄道付属地、撫順・煙台炭坑などの付属事業を経営するための国策会社であった。資本金二億円のうち半額は日本政府が引き受けることにし、さらに政府は民間株主に六％の配当を保証したが、この会社の設立は戦後好況のきっかけとなり、事業熱と投資熱を呼び起こしたのである。というのは、鉄道国有化の結果、「確実なる放資物」であった鉄道株の大部分が一挙にして消滅することになったために、新たな投資対象を求めていた全国の投資家層が満鉄株の募集に殺到したからである。野田正穂氏は、「折からの株式ブームのなかで、南満州鉄道の株式募集は募集株数九万九〇〇〇株（一株の額面二〇〇円）に対して申込み株数は実に一億六七三万株、すなわち一〇七八倍に達するという熱狂的な『株式熱』を現出し、なかには大倉喜八郎のように一人で九万九〇〇〇株を申し込んだ者も一人にとどまらなかった。こうして、募集締切り前からはじまっていた権利株（五円の証拠金領収書）の売買は、締切り後には『狂暴の有様にて猛進し』、一〇月にはついに四二円の相場を記録したのである。そして、一〇月末に応募者に対する株式の割当が行なわれ（大倉喜八郎への割当株数は九一株！）、ここに南満州鉄道は株主数一万一〇一人を擁する日本最大の鉄道会社として設立をみたのであった」[1]と指摘されている。

また「鉄道国有化後の株式投資の対象としては二次的な地位を占めるにすぎなかった」[2]ものの、第三次鉄道熱の一翼を担ったものとして、当時大都市を中心に全国的に勃興しはじめた電気鉄道熱があげられよう。一九〇七（明治四〇）年二月に安田善次郎らによって東京・大阪間を結ぶ全線複線の電気鉄道の敷設を目的に資本金一億円（一株額面五〇円）の日本電気鉄道の設立が計画されたことは、それが官設の東海道線と競合するところから、政府の設立認可を得ることはできなかったにせよ、当時の第三次鉄道熱がいかに旺盛であったかを示すに足りるものであったといわれる。さらに国有化が決まった阪鶴鉄道の重役（大株主）による箕面有馬電気軌道の設立計画は、第三次鉄道熱と鉄道国有化との密接な関連を端的に示すものとされている。以下、ここで関西主要電鉄の成立過程を瞥見しておくことにしよう。[3]

一八九五（明治二八）年一月開業の京都電気鉄道の市街電車を皮切りに、明治三〇年代には京阪地方において電気鉄道出願ブームが起こった。一九〇五（明治三八）年開業の阪神電鉄をトップに、その実現をみるが、かつて蒸気鉄道に投資していた大阪の資本家たちは、鉄道国有化によって得た公債の放資先を考えていたといわれる。

阪神電気鉄道は、わが国最初の電鉄たる京都電気鉄道の特許に刺激されて、一八九三（明治二六）年大阪・神戸間

### 第2-17表　阪神電気鉄道発起人の性格

| 神戸側グループ（旧神阪電気鉄道） | | 大阪側グループ（旧坂神電気鉄道） | |
|---|---|---|---|
| 兵庫県会・神戸市会議員 | 神田兵右衛門，丹波謙蔵，谷新太郎，本城安次郎，今井治兵衛，飯田三郎，藤本六右衛門，横田孝史，小曽根喜一郎，藤田松太郎 | 山陽鉄道関係者 | 藤田伝三郎，原六郎，松本重太郎，今西林三郎 |
| | | 阪鶴鉄道関係者 | 田中市兵衛，住友吉左衛門，松本重太郎，広瀬宰平 |
| | | 大阪電燈関係者 | 加嶋信成，豊田文三郎 |
| 神戸商業会議所議員 | 鹿嶋秀麿，本城安次郎，藤田松太郎，横田孝史，神田兵右衛門，直木政之介，浜田篤三郎，丹波謙蔵，小曽根喜一郎，渡辺尚，村野山人，馬渡俊朗 | 大阪商船関係者 | 広瀬宰平，田中市兵衛，今西林三郎 |
| | | 大阪商業会議所関係者 | 広瀬宰平，藤田伝三郎，松本重太郎，外山脩造，田中市兵衛，前川槙造，今西林三郎，岡橋治助，豊田文三郎，川上佐七郎，藤本一二 |
| 神戸の貿易業者 | 丹波謙蔵，直木政之介，浜田篤三郎，馬渡俊朗 | 日本銀行関係者 | 外山脩造，川上佐七郎 |
| 地方町村長・議員 | 飯田三郎，今井治兵衛，今田禎次郎，伊達尊親 | 京都電気鉄道関係者 | 外山脩造，藤本一二 |
| | | 横浜正金銀行関係者 | 外山脩造，原六郎 |
| 地方の実業家 | （辰馬関係）辰馬喜十郎，辰馬タキ，中嶋成教，辰栄之介，武川吉三郎，（小西関係）小西新右衛門，岩田種吉，（その他）小曽根喜一郎 | | |
| 既設鉄道関係者 | 村野山人，梶源左衛門，伊達尊親，矢田績，小西新右衛門，岩田種吉 | | |

（備考）　日本経営史研究所『阪神電気鉄道八十年史』17，20頁より作成。

を結ぶ神阪電気鉄道（資本金三〇万円）を出願したことに端を発するが、開業までには随分と曲折があった。この計画は、神戸側資本を中心とするものであり、一八九五（明治二八）年五月にかけて、四次にわたり発起人追加が行われ、社名も摂津電気鉄道と変更された。このグループは、「神戸の政財界人と郡部在住の先見性のある地方実業家」(4)であり、神戸側の計画より一年半遅れて坂神電気鉄道の名で発起された大阪有力財界人を中心とする同区間の鉄道計画とは、いささか資本的性格を異にする。大阪側の計画は、「大阪財界の双璧とうたわれた藤田伝三郎、松本重太郎をはじめ、住友吉左衛門、住友の大番頭広瀬宰平（もっともこの頃はすでに隠退していたが）、大阪商船の田中市兵衛など、そうそうたる顔ぶれである。電気鉄道事業の経験者としては、……京都電気鉄道の発起人でもあり、筆頭株主として監査役にも就任していた外山脩造がいた。そのほか、東京在住の今村清之助、原六郎など総勢10人であった」[5]という。また、これとは別に、大阪・尼崎間の電気鉄道を計画するグループがあったが、外山らの計画に吸収された。以上、神戸側および大阪側両グループの発起人一覧は、第2-17表のようである。そして、社史はこう結論づけている。すなわち、「大阪側の計画は、幅広い人間関係を通じて、大阪財界の重要人物に加えて、東京の鉄道事業家である原、今村、神戸の小川鉚吉などを含んでおり、神戸側の地域性に根ざした発起人グループとは性格を異にした。また大阪側、神戸側いずれも商業会議所を舞台に活躍する実業家が多いが、大阪側には日本銀行や横浜正金銀行関係者を擁していたことが特徴として指摘できる。さらに、神戸側の発起人グループの中にみられた辰馬や小西といった地方実業家が、これら大阪側の発起人の中には見当たらない」[6]と。

翌一八九六（明治二九）年七月、両派は合併することになり、資本金一五〇万円の摂津電気鉄道として出願することとした。社名を含め、形式的には神戸側が主導権を握ったかにみえるが、途中で大阪側に主導権が移っていく。ただ、この路線は官設鉄道と競争線になるため、私設鉄道法では許可にならず、軌道として広軌専用路線のまま再出願された。そして、軌道の直接の監督官庁である内務省の見解が逓信省鉄道局を押さえた形で、一八九八（明治三一）年八月前記路線に認可がおりた。「この内務省の措置がこれ以後、各地の都市間電気鉄道を軌道として認める先例となり、実質的に国有鉄道の競争線をいたるところで登場させる端緒」[7]になったといわれる。一八九九（明治三二）年七月、社名を阪神電気鉄道と改称した。

社長には、外山脩造がつき、工学博士藤岡市助が顧問技術者として、一九〇五（明治三八）年七月までその職にあり、京都電鉄の電車製作の経験をもつ三崎省三を技術長に起用して建設にあたらせたが、建設は難航をきわめた。資金不足や「広軌高速」問題に苦労したからであり、開業にこぎつけるのは、会社創立後七年半後のことであった。社史がいうように、資本調達については、外資導入も模索したが果たさず、一九〇三（明治三六）年四月安田善次郎の力を借りることとなる。この社債をはじめ、株式資本においても、安田一族の占めるウェイトは高まり、一九〇五（明治三八）年九月末には三三・七％を占めた。(8)

さて、一九〇五（明治三八）年四月開業の阪神は、中間の駅が官鉄よりはるかに多かったから、中間の地域では有利であり、「運賃も官鉄の三等36銭に対して、阪神は20銭であった。これによって官鉄では『大阪より神戸行の乗客は約半数となり、三宮よりの乗客は三分の一を減じ、中間駅より阪神両市への乗降客は三分の二以上の減少を示せり』という大打撃をこうむった」(9)のである。ある意味では、予想された結果が出たといえようが、乗客減少に対し、手をこまねいていたわけではない。たとえば、一九〇七（明治四〇）年一一月より新橋・横浜間および大阪・明石間に、わが国はじめての名称といわれる「労働列車」を運転し、割引往復乗車券を発売することにしたが、前者は京浜電鉄、後者は阪神電鉄に対し、競争の態度に出たものであったという。(10)都市間連絡電鉄として生まれた阪神は、目蒲・東横電鉄に代表される郊外電鉄を典型とする関東型に対し、関西型と呼ばれる先駆となったのである。(11)

京阪電鉄と阪急電鉄の前身である箕面有馬電軌はほぼ同時期に開業したが、両社は第二次大戦中の戦時統合の過程で、一時期京阪神急行電鉄として単一企業に合同させられていた。それはともかく、京阪は、電鉄熱の中で京都・大阪間は旅客輸送需要も大きいと見込まれていたため、渋沢栄一、佐分利一嗣など東京の実業家を中心とする計画と村野山人や松本重太郎など京阪神地方の実業家たちによる計画がほとんど同時に起こったことに由来する。両者は合同して、一九〇三（明治三六）年一一月畿内電気鉄道の名称で軌道特許の申請をしたが、東海道線との並行線ということでなかなか免許されず、特許を得るのは一九〇六（明治三九）年八月のことであった。

この間、「線路ニ関スル上申書其他届書ヲ提出スルコト十四回」(12)に及んだという。同年一一月一九日に創立総会を開き、社名を京阪電気鉄道と改称、「専務取締役ニ渡辺嘉一氏ヲ互選シ創立委員長男爵渋沢栄一氏ヨリ創立事務ノ引

**第2-18表　京阪電気鉄道発起人の性格**（1906年8月）

| 氏　　名 | 府　県 | 職　業　等　経　歴 |
|---|---|---|
| 渋沢栄一 | 東　京 | 男爵，第一銀行頭取，東京貯蓄銀行会長，東京銀行集会所会長 |
| 井上保次郎 | 大阪市 | 第百三十六国立銀行頭取，百十銀行取締役，日本生命(株)取締役，東洋製紙(株)取締役会長 |
| 村野山人 | 神戸市 | 豊川鉄道(株)専務取締役，南海鉄道(株)取締役，山陽鉄道(株)副社長，衆議院議員(無所属) |
| 三浦泰輔 | 東　京 | 川越鉄道(株)取締役 |
| 田辺貞吉 | 大阪市 | 共同火災海上運送保険(株)社長，汽車製造合資会社監査役 |
| 桑原　政 | 大阪市 | 工部大学助教授，別子銅山，藤田組に招聘さる，豊州鉄道(株)取締役兼顧問技師，衆議院議員(中正倶楽部) |
| 渡辺嘉一 | 東　京 | 参宮鉄道(株)技師長，北越鉄道(株)取締役兼技師長，成田鉄道(株)取締役 |
| 田中源太郎 | 京　都 | 京都商工銀行頭取，京都織物(株)社長，商工貯蓄銀行取締役，宇治川電気(株)監査役，京都電燈(株)監査役，衆議院議員 |
| 佐分利一嗣 | 東　京 | 成田鉄道技師長・社長，横須賀電燈(株)取締役 |
| 松本重太郎 | 大阪市 | 百三十銀行頭取，日本貯蓄銀行取締役，明治銀行頭取，山陽鉄道(株)社長，衆議院議員(実業同志倶楽部) |
| 林　謙吉郎 | 東　京 | 東京瓦斯(株)取締役 |
| 伴　直之助 | 京　都 | 京都鉄道(株)取締役兼支配人，衆議院議員(実業同志倶楽部) |
| 今西林三郎 | 大阪市 | 西成鉄道取締役，大阪馬車鉄道取締役，大阪三品取引所理事長，浪速電車軌道取締役，阪神電気鉄道専務取締役 |
| 井上敬治郎 | 東　京 | 東京鉄道(株)常務取締役 |
| 小川為次郎 | 大阪市 | 百三十銀行取締役，第三銀行取締役，京都銀行監査役 |
| 越野嘉助 | 大阪市 | 山口銀行理事，日本生命(株)取締役，大阪電気分銅(株)取締役，大阪貯蓄銀行取締役 |
| 菊池武徳 | 青　森 | 時事新報記者，門司市会議員，同参事会員，筑豊・九州鉄道社員，衆議院議員(立憲政友会) |
| 南　一 | 神　戸 | |
| 北川正竭 | 大阪市 | |
| 横田千之助 | 東　京 | 弁護士 |
| 江村源助 | 東　京 | |
| 大河内輝剛 | 東　京 | 慶応義塾々監教師，衆議院議員(中正倶楽部) |
| 笠井愛次郎 | 東　京 | 九州鉄道に聘せらる，鉄道学校創設者・初代校長，鉄道協会理事 |
| 森岡　真 | 東　京 | 電気機械商，合資会社森岡商会代表社員 |
| 渡辺忻三 | 東　京 | 退役海軍機関少将，浦賀船渠(株)取締役 |
| 可児弥太郎 | 東　京 | |
| 志岐信太郎 | 東　京 | 土木請負業者，志岐組社長 |

（備考）　西藤二郎「諸指標でみる草創期の関西私鉄」(『京都学園大学論集』第13巻第1号) 121—122頁。

**第2-19表　箕面有馬電気軌道発起人の性格**（1907年6月）

| 氏名 | 府県 | 職業等経歴 |
| --- | --- | --- |
| 田　艇吉 | 大阪市 | 阪鶴鉄道(株)社長，住友銀行監査役，兵庫県会議員，大阪府会議員，衆議院議員(自由党) |
| 速水太郎 | 大阪市 | 山陽鉄道・阪鶴鉄道技師 |
| 野田卯太郎 | 福岡 | 商業，衆議院議員(政友会) |
| 土居通夫 | 大阪市 | 大阪商業会議所初代会頭，大阪電燈(株)社長，衆議院議員 |
| 池田貫兵衛 | 神戸市 | 資産家 |
| 弘　道輔 | 大阪市 | 日宗火災保険(株)大阪支店長 |
| 米澤吉次郎 | 兵庫県 | 五十六銀行頭取，三十八銀行取締役，神栄(株)取締役 |
| 小林一三 | 大阪市 | 三井銀行入社，阪鶴鉄道監査役 |

（備考）同前，122―123頁。

継ヲ受ケ、東京及大阪ニ於ケル従来ノ創立事務所ハ其儘之ヲ使用シ、東京ニ於テハ諸官庁ニ対スル事務及職制其他諸規則ノ編成及株券ノ作成会計及倉庫等ニ関スル諸帳簿ノ調整其他庶務計理ニ係ル事務ヲ処理シ、大阪ニ於テハ専ラ線路実測及軌道電気等技術設計ニ関スル工務ヲ処理シ、本年一月廿六日株券ノ交付ヲ開始スルト同時ニ総テノ事務ヲ大阪事務所ニ統一シ、職制及諸規程ヲ発表シ社務ノ分課分掌ヲ定メ」ていったのである。(13) 渋沢栄一は、相談役となる。鉄道建設に伴う、調査・起工等の準備は、当初大阪鉄道工務所に委託していたが、一九〇七（明治四〇）年より工学士宮城島庄吉を主任技術者とし、会社直営に切り替えた。電気工務については、さきに創立委員より工学士塩屋兼次郎に託することにしていたが、会社成立後同工学士を顧問技師とし、工学士馬場才吉を主任技術者に任用して実地測量および設計調査を行ったのである。(14) 一九一〇（明治四三）年に天満橋・五条間を開業するが、専用軌道の敷設などで、再び岡崎邦輔の政治力に負うところが大きかったといわれる。資本金は、七〇〇万円であった。

「京阪電鉄の政商型あるいは政治的権益志向型にたいして阪神急行電鉄は才商型あるいは商人的利潤追求型とでも称してよかろう」(15) といわれるが、箕面有馬電軌（阪急）は、国有化された阪鶴鉄道の旧株主、田艇吉・土居通夫らが同じ沿線地域に資本金五五〇万円の電気鉄道敷設を計画したことにはじまる。一九〇六（明治三九）年四月に出願し、軌道条例によって特許を得たが、実権を握り、リーダーシップを発揮するのは旧阪鶴鉄道監査役から新設会社の専務取締役に転身した小林一三である。以上二社の設立発起人は第2－18・19表のようであり、商人資本的方向を再確認できよう。ただ、京阪の場合は、設立の経緯から地元関西系資本家と東京派の二本立てになっている。

箕面有馬電軌の場合、周知のとおり、小林一三が沿線の地域開発を積極的に行って、後年の私鉄経営の原型をつくりあげた。鉄道の建設が沿線の都市化に先行して行われた「関西型」私鉄の場合、私鉄経営の採算を維持するため、一方で不動産業の一翼を形成するようになる。[16]日本で最初に郊外住宅の開発に乗り出したのは、阪神電鉄であり、一九〇八（明治四一）年一月に「市街居住のすすめ」という宣伝書を発行して都会人に移住奨励を呼びかけ、翌年九月西宮駅前に貸家三〇戸を建てたのを最初として、一九一〇（明治四三）年には甲子園に約七〇戸の文化住宅を分譲したほか、閑静な御影にも約二〇戸の高級住宅を建設していった。[17]しかし、より積極的かつ大規模に沿線開発に取り組んだのは、箕面有馬電軌の小林一三である。すなわち、同社は沿線の予定地においてきわめて安い価格で土地を買収した。一九〇九（明治四二）年九月末の状況をみると、「住宅用地トシテ本期末迄ニ買収セル線路沿道ノ土地ハ市内ニ於テハ八百九拾七坪七合三勺、市外ニ於テハ八拾六町五反九畝弐拾四歩（何レモ券面反別トシテ実測ノ上ハ増加スベシ）ナリ、其平均代価市内ハ壱坪金弐拾壱円八拾四銭参厘、市外ハ壱反金参百六拾円余ニ相当ス、而シテ該土地ニ対スル住宅地経営上ノ便宜ヲ計リ全反別ヲ拾区ニ分ケ、第壱着手トシテ其第八区即チ池田停留場附近ニ於ケル約参万坪ノ土地ニ起工スルコトトシ、一面地盛并ニ排水工事ヲ起スト同時ニ標準的家屋ヲ建築スルコトトシ着々進行ヲ計リツヽアリ、其落成ハ開業ト同時ノ見込ナリ」[18]とある。一九一〇（明治四三）年三月梅田・宝塚間と箕面線が開通すると同時に、池田室町と箕面桜井で宅地や住宅の分譲を開始した。「如何なる土地を選ぶべきか、如何なる家屋に住むべきか」というパンフレットを作成し、「模範的郊外生活、池田新市街」の宣伝につとめたが、その規模は、一区画一〇〇坪、二階建五－六室で二〇－三〇坪の和洋折衷の文化住宅であり、住宅約二〇〇戸を少数の資産家階級や中産階級の上層向けに建設した。分譲価格の標準は二五〇〇円で、最初に五〇円を払込み、残金は毎月二四円払いの一〇か年賦であ

**第2-20表　大阪電気軌道発起人の性格**（1906年12月）

| 氏　名 | 府　県 | 職業等経歴 |
|---|---|---|
| 土居通夫 | 大阪市北区 | 大阪商業会議所初代会頭，大阪電燈(株)社長，大阪鉄道(株)社長南和鉄道(株)社長，衆議院議員 |
| 秋月清十郎 | 大阪市北区 | 大阪電燈(株)常務取締役，和歌山米穀取引所理事，大阪府会議員 |
| 大井卜新 | 大阪市東区 | 大阪電燈(株)監査役，大阪府会議員，衆議院議員(立憲政友会) |
| 七里清介 | 大阪市西区 | 大阪府官吏，大阪運河(株)社長，大日本捕鯨(株)取締役，衆議院議員(立憲同志会) |
| 天川三蔵 | 大阪市西区 | 大阪瓦斯相談役，大阪築港期成会委員，大阪府会議員，衆議院議員(立憲政友会) |
| 植場平 | 大阪府三島郡 | 大阪府会議員，衆議院議員(立憲民政党) |
| 日昔吉太郎 | 大阪府西成郡 | 農業，大阪府会議員，郡部会会長 |
| 水野富三郎 | 大阪府東成郡 | 郵便局長 |
| 澤井善蔵 | 大阪府中河内 | 地主，大阪府会議員 |
| 芝野友治郎 | 大阪府中河内 | 物品販売業 |
| 河村太郎 | 大阪府中河内 | 酒類醸造 |
| 甈受小八郎 | 大阪府北河内 | 大地主 |
| 本出保太郎 | 大阪府西成郡 | 地主，衆議院議員(政友会) |
| 前田欣治郎 | 大阪府北河内 | 地主，大阪府会議員 |
| 梅川豊吉郎 | 大阪府泉北郡 | 資産家，大阪府会議員 |
| 向井新治郎 | 大阪府南河内 | 資産家，大阪府会議員 |
| 大橋房太郎 | 大阪府東成郡 | 大阪府会議員 |
| 乾亀松 | 大阪府中河内 | 資産家，大阪府会議員，衆議院議員(立憲政友会) |
| 小山孝亮 | 大阪府北河内 | 資産家，大阪府会議員 |
| 金崎甚次郎 | 大阪府北河内 | 資産家 |
| 藤井健次郎 | 大阪府北河内 | 大地主，大阪府会議員 |
| 大林芳五郎 | 大阪市西区 | 大林組 |
| 家村寛太郎 | 大阪府北河内 | 資産家，大阪府会議員 |
| 玉田金三郎 | 奈良市 | 弁護士，奈良県会議員，衆議院議員(政務調査会) |
| 鍵田忠次郎 | 奈良市 | 奈良県会議長，奈良銀行頭取 |
| 谷原弥三郎 | 奈良市 | 農業 |
| 山崎四郎 | 東京市 | 士族，京浜電気鉄道技師 |
| 竹内綱 | 東京市 | 京釜鉄道常務理事，常総鉄道社長，衆議院議員 |
| 笠井愛次郎 | 東京市 | 九州鉄道創設委員，京釜鉄道技師長，横浜鉄道顧問 |
| 尾崎三良 | 東京市 | 京釜鉄道取締役，貴族院議員 |
| 立川勇次郎 | 東京市 | 東京市街鉄道理事，大師電気鉄道 |
| 日下義雄 | 東京市 | 岩越鉄道(株)取締役，京釜鉄道(株)常務取締役，渋沢倉庫(株)取締役，第一銀行取締役，衆議院議員(立憲政友会) |
| 脇田勇 | 東京市 | 京釜鉄道，竹内綱の部下 |
| 中根虎四郎 | 東京市 | 小田原電気鉄道(株)監査役，小倉鉄道・京浜電気鉄道(株)各監査役 |
| 大塚栄吉 | 東京市 | 諸機械製造業 |
| 志岐信太郎 | 東京市 | 土木請負業，志岐組，京釜鉄道 |
| 岡部長職 | 東京府 | 貴族院議員 |

| 氏　名 | 府　県 | 職業等経歴 |
|---|---|---|
| 中西　保 | 奈良市 | 元高市郡長，南和鉄道(株)社長，大阪製綿(株)社長 |
| 清水政太郎 | 大阪市東区 | 麻綿商 |
| 石川市兵衛 | 大阪市南区 | 大阪商工銀行専務取締役 |
| 森　久兵衛 | 大阪市南区 | 畳表商，大阪商工銀行取締役，和歌山織布(株)取締役，高野鉄道監査役 |
| 加納由兵衛 | 大阪市南区 | 質商，大阪商工銀行頭取，日本玄石(株)監査役 |
| 佐々木　計次郎 | 大阪市東区 | 地家主，よろずや |
| 山澤保太郎 | 大阪府河内郡 | 大地主 |
| 谷村一太郎 | 京都市 | 藤本ビルブローカー社員 |
| 寺田元吉 | 大阪府泉南郡 | 酒造業，五十銀行・和泉貯蓄銀行・高野登山鉄道・岸和田煉瓦各取締役，泉州織物(株)監査役 |
| 古川吉兵衛 | 京都市 | 京都電気鉄道(株)取締役 |
| 佐野省道 | 大阪市西区 | 京都工商(株)監査役 |
| 家寿田　利兵衛 | 大阪市南区 | 大阪工商銀行支配人 |
| 前川彦十郎 | 大阪市南区 | 大阪工商銀行頭取 |
| 奥村　善右衛門 | 大阪市南区 | 鼻緒商，大阪工商銀行取締役，大阪市参事会員，衆議院議員（大同倶楽部) |
| 橋本半兵衛 | 大阪市南区 | 大阪工商銀行取締役 |
| 高橋謙三 | 大阪市南区 | 医師 |
| 吉植庄一郎 | 北海道 | 農業，衆議院議員(立憲政友会) |
| 鈴置倉次郎 | 名古屋市 | 小栗銀行理事，衆議院議員(立憲民政党) |
| 根本　正 | 東京市 | 農業，衆議院議員(立憲政友会) |
| 長谷川豊吉 | 神奈川 | 神奈川県会議員，衆議院議員 |
| 浜名信平 | 茨城 | 農業，衆議院議員(立憲政友会) |
| 山野助四郎 | 大阪市北区 | 大阪府会議員 |
| 笹田柾次郎 | 大阪市北区 | |
| 伊藤哲郎 | 大阪市西区 | 大林組 |
| 白杉亀造 | 大阪市西区 | 大林組 |
| 金森又一郎 | 大阪市西区 | 大阪府官吏，大阪運河(株)支配人 |
| 南部　保 | 大阪市東区 | |
| 増田　又右衛門 | 石川県 | |
| 土肥五兵衛 | 大阪市西区 | 大阪運河(株)取締役 |
| 鈴木久五郎 | 東京市 | 大日本製糖(株)監査役 |
| 鈴木　兵右衛門 | 埼玉県 | |
| 本出　小左衛門 | 大阪府西成郡 | 本出保太郎の父 |
| 安藤太治郎 | 名古屋市 | |
| 段野為三郎 | 大阪府三島郡 | |
| 高津　久右衛門 | 大阪市南区 | 砂糖商 |
| 石原亀太郎 | 大阪府西成郡 | 大地主，大阪府会議員 |
| 岡村市次郎 | 大阪府中河内 | 資産家 |
| 橋本　善右衛門 | 大阪市南区 | 大阪府会議員，参事会員，衆議院議員(大阪派) |
| 朝田喜三郎 | 大阪市西区 | 富岡銀行頭取，泉尾土地監査役 |
| 木本光三郎 | 奈良市 | 郡山紡績取締役 |

| 氏名 | 府県 | 職業等経歴 |
|---|---|---|
| 馬越恭平 | 東京市 | 三井物産理事，南満州鉄道(株)監事，大日本麦酒(株)社長，衆議院議員(山下倶楽部) |
| 小野金六 | 東京市 | 第九十五銀行取締役，東京割引銀行頭取，京釜鉄道監査役 |
| 栗塚省吾 | 東京市 | 弁護士，衆議院議員(立憲政友会) |
| 中西平兵衛 | 大阪市南区 | 綿花商 |
| 藤本清兵衛 | 大阪市南区 | 藤本銀行業務担当社員，福島紡績社長 |
| 広岡恵三 | 大阪市西区 | 加島銀行業務担当社員，加藤貯蓄銀行取締役 |
| 松田平八 | 大阪市西区 | 松田平麦製造所業務担当社員，大阪製綿(株)取締役 |
| 北村政治郎 | 大阪市西区 | 材木問屋，実業銀行取締役 |
| 田淵知秋 | 大阪市東区 | 陸軍用達商 |
| 野村徳七 | 大阪市東区 | 株式仲買人，野村商店 |
| 大塚惟明 | 大阪市東区 | 南海鉄道(株)常務取締役，大阪電球(株)取締役 |
| 磯野良吉 | 大阪市東区 | 磯野小右衛門の嗣子，大阪株式取引所理事，大阪堂島米穀取引所監査役，大阪窯業(株)社長 |
| 柏田久太郎 | 奈良県 | 町長 |
| 勢山庄三郎 | 大阪市南区 | 大阪工商銀行監査役，大阪府会議員，参事会補充員 |
| 古川為三郎 | 京都市 | 京都電気鉄道(株)社長，京都電燈(株)社長 |
| 松居庄七 | 京都市 | 金正半襟商，京都電燈(株)取締役，京都商工(株)取締役，京都商工貯蓄銀行取締役，京都株式取引所理事 |
| 松村九兵衛 | 大阪市南区 | 文海堂書籍商，大阪府会議員 |
| 中谷元造 | 大阪府中河内 | 大地主，大阪府会議員 |
| 里井楠太郎 | 大阪府泉南郡 | 大地主 |
| 棰井弥太郎 | 神戸市 | |
| 山崎信一 | 大阪市西区 | |
| 香野蔵治 | 大阪市北区 | 砂糖商，共立物産(株)取締役 |
| 香野一太郎 | 大阪市北区 | |
| 落合伊太郎 | 大阪市南区 | 日本玄石(株)社長 |
| 杉邨房七 | 大阪市西区 | 大阪運河(株)監査役 |
| 森清兵衛 | 大阪市南区 | 森久兵衛(畳表商)の養子，酒井鉄工社長，千早川電力(株)社長 |
| 山澤信次郎 | 大阪府中河内 | 資産家 |
| 忠田己之助 | 大阪市南区 | |

（備考）　同前，123－126頁。

り、たちまちのうちに売り切れたという。[19]ともかく同社は新しい鉄道経営の、いわばパイオニア的存在であり、土地住宅の月賦分譲に続き、さらに宝塚歌劇の創設を行った。この事業は乗客誘致をねらって、一九一一（明治四四）年終点宝塚に宝塚新温泉と称する大浴場を開業したのに端を発し、翌年わが国最初の室内プールを備えた宝塚新温泉パラダイスに発展させたが、これらは事業的に失敗に終わり、やがてプールを客席に改造して、ここで少女に唱歌を歌わせるというアイディアに変わったものである。この宝塚唱歌隊は宝塚少女歌劇に発展し、一九一四（大正三）年四月に初公演を行った。

　大阪電軌は、一九〇六（明治三九）年に暗峠付近を越えて大阪・奈良間を結ぼうとした三派の出願がその発端であった。「その一は土居通夫、七里清介、大林芳五郎、金森又一郎などの大阪の資本家と代議士一派、その二は尾崎三良、竹内綱、日下義雄、笠井愛次郎などの東京系の旧京釜鉄道発起人（京釜鉄道は明治三九年三月国有となる）と奈良市の資産家より成るグループ、その三は大阪市南区の有力者と沿線地主の組であった」[20]が、この三派は大阪・奈良両府県の斡旋で合同し、同年一二月有力者岩下清周、守山又三ら発起のもとに奈良電気鉄道の名称で特許を申請し、翌年四月免許を得た。資本金三〇〇万円のこの会社は、まもなく社名を奈良軌道と改めたが、創立総会後の一九一〇（明治四三）年一〇月大阪電気軌道と改称された。設立発起人は、第2-20表のようである。

**第2-21表　大軌の手形発行高および一時借入金**

（1914年7月20日現在）

| 宛名 | 金額（円） | | 宛名 | 金額（円） | |
|---|---|---|---|---|---|
| 三井物産株式会社 | 503,425 | 610 | 松本電気製作所 | 5,000 | 000 |
| 高田商会 | 88,534 | 000 | 内外物産合名会社 | 4,150 | 290 |
| 汽車製造株式会社 | 50,000 | 000 | 市田合名会社 | 4,000 | 000 |
| 大林組 | 480,012 | 000 | 橋本鉄工所 | 1,225 | 000 |
| 古河合名会社 | 40,947 | 000 | 東亜商会 | 1,400 | 000 |
| 大阪窯業会社 | 51,977 | 000 | 守谷商会 | 1,388 | 000 |
| 大阪セメント会社 | 24,775 | 650 | 大阪電気商会 | 1,300 | 000 |
| 沢井義徳 | 44,438 | 850 | 以上合計 | 1,536,349 | 400 |
| 北浜銀行 | 85,000 | 000 | 外ニ一時借入金 | | |
| 六十八銀行 | 100,000 | 000 | 大林組 | 3,500 | 000 |
| 松尾鉄工所 | 5,000 | 000 | 矢田ヨネ | 20,000 | 000 |
| フレザー商会 | 2,500 | 000 | 北浜銀行 | 136,855 | 360 |
| 岩下清周 | 30,000 | 000 | 借入金合計 | 160,355 | 360 |
| 加島銀行 | 11,276 | 000 | 総計 | 1,696,704 | 760 |

（備考）「大軌関係綴」（東大阪市山沢正雄氏所蔵）。

　とくに生駒隧道は大林組の請負で工事が行われたが、難工事で工事資金の調達に苦しみ、資本金を使い切り、社債三〇〇万円を発行して対処するほどであった。しかも、一九一三（大正二）年一月二六日に工事場の落盤のため一九名の犠牲者を出す大惨事が起こった。これによって会社の前途に対する不安はいよいよ強まり、解散説が乱れ飛んだが、ともかく一九一四（大正三）年四月上本町・奈良間（当初仮駅）の営業を開始した。同区間を五〇分で結んだが、これは関西本線の天王寺・奈良間七五分に比べ、随分と短縮されている。しかも、全線所要運賃は三〇銭で、国鉄の

**第2-22表　関西主要鉄道会社の営業成績**（1914年）

| 社名 | 運転車数 | 走行哩数 | | 乗車人員 | 乗客収入 | | 使用電力量 | 一車一哩 | | | 一人平均賃金 |
|---|---|---|---|---|---|---|---|---|---|---|---|
| | | | | | | | | 乗客数 | 賃金 | 電力量 | |
| | 輛 | 円 | | 人 | 円 | | kWH | 人 | 円 | kWH | 円 |
| 箕面 | 522 | 139,087 | 60 | 492,163 | 43,368 | 50 | 329,605 | 3.54 | 0.3118 | 2.37 | 0.0881 |
| 阪堺 | 833 | 153,706 | 00 | 801,125 | 34,012 | 00 | 318,760 | 5.21 | 0.2213 | 2.07 | 0.0425 |
| 南海* | | | | | 56,714 | 64 | | | | | |
| 京阪* | 751 | 188,682 | 00 | 777,659 | | | | | | | |
| 阪神 | 1,738 | 302,280 | 30 | 1,049,797 | 103,099 | 79 | | 3.47 | 0.3411 | | 0.0984 |
| 大軌 | 472 | 126,896 | 30 | 548,497 | 89,268 | 56 | 312,719 | 4.32 | 0.7113 | 2.46 | 0.1627 |
| 箕面 | 477 | 122,608 | 00 | 361,931 | 28,655 | 14 | 274,892 | 2.95 | 0.2337 | 2.24 | 0.0792 |
| 阪堺 | 773 | 150,530 | 00 | 683,720 | 22,783 | 13 | 301,860 | 4.54 | 0.2404 | 1.51 | 0.0333 |
| 南海 | | | | | 72,442 | 45 | | | | | |
| 京阪 | 1,093 | 239,587 | 00 | 1,233,334 | 113,553 | 70 | | 5.15 | 0.4739 | | 0.0921 |
| 阪神 | 1,705 | 300,987 | 82 | 1,113,773 | 101,022 | 10 | | 3.70 | 0.3358 | | |
| 大軌 | 363 | 114,063 | 07 | 260,821 | 42,105 | 93 | 278,910 | 2.28 | 0.3691 | 2.44 | 0.1611 |
| 箕面 | 314 | 77,213 | 50 | 254,813 | 20,077 | 79 | 181,208 | 3.30 | 0.2600 | 2.35 | 0.0788 |
| 阪堺 | 510 | 97,765 | 00 | 510,975 | 25,718 | 65 | 202,530 | 5.23 | 0.2631 | 2.07 | 0.0503 |
| 南海 | | | | | 54,813 | 65 | | | | | |
| 京阪 | 686 | 164,296 | 00 | 630,353 | 49,281 | 09 | | 3.84 | 0.2999 | | 0.0782 |
| 阪神 | 1,116 | 198,444 | 82 | 656,681 | 61,205 | 28 | | 3.31 | 0.3094 | | 0.0932 |
| 大軌 | 237 | 77,261 | 00 | 165,875 | 25,327 | 84 | 184,961 | 2.15 | 0.3279 | 2.39 | 0.1527 |

（備考）　同前。*は中旬下旬報の二旬による。上段は5月，中段は6月，下段は7月上・中旬の統計である。

三等運賃四〇銭に比べて割安であったから、「国鉄は大阪電気軌道開業日からただちに大阪市内―奈良間の3等運賃を30銭に割り引いて対抗した」(21)という。

しかし、開業当初の大軌の営業成績は芳しくなく、むしろ建設費が当初予算を大幅に超過したため、その穴うめに苦慮せざるを得なかった。一九一四（大正三）年七月二〇日現在の手形発行高および一時借入金は、総計一六九万六七〇四円余にのぼった（第2－21表）。しかも、第2－22表に示すとおり、営業成績は同業他社に比べて著しく不振である。開業三か月後に、岩下清周ら経営陣は一〇〇株以上株主を緊急召集して、奈良県公会堂で株主会議を開き、秋月清十郎ほか一〇名を委員に選んで、善後策を講じることにした。不成績に終わった優先株発行の件が主たる課題であったが、委員の「報告書」は、会社の建設費、会社の収支、会社の現状に分けて詳細に述べている。結論部分を紹介すると、つぎのとおりである。(22)

如上縷述シタル所ニ依リ、会社ハ現状ノ儘推移スルヲ許サヽルノ事情ニアリ且時財界ノ不況ニ遭遇シ優先株ノ引受ヲ為スコトノ苦痛ハ委員モ亦株主諸君ト感ヲ一ニスル所ナリト雖、会社ノ前途悲観スヘキモノニ非ストセンカ徒ラニ債権者ニ委スヘキニ非ス、優先株二百万円ノ成立ヲ完フシ債権者ニ対シ元本支払ノ保障ヲ全フシ、以テ払込資本金三百万円ノ擁護ヲ為スノ外策ナキモノト信スルモノナリ、故ニ委員ハ諸君ト共ニ会社重役ノ提議ヲ容レ株主ニ於テ一万株重役ニ於テ一万株ヲ引受ケ、残ル二万株ハ債権者ノ内ニ於テ引受ヲ求ムルコトニスルヲ適当ナリトセリ最後ニ委員等ハ此一万株引受ニ関シ二個ノ条件ヲ附スルヲ適当ノ要求ト信ス、即チ第一ハ債権者ノ二万株承認ト重役一万株負担ノ確定、第二ハ優先株ノ毎回払込金額及期日ヲ定ムル事ナリ、吾等委員ハ此ノ条件ノ下ニ応分ノ引受ヲ為サントス

以上ハ委員会決議ノ概要ナリ、其詳細ハ更ニ口頭ヲ以テ説明スル所アルベシ、庶幾ハ株主諸君ハ会社ノ安危ニ深ク御留意アランコトヲ切望ノ至ニ不堪ナリ

右及御報告候也

大正三年八月九日

委員長秋月清十郎　委　員　播本　孝良
委　員岡田徳太郎　仝　内藤為三郎
仝　中谷　徳恭　仝　前田栄次郎
仝　小森理吉郎　仝　小林左太郎
仝　足立保次郎　仝　佐々木計次郎

（イロハ順）

かくて、「経営不振を打開するため京阪電鉄への合併をもくろんだが果さず、大正四年春建設資金を工面するため

二〇〇万円の優先株の発行をきめ、最大債権者である三井物産などに八方奔走陳情したが、応募は一〇分の一しかなくあえなく失敗し、さらに社債償還のため軌道財団抵当設定による三〇〇万円の借入金を計画したが、これもみじめな挫折に終った」(23)のである。しかも、ほとんど同時にメインバンクの北浜銀行が倒産して、会社の社会的信用は地に墜ち、破産寸前に追い込まれた。西藤二郎氏は、その原因をつぎのように指摘されている。すなわち、「(1)日露戦争後の反動的不況によって、発起人が離散し、株式引受拒否者が続出したこと、(2)発起人集団が別々の思惑をもった者によって構成されていたこと、(3)経営者の革新的理念に不安・不満を抱く投資家がいたこと、(4)当初発起人の計画がずさんであったため、創立後その修正が必要となり、工費の増大をもたらしたこと、(5)以上の窮状打開を図るため、矢継ぎ早やの株式払込を行う中で、広岡恵三が社長を辞任、後任に岩下清周が就いたが、財政難の折からの社長交替は、同社の社会的信用を大きく失ったこと、(6)岩下が社長に就任直後、生駒山隧道の落盤事故（大正二年一月）が起こり、工費が大巾に増大しただけでなく、同社の存立が危険視されたこと」(24)等と。

こうした中で、大軌の再建が模索されるのである。随分と苦労するが、一九一五（大正四）年八月社長に大槻龍治が選任され、同年末には、一〇〇万円の減資を断行して会社更正のための整理は一応終わった。(25)やや長文の引用となるが、つぎにその間の経緯を資料によって示そう。

債務整理(26)

一債務整理　会社ノ債務整理ニ関シテハ客年十月各債権者ト協商ヲ開始シ、爾来幾多ノ紆余曲折ヲ経本年六月二十八日ニ迨ヒ漸ク協議一決シ債権者委員ト株主委員及取締役監査役トノ間ニ覚書ヲ交換シ七月十四日債権者総会全月十九日臨時株主総会ヲ開キテ、右覚書ノ承認ヲ受ケ茲ニ整理方法確定スルニ至リタルヲ以テ七月二十六日軌道財団ノ予告申請ヲ為シ八月二十六日ヲ以テ官報ニ公告次テ九月四日株式会社三十四銀行ヲ受託会社トシ担保附社債信託法ニ依リ信託契約ヲ結ヒ九月二十五日予告期間満了ニ依リ、直ニ抵当権設定認可ノ申請ヲ為シ仝月二十八日之カ認可ヲ得次テ仝月二十九日鉄道抵当原簿ニ登録ヲ受タリ

前記手続進行中一面整理実行ノ準備ニ着手シ八月二十二日社債所有者ニ対シ其所有債券ノ金額番号等ノ通知ヲ促シ且東京大阪ノ新聞紙ニ広告シテ弘ク債券所有ノ通知ヲ覓メタリ

九月七日債券所有ノ申出債権者ニ対シ旧債償還ト同時ニ担保附社債及優先株ノ引受申込ヲ求ムルノ通知ヲ発シ仝月十日ヲ以テ担保附社債信託法ニ依ル社債募集ノ公告ヲ為シタリ

仝月二十二日担保附社債参百万円ノ内債権者引受残額ハ株式会社三十四銀行仝浪速銀行仝近江銀行合資会社加島銀行ノ四行ニ於テ額面百円ニ付金八拾五円ヲ以テ引受クルノ契約ヲ締結セリ

九月三十日ヲ以テ担保附社債参百万円優先株弐百五拾万円ニ対スル応募額ハ何レモ予定数ニ達シタルニ依リ乃チ引受申込者ニ対シ十月一日之カ払込ヲ為スヘキコト並ニ社債及手形ノ債務ヲ償還スヘキ旨通知ヲ発シタリ

債務ノ整理ハ如斯経過ヲ以テ進行シ大体ニ於テ好結果ノ下ニ不日其終了ヲ告ケントスルニ至レリ

債務整理(27)

一債務整理　債務整理ニ関シテハ大正四年十一月二十七日優先株式五万株ニ対スル株金全額ノ払込ヲ完了シ仝年十二月十三日臨時株主総会ノ承認ヲ経テ仝月十五日資本増加ニ関スル登記ヲ為シタリ

仝年十二月十日担保附社債参百万円ノ払込ヲ完了スルト共ニ第一回ノ旧社債弐百万円ノ内百六拾九万九千六百円及第二回ノ旧社債百万円ノ内九拾参万七千五百円計金弐百六拾参万七千百円ニ対スル元利金ヲ償還シ、仝月十六日担保附社債登記及旧社債償還ニ関スル登記変更ノ手続ヲ為シタリ

仝年十二月二十日優先株五万株ニ対スル株券及担保附社債参百万円ニ対スル社債券ヲ発行シタリ

仝年十二月十三日減資ニ関スル株主総会ノ決議ヲ実行スル為メ商法ノ規定ニ従ヒ普通株主ニ対シ大正五年三月十

五日迄ノ期間ニ於テ株券ヲ提供スヘキ旨及期間内ニ提供セサルトキハ株主タルノ権利ヲ失フヘキ旨ノ通知ヲ発シ、次テ仝月十五日前記同様ノ公告ヲ為シ仝月二十六日債権者ニ対シ異議アレバ大正五年二月二十七日迄ニ申出ツヘキ旨ヲ公告シ且知レタル債権者ニ対シ各別ニ之カ催告ヲ為シタリ、大正五年三月十九日株券提供期間内ニ提供セサル株式参百拾株ニ対シ商法ニ依リ失権公告ヲ為シタリ

仝月二十七日右失権株及併合ニ適セサル株式千弐百弐拾六株計千五百参拾六株ニ相当スル新株式千弐拾四株ノ競売ヲ執行シ壱万八千四百参拾弐円ニテ競落セリ

仝月三十日減資ニ関スル登記事項ノ変更登記ヲ為シ仝日新株式四万株ノ株券ヲ発行シ前記競売代金ト共ニ交附スヘキ旨通告ヲ為シタリ

社債償還登記後期末迄ニ償還セシ旧社債ハ第一回発行ノ分弐拾六万千六百円第二回発行ノ分四万八千百円計金参拾万九千七百円ナリトス

かくて、第一次大戦による景気上昇とともに、業績は上昇する。一九一八（大正七）年下半期の運輸状況は、「……欧州戦争ノ講和ハ本邦経済界ニ動揺ヲ及ボシ運輸営業ニモ多少ノ影響アルベク懸念スル所アリシガ、乗客収入ハ新造客車五輌ノ増設ニヨル能率ノ増加沿道ノ発展ニ伴フ定期並ニ普通乗客ノ自然増加等ニヨリ、依然好況ヲ持続シタルト乗車賃金ノ値上ゲニヨル増収トニ因リ、昨年同期ニ比シ人員ニ於テ三割強収入ニ於テ五割弱ノ増収トナリ貨物収入モ亦二割強ヲ増加シタリ」(28)と報じている。そして、一九一九（大正八）年下半期に至って、漸く普通株、優先株とも配当を復活することができたという(29)。

以上、関西主要電鉄の成立過程を瞥見してきたが、その後の動向にも少し言及しておく。蒸気鉄道から電気鉄道へ変身する南海鉄道の詳細は、次章で取り上げるが、まず主要会社の株主地域分布の推移をみると、第2－23表のようである。各社とも発起段階では沿線地域社会を一応資金調達の原動力とせんとするが、設立の経緯により必ずしも一

株主の地域分布

| 東京 | | その他 | | 合計 | |
|---|---|---|---|---|---|
| 株主数 | 株数 | 株主数 | 株数 | 株主数 | 株数 |
| 15<br>(1.2) | 1,275<br>(2.3) | 28<br>(2.2) | 858<br>(1.5) | 1,248<br>(100.0) | 56,000<br>(100.0) |
| 27<br>(1.5) | 4,001<br>(2.0) | 333<br>(18.2) | 34,251<br>(17.1) | 1,826<br>(100.0) | 200,000<br>(100.0) |

| 京都 | | その他 | | 合計 | |
|---|---|---|---|---|---|
| 株主数 | 株数 | 株主数 | 株数 | 株主数 | 株数 |
| 1<br>(0.5) | 200<br>(0.7) | 37<br>(20.0) | 1,519<br>(5.1) | 184<br>(100.0) | 30,000<br>(100.0) |
| 29<br>(2.2) | 2,204<br>(1.0) | 240<br>(18.7) | 22,946<br>(10.9) | 1,292<br>(100.0) | 210,000<br>(100.0) |

| 東京 | | その他 | | 合計 | |
|---|---|---|---|---|---|
| 株主数 | 株数 | 株主数 | 株数 | 株主数 | 株数 |
| 224<br>(28.9) | 86,042<br>(61.5) | 247<br>(31.8) | 19,343<br>(13.8) | 776<br>(—) | 140,000<br>(100.0) |
| 101<br>(3.4) | 22,104<br>(10.5) | 958<br>(31.8) | 61,910<br>(29.5) | 3,008<br>(100.0) | 210,000<br>(—) |

| 京都 | | その他 | | 合計 | |
|---|---|---|---|---|---|
| 株主数 | 株数 | 株主数 | 株数 | 株主数 | 株数 |
| 18<br>(4.5) | 608<br>(0.6) | 36<br>(9.0) | 4,000<br>(3.6) | 398<br>(100.0) | 110,000<br>(100.0) |
| 36<br>(3.1) | 880<br>(0.8) | 213<br>(18.3) | 9,911<br>(9.0) | 1,166<br>(100.0) | 110,000<br>(100.0) |

| 東京 | | その他 | | 合計 | |
|---|---|---|---|---|---|
| 株主数 | 株数 | 株主数 | 株数 | 株主数 | 株数 |
| 21<br>(5.9) | 3,370<br>(5.6) | 22<br>(6.2) | 3.590<br>(6.0) | 356<br>(—) | 60,000<br>(100.0) |
| 21<br>(1.6) | 3,800<br>(6.3) | 306<br>(22.9) | 11,271<br>(18.8) | 1,339<br>(—) | 60,000<br>(100.0) |

鉄道の1896年分は，「同社第１回報告書」により筆者が算出した。 また阪神電気鉄道も， 前掲『阪神電気鉄道八十年

## 第2-23表　関西主要電鉄各社

(1) 南海鉄道

| 年代＼地域 | 和歌山 | | 大阪 | | 兵庫 | |
|---|---|---|---|---|---|---|
| | 株主数 | 株数 | 株主数 | 株数 | 株主数 | 株数 |
| 1896 | 461<br>(37.0) | 8,730<br>(15.6) | 740<br>(59.3) | 44,759<br>(79.9) | 4<br>(0.3) | 378<br>(0.7) |
| 1915 | 248<br>(13.6) | 29,180<br>(14.6) | 1,138<br>(62.3) | 125,167<br>(62.6) | 80<br>(4.4) | 7,401<br>(3.7) |

(2) 阪神電気鉄道

| 年代＼地域 | 兵庫 | | 大阪 | | 東京 | |
|---|---|---|---|---|---|---|
| | 株主数 | 株数 | 株主数 | 株数 | 株主数 | 株数 |
| 1900 | 50<br>(27.2) | 10,633<br>(35.4) | 56<br>(30.5) | 7,753<br>(25.8) | 40<br>(21.8) | 9,895<br>(33.0) |
| 1920 | 432<br>(33.4) | 67,167<br>(32.0) | 552<br>(42.7) | 104,765<br>(49.9) | 39<br>(3.0) | 12,918<br>(6.2) |

(3) 京阪電気鉄道

| 年代＼地域 | 大阪 | | 兵庫 | | 京都 | |
|---|---|---|---|---|---|---|
| | 株主数 | 株数 | 株主数 | 株数 | 株主数 | 株数 |
| 1907 | 230<br>(29.6) | 27,345<br>(19.5) | 50<br>(6.4) | 5,290<br>(3.8) | 25<br>(3.2) | 1,980<br>(1.4) |
| 1915 | 1,309<br>(43.5) | 91,021<br>(43.3) | 238<br>(7.9) | 13,713<br>(6.5) | 402<br>(13.4) | 21,252<br>(10.1) |

(4) 箕面有馬電気軌道

| 年代＼地域 | 兵庫 | | 大阪 | | 東京 | |
|---|---|---|---|---|---|---|
| | 株主数 | 株数 | 株主数 | 株数 | 株主数 | 株数 |
| 1908 | 68<br>(17.1) | 10,994<br>(10.0) | 251<br>(63.1) | 86,387<br>(78.5) | 25<br>(6.3) | 8,011<br>(7.3) |
| 1915 | 173<br>(14.8) | 14,612<br>(13.3) | 715<br>(61.3) | 72,236<br>(65.7) | 29<br>(2.5) | 12,361<br>(11.2) |

(5) 大阪電気軌道

| 年代＼地域 | 大阪 | | 奈良 | | 兵庫 | |
|---|---|---|---|---|---|---|
| | 株主数 | 株数 | 株主数 | 株数 | 株主数 | 株数 |
| 1911 | 257<br>(72.2) | 46,080<br>(76.8) | 38<br>(10.7) | 4,340<br>(7.2) | 18<br>(5.1) | 2,620<br>(4.4) |
| 1915 | 771<br>(57.6) | 35,109<br>(58.5) | 116<br>(8.7) | 4,670<br>(7.8) | 125<br>(9.3) | 5,150<br>(8.6) |

(備考)　西藤二郎，前掲論文「諸指標でみる草創期の関西私鉄」138—139頁。(　)内は，%を示す。ただし，南海史』502頁より作成したものを掲げた。その他，西藤氏の御教示を得て，一部訂正した箇所あり。

第2-24表　郊外電車開通路線の概要

| 社　名 | 線路名 | 開業年月日 | 起終点 |
|---|---|---|---|
| 南海鉄道 | 南海本線 | 1897. 10. 1 | 難波―和歌山市 |
| | 同支線 | 1900. 10. 26 | 天下茶屋―天王寺 |
| | 同支線 | 1918. 10. 2 | 羽衣―高師浜 |
| | 高野線<br>(以上鉄道線) | 1898. 1. 30 | 汐見橋―高野下 |
| | 阪堺線 | 1911. 12. 1 | 恵美須町―浜寺 |
| | 同支線 | 1912. 4. 1 | 宿院―大浜 |
| | 同支線 | 1914. 4. 26 | 今池―平野 |
| | 上町線<br>(以上軌道線) | 1910. 10. 1 | 天王寺駅前―住吉 |
| 阪神電鉄 | 阪神本線 | 1905. 4. 12 | 梅田―神戸 |
| | 北大阪線 | 1914. 8. 19 | 西野田―天六 |
| | 伝法線 | 1924. 1. 20 | 四貫島―大物 |
| | 甲子園支線 | 1926. 7. 1 | 甲子園―浜甲子園 |
| 京阪電鉄 | 京阪本線 | 1910. 4. 15 | 天満橋―五条 |
| | 同支線 | 1913. 6. 1 | 中書島―宇治 |
| | 和歌山線 | 1922. 7. 1 | 和歌山市駅―日方口 |
| | 高津線 | 1925. 2. 1 | 三条―浜大津 |
| 阪急電鉄 | 宝塚線 | 1910. 3. 10 | 梅田―宝塚 |
| | 箕面線 | 同 | 石橋―箕面 |
| | 神戸線 | 1920. 7. 6 | 梅田―神戸 |
| | 伊丹線 | 1920. 7. 16 | 塚口―伊丹 |
| | 今津線 | 1921. 9. 2 | 夙川―甲陽園 |
| | 大阪市内路面線 | 1926. 7. 5 | 梅田―中津 |
| 能勢電気軌道 | | 1913. 4. 13 | 一ノ鳥居―能勢口 |
| 大阪電気軌道 | 本線 | 1914. 4. 30 | 大阪―奈良 |
| | 畝傍線 | 1921. 4. 1 | 西大寺―橿原神宮前 |
| | 天理線 | 1922. 4. 1 | 平端―天理 |
| | 国分線<br>(以上軌道線) | 1924. 10. 1 | 布施―恩智 |
| | 天理線<br>(以上軽便線) | 1922. 4. 1 | 平端―新法隆寺 |
| | 鋼索線 | 1918. 8. 29 | 生駒―宝山寺 |
| 新京阪鉄道 | 本線 | 1921. 4. 1 | 淡路―千理山 |
| | 支線 | 同 | |
| | 本線 | 1925. 10. 15 | 天六―淡路 |
| 大阪鉄道 | 本線 | 1898. 3. 24 | 柏原―長野 |
| | 支線 | 1922. 4. 18 | 阿倍野橋―道明寺 |
| 水間鉄道 | | 1926. 1. 30 | 水間―貝塚 |

（備考）大阪府編『大阪百年史』五四一頁。ただし南海本線、高野線は、それぞれ堺・佐野間および大小路・狭山間の新規開業部分の年月日を示した。なお難波・和歌山市間の開業は、一九〇三年三月二一日、汐見橋・高野下間の開業は、一九二五年七月三〇日であり、電化は、難波・浜寺公園間が一九〇七年八月二一日、難波・和歌山市間は一九一一年一一月二一日である。また表中の大阪鉄道は、旧河陽・河南鉄道である。

様ではない。阪神電鉄や京阪電鉄では、随分と東京在住の株主のウェイトが高い。ただ、大正期に入ると東京資本は低減する。第一次大戦期にかけて、各社の経営戦略も絡みあって、株主数は増大し、株式の分散化が進行したことがわかる。その後の路線網の拡大には、新設会社を含め、複雑な歴史がみられるが、それらは割愛し、いま大正末年までに開通した各社の路線を表示しておくと、第2-24表のようになる。

箕面有馬電軌について一言しておくと、一九一八（大正七）年二月社名を阪神急行電鉄と改称し、一九二〇（大正九）

年七月神戸線を開業して鉄道事業の拡大をはかったが、一方ターミナル・デパートの経営に乗り出すことになる。すなわち、梅田のターミナル・ビルの一階を白木屋に賃貸し、二階に阪急直営の食堂を設け、さらに一九二五（大正一四）年五月には白木屋との契約を解除して、ビルの二～五階に阪急マーケットを開店させた。これが四年後に、阪急百貨

**第2-25表　関西主要電鉄の資産内容比較**

| 社名 | 資本金 | 未払込資本金 | 固定資本勘定 | 流動資本勘定 | 固定資本 | 流動資本 | 営業哩 複線 | 営業哩 単線 | 客車 | 一哩当り客車数 | 汽缶車 | 貨車 | 撒水車 |
|---|---|---|---|---|---|---|---|---|---|---|---|---|---|
| | 円 | 円 | 円 | 円 | % | % | 哩鎖 | 哩鎖 | 輛 | 輛 | 輛 | 輛 | 輛 |
| 京阪電鉄 | 75,000,000 | 28,056,000 | 60,274,694 | 20,935,544 | 74 | 26 | 54.14 | — | 158 | 2.9 | — | 19 | — |
| 南海鉄道 | 70,000,000 | 26,800,000 | 54,269,405 | 2,278,615 | 96 | 4 | 複々線 1.28<br>60.51 | 31.71 | 256 | 2.7 | 蒸気 7<br>電気24 | 511 | 4 |
| 大阪電気軌道 | 40,000,000 | 19,292,500 | 30,316,138 | 3,310,739 | 90 | 10 | 38.58 | 6.66 | 85 | 1.9 | — | 16 | — |
| 阪神電鉄 | 40,000,000 | 7,500,000 | 37,795,576 | 10,790,796 | 78 | 22 | 24.72 | 0.72 | 156 | 6.1 | — | 13 | 5 |
| 阪急電鉄 | 30,000,000 | — | 42,627,979 | 7,437,759 | 85 | 15 | 43.24 | 3.16 | 131 | 2.8 | — | 15 | — |
| 大阪鉄道 | 10,300,000 | 4,000,000 | 9,898,604 | 1,591,522 | 86 | 14 | 10.22 | 10.26 | 34 | 1.7 | 蒸気 3<br>電気 3 | 63 | — |

（備考）株主協会編『株主協会時報』1927年5月20日号，11―12頁より作成。

**第2-26表　関西主要電鉄の施設費比較**

| 社名 | 資産総額 | 軌道建設費 | 資産総額ニ対スル割合 | 一哩当り建設費 | 電気供給施設費 | 資産総額ニ対スル割合 | 動力設備費 | 資産総額ニ対スル割合 | 土地建物其他 | 資産総額ニ対スル割合 |
|---|---|---|---|---|---|---|---|---|---|---|
| | 円 | 円 | 割 | 円 | 円 | 割 | 円 | 割 | 円 | 割 |
| 京阪電鉄 | 81,210,238 | 26,202,337 | 3.23 | 483,438 | 13,288,815 | 1.64 | 15,768,906 | 1.94 | 5,014,635 | 0.62 |
| 南海鉄道 | 56,548,020 | 38,998,489 | 6.89 | 415,319 | 5,487,597 | 0.97 | 8,972,038 | 1.58 | 811,279 | 0.14 |
| 大阪電気軌道 | 33,626,877 | 23,633,963 | 7.03 | 433,651 | 1,450,841 | 0.43 | 1,449,129 | 0.43 | 3,594,171 | 1.07 |
| 阪神電鉄 | 8,586,373 | 14,588,645 | 3.00 | 565,451 | 4,937,720 | 1.02 | 5,003,765 | 1.03 | 13,182,220 | 2.71 |
| 阪急電鉄 | 50,065,738 | 32,289,186 | 6.45 | 694,391 | 5,734,031 | 1.14 | — | — | 4,587,431 | 0.92 |
| 大阪鉄道 | 11,490,126 | 8,421,087 | 7.34 | 557,773 | — | — | — | — | 1,477,515 | 1.28 |

（備考）同前，12頁。

店に成長するのだが、沿線の郊外住宅化に対応した措置といえよう。

こうして、ほぼ大正期に現在の関西主要電鉄網の原型がつくり上げられたが、土地住宅経営は、何よりも好適な環境が優先したから、沿線に適地をもつ阪神や箕面有馬電軌が先駆者となり、京阪や南海は当初それに成功しなかっ

### 第2-27表　関西主要電鉄の運輸成績比較（1）

| 社名 | 営業哩亘長 | 客車使用車輛数 | 客車運転哩数 | 乗客人員 | 乗客収入 | 使用電力量 | 一車平均運転回数 | 一車一哩平均 乗客数 | 一車一哩平均 乗客収入 | 一車一哩平均 電力量 | 一日平均使用車輛 | 一哩一日平均 乗客数 | 一哩一日平均 乗客収入 | 一哩一日平均 使用車輛 | 一人当平均乗客収入 |
|---|---|---|---|---|---|---|---|---|---|---|---|---|---|---|---|
| | 哩鎖 | 輛 | 哩 | 人 | 円 | kWH | 哩 | 人 | 銭 | kWH | 輛 | 人 | 円 | 輛 | 銭 |
| 京阪電鉄 | 54.14 | 20,477 | 4,023,686 | 25,015,722 | 3,182,459 | 13,994,055 | 196.6 | 6.2 | 79.1 | 3.48 | 113 | 2,536 | 348.33 | 2.1 | 12.72 |
| 南海鉄道 | 93.70 | 32,485 | 5,940,315 | 46,773,351 | 4,120,316 | 20,610,099 | 182.9 | 7.9 | 69.4 | 3.47 | 179 | 2,743 | 250.17 | 1.9 | 8.80 |
| 大阪電気軌道 | 45.43 | 11,545 | 2,468,741 | 13,454,224 | 2,133,234 | 8,011,362 | 214.0 | 5.4 | 86.4 | 3.07 | 63 | 1,623 | 257.37 | 1.4 | 15.82 |
| 阪神電鉄 | 25.68 | 22,705 | 4,479,508 | 24,519,362 | 2,882,829 | — | 197.3 | 5.5 | 64.4 | — | 125 | 5,411 | 636.13 | 5.0 | 11.80 |
| 阪急電鉄 | 46.40 | 17,563 | 4,247,836 | 19,415,138 | 2,816,828 | — | 241.3 | 4.5 | 66.0 | — | 96 | 2,294 | 332.84 | 2.1 | 14.51 |
| 大阪鉄道 | 20.48 | 3,033 | 708,462 | 3,184,702 | 469,244 | 2,116,001 | 233.6 | 4.5 | 66.2 | 3.03 | 17 | 854 | 125.77 | 0.6 | 14.60 |

（備考）　同前，13頁。

### 第2-28表　関西主要電鉄の運輸成績比較（2）

| 社名 | 建設費 | 運輸収入 客車収入 | 運輸収入 貨車収入 | 運輸収入 運輸雑収 | 運輸収入 合計 | 運輸支出 | 差引収益金 | 建設費ニ対スル収益率 |
|---|---|---|---|---|---|---|---|---|
| | 円 | 円 | 円 | 円 | 円 | 円 | 円 | 割 |
| 京阪電鉄 | 30,933,009 | 3,201,023 | 66,579 | 37,298 | 3,304,902 | 1,594,851 | 1,710,051 | 1.11 |
| 南海鉄道 | 42,407,863 | 4,266,385 | 762,237 | 254,180 | 5,282,802 | 2,712,448 | 2,570,354 | 1.21 |
| 大阪電気軌道 | 24,648,353 | 2,208,156 | 34,453 | 1,695 | 2,244,305 | 1,014,112 | 1,230,193 | 1.00 |
| 阪神電鉄 | 16,089,775 | 2,882,829 | 78,820 | 6,682 | 2,968,332 | 1,201,789 | 1,766,543 | 2.20 |
| 阪急電鉄 | 32,289,186 | 2,816,828 | 123,702 | — | 2,940,530 | 1,234,776 | 1,705,754 | 1.06 |
| 大阪鉄道 | 8,421,087 | 481,566 | 44,223 | 80,040 | 605,831 | 268,641 | 337,190 | 0.80 |

（備考）　同前。一部訂正したが，合計の数値は，必ずしも表中の総和となつていない場合がある。

**第2-29表　関西主要電鉄の電燈電力供給成績比較**

| 社名 | 取付電燈数 | 供給電力 | 家庭電熱 | 電気供給設備費 | 電燈収入 | 電力収入 | 収入合計 | 支出 | 差引収益金 | 設備費ニ対スル収益率 |
|---|---|---|---|---|---|---|---|---|---|---|
| | 燈 | 馬力 | kW | 円 | 円 | 円 | 円 | 円 | 円 | 割 |
| 京阪電鉄 | 460,914 | 37,577 | 3,523 | 24,327,049 | 1,545,336 | 1,779,808 | 3,325,145 | 1,411,766 | 1,913,379 | 1.57 |
| 南海鉄道 | 221,012 | 18,861 | 1,005 | 11,050,261 | 822,136 | 981,609<br>雑入19,836 | 1,823,581 | 1,167,031 | 656,550 | 1.19 |
| 大阪電気軌道 | 72,274 | 2,785 | 562 | 1,885,580 | 293,076 | 185,895 | 478,971 | 234,624 | 244,347 | 2.56 |
| 阪神電鉄 | 312,053 | 14,373 | 7,310 | 8,440,356 | 1,054,485 | 684,386 | 1,738,872 | 749,579 | 989,293 | 2.34 |
| 阪急電鉄 | 186,264 | 10,475 | 7,182 | 5,734,031 | — | — | 1,172,181 | 671,862 | 500,319 | 1.75 |

（備考）同前，12，14頁。

**第2-30表　関西主要電鉄の営業成績比較**

| 社名 | 平均払込資本金 | 社債及借入金 | 総収入 | 総支出 | 差引利益金 | 利益率 | 株主配当金 | 配当率 | 社内留保 | 社外支出 |
|---|---|---|---|---|---|---|---|---|---|---|
| | 円 | 円 | 円 | 円 | 円 | 割 | 円 | 割 | % | % |
| 京阪電鉄 | 46,944,000 | 23,589,357 | 7,429,867 | 4,341,947 | 3,087,920 | 1.32 | 2,581,920 | 1.10 | 27 | 73 |
| 南海鉄道 | 43,200,000 | 791,004 | 7,144,369 | 3,957,276 | 3,187,093 | 1.48 | 2,808,000 | 1.30 | 18 | 82 |
| 大阪電気軌道 | 20,707,500 | 8,509,000 | 3,148,448 | 1,664,126 | 1,484,322 | 1.43 | 1,242,450 | 1.20 | 44 | 56 |
| 阪神電鉄 | 31,098,214 | 9,000,000 | 5,114,920 | 2,679,381 | 2,435,538 | 1.57 | 2,021,383 | 1.30 | 15 | 85 |
| 阪急電鉄 | 30,000,000 | 10,000,000 | 5,327,258 | 3,177,730 | 2,149,528 | 1.43 | 1,800,000 | 1.20 | 16 | 84 |
| 大阪鉄道 | 6,166,666 | 2,235,000 | 605,831 | 331,927 | 273,903 | 0.89 | 246,666 | 0.80 | 14 | 86 |

（備考）同前，14頁。

た。鉄道事業そのものの前途が危ぶまれた大軌は、再建後の一九一六（大正五）年一一月、傍系の東大阪土地建物株式会社（資本金一〇〇万円）を設立して沿線開発を行った。鉄道部門が軌道に乗った、一九二四（大正一三）年この傍系会社を合併し、直営とするのである。(30)

終わりに、一九二六（昭和元）年末段階の主要電鉄の状況を比較しておこう。詳細なデータは、第2-25～30表のと

おりである。具体的な経過は省略するが、諸表より、いくつかの点を指摘すれば、以下のようになろう。(31)

㈠資本金では京阪がトップであり、ついで南海、第三位が大軌と阪神、最後が阪急の順になっている。各社の営業の中心は、いうまでもなく運輸事業であるが、営業哩数、車輌数とも南海が第一位を占めている。同社は商品輸送が多かったから、貨車の所有台数がきわめて高い。ただ一哩当りの客車数では、阪神が群を抜いており、他社に比して、その交通量の多さを誇っているといえよう。

㈡資産総額は、京阪、南海、阪急、大軌、阪神の順であるが、資産総額中、軌道建設費に七割前後を投下しているのは、大軌、南海、阪急である。京阪、阪神は三割程度であるが、両社とも運輸事業のほかに兼営事業たる電燈電力供給事業、土地建物経営その他に多額の投資をしたためらしい。なお一哩当りの建設費は南海の四一万五三一九円を最低とし、阪急の六九万四三九一円を最高とする。

㈢総乗客人員および乗客収入は、南海、京阪、阪神、阪急、大軌の順となるが、一哩一日平均乗客収入については阪神が断然トップである。また一人当り平均乗客収入では、大軌、阪急、京阪、阪神、南海の順になっている。これは近距離乗客と遠距離乗客の多少による結果であろうといわれる。また建設費に対する収益率が二割以上のところは阪神のみであるが、同社は比較的営業路線が短く、建設費に比して運輸収入が多いことに基づく。

㈣兼営事業たる電燈電力供給事業は、各社とも増加傾向をたどってきたが、とりわけ京阪の動きが目立つ。表にはないが、和歌山県下等における電燈電力の供給権を得て大いに発展したのである。もっとも、一九三〇（昭和五）年に同社の和歌山関係の電力事業は、和歌山の市内電車とともに、合同電気へ譲渡してしまう。(32)大軌は未だしの感なきにしもあらずだが、各社とも兼業とはいえ、ほとんど本業の運輸事業に劣らざる成績をあげつつあり、京阪はかえって運輸事業を凌駕するほどであったことがうかがえよう。

㈤以上から、営業成績を比較すると、各社ともそれぞれ特徴を生かして伸びてきたものの、漸次競争のため収益率が低下し、多くは現在の株主配当率に達しないのが問題であり、運輸事業のみからいうと、一連の配当率は高すぎるのではないかとの見方もある。兼営事業に力を入れて、やや満足すべき数字を示しているわけだが、将来の経営戦略との深い関わりがそこにあるという。そして、昭和恐慌期にかけて、合同問題が議論されたり、減配断行などが浮上してくるのであった。大鉄は、上記五社に比べて、かなり低位にあったといわねばならぬ。

## 2　電鉄労働力形成過程の特徴

つぎに、電鉄労動力の形成過程等についてみよう。まず阪神電鉄の社内体制の整備過程は、社史によると、一八九九（明治三二）年六月職務章程を制定し、社長および専務取締役を置くこととし、さらに職員として支配人、技術長、技師、書記、技手、雇をそれぞれ若干置くこととした。技術長は、部下の職員の任免進退についても、具状することができたという。[33]一九〇四（明治三七）年二月に、達第一号で「職員服務ニ関スル件」が一般的命令として公布され、さらに具体的な服務規程が制定された。運輸関係従業員の場合、「運輸従事員規程」（一九〇四年一一月二六日規第八号）があり、その下部規則として「運輸従事員服務心得」が制定された。「運輸従事員規程は10条からなり、運輸課長は運輸従事員を採用することができる（第1条）、運輸従事員の勤務時間は1日10時間以上とする（第3条）、時間外の勤務の方法（第4条）、運輸従事員採用時の身元保証金の取決め（第8条）などの規定を含んでいた」とのことである。[34]

営業開始に先立って、一九〇四（明治三七）年一二月運輸従事員の採用試験を行っている。再び社史によると、試験の結果、成績優秀者から順次採用したというが、経験者で、車掌、運転手であったことを証明する書類を持参する者は試験を免除された。車掌、運転手見習生は、年齢一八歳以上の者で、身長五尺一寸以上、身体強健、視聴力正常、色盲なくかつ諸関節に異常なきこと、そして高等小学校卒業以上の学力が必要であった。サービス業という理由

### 第2-31表　阪神・京阪の人員構成

阪神電気鉄道　(1905年9月末)

| 取締役 | 監査役 | 技術長 | 技師 | 書記 | 技手 | 雇 | 課雇 | 運輸従事員 | 定夫 | 計 |
|---|---|---|---|---|---|---|---|---|---|---|
| 6 | 2 | 1 | 4 | 23 | 14 | 20 | 30 | 242 | 212 | 554人 |

京阪電気鉄道　(1910年9月末)

| 支配人 | 主事 | 技師 | 技士 | 書記 | 技手 | 雇 | 運輸従事員 | 傭夫 | 計 |
|---|---|---|---|---|---|---|---|---|---|
| 1 | 1 | 3 | 9 | 52 | 39 | 53 | 335 | 386 | 879人 |

(備考)　「阪神電気鉄道株式会社営業報告書等(1905年度前半期)」「京阪電気鉄道株式会社第8回営業報告書」より作成。

からか、「容姿酷シク醜カラザル者」という一項も入っていたらしい。信号手、転轍手、踏切番、「役夫」の採用については、別の基準が適用されたが、前二者は容姿云々以外は、運転手、車掌の場合と類似の資格条件であった。「踏切番」については、学力は尋常小学校二年以上程度とされ、身長に関する規程はなかった。そして、「役夫」の資格要件は、「其職ニ堪ユト認ムル者」とだけ規程されていたという。いずれも、採用後二週間以上は見習生となり、学科や現場実習の訓練終了後、試験に合格して初めて本採用となった。再三同一の試験を受けても合格しない者や将来の見込みがないと認定された場合は解雇されたらしい。(35) 初期の採用実績などは、つぎのとおりであり、先発の電鉄会社で訓練を受けたことがわかる。(36)

営業開始準備

明治三十七年十二月末運輸従事員採用試験ヲ施行シ、明治三十八年一月六日其成績優良ナルモノ三十九名ヲ選抜採用シテ之レヲ甲武鉄道株式会社、京浜電気鉄道株式会社、京都電気鉄道株式会社ニ分遣シ運転ニ関スル技術ヲ練習セシメ、更ニ三月中旬九十五名ヲ採用シ尼崎車庫内ニ於テ一般操業ニ関スル事項ヲ練習セシメタリ、甲武、京浜及ヒ京都ニ派遣セシ従事員ハ三月下旬ニ悉ク帰社ヲ命シ諸般ノ準備ヲ完了シ、四月十二日午前五時ヨリ全線(神戸、出入橋間此延長十九哩一鎖弱)ノ営業ヲ開始セリ

同様のことは、京阪電鉄の場合や後述の南海鉄道についても指摘できる。京阪では、開業に備え、漸次職員および雇員を採用したが、一九〇九(明治四二)年下半期

には、前期の一五九名から四二〇名へ大幅に人員を増加させている。「前期ニ比シ二百六十一人ヲ増加セルハ営業開始ニ付、運輸従事員ヲ訓練採用シタルニヨル」といい、「当期間ニ於テ車掌、運転手其他ノ運輸従事員見習生ヲ採用シ、之ヲ四回ニ分チテ阪神電気鉄道株式会社ニ実務ノ教育ヲ委托(ママ)シ毎回三ケ月以上ノ教習ヲ受ケシメ、尚整理方、出札方、転轍手、線路番人、役夫等ノ訓練ヲ了セリ」とある。(37) 社史によると、一九〇九(明治四二)年一二月一日から一九一〇(明治四三)年一月一〇日の間に見習として採用した者は、運転手八九名、車掌七三名にのぼった。(38)

一九〇五(明治三八)年九月末の阪神と一九一〇(明治四三)年九月末の京阪の人員構成は、第2-31表のようであり、いうまでもなく運輸従事員、「傭夫」「定夫」が圧倒的に多い。大軌の場合は、第2-32表のとおりである。やはり現場の運輸従事員が中核となっている。

終わりに、一九一一(明治四四)年度における企業別労働者数を掲げると、都心部にある在阪私鉄は全国平均をはるかに上回っているが、大阪市電のそれに比べると、大きな格差があり、労働力の公営電鉄への集中が目立っている(第2-33表)。(39) 以後のこれら電鉄労働力の形成について、中西健一氏は、明確に三つの型を析出する。すなわち、第一の型は、大都市の公営電鉄および一部の市間電鉄の場合であり、たとえば阪神電鉄のように、その沿線がほとんど都市化されている市間大私鉄にあっては、労働力の給源を農村に求めるとはいえ、沿線中心の縁故募集ではなく、ほとんど全国的規模に及ぶかそれに近い程度の広い公開的労働市場を通じ

**第2-32表　大阪電気軌道の人員構成**

| 年　次 | 職　員 | 「工夫」「小使」 | 運輸従事員 |
|---|---|---|---|
| | 人 | 人 | 人 |
| 1910下 | 34 | 24 | |
| 11上 | 52 | 29 | |
| 11下 | 55 | 34 | |
| 12上 | 76 | 45 | |
| 12下 | 83 | 88 | |
| 13上 | 78 | 157 | |
| 13下 | 86 | 225 | 103 |
| 14上 | 68 | 153 | 141 |
| 14下 | 69 | 135 | 153 |
| 15上 | 65 | 128 | 126 |
| 15下 | 61 | 118 | 120 |
| 16上 | 64 | 122 | 121 |
| 16下 | 68 | 119 | 114 |
| 17上 | 62 | 132 | 150 |
| 17下 | 68 | 142 | 170 |
| 18上 | 69 | 145 | 172 |
| 18下 | 74 | 153 | 209 |
| 19上 | 93 | 195 | 219 |
| 19下 | 105 | 216 | 248 |

(備考)「大阪電気軌道株式会社各期報告書」より作成。なお1914年上半期より，表記区分の「工夫」「小使」は，「職工」「工夫」「小使」となる。

### 第2-33表　企業別職種別の労働者数（1911年度）

| 企業名 | 技師 | 技手 | 工手 | 工夫 | 運転監督 | 車掌 | 運転手 | 転轍手信号手 | 書記 | その他 | | 合計 |
|---|---|---|---|---|---|---|---|---|---|---|---|---|
| | | | | | | | | | | 事務 | 工務 | |
| 京阪電気鉄道 | 1 | 34 | — | 132 | 12 | 89 | 81 | 72 | 51 | 136 | 138 | 人 746 |
| 大阪市 | 5 | 36 | — | 278 | 113 | 438 | 436 | 111 | 29 | 198 | 336 | 1,980 |
| 南海鉄道 | 14 | — | — | 173 | 9 | 98 | 66 | 44 | 27 | 113 | 49 | 593 |
| 箕面有馬電軌 | 3 | 11 | 97 | 85 | 4 | 80 | 54 | 7 | 24 | 129 | 93 | 587 |
| 阪神電気鉄道 | 2 | 12 | — | 268 | — | 164 | 165 | — | 25 | 122 | — | 758 |

（備考）　中西健一『日本私有鉄道史研究』増補版，528頁より抜粋。

て雇傭されているという。これに対し、大都市とその周辺都邑を結ぶ郊外私鉄は中間的性格をもつとされ、第二の型を設定する。そして、『大鉄全史』の「当社は創業以来主に沿線地方出身者を従業員に採用し其同郷的親愛感と会社の家族的待遇とに依って上下相融和し相互信頼と家族的情誼とによって社風の伝統となし来った」の一節を引用し、南海、京阪、大軌などの関西大私鉄では、沿線農村を労働力の給源とし、しかもそれを主として縁故採用という形式で雇傭しているという。第三の型は、地方的中小私鉄の場合であり、労働力形成条件は、第二の型に似ており、農村社会との結合がいっそう強く、大部分は労働力養成機関たる教習所設備を欠いていた。したがって、運転手、車掌の経験者を再雇傭することを好んだという。以上の相違は、一方で電鉄労働者の意識構造と階級的自覚の成長を大きく規定することになったとされる。(40)

右のうち、とくに大軌では、「軌道沿線に原籍及現住所を有せざる者は絶対に採用せざる方針(41)」であった。こうした採用方法は双方に利益するところがあるが、会社側からすれば、やはり巧みな労働政策といえよう。

確かに、のちに第一の型に属する大阪市電や阪神電鉄では、労働運動も活発に展開していったのに対し、第二の型の私鉄では、「戦闘的組合は排斥されるか、一部の少数者の支持を得るのみで、微温な協調的御用組合が大多数の支持を得、資本との闘争は全く欺瞞的なものに過ぎないという脆弱性を露呈(42)」する要因になったと思われる。ただ、これらの展開は、別の形で取り上げることにしよう。(43)

（1）　野田正穂、前掲『日本証券市場成立史』三二一頁。

(2) 同右、三一二頁。以下同じ。
(3) 本来ならば、関西主要電鉄の企業成立史については、鉄道網形成史、沿線開発、労働力問題などを含め、より詳細な検討をすべきであるが、これらは後日の課題とし、以下一定の展望にとどめる。さしあたり、各社社史を参照されたい。
(4) 日本経営史研究所編『阪神電気鉄道八十年史』（阪神電気鉄道株式会社、一九八五年）一七—一八頁。
(5) 同右、一九—二〇頁。
(6) 同右、二〇—二一頁。
(7) 青木栄一「日本の鉄道・京阪神圏（大阪近郊）鉄道網のあゆみ」V大阪近郊・西郊と神戸付近（『鉄道ジャーナル』第一七二号、一九八一年）七八頁。
(8) 前掲『阪神電気鉄道八十年史』三九—四二頁。
(9) 青木栄一、前掲論文、七八頁。官鉄への影響の詳細は、同右、五六—五八頁を参照のこと。
(10) 大阪毎日新聞、一九〇七年一〇月三〇日・一一月一日付。
(11) 中西健一、前掲『日本私有鉄道史研究』増補版 二七六頁。
(12) 「京阪電気鉄道株式会社第壱回営業報告書」（一九〇七年三月）。なお当時、「最も利用された京阪間の交通機関は東海道線ではなく、淀川の定期船であり、大阪八軒屋と伏見の間を淀川汽船会社の川蒸気船が１日数往復上下していた。半日がかりの行程でのんびりとした旅ではあったが、大阪—伏見間の鉄道運賃27銭に対して、上り12銭、下り10銭という安い運賃が客を集めていたのである。したがって、京阪間の電気鉄道計画は、国鉄線のみならず、いやそれ以上に淀川の定期船に大きな影響を与えるはずであった」（青木栄一「京阪電気鉄道のあゆみ——その路線網の形成と地域開発——」『鉄道ピクトリアル』No.四二七、一九八四年、一三頁）という。
(13) 同右。
(14) 同右。
(15) 中西健一、前掲書増補版二七八頁。
(16) 私鉄資本による沿線開発や不動産業の展開については、さしあたり前掲拙著『近代中小企業構造の基礎的研究』第二部第二章、中西健一「在外私鉄と住宅経営の発展」（金沢良雄・西山夘三・福武直・柴田徳衛編『住宅問題講座5　住宅経営』（有斐閣、一九六八年）、不動産業界沿革史出版特別委員会『不動産業界沿革史』（東京都宅地建物取引業協会、一九七五年）、旗手勲『日本資本主義の生成と不動産業』(国連大学日本の経験プロジェクト、一九八一年)を参照されたい。

また、神戸都市問題研究所『都市政策』第35号——特集都市形成史——(一九八四年)も有益である。さらに、各界の意見を収録した、「私設鉄道と副業」(日本評論社『経済往来』第二巻第八号、一九二七年)は興味深い資料を提示している。
(17) 阪神電気鉄道株式会社『輸送奉仕の五十年』(一九五五年)一三頁。
(18) 「箕面有馬電気軌道株式会社第四回報告書」(一九〇九年九月)。
(19) 京阪神急行電鉄株式会社『京阪神急行電鉄五十年史』(一九五九年)一一八—一二〇頁。
(20) 中西健一、前掲書増補版二九三—二九四頁。
(21) 青木栄一、前掲論文「日本の鉄道・京阪神圏(大阪近郊)鉄道網のあゆみ」I大阪東郊・奈良県(前掲誌、第一五八号、一九八〇年)九七頁。
(22) 「大軌関係綴」(東大阪市山沢正雄氏所蔵)。
(23) 中西健一、前掲書増補版二九五頁。
(24) 西藤二郎『「大軌」の経営環境と金森の経営理念」(『京都学園大学論集』第一二巻第二号、一九八三年)二四頁。より詳しい経緯は、同『「大軌」経営者の経営理念——創草期を中心として——」(同第一一巻第二号、一九八三年)を参照のこと。
(25) この点は、同右、四一頁以下を参照のこと。
(26) 「大阪電気軌道株式会社第拾回報告書」(一九一五年九月)。
(27) 「大阪電気軌道株式会社第拾壱回報告書」(一九一六年三月)。
(28) 「大阪電気軌道株式会社第拾七回報告書」(一九一九年三月)。
(29) 青木栄一「近畿日本鉄道のあゆみ——その路線網の形成と地域開発——」(『鉄道ピクトリアル』No.三九八、一九八一年)一一四頁。
(30) この点については、前掲拙著一四一頁以下を参照されたい。なお簡単なスケッチであるが、沿線開発を扱った大阪朝日新聞のルポ『『大大阪君』のお隣り」(1)〜(10)(一九二六年四月八日〜四月一八日付)は、当時の状況を知る手がかりを与えてくれよう。
(31) 以下、株主協会編『株主協会時報』一九二七年五月二〇日号、一一一一四頁参照。また当時の状況については、同『近畿電鉄号』第壱輯、同臨時増刊(一九二七年)、帝国興信所『大阪郊外電鉄業観』(一九二九年)、中川企業経営研究所『電気鉄道

経営の実態』（一九三八年）等が一定の手がかりを与えてくれる。戦時期については、野村証券株式会社調査部『電鉄事業の展開』（一九四六年）を参照のこと。

私鉄経営者の企業者活動を扱った文献として、宮本又次『大阪商人太平記』全五巻（創元社、一九六〇—六三年）、作道洋太郎「関西私鉄グループの企業家群像」（宮本又次編『企業家群像』清文堂出版、一九八五年）をあげておく。

(32) この点については、拙稿「都市交通史の研究——和歌山の市内電車について——」（阪南大学『阪南論集』社会科学編、第一六巻第三・四号、一九八一年）を参照されたい。

(33) 前掲『阪神電気鉄道八十年史』六〇—六一頁。

(34) 同右、六二—六三頁。

(35) 同右、六二頁。

(36) 「阪神電気鉄道株式会社営業報告書等（一九〇五年度前半期）」（一九〇五年九月）。

(37) 「京阪電気鉄道株式会社第七回営業報告書」（一九一〇年三月）。

(38) 京阪電気鉄道株式会社『鉄路五十年』（一九六〇年）七五頁。

(39) 中西健一、前掲書増補版五二七—五二九頁。

(40) 同右、五五四—五五八頁。

ここで、一例として最初の阪神電鉄のストライキについて述べておく。前掲社史にも紹介されているが（六五—六六頁）、当時の新聞報道によると、開業一周年の祝賀行事を終えてまもない一九〇六年五月一日、運転手、車掌等一二〇名余が待遇改善を要求して始発電車から同盟罷業に入った。実は、その前夜の四月三〇日監督一四名のうち四名を除く一〇名が、同社重役に陳情書を提出し、却下されたのが発端らしい。すなわち、直接の契機は、「会社が先に一周年紀念（ママ）祝典執行の際、我等に酒肴料二円宛を交付する旨誓言し置きながら当日に至り僅かに五十銭より交付せざりし事と、今一つは三十八年度は局線汽車が軍隊輸送等にて電車は一層繁盛を呈し、これが為め会社の得たる利益尠なからざるに会社が我等に配当せし賞与金は却って前年の三十七年度より尠なかりし」（大阪毎日新聞、一九〇六年五月三日付）の二点であったというが、日頃の会社の労務管理のあり方にも不満があり、要求は多項目にわたった（同右、一九〇六年五月一日付）。

㈠会社が車掌運転手等に関する労働時間は余りに多きに過ぎ、時としては十五時間乃至十八時間休息なくして運転を掌らしむる事さへあり、これ到底忍ぶ能はざる事なれば今後は一日の服務時間を必ず八時間乃至十時間に短縮されたし

㈠会社が車掌運転手等の賞罰は是迄幹部の専断に出で片手落の事のみ多ければ、今後は監督等をも其評議員の中に加へ凡て合議制度とすべし

㈠車掌等が会社より支給さるゝ制服は一例を挙げれば夏服一領四円八十銭の価格の者を出す規定なるに、事実会社は出入の洋服商に一領三円六十銭の割合にて支払ふは取扱者に不都合あることなるべし今後は規定通りの服を与へよ

㈠車掌等が職務上負傷欠勤したる場合、会社はこれに療養の時日を与へず普通欠勤者と同様の取扱をなすは無情なり

㈠会社現時の規定によれば、車掌運転手等に対し恩給制度の設けあらざれば今後はこの規定を設くべし

このストライキに対し、当初会社側は強硬な態度でのぞんだが、兵庫県第四部保安係長土岐警部の調停により、同日八時ごろ一段落を告げ、平静に戻った。結局、「陳情書の執務方法改正に関する件は会社の自由意志を以て採用することに決定し」、主謀者三名が解雇された。その他は、「今回限り不問に附す」とのことで和解に達した（同右、一九〇六年五月八日付）。

(41)　協調会『最近の社会運動』（一九二九年）一二二一―一二二二頁。

(42)　中西健一、前掲書増補版五五七頁。

(43)　この点については、別稿を予定しているが、大阪市電については、前掲拙稿「大阪市営交通事業の展開と労働問題――一九二〇年代の動向を中心として――」を参照されたい。

なお基本文献としては、中西健一、前掲書のほか、大阪市電気局『電車乗務員罷業始末』（一九二四年）、桑田次郎『電車ストライキ』増補版（クラルテ社、一九二五年）、同『南海の労働運動史』（同右、一九二六年）、長尾桃郎編『交通労働の過現』（同右、一九二六年）、大阪交通労働組合編『大交史』（労働旬報社、一九六八年）等があげられよう。

## 二　軽便鉄道の盛衰

鉄道国有法の公布施行によって、主要な私設鉄道は買収され、私設鉄道として残されたものは開業二〇社、未開業三社で、大部分は営業規模が小さく、路線延長五〇キロメートルを超えるものは、東武・南海・中国・成田の四鉄道に過ぎなかった。したがって、ここに私設鉄道は局地的交通機関になるという態勢が成立したのであり、私設鉄道の

監督法規たる私設鉄道法は、鉄道国有の結果、ほとんど有名無実となった。しかもその法的規制は、単に一地方の交通を目的とする小規模な鉄道会社にとっては過重でさえあった。そこで規則を緩和して、鉄道国有化後のこうした地方の小鉄道建設を促進する政策が必要となり、一九一〇（明治四三）年二月第二次桂太郎内閣は、第二六帝国議会に私設鉄道法に比べると、きわめて手続きが簡素化された軽便鉄道法案を提出するに至った。帝国議会では、「当時軌道として都市周辺に開業しつつあった電気鉄道を考慮して軌道条例を法案の中に併合すべきではないか、あるいは私設鉄道法をこの法案に適応するよう改正すべきではないかが論議の焦点となったが、結局原案のままとなり、軌道条例・私設鉄道法は別個に存続することになり[1]」、軽便鉄道法は同年四月公布をみたのである。さらに翌一九一一（明治四四）年一月の第二七帝国議会に軽便鉄道補助法案が提出され、可決後同年三月公布され、ここに局地鉄道対策として軽便鉄道政策が確立したわけであるが、そこに「国有化」後の一つの鉄道政策をみることができよう。

こうした通説的な位置づけのほか、青木栄一氏は、さらに「軽便鉄道政策こそ、鉄道国有後に台頭した幹線改良優先策と地方線建設優先策との間に行われた一つの妥協策であった[2]」という。すなわち、当時の鉄道院総裁後藤新平は、広軌改築計画に示されるように、幹線鉄道の輸送機能の抜本的な改善を意図した積極経営論者であったが、一方、これに対抗して全国の農村を基盤として、帝国議会の多数を制していた政友会は、地方鉄道網の拡充を重要政策の一つに掲げていたのである。後藤とて、政友会の主張を無視することはできず、いわゆる軽便鉄道政策が採用されることとなったといえよう[3]。

軽便鉄道法は全文わずか八条しかない簡易な法律であり、これに私設鉄道法の準用条項七条を加えても全部で一五条というものであった。軽便鉄道の免許は私設鉄道のような仮免許・本免許の二段手続ではなく一回で与えられた。諸設備も簡易なものであり、旅客運賃率も最高制限がなく、必要な場合に許可さえ得れば、道路上への敷設も可能であった。軽便鉄道の建設に要するキロ当り平均建設費は、一九一三（大正二）年の実例によると、「七六二ミリ軌間で約二・一万円、一〇六七ミリ軌間の場合で約三・四万円程度であった」から、「延長二〇キロ程度以下の短小路線ならば、五〇〜六〇万円以下の費用で建設することができた」という。[4] 軽便鉄道の建設上の規定は、主として各鉄道の特殊性を考慮してつくられる命令書によって定められ、また従来からの私設鉄道あるいは軌道でも主務大臣の指定によって軽便鉄道に変更することができた。

軽便鉄道補助法は、補助金政策を具体的に規定したものである。その主な内容は、(一)軌間二呎六吋(七六二ミリメートル)以上の軽便鉄道であって、毎営業年度における対建設費益金が一年五分に達しない場合は、開業のときから五年を限度としてその不足額を補助支給されること、(二)補助金の年額は、初年度二五万円で、以後毎年度二五万円を累加し、一二五万円までを限度とすること、(三)補給された対建設費益金が一年八分以上にのぼる場合は、その超過額の二分の一を充当して補給総額を償還する義務があること、などであった。[5] その後一九一四(大正三)年の改正により、補助期間を五年から一〇年に延長するとともに、補助金償還の義務条項が廃止された。さらに、のちに軽便鉄道法が地方鉄道法の中に発展的解消をとげると、一九二一(大正一〇)年地方鉄道補助法となり、毎年度の補助金額は「毎営業年度ニ於ケル建設費ノ百分ノ五ニ相当スル金額」とし、ただし「毎営業年度ニ於ケル益金ガ建設費ノ百分ノ二ニ相当スル金額ヲ超ユルトキハ其ノ超過額ハ之ヲ前項ノ金額ヨリ控除ス」と規定して、補助額を引き上げている。[6]

このように、「小規模な局地鉄道の建設に民間資本の投資しやすい環境をつくりあげ、補助金政策を採用することによって、政府の鉄道会計からの支出を低位にとどめる政策が軽便鉄道法と同補助法に結実したのである」[7]が、これは採算性に乏しい地域社会に大きな反響を呼び、軽便鉄道は全国各地で普及した。ただ、そこには「地方農村に対する政党の働きかけと、それに伴う地域開発・農村振興という補助金を期待する投機的な起業動機がもっぱら働いていた」[8]ことを否定できまい。

軽便鉄道の公布施行の初年度に、軽便鉄道として免許を得たものは二三社、私設鉄道および軌道から指定変更を受けたものは二七社で、計五〇社にのぼった。第2-34表に示すように、軽便鉄道の増減は、一九一一（明治四四）－一九一三（大正二）年度に一つのピークがあり、一九一四（大正三）－一九一七（大正六）年度はいったん激減して、一九一八（大正七）年あたりから再び上昇に転ずるが、こうした推移は、第一次世界大戦による影響が少なくないことを示している。すなわち戦争勃発によって資材の輸入がとだえ、また当時の社会情勢から軽便鉄道のような利益率の低い産業に投資が敬遠されたこと、さらに補助金の交付にもかかわらず、軽便鉄道の経営が苦しかったこと、などに基づくといわれる。一般に、貧しい地域社会の資本を集めてつくられる軽便鉄道は、建設予算を過少に見積る傾向が強く、資本金を低く定めようとする場合が多かった。また器材の価格高騰で当初の予算を超過することも珍しくなく、それをカバーする資金の余裕もなかったので、多くの軽便鉄道は当初から多額の借入金を余儀なくされ、開業後はその利息の支払いに追われたのである。(9)

後者のピークの年度では、大都市や鉱工業関係の鉄道が増大しており、いわゆる地方の局地的鉄道のみを考えれば、免許上のピークは一回だけであった。したがって、当局の考えた局地鉄道振興策の持続期はわずか三年に過ぎなかったのである。(10)

また法律上、この軽便鉄道は国有鉄道へも起

**第2-34表　軽便鉄道・地方鉄道の免許・失効・開業**

| 年　度 | 免　許 | 指定変更* | 免許失効 | 国有化 | 開　業** |
|---|---|---|---|---|---|
| | キロ | キロ | キロ | キロ | キロ |
| 1910 | 633.0 | 769.2 | — | — | (374.0) |
| 11 | 1,762.0 | 289.1 | 24.4 | — | 143.2<br>(7.3) |
| 12 | 1,629.6 | 182.4 | 86.6 | — | 255.3 |
| 13 | 1,468.0 | 36.4 | 385.5 | — | 521.4 |
| 14 | 456.0 | 10.1 | 439.0 | — | 487.6 |
| 15 | 136.0 | — | 910.9 | — | 469.6 |
| 16 | 326.6 | 40.7 | 478.9 | — | 143.9<br>(37.1) |
| 17 | 283.3 | 407.6 | 415.9 | — | 91.1<br>(321.9) |
| 18 | 495.2 | — | 509.9 | — | 230.2 |
| 19 | 1,009.5 | — | 194.1 | — | 129.4 |
| 20 | 785.2 | — | 85.6 | 130.4 | 108.4 |
| 21 | 594.3 | — | 59.6 | — | 250.6 |
| 22 | 1,350.1 | — | 105.9 | 35.0 | 372.8 |
| 23 | 954.6 | — | 112.3 | — | 487.4 |
| 24 | 597.5 | — | 730.6 | — | 332.8 |
| 25 | 421.2 | — | 260.3 | 23.8 | 330.9 |
| 26 | 933.4 | — | 230.3 | 11.9 | 480.2 |

（備考）　原田勝正・青木栄一『日本の鉄道』152頁。
*　私設鉄道または軌道より軽便鉄道に指定変更されたもの。
**　カツコ内は私設鉄道または軌道の開業線で指定変更されたもの。

業の道が開かれており、一九一一（明治四四）年度から国鉄も地方開発のために軽便鉄道の建設を開始した。この場合の特徴は、鉄道敷設法によることなく路線を決定できた点にあり、鉄道院部内の選定で、予算だけが帝国議会の承認が必要とされた。軽便鉄道に投ぜられる予算は年ごとに膨張していくが、そこには「政党や議員の狩猟場と化して、後年の『政治路線』の原型を形成するに至る」[11]一面があったといわねばならない。国鉄による軽便鉄道の建設は、大正期に入ると次第に拡大し、鉄道敷設法の規定する予定線であっても、建設速成のため、新たに軽便鉄道として建設するものすらあらわれたという。[12]ここに、地域社会では民営の軽便鉄道から国鉄の軽便鉄道へと誘致の方向を転換させていくことになり、さらに一九二二（大正一一）年の改正鉄道敷設法の公布によって、国鉄路線整備の主流をローカル線の建設におく結果となる。なお民営の軽便鉄道の発達が著しかったのは、静岡県西部、三重県伊勢湾岸、兵庫県西部から広島県東部にかけての瀬戸内海沿岸などの地域であったが、これらの地域では軌間二呎六吋の鉄道が、幹線鉄道のルートからはずれてしまった地方の中心町を国鉄路線に結びつけていた。[13]

終わりに、軽便鉄道の出資者等についてみよう。青木栄一氏によると、大別すると、ほぼつぎのような類型からなっていたという。[14]

第一は、最も一般的なタイプで、主要な出資者が沿線の地域社会の住民である場合があげられる。各地の軽便鉄道では、一株、二株という小株主が多数みられるが、いわば地方名望家層を主要発起人に掲げる一方、発起人会議において各地区別の割当て株数が決定され、それを地区内でさらに分割して割当てるという順序で資金調達が行われたからだという。この場合は、町ぐるみ、村ぐるみの半強制的な出資割当てが行われたケースであり、いわば出資というよりは共同体内における一種の分担金に近いものとみられる。だから、軽便鉄道の沿線の多くは農業地域であったため、大地主が多く株主に名を連ねているものの、それはすでに投資の対象ではなく、地域社会に対する還元行為とみなければならぬという。

第二は、沿線の地域社会の出身者である。この場合は、主に地域社会から出て中央の政界・財界などで活躍する人物が、しばしば大株主として名を連ねているケースであり、彼らは鉄道経営に直接関与することは少ないが、有名人を含み、監督官庁などへの運動や政界への働きかけに有効だった場合もあるという。

第三は、沿線の地域社会との間に何らかの取引・利害関係をもつ者である。この場合は、地域社会からの懇請あるいは強請によって出資した人たちであるが、数的にも少ないし、経営に直接関与することもない。

第四は、沿線の地域社会と利害関係のない投資家である。この場合は、主に東京や大阪に在住する企業家であり、明らかに利潤を目的として軽便鉄道に投資した人びとである。このグループの投資の動機はさまざまであるが、比較的事例の多いものとしては、何よりも軽便鉄道や軌道の建設計画にコンサルタント的な役割を果たした人びとがあげられる。大日本軌道を主宰した雨宮敬次郎とその後継者の雨宮亘、大阪の才賀商会を率いる才賀藤吉などはその代表的な人物である。彼らは、各地の軽便鉄道や軌道の経営にあたると同時に鉄道車輛や電動機、その他の製造者あるいは輸入者として軽便鉄道や軌道の建設計画に参画することによって、自己の販路の拡大を策したともいわれる。雨宮は主として蒸気鉄道、才賀は電気鉄道に関係しているが、とくに雨宮の事業は大規模であり、軌道経営者、車輛メーカーとして、わが国の局地鉄道史に大きな足跡を残した。別のグループは、あまり鉄道事業に経験のない企業家であり、この場合は投機家に変身して鉄道計画を画餅に帰せしめてしまうこともしばしばであったと伝えられる。

このように軽便鉄道は、鉄道国有化以前の私設鉄道のように財閥その他の中央資本家の投資はほとんどなかったといわなければならない。大都市近郊の鉄道では、鉄道資本家・鉄道経営者として成長するものもみられたが、地方の軽便鉄道や軌道ではあまりにも小規模で、かつ利益率が少なく、そこから鉄道資本家が育つ余地はきわめて少ないものであったからである。

さらに、青木栄一氏によると、軽便鉄道の経営者の全体像については未だ不明の点が少なくないが、「軽便鉄道会社の重役には沿線地域に居住する大株主が就任する事例が多かったようである。また、大都市に住む大株主が重役陣に加わり、名目的な社長に選任される例もみられた。……しかし、軽便鉄道の重役陣をみると、持株数は少ないが、鉄道の建設と開業後の経営に重要な役割を演じた人物を見ることができる。たとえば、……輌軽便鉄道の……壇上栄太郎……。彼のような例がどのくらい存在したのかよくわからないが、小都市に住む小商人が地主を中心とする大株主に対して、実質的な鉄道経営者として位置づけられる例」が他にもあったようだと推定されている。そして、民営の軽便鉄道の技術者については、国鉄の現場の中堅技術者が退職後雇傭されるケースが多かったという。当時ある一定の水準に達した鉄道技術者の最大の供給源は国鉄であったからである。(15)

(1) 前掲『日本国有鉄道百年史』通史（一九七四年）一七九頁。以下の記述は、主として同書および原田勝正・青木栄一、前掲『日本の鉄道』に負うところが大きい。
(2) 青木栄一「大正期の鉄道にみる『地方の時代』(1)」（野田正穂・原田勝正・青木栄一編『大正期鉄道史資料』月報No.一、日本経済評論社、一九八三年）四頁。
(3) 同右。後藤新平鉄道院総裁は、当時の鉄道政策として鉄道の機能を、幹線ないし重要な地方連絡線として国有を原則とする「普通鉄道」、もっぱら局地的な輸送を担当する「軽便鉄道」、都市内で道路交通を補助する「軌道」の三つに分け、当面は幹線網の整備に重点を置くため、「普通鉄道」の輸送機能の向上をはかることが急務であるとしていた（前掲『日本国有鉄道百年史』通史、一八〇頁）。
(4) 青木栄一、前掲論文「大正期の鉄道にみる『地方の時代』(2)」、六頁。
(5) 前掲『日本国有鉄道百年史』通史、一八〇頁。
(6) 原田勝正・青木栄一、前掲書、一五〇―一五一頁。
(7) 同右、一四九―一五〇頁。
(8) 前掲『日本国有鉄道百年史』通史、一八一頁。
(9) 原田勝正・青木栄一、前掲書、一六一―一六二頁。
(10) 同右、一五一―一五三頁。

(11)　同右、一五三頁。
(12)　青木栄一、前掲論文「大正期の鉄道にみる『地方の時代』(1)」、六頁。
(13)　青木栄一、前掲『軽便鉄道の発達』二頁。関連論文に、同前掲『地域社会からみた鉄道建設』、同「ローカル線建設の歴史とその政治的意義」(『鉄道ピクトリアル』No.二二〇、一九六九年)がある。
(14)　原田勝正・青木栄一、前掲書、一五七―一六一頁。
(15)　青木栄一、前掲論文「大正期の鉄道にみる『地方の時代』(2)」、八頁。和歌山県下の軽便鉄道についての拙稿として、つぎのものがある。
一、「新宮鉄道の設立過程」(和歌山県史編さん委員会『和歌山県史研究』第三号、一九七五年)。
一、「わが国軽便鉄道史の一側面――山東軽便鉄道の場合――」(大阪府立大学『歴史研究』第二一号、一九八〇年)。
一、「局地鉄道の成立と展開――和歌山県下の3軽便鉄道をめぐって――」(『近畿大学短大論集』第一四巻第一号、一九八一年)。

# 第三章　大阪近郊における鉄道史の諸相

# 第一節　鉄道時代と大阪
## ――私鉄二社の生誕――

### 一　阪堺鉄道の成立

最初に、大阪における私鉄熱の一端をみよう。大阪を中心とする私設鉄道は、まず商業・金融資本家による短距離小規模ないし市間連絡鉄道として建設されたところに特徴がある。

実質的に、私鉄の第一号といわれるのは阪堺鉄道である。この大阪・堺間は、大きな収益の予想される魅力ある区間だったらしく、早くから私設鉄道としての計画があった。今城光英氏によると、「明治二年、藤田伝三郎氏阪堺間ニ運輸ノ便ヲ開カント発言シ、其法方ハ馬車鉄道ノ布設ヲ以テ其目的ヲ達スルヿヲ主張セリ」というのが端緒である。ただ、馬力利用による藤田の計画は、出願には至らなかった。計画が具体化したのは、一八七二(明治五)年の大阪の豪商鴻池善右衛門ほか七名による出願が最初であるが、これは許可されなかった。一八七四(明治七)年には、高知県士族松井周助ら三名と堺の大塚三郎平ら二名の出願が別々に行われ、翌年大塚らに免許が与えられている。発起人たちは、堺大阪鉄道建築会社と称して、資本金二三万円の株式募集に着手したが、結局株式の募集が儘ならず会社の設立には至らなかったという(1)。

こうした前史があって、一八八二(明治一五)年五月藤田伝三郎ほか一八名の新陣容により、資本金二五万円の大阪堺間鉄道会社の願書が提出された。「発起人一九名の内訳は、堺側(府下堺区在住者)が一二名、大阪側(東区・北区在住者)が五名、それに東京府在住者が二名……、堺側の発起人は清酒醸造業者であり、大阪側のそれは松本(重太郎）、藤田（伝三郎）、外山（脩造）ら有数の資産家であり、とくに藤田が創立プロモーターとして活動した。(2) この出願にあたっては、大阪府より「大阪・堺間日々往復営業之馬車及沿道人民所有之荷車現数取調之義」が照会されているが、回答をみると、馬車総数三八台（人乗馬車三六台、荷積馬車二台）、荷車総数一六一六輛であった。(3)

さきの願書は、手続上、一八八三（明治一六）年に工部省が一度返却処分に付し、発起人が改めて一八八四（明治一七）年二月に府知事に出願するところとなった。その際、つぎの条件を願い出ている。(4)

政府ヨリ特許アランヿヲ請フノ条件

一、官有ノ土地家屋ニシテ鉄道線路ニ当リ鉄道及ビ之ニ必用ノ倉庫停車場ニ供用スベキモノハ無代価ニテ御下附被成下度事

一、民有ノ土地家屋ニシテ鉄道路線ニ当リ鉄道及ビ之レニ必用ナル倉庫停車場ニ供用スベキモノハ公用土地買上ケ規則ヲ適用ノ義御許可被成下度事

一、鉄道線路ニ当リ鉄道及ビ之ニ必用ナル倉庫停車場ニ供用スベキ一切ノ土地ハ其租税ヲ免除被成下度事

右条々御免許ノ上ハ会社ヨリ政府ニ対シ左ノ条ヲ遵奉可致事

一、非常兵乱等ノ節ニ当リテハ相当ノ手当金御下附ノ上ハ鉄道使用方ハ政府ノ御自由ニ任セ候事

また大阪堺間鉄道会社申合規則を設けている。制度的なものであるが、計画の概要がある程度うかがえると思われるので引用しておこう。(5)

大阪堺間鉄道会社申合規則

第一条　当会社日々ノ収納金ハ各停車場ニ於テ当日ノ表ヲ製シ之ニ金員ヲ添翌朝十時迄ニ本社ヘ差出スヘシ

第二条　当会社ハ第三十二第百三十国立銀行ト兼テ約束ヲ結ヒ置金銭ノ取引ヲナスヘシ

第三条　本社会計方ハ諸方ヨリ受取リタル現金ハ直ニ結約ノ銀行ヘ預クヘシ

第四条　当会社ノ諸仕払金五円以上ノ者ハ結約銀行ノ小切手ヲ以テ仕払ヲナスヘシ
第五条　当会社ノ役員及雇人ハ等級給料表ニ準シテ給料ヲ付与スヘシ
第六条　当会社幹事以下ノ諸役員及雇人タル者ハ其職務ヲ廉直ニ勤ムル証トシテ奉職ノ節慥ナル身元引請人両人以上ヨリ身元請状ヲ当社ニ差出スヘシ、若シ過失アラハ其引受人ヨリ過怠謝金若クハ其過失ヨリ生スル損害ノ償金ヲ取立ツヘシ
　但シ各員従事スル所ノ職務ニヨリ身元金ヲ当社ニ差出サシムルヿアルヘシ
第七条　当社ノ役員及雇人社用ニテ旅行スルトキハ本社ノ旅費定則ニ依リ費用ヲ支給スヘシ
第八条　当社ノ役員及雇人毎朝出勤ノ節必ス役員出勤簿ヘ小印ヲ押スヘシ、若シ病気等ニテ出勤シカタキトキハ定例出勤時間迄ニ書面ニテ其旨趣ヲ本社ニ届出テ出勤簿ヘ其趣ヲ記入シ其記入者之ニ小印ヲ押スヘシ
第九条　右病気ニテ永引七日以上ニ及ハ、医師容体書ヲ添ヘ其由ヲ申立ツヘシ、尚三十日以上出勤セサルトキハ其事情ニヨリ社長ノ考按ヲ以テ代人ヲ命スルカ又ハ月給定則ニヨリ其給料ヲ差引クヘシ
第十条　当社営業時間ハ午前　時ヨリ午後　時マテト定ムヘシ、尤モ春秋ノ季節ノ長短ニ従ヒ其時間ヲ伸縮スルヿアルヘシ
第十一条　休業日ハ毎年一月一日ト定メ天変非常ノ外別ニ休日ナシ故ニ社員并ニ雇人ニ於テハ毎日営業時間中ト雖モ事務繁劇ナラサレハ各員申合当番非番ヲ立互ニ休息ノ時日ヲ与フヘシ
第十二条　本社建設迄ハ高麗橋壱丁目藤田組店内ヲ借受事務取扱所トナスヘシ
右之条々社員一同可確守者也

さきの請願のうち、後二者は認められたが、最初の条項、つまり「官有土地建物無代下附ハ難聞届、官ニ於テ不用ナルモノニ限リ無料貸渡之詮議ニ及ヒ候義モ可有之事」とされたようである。(6) かくて、藤田伝三郎は、閉業した官営

鉱山で不用となった機関車・レール・その他付属品に着目し、その払下げを申請し、一八八四(明治一七)年に無利子一〇か年賦の好条件で払下げの認可を得た。払下げ物品は、機関車二輛、客貨車七一輛、軌条八三二トン余および付属品等であり、その払下価格は四万八二〇一円余とされた。翌年、藤田らは、上記物件のうち一部破損があったことを理由に、払下価格の値引きを請願し、結局その価格は四万六三一〇円余に減額された[7]。この価格は、「時価の三分の一程度[8]」であったという。いずれにせよ、設備の相当部分を払下げ品に依拠した意味は大きく、社史をして「起業当時に於て此の払下けの許可を得しは工事速成の一原因たり[9]」といわしめたほどである。

藤田らの鉄道敷設計画は、若干の曲折をへて許可された。そして、設計と土地買収は大阪府に委託し、一八八五(明治一八)年二月に藤田組の手で着工、阪堺鉄道として同年一二月二九日から難波・大和川間の営業を開始した。軌間は二呎九吋であるが、これは釜石鉱山の鉄道の軌間をそのまま採用したからにほかならない。当初、大和川駅は大和川北岸に設置されており、橋梁工事を終え、大和川・堺間が開通したのは、二年後の一八八八(明治二一)年五月のことである。

右の延長工事には、若干の経緯があった。とくに大阪堺間全通は、堺地方の株主が希望しており、一八八七(明治二〇)年四月に支配人は大谷嘉平から中川光実に変わった[10]。以後、中川支配人は事業推進の有力な担い手となる。同年七月、大鳥郡七道村の地主・小作人等は連署して、大阪府知事建野郷三宛に、「阪堺鉄道延長ニ付、本村内へ布設セラル、線路ニ係ル道路ハ隧道或ハ架橋ヲ設ケラレンヿヲ希望スル」と請願書を提出している[11]。大和川鉄橋架設は川崎造船所へ注文しているが、同年一〇月の洪水で工事の進捗は妨げられ、また「英国ヨリ回送スル鉄材塔載ノ船舶暴風雨ノ為メ延着」等の理由により、同年中の落成は困難となった。この洪水に際しては、「本社役員ハ勿論該工事請負者タル日本土木会社大阪支社ヨリモ社員技師若干名出張ノ上、数百人ノ人夫ヲ指揮シ堤防破壊ノ防禦ヲナシ……破壊ノ災ヲ免レタ」が、洪水による影響は、単に鉄橋架設の工期の問題だけでなく、木材流出等による被害も少なくなかったのである。[12] ただ、「堺駅迄ノ延長線路ヲ開業シタ」ことにより、乗客収入は大幅に増加した。[13]

ところで、阪堺鉄道の首脳陣は、取締役社長の松本重太郎をはじめ、肥塚與八郎、鳥井駒吉、佐伯勢一郎、田中市兵衛らの取締役層とともに、いわゆる商業・金融資本家が中心であった（第3-1表）。株主の地域分布は、一八八七（明治二〇）年度のものであるが、株主数、株数とも八〇％前後を大阪府在住者によって占められている（第3-2表）。

とくに、松本重太郎の動きが目立つが、彼は、「商工ノ二業ハ恰モ車ノ両輪ノ如シ、孤行スベカラズ、利害毎ニ廼チ一ナリ、而モ此両者ノ発達ヲ同時ニ助成スルモノハ、一ニ交通機関ノ完備ニ存スルノミ」の立場から、「夙ニ阪神間ノ鉄道敷設ノ将来頗ル有望ナルヲ認識シ」ていたのである。[14] その他、創立発起人の一人として外山脩造の果たした役割も大きいものがある。同翁の伝記によると、当初堺側と大阪側の計画を一本化するための斡旋を請われたことが記されており、その後、「更に之を松本重太郎氏に転嘱し、遂に松本氏の尽力によりその目的を貫徹し阪堺鉄道会社

**第3-1表　阪堺鉄道の重要株主**(1886年)

| 株主氏名 | 持株数 | 備考 |
|---|---|---|
| 藤田　伝三郎 | 株 250 | 藤田組代表 |
| ◎松本　重太郎 | 200 | 百三十銀行頭取 |
| 志賀　政 | 140 | |
| ○肥塚　與八郎 | 103 | 清酒醸造（堺） |
| ○鳥井　駒吉 | 70 | 清酒醸造（堺） |
| 光村　弥兵衛 | 70 | |
| ○佐伯　勢一郎 | 63 | 大阪紡績取締役 |
| 原　秀治郎 | 60 | |
| 外山　脩造 | 55 | 三十二銀行総監 |
| 平瀬　亀之輔 | 53 | 大阪貯蓄銀行 |
| 小　計(a) | 1,064 | |
| ○田中　市兵衛 | 30 | 肥料商，四十二銀行頭取 |
| 役員持株計 (b) | 466 | |
| 総株式数 (c) | 2,500 | |
| a/c　(％) | 42.6 | |
| b/c　(％) | 18.6 | |

（備考）今城光英「阪堺鉄道会社の設備金融」（経営史学会『経営史学』第13巻第2号）63頁。
◎印は取締役社長，○印は取締役を示す。

**第3-2表　阪堺鉄道株主の地域分布**(1887年度)

| 府県 | 人員 | 株数 |
|---|---|---|
| 大阪(a) | 82人 | 2,472株 |
| 京都 | 6 | 83 |
| 東京 | 2 | 48 |
| 兵庫 | 6 | 302 |
| 和歌山 | 4 | 56 |
| 奈良 | 4 | 39 |
| 計 (b) | 104 | 3,000 |
| a/b | 78.8% | 82.4% |

（備考）「阪堺鉄道会社第2回年報」より作成。

の成立を見るに至れり。……かくて翁は同社の役員たるべき交渉を受けたりしが、故ありて之を辞し唯発起者の中に名を列ねて株主となれり」[15]とある。

松本重太郎は、洋反物商であったが、阪堺鉄道発起当時は第百三十銀行頭取でもあり、大阪財界の有力リーダーの一人となった人物である。日本資本主義確立過程では有力資本家による多角的出資と役員兼任はいっそう進展したことがよく知られている。伊牟田敏充氏によると、こうした多数資本家の協調的出資による株式会社の設立は、明治二〇年代の大阪財界にもみられたところであり、それは旧幕時代からの豪商である住友と鴻池は別格として、四つのグループがあったという。その一は、籾の肥料商で、かつ第四十二国立銀行の頭取であった田中市兵衛を中心とするグループ、その二は、藤田伝三郎を中心とするグループ、その三は、第三十四国立銀行頭取の岡橋治助を中心とするグループ、その四は、さきの松本重太郎を中心とするグループであった[16]。だから、阪堺鉄道の設立は、資本調達のうえからも、先駆的形態であったといえよう。さて、松本重太郎は、会社設立にあたり、自ら大阪・堺を結ぶ街道を歩いて、通行人や荷車の数を調査し、採算についての確信を得たという話は有名であるが、鉄道「事業の未だ発達せざる為め世の浅見者或は起業者に対し種々弁難攻撃を加へ百方妨害を試み甚しきは人力車との競争を恐れ、到底本鉄道の将来見込なしと誹謗し暗に沿道の人力車夫を教唆し妨害を加へしめんと迄で謀りしものある」[17]などの困難がつきまとったらしい。

ただ阪堺鉄道は、「一種の市街鉄道」[18]として、大きな収益をあげ、事業的にも成功したといえる。後述するように、一八九八(明治三一)年南海鉄道へ譲渡されることになるが、阪堺鉄道時代の営業成績は、第3-3表のとおりである。表にはないが、旅客収入が大部分を占め、初期の「坂堺鉄道営業之概況」は、早くも「他ノ営業ニ比スルヤ其利益稀ニ見ルトコロナル」[19]と展望している。運賃は三段階に区分されており、開業当初の難波・大和川間は、上等一六銭、中等八銭、下等四銭であった[20]。乗客は、圧倒的に下等運賃による場合が多い。参考までに、「第一回運輸報告」を掲

**第3-3表　阪堺鉄道の営業成績等**

| 年度＼項目 | 払込資本金 | 自己資本 | 固定比率 | 営業収入 | | 営業支出 | | 益金 | | 配当性向 | 配当率 |
|---|---|---|---|---|---|---|---|---|---|---|---|
| | 円 | 円 | % | 円 | | 円 | | 円 | | % | % |
| 1886 | 212,500 | 230,790 | 105.7 | 44,746 | 981 | 25,959 | 897 | 18,787 | 084 | 77.2 | 7.3 |
| 87 | 300,000 | 332,081 | 97.5 | 56,759 | 81 | 25,434 | 876 | 31,324 | 934 | 71.8 | 9.4 |
| 88 | 330,000 | 382,862 | 96.5 | 79,816 | 421 | 33,135 | 349 | 46,681 | 072 | 69.1 | 10.0 |
| 89 | 330,000 | 397,206 | 90.7 | 109,231 | 418 | 38,939 | 56 | 70,291 | 858 | 56.3 | 12.0 |
| 1890 | 330,000 | 398,414 | 89.8 | 85,140 | 198 | 41,480 | 464 | 43,659 | 734 | 83.2 | 11.0 |
| 91 | 330,000 | 405,656 | 88.3 | 86,836 | 017 | 39,249 | 824 | 47,586 | 193 | 74.2 | 12.0 |
| 92 | 400,000 | 490,602 | 73.2 | 96,240 | 328 | 38,720 | 116 | 57,520 | 212 | 74.6 | 13.0 |
| 93 | 400,000 | 519,130 | 81.6 | 109,882 | 415 | 37,142 | 388 | 72,740 | 027 | 82.5 | 15.0 |
| 94 | 400,000 | 535,273 | 78.9 | 123,347 | 347 | 38,791 | 445 | 84,555 | 902 | 80.4 | 17.0 |
| 95 | 400,000 | 562,138 | 71.2 | 153,568 | 799 | 40,417 | 848 | 113,150 | 951 | 74.2 | 21.0 |
| 96 | 400,000 | 569,798 | 70.2 | 185,447 | 722 | 49,273 | 955 | 136,173 | 767 | 82.2 | 20.8 |
| 97 | 400,000 | 621,285 | 64.4 | 208,784 | 148 | 54,823 | 705 | 153,960 | 443 | 79.2 | 30.5 |

（備考）　今城光英，前掲論文「阪堺鉄道会社の設備金融」60頁および南海鉄道株式会社『南海鉄道発達史』118頁より作成。

げておこう。(21)

第一回運輸報告

従明治十八年十二月二十九日至仝十九年一月三十一日

一乗車人員拾七万五千八百四十七人

此賃金六千四百弐拾九円八拾四銭五厘

荷物賃金四円七拾三銭

但三十四日ニ割レバ一日ノ平均乗車人員五千百七十二人

収入金百八拾九円弐拾五銭弐厘強

明治十九年二月中

一乗車人員九万五千弐百弐拾弐人

此賃金三千四百三拾九円三拾三銭

荷物賃金四円三拾六銭

但二十八日ニ割レバ一日ノ平均乗車人員三千四百一人弱

此収入金百弐拾弐円九拾八銭九厘弱

仝三月中

一乗車人員八万七千九百四十人

此賃金三千弐百六拾八円七拾八銭

荷物並ニ貸切貨車賃弐拾五円三拾九銭

但三十一日ニ割レバ一日ノ平均乗車人員弐千八百三十七人弱

此収入金百〇六円弐拾六銭三厘強

以上、開業以来九三日間の乗車人員合計は三五万九〇〇九人、営業収入総額は、手まわりおよび小荷物貸切貨車収入を加えると、一万三一七二円四三銭五厘に達した。一日平均乗車人員は三八六〇人強、営業収入は一四一円六三銭九厘強という状態である。かくて、創業翌年から配当を開始するに至り、一八八八（明治二一）年の配当は一割に達し、一八九五（明治二八）年以降は二割以上、一八九七（明治三〇）年以降は三割以上の高配当を行ったのである。この営業成績は、「当時（一八九七年度—筆者注）我国の官私設鉄道三十二線の中にありて最も好況を呈したる筑豊鉄道と雖も又た遠く及ばざりしなり」[22]というものであった。一日一哩当りの営業収入は、阪堺が八九円、二位の筑豊は六五円である。[23]

会社繁栄の要因について、『阪堺鉄道経歴史』は、第一に「我社線路の位置が繁栄を来したる一大原因として特書すべき所以なり、第二の原因は……事業の計画営業の方針等全く其宜を得、外は株主の幇助と内は役員諸氏が精励の結果に外ならず支配人は特に勤続十余年の久しきに亘り誠心誠意能く部下を御し重役を助けて諸般の業務を整理し……」[24]と述べている。第一の点については、住吉神社の存在が大きく、住吉駅下車の人員は阪堺時代を通じて、各駅乗客総数の二三％強に達したという。第二の点に関しては、支配人中川光実の果たした役割の大きさが注目されようが、随分と関心をもっているものの、詳細は今後の課題とせざるを得ない。

いずれにせよ、阪堺鉄道は日本鉄道に続き、鉄道業の好収益性を実証し、鉄道熱の先駆となったといえよう。松本重太郎らのグループが、さらに多くの鉄道に投資する契機ともなったのである。他方、竹内正巳氏は、阪堺鉄道の「好収益の原因は数字でみる限り、運賃が相対的に高いにもかかわらず、人件費が低く、旅客の増加が予想以上に多かったためである」[25]と推定されている。確かに、松本重太郎は奇抜なアイディアと実行力の持主であって、サービスに徹そうとしたらしいが、「上も下もよく働いた」ようである。すなわち、「同社の申合せ規則に『業務ハ天変非常ノホカ休日ナシ。職員ハ毎日営業時間中トイヘドモ事務繁劇ナラザレバ、各員申合ワセ非番、当番ヲモツテ交替ニ休息ノ時間ヲ与フベシ』とあっては、サボれない。午前五時の初発から午後十一時まで、年中無休で働いた」ということである[26]。

**第3-4表　阪堺鉄道の役員・職員・雇員表**（1886年12月末）

(1) 役員表

| 職名 | 社長 | 取締役 | 支配人 | 書記兼運輸係 | 汽車係 | 建築係 | 会計係 | 倉庫係 | 「給仕」 | 「小使」 | 計 |
|---|---|---|---|---|---|---|---|---|---|---|---|
| 人員 | 1 | 4 | 1 | 1 | 2 | 2 | 2 | 1 | 2 | 2 | 18 |
| 給額 | 月給 35円 | 月給 15円 | 月給 35円 | 月給 12円 | 月給 35～9円 | 月給 18～12円 | 月給 13～10円 | 月給 11円 | 月給 3～2円 | 日給 20～18銭 | |

(2) 職員表

| 職名 | 駅長 | 駅長助役 | 出札係 | 車掌 | ヤートメン | 改札係 | 運転方 | 「火夫」 | 計 |
|---|---|---|---|---|---|---|---|---|---|
| 人員 | 2 | 5 | 4 | 5 | 1 | 6 | 5 | 4 | 32 |
| 給額 | 月給 18～13円 | 月給 10円 日給 ～30銭 | 日給 30～25銭 | 日給 25銭 | 日給 25銭 | 日給 25～23銭 | 日給 1円20～60銭 | 日給 40～35銭 | |

(3) 諸雇員表

| 職名 | 汽車係附属雇 | 軌道方小頭 | 「駅夫」世話役 | 指示方 | 表方 | 踏切守線手 | 「駅夫」 | 軌道方雇 | 仝「人足」 | 計 |
|---|---|---|---|---|---|---|---|---|---|---|
| 人員 | 1 | 2 | 2 | 8 | 2 | 5 | 21 | 2 | 5 | 48 |
| 給額 | 日給 85銭 | 日給 38～35銭 | 日給 23銭 | 日給 22銭 | 日給 22銭 | 日給 18銭 | 日給 20～18銭 | 日給 35～20銭 | 日給 30～20銭 | |

（備考）「阪堺鉄道会社第1回年報」。

右に関連して、初期の阪堺鉄道の役員・職員・諸雇員の人員・給料を表示しておくと、第3－4表のとおりである。その後の同社の人員総計（一八八七～一八九五年）は、一四七名、一六七名、一六六名、一七三名、一四二名、一五〇名、一五九名、一五五名、一五六名と推移している。[27]ピーク時の一八九〇（明治二三）年一二月末を例にとると、その詳細は、社長一名、取締役四名、支配人一名のほか、庶務課六名（庶務係一－兼勤、書記一、「給仕」一、「小使」三）、倉庫課二名（主任一、執務員一）、会計課二名（出納方一、簿記方一）、汽車課五二名（主任一、執務員一、傭一、機関手五、機関手心得一、「火夫」二、「火夫心得」二、検査番二、掃除番四、職工二一、「定雇人夫」一二）、建築課三一名（主任一、線路方一、傭一、「線路方工夫小頭」一、「線路工夫」二七）、運輸課七五名（主任一、執務員一、駅長四、仝助役四、貨物方兼出札方四、ヤートメン兼車掌二、車掌五、出札兼改札方一、「駅夫世話役兼ヤートメン」二、出札心得兼改札方一、改札方四、「ヤートメン心得兼駅夫世話役」一、「駅夫世話役」二、表方五、合図方兼指示方八、守線方二、「駅夫」二八）の計一七三名であった。[28]いうまでもなく、運輸課、汽車課の人員が圧倒的に多く、しかもその中心は、いわゆる現業従事員であり、建築課ではほとんどが「線路工夫」であったことがわかる。

なお、一方においてこの間堺・和歌山間を結ぶ鉄道敷設計画が具体化していったが、阪堺鉄道の興亡とともに、これらは節を改めて扱うことにしよう。

（1）今城光英「阪堺鉄道会社の設備金融」（前掲『経営史学』第一三巻第二号、一九七九年）五一－五二頁。
（2）同右、五三頁。
（3）堺市役所『堺市史』続編第五巻（一九七四年）八〇五頁（大阪府庁文書「大阪堺間鉄道会社創立願書」）。
（4）「大阪堺間鉄道布設願」（大阪市史編纂所所蔵「阪堺鉄道会社設立関係書類綴」）。
（5）前掲『工部省記録』鉄道之部（自明治十七年至同十八年、一九七八年刊）巻三十四ノ一、五五五－五五六頁。
（6）「大阪堺間鉄道布設願ノ件」（前掲大阪市史編纂所所蔵文書）。
（7）今城光英、前掲論文、五四－五五頁。前掲『堺市史』続編第五巻、八〇六－八〇八頁。

(8) 南海鉄道株式会社『開通五拾年』（一九三六年）一三頁。

(9) 『阪堺鉄道経歴史』（一八九九年、前掲『明治期鉄道史資料』第2集(3)—I）三頁。

(10) 「阪堺鉄道計画之件」「御届」（前掲「阪堺鉄道会社設立関係書類綴」）。

(11) 「請願書」（同右）。

(12) 「阪堺鉄道会社第二回年報」（一八八八年一月）。

(13) 「阪堺鉄道会社第三回年報」（一八八九年一月）。

(14) 松本翁銅像建設会『雙軒松本重太郎翁伝』（一九二二年）二四—二五頁。

(15) 武内義雄編『軽雲外山翁伝』（商業興信所、一九二八年）一二四—一二五頁。

(16) 伊牟田敏充「明治期における株式会社の発展と株主層の形成」（大阪市立大学経済研究所『明治期の経済発展と経済主体』日本評論社、一九六八年）一九一頁。

(17) 前掲『阪堺鉄道経歴史』二頁。

(18) 同右、一七頁。

(19) 杉山輯吉君郵送「坂堺鉄道営業之概況」（日本工学会『工学会誌』第五六巻、一八八六年—『工学叢誌・工学会誌』復刻版十、雄松堂書店、一九八三年）一二七四頁。

(20) 「坂堺汽車（雑記）」（同右第四九巻、一八八六年—同右復刻版九）七九五—七九六頁。

(21) 前掲『工学会誌』第五六巻、一二七四—一二七六頁。

(22) 前掲『阪堺鉄道経歴史』一四頁。

参考までに、この前の「阪堺鉄道株式会社第十回年報」（一八九六年一月）の運輸営業状況をみると、「要スルニ当年ノ営業ハ頗ル好況ヲ見ルヲ得タルモノニシテ、其原因一ニシテ足ラズト雖モ気候ノ平穏、征清軍ノ終局、農作ノ豊穣、商業ノ繁盛等孰レモ旅客ノ往来ヲシテ頻繁ナラシメ、以テ好結果ヲ呈シタルモノナルベシ」とある。

(23) 前掲『阪堺鉄道経歴史』折込第一四表。

(24) 同右、一六—一七頁。

(25) 竹内正巳「日本最初の私鉄、南海の前身阪堺鉄道」（前掲『南海道研究』No.四七、一九八一年）一三頁。

(26) 松本英男編『大阪百年』（毎日新聞社、一九六八年）四九頁。

(27)「阪堺鉄道会社年報」(各年版、一八八八年一月〜一八九六年一月)。
(28) 同右、第五回年報(一八九一年一月)。

## 二 大阪鉄道の成立

日本鉄道や阪堺鉄道の営業の成功は、全国的な鉄道熱を呼び起こしたが、この風潮の中で計画された、もう一つの鉄道に大阪鉄道がある。『大阪鉄道略歴』によって、同社創設の経緯をみると、一八八三(明治一六)年八、九月ごろ府下河内の三浦某が、交通の便をはかる目的で、安宿部郡国分村から東成郡天王寺村に至る約五里の間に馬車鉄道を敷設することを計画し、平野の井上治に調査を依頼したことに端を発する。やがて、河内の山荘逸作や大和の恒岡直史らがこの計画に加わり、建設区間を大和・河内および摂津にまたがる区間に拡大し、普通鉄道として建設することを決め、一八八六(明治一九)年九月二一日、路線の測量許可を大阪府に出願した。ところが、この出願の前日に既設の阪堺鉄道も大和川停車場から奈良県下高田に至る区間の建設を出願したため、大阪鉄道の恒岡直史らは、これと競合するとして、交渉の末、阪堺鉄道にこれまでの測量費として三〇〇〇円を贈与して、その計画を譲り受けたという。(1)

一八八七(明治二〇)年一月、岡橋治助・恒岡直史ら一四名は、「大阪市南区御蔵町跡ヨリ河州ヲ経テ和州神武陵下今井町ニ至ル工事ヲ第一着トシ、其以東ハ伊賀ヲ経テ勢州四日市ニ通シ、其以南ハ和州五条ヲ経テ紀州和歌山ニ達シ、其以北ハ和州奈良ニ通スル」大阪鉄道会社創立の願書を、大阪府知事宛に提出した。この願書は、建野郷三知事の禀請書とともに内閣に上申されたが、大阪鉄道の意図は、「要スルニ前途殖産興業ノ隆盛ヲ図リ国利民福ヲ増進スルハ実ニ方今ノ急務ニシテ、鉄道敷設ノ公益ニ属スル特リ(ニ)物貨運輸ノ便ヲ与フニ止マラス、内訌外患等非常ノ場合ニ遭遇シ無比ノ効力ヲ有スルハ勿論其平素無事ノ時ニ於ケルモ、所謂天涯咫尺人民交通ノ途ヲ開キ自他ノ気脉ヲ相通スルモノ社会万般ノ業務之レニ頼テ大ニ其歩ヲ進ムルハ、盖シ之ヲ事実ニ徴シテ明瞭ナリトス」と主張されたのである。[2] この出願に対して、内閣では井上勝鉄道局長官の意見により、一八八七（明治二〇）年三月大阪府知事へ指令を下し、知事は翌月これを発起人に通達した。井上長官の意見の一節をみると、「……然ルニ如此規模ノ大ナル線路ハ坂堺間小鉄道ノ如キモノト異ナリ、将来運輸上ノ便利ヲ謀リ必ス神戸大津間ノ幹線ト連絡スルヲ要スヘキヲ以テ、果シテ大坂ヨリ起線スルモノトスレハ梅田停車場或ハ其前後ニ於テ之ヲ連絡スルノ計画ヲ立サルヘカラス、且此線路中ニハ険山激流工ヲ施スニ当リ、其困難或ハ予想ノ外ニ出ル所アルモ亦知ル可ラス、前陳ノ次第ナルヲ以テ、此等規模ノ大ナル線路ヲ布設セント欲セハ一層其計画ヲ確定シ、力メテ半途ニ蹉跌セザルノ予防ヲ要スルコトト思考ス」[3] とある。要するに、より具体的な計画を定め、改めて出願すれば許可するということであった。府知事を経由して通達された条件等は、つぎのとおりである。[4]

商第一〇九三号

書面願之趣ハ、左ノ条項ニ応スルニ於テハ鉄道布設ヲ許可スヘク候条、線路区域ヲ定メ実地測量建築方法及ヒ会社諸規則等取調更ニ出願スヘシ

一、大阪若クハ大阪近傍官設線路ニ接続起工シ、大和国今井町ニ至リ夫ヨリ同国奈良紀州和歌山勢州四日市ニ至ルノ諸線ヲ尽ク布設スルモノトシ、相当ノ年限内ニ布設竣工ノ期ヲ定ムル事

二、前線諸線ヲ布設スル能ハスシテ今井町迄ニ止ルトキハ、左ノ二項ヲ予約スル事

一、政府若クハ一大会社ニ於テ今井町ヨリ奈良或ハ和歌山又ハ四日市等ノ線路布設着手ノ節ハ、大阪今井町間ノ線路ハ之ヲ政府ニ買上ケ又ハ他ノ会社ニ合併スルコトヲ阻拒スルヲ得ス

二、政府ニ買上ケ又ハ他ノ会社ニ合併ノ節、線路ノ価額等ヲ定ムルコト左ノ如シ

一、政府ニ買上ケ又ハ他ノ会社ニ合併ノ時マテ実際支払ヒタル軌道橋梁車輛地所建物其他諸物件代金及之カ為

メニ支消セシ諸費ヲ併セタル資本金額

二、右資本金ノ内払込ノ期ヨリ営業開始マテニ係ル高ニ対シ其間一ケ年百分ノ四ノ利子金額

三、営業開始後十年間内ニ買上ケ又ハ合社セシムルトキハ此年限満期マテ一ケ年純益ノ割合資金ニ対シ百分ノ四ヲ超過スルトキハ其超過額ヲ附与スヘシ

三、鉄道布設工事ノ方法ハ、総テ鉄道局所轄官設鉄道ニ準拠スル事

四、鉄道布設工事ハ会社自ラ経営スル事

五、特許請願ノ条件ハ、左ノ如ク修正スル事

第一条

官有ノ土地ニシテ鉄道線路ニ当リ或ハ必要ナル停車場倉庫建築ノ用ニ供スヘキ地所ハ無賃ニテ会社ニ貸付シ同社ノ用ニ供シ、又ハ取除クヘキ官有ノ家屋ハ政府ノ都合ニ因リ無賃ニテ貸付スルカ又ハ相当ノ代価ヲ以テ払下ケノ事

第二条

民有ノ土地家屋ニシテ鉄道線路ニ当リ或ハ必要ナル停車場倉庫建築ノ用ニ供スヘキモノハ、公用土地買上規則ニ拠リ政府ニ於テ買上ケ之ヲ会社ニ払下ケノ事

第三条

鉄道ニ属スル一切ノ土地ハ国税ヲ免除スル事

明治二十年四月十一日

大阪府知事建野郷三

会社設立発起人は、第3-5表のようである。一八八七（明治二〇）年四月、彼らは「鉄道竣工迄ハ其所持スル株券

ヲ売買シ或ハ正当ノ理由ナクシテ退社スル等ノ事ハ盟テ不致旨」(5)の契約を交わしている。同時に、発起人らは、岡橋治助を監督に、恒岡直史を委員長に、竹田忠作を副委員長に、そして浮田桂造・佐々木政行・土倉庄三郎・珠玖清左衛門の四名を委員に選出した。(6)

大阪鉄道の計画は、同時期に創立願書を提出した関西鉄道の計画路線と重複する部分が多かった。そこで、鉄道局長官の説諭によって、大阪鉄道は大阪・桜井間および北今市・奈良間を出願することとなり、一八八八(明治二一)年三月同区間の免許を得た。社長には農商務書記官最上五郎を招聘した。本社は西成郡灘波村に置かれ、資本金は一八〇万円であった。(7)

大阪鉄道の建設は、まず工事の容易な湊町・奈良間を行うことにし、湊町・梅田間はあとまわしとされた。一八八八(明治二一)年六月湊町を起点に、柏原に至る路線の建設を開始したが、技師長として工事の総指揮にあたったのは、貢進生出身で、アメリカで土木工学を専攻した工学博士平井晴二郎である。なお彼は、のちに官鉄に転じ、鉄道作業局長官、鉄道院副総裁などを歴任するが、それはともかく、大阪鉄道の場合、「人夫」二〇〇人を使役して工事が開始されたという。(8)その後一部路線の変更がみられたが、一八八九(明治二二)年五月に湊町・柏原間を開通させたのに続き、一八九三(明治二六)年五月にかけて順次奈良および桜井までの区間を開業し

**第3-5表　大阪鉄道発起人の性格**(1887年1月)

| 住所 | 氏名 | 備考 |
|---|---|---|
| 大阪市 | 岡橋治助 | 大地主，染地金巾卸商，第三十四銀行頭取 |
| 同 | 野田吉兵衛 | 芸倫商社社長 |
| 同 | 竹田忠作 | 第三十四銀行監査役 |
| 同 | 貴田孫治郎 | |
| 同 | 浮田桂造 | 五竜薬館主人 |
| 同 | 天野熊二郎 | |
| 住吉郡 | 佐々木政行 | 士族 |
| 同 | 井上治 | |
| 滋賀県 | 珠玖清左衛門 | |
| 同 | 弘世助三郎 | 帝国商船取締役，日本共同銀行取締役 |
| 大県郡 | 山荘逸作 | |
| 大和国 | 中尾重太郎 | |
| 同 | 土倉庄三郎 | 大阪材木監査役 |
| 同 | 恒岡直史 | 士族 |

(備考)　1　『大阪鉄道略歴』(前掲『明治期鉄道史資料』第2集(3)−Ⅰ)より作成。
2　職業については，前掲書等を参照。

た。この間、一八九〇（明治二三）年七月建設費予算不足のため、年利一割の社債二六万八五〇〇円を募集している。[9]また亀瀬・奈良間は、亀瀬隧道の完成が遅れたため、王寺・奈良間を先に開通させ、亀瀬・王寺間は一時人力車によって連絡をはかった。[10]開業以降の営業成績は、おおむね良好であり、一八九〇（明治二三）年度の配当率は三％、一八九一（明治二四）年度は五％、一八九二（明治二五）年度は六・六％と上昇を続けたのである。[11]

計画線のうち、第一期工事を完了した大阪鉄道は、ついで湊町・梅田間の第二期工事に取りかかることになるが、官設鉄道大阪駅との連絡にはかなり消極的であった。しばしば「梅田線接続解除願」「官線接続猶予願」を提出しているが、[12]以下の鉄道局長官意見より明らかなように、却下されてしまう。すなわち、会社の主張する「第一当初ノ設計ノ如ク西区ヲ通過スルトキハ市街ノ水害ヲ来ス恐レアル事」「第二西区ヲ通過スル鉄道ハ築港成ルノ後、殆ト無用ノ長物ニ属シ且大阪市ノ中央ヲ切断スルカ為メ不便ヲ増ス事」「第三天王寺ヨリ城東ヲ迂回スルトキハ大阪市ニ毫モ利害ナキ鉄道ナル事」との請願に対し、当局は一八九三（明治二六）年四月「聞届難キ旨」の回答を表明したのであった。[13]

第一ノ理由ハ築港工事ヲ起スト否トニ関セス且果シテ水害ノ虞アルヲ認知シタル以上ハ、政府ハ会社ニ命シテ之ヲ避ケシムヘキ道ナキニアラサルヲ以テ不可抗力ト同視スルヲ得ス

第二ノ理由ハ当初政府カ会社ニ布設ヲ許可シタルトキ大阪梅田停車場ヲ起点ト為サシメタルハ、一局部タル大阪市ノ利害ヨリモ寧ロ全国ノ交通上及国防上ノ必要ニ基キ彼我鉄道ノ連絡ヲ主眼ト為シタルモノナレハ、其連絡線ノ効用ハ築港成ルノ後ト雖、依然トシテ存在シ決シテ無用ノ長物タラス、而シテ新設ノ商港ニ通スヘキ線路ハ全ク別物ニシテ官設接続ノ目的外ニアルモノナリ、其他市街ノ中央ヲ切断スル不便ハ線路ノ方向如何ニ依ルモノナレハ之ヲ避クルノ道ナキニアラス、故ニ本項ノ理由モ亦不可抗力ト同視スルヲ得ス

第三ノ理由ハ本線ノ目的ハ一般ノ交通連絡ニアリテ、大阪市ノ利害而已ニアラサレハ前項ニ同シク是亦不可抗力ト同視スルヲ得ス

曲折をへて、大阪鉄道は、一八九三（明治二六）年七月線路変更願を申請し、同年八月二か年の期限をもって認可された。その路線は、つぎのとおりである。[14]

梅田官線接続線変更願

当会社鉄道梅田官線接続線之義大阪南区湊町ヨリ梅田近傍官設鉄道ヘ聯絡スヘキ線路変更ノ件、去ル明治廿二年三月廿七日付御認可ヲ得候処、同年七月土地収用法発布ニ会シ苦情湧起着手能ハサル勢ニ付、大和地方ヲ先ニシ之ヲ後段ニ譲リ罷在候、然ルニ爾後大阪市街及其接続町村ニ於ケル諸製造所頗ル増加シ、随テ人家モ亦稠密ニ帰シ且船舶ノ出入最多キ三大河ニ向ヒ之ヲ横断スルカ如キハ到底成功ヲ期ス可カラサル義ニ付、茲ニ天王寺茲ヨリ分岐シ東成郡玉造町大阪市東区大阪城東全郡都嶋村ヨリ淀河ヲ渡リ西成郡川崎村ヲ経大阪市北区天神橋四丁目ヲ横断シ、又西成郡北野村ヲ過キ梅田官線ニ聯絡スル線路ニ変更ノ上、速ニ工事着手仕候、就テハ工事期限弐年間延期御認可被成下度別紙図面二通及工事予算相添此段願上候也

大阪鉄道株式会社
社長田部　密㊞

明治廿六年七月四日

逓信大臣伯爵黒田清隆殿

城東線の敷設工事にあたっては、川崎村源八渡の近辺に鉄橋を架設する件等で、水利上問題があるのではないかと紛議が起こり、淀川沿岸一一郡の水利委員と接衝する一齣があったが、[15]一八九五（明治二八）年五月天王寺・玉造間、同年一〇月玉造・大阪間を開通させた。また同線路は、大阪砲兵工廠や歩兵第八聯隊の営舎地付近を通過していたため、軍事上の価値も大きく、やがて玉造・砲兵工廠間の専用線もつくられた。

資本金は、一八九一（明治二四）年一一月以来、一三〇万円であったが、一八九三（明治二六）年度に梅田線建設のため一〇〇万円を増資し、同時に未募集分の三〇万円を整理し、総額三〇〇万円となった。さらに、一八九五（明治

## 第3-6表　大阪鉄道の営業成績

| 年度 | 開業線路 | 取扱数量 旅客 | 取扱数量 貨物 | 運輸延マイル程 旅客 | 運輸延マイル程 貨物 | 収入 旅客 | 収入 貨物 | 収入 雑収入 | 収入 計 | 営業費 | 差引 | 建設費 |
|---|---|---|---|---|---|---|---|---|---|---|---|---|
| | マイル チェーン | 人 | トン | 人マイル | トンマイル | 円 | 円 | 円 | 円 | 円 | 円 | 円 |
| 1893 | 38 47 | 1,483,595 | 100,350 | 18,302,890 | 2,119,409 | | | | 268,151 | 81,392 | 186,759 | 2,078,559 |
| 94 | 38 47 | 1,601,985 | 129,897 | 18,919,380 | 2,774,366 | | | | 310,112 | 102,692 | 207,420 | 2,079,822 |
| 95 | 45 24 | 2,206,255 | 163,044 | 23,954,615 | 3,152,370 | 317,526 | 77,521 | 14,929 | 409,976 | 118,237 | 291,739 | 2,854,027 |
| 96 | 45 25 | 3,234,373 | 198,115 | 33,105,140 | 3,902,101 | 418,549 | 101,895 | 25,926 | 546,370 | 188,995 | 357,375 | 3,045,921 |
| 97 | 45 25 | 3,676,568 | 255,953 | 37,507,951 | 4,206,485 | 497,434 | 134,520 | 14,378 | 646,332 | 251,515 | 394,817 | 3,083,171 |
| 98 | 45 54 | 4,060,639 | 228,387 | 39,132,047 | 4,412,339 | 510,291 | 121,584 | 15,603 | 647,478 | 262,696 | 384,782 | 3,269,121 |
| 99 | 45 54 | 4,278,441 | 243,062 | 48,306,853 | 4,898,649 | 505,466 | 125,162 | 9,981 | 640,609 | 249,295 | 391,314 | 3,347,851 |

（備考）　前掲『日本国有鉄道百年史』第4巻，480頁。

二八）年度には奈良・南和両鉄道等との連絡に伴う業務拡張のため、四五万円を増資し、計三四五万円となった。一八九三（明治二六）年度以降一八九九（明治三二）年度までの同社の営業収入等は、第3-6表のとおりである。経営も、梅田線が開通した一八九五（明治二八）年度ごろから軌道にのり、建設費の一割以上の純益を出している。一八九九（明治三二）年度の純益は建設費の一割一分七厘で、上半期一割一分四厘、下半期一割一分二厘の配当をしたという。[16]
なお一八九二（明治二五）年末の職員は、社長以下三八七名であった。[17]

（1）『大阪鉄道略歴』（一九〇一年、前掲『明治期鉄道史資料』第2集(3)—Ⅰ）一—三頁。
（2）「鉄道会社設立并ニ鉄道敷設願」（『大阪鉄道会社設立願書并指令、大阪鉄道会社創立規約書』藤井寺市岡田泰典氏所蔵）。
（3）「大阪鉄道会社設立鉄道敷設出願ノ件」（鉄道院文書「大阪鉄道」）。
（4）「商第一〇九三号」（前掲『大阪鉄道会社設立願書并指令、大阪鉄道会社創立規約書』）。
（5）「御届」（同右）。
（6）「大阪鉄道会社創立規約書」（同右）。
（7）前掲『日本国有鉄道百年史』第二巻（一九七〇年）五二三—五二四頁。

（8）同右、五二五頁。
（9）前掲『大阪鉄道略歴』八―九頁。
（10）前掲『日本国有鉄道百年史』第二巻、五二七頁。
（11）同右、五三四頁。
（12）前掲『日本国有鉄道百年史』第四巻、四七六―四七八頁。
（13）「左案ノ通逓信大臣ニ具申相成可然哉」（前掲鉄道院文書）。
（14）「梅田官線接続線変更願」（同右）。
（15）大阪朝日新聞、一八九四年三月二〇日付。同四月一七日付。同四月一九日付。同四月二六日付。
（16）前掲『日本国有鉄道百年史』第四巻、四八〇―四八一頁。
（17）前掲『日本鉄道史』上篇、八一〇頁。

## 三　若干の展望
### ――関西鉄道の成立と大阪鉄道――

関西鉄道の成立過程は、かなりの曲折があった。すなわち、東海道線のルートは、かつて中山道案によって着工され、のち東海道案に変更されたため、名古屋と草津の間では街道としての東海道から離れてしまった。そこで、ルートから離れてしまった名古屋以西の東海道筋の地方は、滋賀県と三重県の強いあと押しで、私設鉄道＝関西鉄道を建設することになったのである。さきの大阪鉄道と建設区間の協定を余儀なくされるなど、曲折をへたが、一八八八（明治二一）年一月関西鉄道は草津・四日市および四日市・桑名間を申請し、同年三月に免許状が下付された。免許状には、将来同社が大阪鉄道の線路と連絡する場合には、同様に政府の買上げまたは他社との合併を拒否できない旨の条件が付された。関西鉄道の発起人は、第3-7表のとおりである。資本金は三〇〇万円、初代社長は前島密であった。

第3-7表　関西鉄道主要発起人の性格（1888年1月）

| 株数 | 住所 | 氏名 | 備考 |
|---|---|---|---|
| 1,000株 | 三重県 | 諸戸清六 | 多額納税者，大地主 |
| 500 | 東京府 | 井伊直憲 | 旧華族 |
| 390 | 三重県 | 船本龍之助 | |
| 330 | 滋賀県 | 阿部市郎兵衛 | 米穀・肥料商，大地主 |
| 300 | 同 | 塚本定右衛門 | |
| 300 | 同 | 山中利右衛門 | 呉服卸商 |
| 300 | 京都府 | 浜岡光哲 | 関西貿易社長，京都商工銀行取締役 |
| 300 | 同 | 三井三郎助 | 三井組 |
| 300 | 同 | 田中源太郎 | 京都株式取引所監査役，京都商工銀行頭取 |
| 300 | 神奈川県 | 平沼専蔵 | 横浜銀行頭取 |
| 300 | 三重県 | 三輪猶作 | 多額納税者 |
| 300 | 同 | 木村誓太郎 | 多額納税者，大地主 |
| 300 | 同 | 九鬼紋七 | 米穀・肥料商，油商，大地主 |
| 215 | 東京府 | 城多薫 | |
| 200 | 三重県 | 佐藤義一郎 | 金貸業 |

（備考）1「発起人住所氏名並各自引受株数」（鉄道院文書「関西鉄道」）より作成。
2 職業については，前掲書等を参照。

一八八九（明治二二）年一二月に、草津・三雲間を開通させたのを皮切りに、一年後には、四日市間までの二六哩二五鎖の全線営業を開始するに至った。中間駅の亀山駅開設に伴い、「亀山在住の伊藤勘治郎は鉄道建設当時、宿泊所・食堂を提供する等尽力したので、構内売店ならびに構内立売営業を会社から許可され、弁当・すし・その他の食品・雑貨類の販売を開始した」という。(1)

一八九一（明治二四）年一一月の津支線開通に伴い、旅客および貨物数量は次第に増加していくが、貨物制度はおおむね官設鉄道の例にならったようである。ただ、「運賃は四日市・大阪間の海上輸送の関係その他地方事情を考慮して、官設鉄道に比し貨物等級の引下げにより運賃を約3割低減し、また特約貸切車運賃の設定による運賃の低減を行なって出貨誘致に努力した」(2)ことは注目すべきであろう。一例として、一八九一（明治二四）年一〇月の貸切車扱の運賃低減等についての稟請書を掲げておく。(3)

貸切車扱貨物運送賃金減額等ノ義ニ付稟請

弊会社線ニ於テ運送スル荷物ノ主要ナルモノハ米穀石炭塩並砂糖等ノ粗雑ナル物品ニシテ、其運送方ヲ委託スルモノ遂次増加スルノ傾向ニ有之候得共、伊勢地方ヨリ大坂神戸等ヘノ運搬方ハ従来海路ニ依ルノ習慣ニ有之ノミナラズ、其運送賃ノ如キモ低廉ニ有之候ニ付、今此レ等ノモノヲ汽車便ニ依ラシメンニハ多少其賃金ヲ逓減セザルベカラズト存候間、今般左ノ物品ニ限リ腹書之通貸切車扱ニシテ会社線四十哩以上運送スルカ若クハ四十哩分ノ賃金ヲ支払フモノ、賃金ヲ逓減シ取扱仕度、又客年十二月九日附ヲ以テ禀請ノ上御認許相成候貸切車賃金改正ノ内、左ノ通割註増加仕度、然ルニ甚タ勝手ケ間敷候得共不日津駅開業ノ際ヨリ施行仕度候付、出格ノ御詮議ヲ以テ何卒早急御認可被成下度、此段併セテ禀請仕候也

明治廿四年廿月廿四日

関西鉄道会社長白石直治㊞

鉄道庁長官子爵井上勝殿

一、菜種　和酒樽入

会社線四十哩以上運送スルモノ若クハ四十哩未満ト雖トモ四十哩分ノ賃金ヲ支払フモノハ一噸一哩壱銭三厘ノ割合ニテ賃金ヲ受クベシ

一、塩、並陶器、石炭、木炭、煉化石、塩干魚（身欠鰊、鱈数ノ子、鯣、鮮節等）、繰綿、木綿生糸、木綿、金巾、並麻布、洋紙（新聞紙用）、海草、木材（一車ニ積ミ得ベキモノ但荒木脊板、桶木、スリツパノ類）

会社線四十哩以上運送スルモノ若クハ四十哩未満ト雖トモ四十哩分ノ賃金ヲ支払フモノハ一噸一哩壱銭五厘ノ割合ニテ賃金ヲ受クベシ

一、客年十二月九日附禀請改正貸切車賃金ノ内

第四十条通常貸切車賃第一項木材ノ註（一車ニ積ミ得ベキモノ）ヲ（一車ニ積ミ得ベキモノ但荒木脊板、桶木、スリツパノ類）

ところで、元来関西鉄道は名古屋と大阪を結ぶ鉄道建設を計画しており、前述の大阪鉄道との関係から、同区間の一

部の線路の免許を得ていたのである。しかし、最初の計画をあくまで持ち続け、明治三〇年代初期にかけて四日市・桑名間、名古屋および奈良に至る延長線を建設し、また他の鉄道会社を買収合併し、その事業を拡大していく。すなわち、関西鉄道は、一八九七（明治三〇）年一月、片町・四条畷間を全通させてまもない浪速鉄道と未開業の城河鉄道を買収したのに続き、やがて大阪鉄道へも触手を伸ばすのである。

一九〇〇（明治三三）年前後になって、大阪鉄道の周辺は競争線が相ついだが、その一つは、河南鉄道による大阪上本町への延長計画であり、もう一つは関西鉄道の大阪市内乗り入れ計画であった。大阪鉄道は、これらの計画に対し、再三反対請願を行ったが、曲折をへて、関西鉄道に買収されてしまう。すなわち、狭い地域に競争線が続出することを憂慮した政府は、まず大阪・河南両鉄道の合併を勧奨したが、大阪鉄道の提示した合併条件は河南鉄道に受け入れられず不成立に終わった。一方の関西鉄道についても、競争線申請を機に狭い地域における競争は相互の不利益になるとし、合併の話が内部からもちあがり、一九〇〇（明治三三）年三月の大阪鉄道大株主協議会で一八一名全員一致で合併を可決している。ただ、委員九名を選定し、関西鉄道と交渉したが、合併条件に関して両社の意見が一致せず、いったん破談となる。山陽鉄道社長松本重太郎が調停者となり、漸く合併成立にこぎつけたのである。[4]

一九〇〇（明治三三）年五月一五日、大阪・関西双方の臨時株主総会において合併契約がそれぞれ承認されたが、以下長文をいとわず、関西鉄道における議案説明を紹介しておこう。[5]

……盖シ大阪鉄道ハ諸君ノ知ラル、如ク奈良大阪両地間ニ於ケル我関西鉄道トノ併行線ニシテ競争線ニ外ナラズ、毎ニ損失ヲ見ツ、競争ヲ持続シ居ルモノナリ……又営業費ニ於テモ競争線タルガ為メニ其費ス所多ク、之ヲ要スルニ両鉄道ヲ合併シテ之ヲ一統ノ下ニ置クノ利益タルコハ誰人ガ見ルモ明カナル所ナリ、故ニ之ヲ合併シテ其競争ヲ避ケナバ利益ヲ増進シ営業費ヲ節減シ、進ンデハ交通機関ノ全能ヲ開達スルニ外ナラズ、是レ今日此合併ヲ必要トスルニ至リシ所以ナリ又利益ノ点ニ於テモ合併後直ニ目的通リノ収利アリト確信シ得ザルモ、将来ニ於テノ利益ハ固トニ期シ得ベキモノト信ジテ計画スル所ナリ、以フニ曩キニハ網島ナル停車場ガ荷物乗客ヲ吸集スルニ形勝ノ地理ニアラザルヲ以テ梅田及末吉橋ノ延長ヲ計画スルニ至リシモ、梅田線ニ於ケル工費八拾万円、末吉橋線ニ於ケル壱百万円ヲ投資シテ、果シテ今日大鉄ヲ合併スル底ノ利便アリヤト云フニ甚タ惑ナキ能ハズ、例ヘバ梅田ニ入ル、ノ工事上困難ナルハ勿論、ヨシ此困難ヲ排シテ梅田線ヲ竣成スルトスルモ優先ノ利益ヲ占ムル大鉄ニ匹敵シ得ベキ所ニアラズ、又末吉橋延長モ固ヨリ利益線タルモ相違ナケレドモ、請フ看ラレヨ大鉄ノ城東線ガ大坂市ノ周囲六分ヲ匝ダリ居リテ五六個以上ノ停車場ヲ占得スルモノニ対比シテハ、漸クニ湊町一個ノ停車場ニ匹敵スルニ過ギザルベシ、斯ク比較シ来レバ梅田、末吉橋ニ壱百八拾万円ノ巨資ヲ投シテ成工スルモ、大鉄全部合併ノ利益ヲ掌握スルニ比スレバ其交通上ニ於ケル公共ノ利益ト会社ノ収利上トハ同日ノ論ニアラズ、是レ合併ヲ必要トスル一ノ理由ナリ

連結輸送ニ就テモ我関西線ガ既ニ大阪ニ達シタル以上ハ西成、山陽、阪鶴、南海（南海ハ工事中）ニモ連絡ノ利便ヲ開クノ計画ヲ為サヽルベカラズ、然ルニ如何セン大鉄ハ桜宮、梅田間ニ於ケル僅々一哩間ノ優先権ヲ占領シ居ルガ故ニ、毎ニ此連絡輸送ノ目的ヲ達シ得ザルノ憾アリ、何トナレバ東ヨリスルモノハ大鉄ヲ敢ヘテ拒避スル所ナク之ニ応ズルモ、西ヨリ来ルモノハ奈良ニ於テ連絡スルヿヲ主張スルニ外ナラズ、然ルニ荷客ノ大部ハ東ヨリ来ルヨリモ西ヨリ来ルヲ多シトス、若シ奈良ニ於テ連絡スルトセバ其権利ハ片町ヨリスルニ劣ルヿ数倍、殊ニ一方ニハ官線ナル一大競争線ノアルアリ、其他大阪築港ノ如キモ其竣功ノ暁如何ト見ルニ遊覧ヲ目的トスル鉄道ハ論外、関西ノ如キ大鉄道ニアリテハ固ヨリ荷物ヲ主要ノ目的ニ置カザルベカラズ、然ルニ今日ノ儘ニシテ推シ行ンカ片町ニ於ケル荷物輸送上、既得ノ利益ヲ失フニ至ルアラントス、故ニ今日ヨリシテ大阪築港ニ連絡ヲ附スルノ計画ヲ予図スルハ尤モ其必要アリトス、蓋シ大鉄ト合併シテ今宮辺ノ如キ人家稠密ナラザル地方ヨリ連絡線ヲ計画スルト、網島ノ如キ大河ヲ渡リ殷賑ノ市井間ヲ貫クト其難易固ヨリ言ヲ俟タズ、是等ハ将来ノ事柄ニ属スレトモ予メ計画シ置カザレバ、イザ

ト云フ必須ノ場合ニ臨ンデ臍ヲ噬ムノ悔アランヿヲ恐ルノミ
以上概説スルノ如ク、此合併ハ洵ニ今日ノ必要トシテ計画スル所ナレバ現実ト将来ノ利益ヲ推究シテ通過アランヿヲ望ム

さて、合併条件は、「大阪鉄道株式会社所属鉄道一切ノ財産ヲ金七百五拾九万六千円ノ価格ト定メ、内六百万円ハ関西鉄道株式会社五拾円払込済株式拾弐万株、六拾参万円ハ同参拾五円払込株式壱万八千株、九拾六万六千円ハ現金ニテ交付スルノ契約ヲ以テ、之ヲ関西鉄道株式会社ニ譲受ケ、合併ノ上関西鉄道株式会社ノ延長線トナス事」[6]というものであった。株券および現金引替えの割合は、「㈠当会社（大阪鉄道—筆者注）旧株五拾円券（全額払込済）壱枚ニ対シ関西鉄道株式会社旧株五拾円券（全額払込済）弐枚と現金拾四円也、㈠当会社（同右注）参拾円払込済新株一枚ニ対シ関西鉄道株式会社参拾五円払込済新株弐枚ト現金拾四円也」[7]とされ、大阪鉄道に有利な条件であった。

かくて、関西鉄道は「大阪鉄道株式会社線路ト当会社線路ノ一部トハ相接近スルヲ以テ、之ヲ同一管理ノ下ニ置クハ交通機関ノ機能ヲ完全ナラシムルノ利便ヲ有スルノミナラズ、将来ノ利益増進上亦タ便利尠ラサルヲ確信シ大阪鉄道株式会社ノ全線路及附属財産一切ヲ譲受ケ、当会社ノ延長線ト為スコトニ協議相整上、株主臨時総会ニ於テ之ヲ可決シタルニ付」[8]、鉄道線路延長願を提出することになる。大阪鉄道の線路四五哩五四鎖を含む物件の譲渡を受け、ここに官鉄との競争線をつくり上げたといえようが、次節でふれるように、関西鉄道は国有化に至るまで、さらに積極的姿勢を展開していくのであった。宇田正氏は、同社の場合、「その歴史的性格を端的にいえば『商人的』積極経営であった」[9]と指摘されている。

周知のように、関西鉄道はサービスの改善には熱心であり、上等（一等）白、中等（二等）青、下等（三等）は赤と乗車券の地色に合わせて、客車の窓の下に等級を示す色帯を巻いたりして利用者にわかりやすくするなどのアイディア商法を示したが、一九〇二（明治三五）年から一九〇四（明治三七）年にかけて、二度にわたって官鉄との間で猛烈な客貨

の争奪戦を展開したことはあまりにも有名である。その発端は、関西鉄道が名阪間の運賃を官鉄より安く割り引いたのに官鉄が対抗してさらに値下げしたためであった。一回目の競争は両者の協定ができまもなくおさまったが、二回目のそれはまさに泥試合の感を呈した。すなわち、「名阪間は三等で片道一円七七銭だったところ、関西では片道一円一〇銭、往復では何と一円二〇銭とし、その上、この切符を買った客には弁当までつけるという過剰サービスぶりである。貨物についても値下げによる激しい荷主獲得の競争が行われた。こうした運賃ダンピングによる鉄道間の競争というのは、日本の鉄道の歴史でほとんど例をみないものだったが、荷主にとっても不安が多いとして仲裁が入り、結局、名阪間については旅客運賃は同額に、貨物の輸送量は折半にということで協定ができて、半年ほどでこの騒ぎはおさまった」[10]のである。

(1) 前掲『日本国有鉄道百年史』第二巻、五四四頁。
(2) 同右、五四五頁。
(3) 「貸切車扱貨物運送賃金減額等ノ義ニ付稟請」(鉄道院文書「関西鉄道」)。
(4) 前掲『日本国有鉄道百年史』第四巻、四八一頁。
(5) 「明治卅三年五月十五日臨時株主総会議事要領」(前掲鉄道院文書)。
(6) 同右。
(7) 「大阪鉄道株式会社臨時株主総会議案」(同右)。
(8) 「鉄道線路延長願」(同右)。
(9) 宇田正「国有化前夜の関西鉄道における経営姿勢の一展開――城河短絡新線計画に関する覚書――」(前掲『追手門経済論集』第一九巻第二号、一九八四年)一一一頁。
(10) 和久田康雄、前掲『日本の私鉄』、三八―三九頁。なお第一回目の競争のときには、運賃競争とならんで、関西鉄道では、「其間湊町奈良間納涼列車ヲ出発シ、旅客勧誘ノ結果稍々好況ヲ呈セリ」(「関西鉄道株式会社第二十八回報告」一九〇二年九月)という。

# 第二節　南海鉄道の成立過程

## 一　南海鉄道の成立と阪堺鉄道

### 1　紀泉鉄道の発起計画と阪堺鉄道

大阪・堺間を開通させた阪堺鉄道は、さらに南下して和歌山市への連絡を意図することになる。一八八九（明治二二）年三月、発起人総代松本重太郎らは阪堺鉄道堺停車場より和歌山県下紀ノ川北岸への鉄道敷設願を大阪府知事へ稟請している。そして、「自然農作物等ニ損害ヲ醸シ候節ハ私共ニ於テ相償ヒ可申候」[1]とした。

計画がより具体化した同年五月の松本重太郎・佐伯勢一郎・田中市兵衛ら四七名の発起による紀泉鉄道の目論見をみると、発起人の内訳は、大阪府在住者二九名、和歌山県在住者一八名で、「和歌山県下紀伊国名草郡紀ノ川北岸ヨリ大阪府下和泉国堺市ニ達スル里程凡ソ三拾六英里許ノ鉄道布設」を願い出たことがわかる。[2] 同社は、ほとんど阪堺鉄道とその系統を一にしていることが注目される。この計画は、いわば阪堺鉄道の延長線ともいうべきものであり、新会社の仮事務所は、阪堺鉄道会社構内に設けられた。これらの事情を反映して、紀泉鉄道は輸送の円滑化をはかるために、既設阪堺鉄道との間に連絡協定を講じようとしている。願書提出に先立つ、一八八九（明治二二）年二月一二日付の紀泉鉄道発起人と阪堺鉄道との約定事項をみると、「紀泉鉄道会社線路ハ泉州堺ヨリ紀州紀ノ川北岸迄トス」「紀泉鉄道会社線路ハ堺吾妻橋ニ於テ阪堺鉄道会社線路ト接続スル事」「紀泉鉄道会社鉄道線路ト接続ノ為メ阪堺鉄道会社堺吾妻橋停車場模様替ヘニ要スル費用ハ紀泉鉄道会社ノ負担トシ接続外ニ要スル費用ハ阪堺鉄道会社ノ自弁タルヘキ事」というのが、その大要であった。[3] かくて、阪堺鉄道の二呎九吋のゲージを三呎六吋に改築するなどを予定することになるが、詳細は、八項目にわたっている。項目のみを記すと、㈠土工改築ノ事、㈡「カルベルト」改造ノ事、㈢軌道ノ幅員ヲ広ケ三呎六吋トナス事、㈣大和川橋台ヲ高ムル事、㈤大和川及古川鉄橋架設ノ事、㈥停車場改造ノ事、㈦器関車(ママ)改造ノ事、㈧荷客車改造ノ事、これである。[4]

その後、一八八九（明治二二）年六月一二日付で紀泉鉄道は仮免状を受ける運びとなる。しかし、経営面の経済化および運輸の円滑化をはかるには、単に紀泉鉄道と阪堺鉄道との連絡協定によるだけでは十分でないとの認識から、早くも一歩進んで両社合併の方針が打ち出された。この合併話は、進行し、阪堺鉄道は、一八九〇（明治二三）年一月の臨時株主総会において合併の議を可決するほどであった。この点は、のちに再び錯綜することになるが、青木栄一氏は、「阪堺鉄道の開業をみて、岸和田・和歌山方面でも鉄道を望む声が大きくなり、阪堺鉄道自身も大いに関心をもったことは疑いない。しかし、阪堺側の立場から考えると、堺・和歌山間の収益率は、大阪・堺間よりは下まわるはずであり、むしろ和歌山方面の資金を含めて新会社をつくり、適当な時期に収益率の相対的に高い阪堺鉄道を有利な条件で、新会社に吸収させるという筋書が阪堺側の幹部にあったのではないか」[5] と推定されている。だが、第一回目の紀泉鉄道発起計画および阪堺鉄道との合併問題は、結局暗礁に乗り上げてしまう。たとえば、「紀泉鉄道にては阪堺鉄道株券額面百円を百五十円と見積り其割合にて合併すべしと申込み、阪堺鉄道は同金額を正金にて受取ることもあるべしと申出でたるより其間に一場の紛議を生じた」[6] と伝えられるのも、その一因である。こうした事態に直面した紀泉鉄道発起人は、一方で免状期限切迫に対応するため、一八九〇（明治二三）年二月五日付で、内閣総理大臣宛に「仮御免状期限御猶予之義ニ付請願」を提出せざるを得なかった。その一節をみると、「……命令中既成官設線ヘ聯絡方ニ付熟慮仕候ニ此際阪堺紀泉ノ両社ヲ合併シ、更ニ単純ノ一会社ト為シ連絡ノ計画ヲ立候方将来ノ運動上ニ於テ頗ル便利ヲ可得ト奉存候ニ依リ、右合併ノ義阪堺鉄道会社ヘ及協議同社ニ於テモ合併ノ大体ニ付テハ異論無之其細目ニ付未ダ協議決了ニ到ラサル中仮御免状期限切迫僅々屈指ノ余日ト相成候段焦心苦慮仕候」とある。(7) しかし、「内閣に於ては仮免状下附期限経過の延期は従来例のあらざる事なれば聞届くる事は出来難し」(8) ということで、紀泉鉄道の意図は認められなかった。ここに、紀泉鉄道の設立計画ならびに既設阪堺鉄道との合併話は、いったん中断を余儀なくされたのである。

こうした結末に終わったのは、表面的には、右に述べた事情によるものであろうが、その背景として、一つには紀泉鉄道発起人のうち、大阪と和歌山関係者の間に若干の意見のくい違いが生じてきたことが指摘されよう。すなわち、当時たまたま和歌山県下において空前の大洪水が起こり、和歌山県在住発起人の中にも損害を受けるものが少なくなかったのであり、加えて当時経済界の情勢は一変し、金融逼迫は次第にその深刻度を深め、一八九〇(明治二三)年ついにわが国最初の資本主義的恐慌が起こったという背景を見落してはならない。紀泉鉄道の設立計画ならびに阪堺鉄道との合併話は、まさにこの時期に遭遇する不運も重なり、とくに和歌山側の発起人・出資者の足並みが乱れたことが、右のような結末に終わらせた主要な要因であろう。後述するように、その実現は後日に持ち越されたのである。

## 2 紀泉・紀阪両鉄道の競願問題

曲折をへたが、紀泉鉄道の計画は、一八九三(明治二六)年に入ると、再興してくる。すなわち、当時の新聞が、「泉州の紀泉鉄道期成会にては、今回又亦有志者本田勝次郎氏を上京委員として運動せしむることゝしたり」(9) と報じているように、この年半ば以降、紀泉鉄道の再興計画ならびに競願の紀阪鉄道の設立計画が具体化し、錯綜することになる。以下、この間の動きをみよう。

当初、「紀泉鉄道の発起人中紀泉両地方何れも一派に立分れ、一方は夫の紀阪鉄道会社を設立せんとし、他の一方も亦阪堺鉄道会社との協議兎角折合兼ねる由にて、之に関せず紀泉鉄道株式会社を創設せん」[10]としたらしい。一八九三（明治二六）年六月一六日、大阪・泉州・和歌山地方の紀泉鉄道旧発起人会が開かれた。出席者は、松本重太郎、田中市兵衛、芝川又右衛門、西田永助、藤田鹿太郎、佐伯勢一郎（大阪）、鳥井駒吉、宅徳平、横山勝三郎（泉州）、渡辺鉄心、宮本吉右衛門、山崎九一郎、岡本善右衛門、原秀次郎（和歌山）および中川光実であり、外に和歌山から委任状を携帯してきた人が一二名いたという。種々協議の結果、次の諸点が決定した。[11]

一、紀泉鉄道敷設の復起を為す事
二、発起人中創立委員七名を選挙する事
三、創立委員中協議委員五名（阪堺鉄道会社の重役を除く）を選挙し、此委員は発起人を代表し阪堺鉄道線路と接続を為すか、又は両社合併の義該会社へ協議を遂ぐる事
四、発起人は可成増員せざるを望むと雖ども、発起人会に於て多数の承認を得たるものは之を加入せしむる事
五、発起人中去二十三年除名相成りたる諸氏にして再加入を望む時は、第四項の振合に拠らず加入を承諾すべき事、但し本項の加入は明治二十六年六月三十日迄に申込をなせしものに限る
六、発起人は創立委員の通知に依り創業費を出金すべき事
七、発起人より去二十三年以前に支払ひたる費金七千九百八拾四円五拾一銭八厘は当社創立本免状下付の上、此を創業費に組入れ出金者へ払戻す事、但し二十三年三月十七日創業費に係る決議は消滅するものとす
八、創立事務所を設くる事

前回の紀泉鉄道計画における発起人間の葛藤は、十分に解明できない面もあるが、それはともかく再興計画では、第二項の創立委員七名を選挙した結果、同日松本重太郎（大阪）、鳥井駒吉、横山勝三郎（泉州）、渡辺鉄心、宮本吉右衛門（和歌山）の五名が決定した。また第三項により、右の創立委員中から、さらに五名の協議委員を選挙し、横山勝

三郎（泉州）、渡辺鉄心、宮本吉右衛門（和歌山）の三名が当選した。両委員とも、他の二名は未定だった。未定の各委員は、一両日中に選挙することにし、早くも「阪堺鉄道会社に対し紀泉阪堺両鉄道線路の接続をなすか、若くは両社合併するかを協議」する方向を示した。(12)

右の協議事項は、その後さらに煮つめられていく。六月二六日、紀泉阪堺両鉄道会社協議員および阪堺鉄道の重役は、種々協議の末、両社合併の結論を出したが、当日の出席者は、渡辺鉄心、宮本吉右衛門、鳥居伊太郎、横山勝三郎、芝川又右衛門（紀泉鉄道協議員）、外山脩造、大塚磨、池田恒太、大西吾一郎、伊庭貞剛（阪堺鉄道協議員）、松本重太郎、佐伯勢一郎、鳥井駒吉、田中市兵衛、西田永助（阪堺鉄道重役）の一五名であった。(13) 両鉄道協議員間の合意事項は、阪堺鉄道臨時株主総会で承認され、一八九三（明治二六）年七月四日、両社はつぎの合併契約を締結する運びとなった。(14) そして、願書提出の手続についての打合せが行われたが、紀泉鉄道の敷設は、さきの仮免状下付をふまえての本免状申請という方向が模索されたようである。

契約書

今回阪堺鉄道株式会社ト紀泉鉄道株式会社創立発起人ト協議ヲ遂ケ、紀泉鉄道株式会社設立認可ノ上ハ両鉄道会社ヲ合併シ之ヲ単一会社トナスニ付、茲ニ双方ノ間ニ契約スル条件左ノ如シ

第一条　阪堺鉄道株式会社ト目下出願ノ紀泉鉄道株式会社ト合併スル事

第二条　第一条ノ合併ヲ為セシ上ハ社名ヲ南陽鉄道株式会社ト称スル

但此合併ハ紀泉鉄道本免状下附セラレタル上ハ直チニ其手続ヲナシ之ヲ実行スベシ

第三条　南陽鉄道株式会社ノ資本金ハ弐百五拾万円ト定メ壱株ヲ五拾円トシ総株数ヲ五万株トス

第四条　阪堺鉄道株式会社ノ株式五拾円券壱株ニ付南陽鉄道株式会社ノ株式五拾円券弐株ニ付ノ割合ヲ以テ之ヲ引換エル事

第五条　大阪ヨリ紀州紀ノ川北岸ニ至ル敷設費ヲ壱百五拾万円ト定メ内四拾万円即チ八千株ヲ阪堺鉄道株式会社ヘ分割スル事

但南陽鉄道株式会社分配ニ係リ如何ナル事情ヲ呈スルモ阪堺鉄道株式会社ヘ分割スヘキ金高ハ変更セサルモノトス

第六条　阪堺鉄道株式会社ノ株券ヲ南陽鉄道株式会社ノ株券ト引換ヘタルモノヲ旧株ト称シ新ニ募集スル株券ヲ新株ト称スヘシ、而シテ全線路落成迄ハ旧阪堺線路ヨリ生スル利益ハ之ヲ旧株ニ割当テ全線路開通営業ノ上新旧株金額ニ応シ同一ノ計算配当ヲ為ス事

右契約ノ証トシテ本書二通ヲ製シ双方記名調印ノ上各壱通ヲ蔵シ置クモノ也

明治廿六年七月四日

阪堺鉄道株式会社々長

松本重太郎

紀泉鉄道株式会社創立委員

大阪府下東区伏見町四丁目

芝川又右衛門

（以下「同」略）

同府同区平野町四丁目

松本重太郎

同府堺市甲斐町西二丁

鳥井駒吉

和歌山県下和歌山市畑屋敷西ノ町
鳥居伊太郎
同県同市新八百屋町
宮本吉右衛門
同県同市本町三丁目
渡辺　鉄心
大阪府下泉郡大津村
横山勝三郎

しかし、紀泉鉄道の設立計画と前後して、まさに競願ともいうべき、紀阪鉄道の発起計画が一方で具体化していた。同一方面に二線が目論まれたわけであるから、当然両社間は紛糾する。まず、その前史を一瞥しておこう。『佐々木政乂伝』等によると、第一回目の紀泉鉄道の発起計画と同じ一八八九（明治二二）年ごろ、政乂の主唱のもとに、やはり大阪・堺・泉州各地の実業家・資産家が発起して紀阪鉄道の計画・出願がみられ、紀泉側と相当軋轢があったことがわかる。当時佐々木政乂は、一方で紀泉鉄道の発起人として名を連ねながら、他方でほとんど同じ目論見の紀阪鉄道の主唱者となっていたが、この疑問に対し、伝記の著者の一人、宇田正氏はこう記している。すなわち、「思うにそれは、すでに阪堺鉄道を設立・経営し、さらにそれと結ばれるべき紀泉鉄道の計画に当って主導的立場をかためている大阪の松本重太郎・田中市兵衛、堺の鳥井駒吉ら阪堺間の有力財界人のスクラム（それら阪・堺資本の支配力の強さはいちはやく紀泉・阪堺両社合併交渉において表われた）によって、紀泉鉄道の建設・経営のなかで岸和田、和歌山などの地方的利害を代表する政乂らの主体性がうばわれることへの警戒が、あえてそうさせたのではあるまいか。……政乂は、岸和田や和歌山の近代的発展が大阪という大都市に結びつくことによって約束されることを充分認識しつつも、その手段としての鉄道を通じて泉州や和歌山地方がいたずらに大阪側の資本に従属し、収奪されることを懸念し、できるならば岸和田や和歌山の地元の主体性をつらぬけるような鉄道を構想した。それが政父主唱にかかる紀阪鉄道の計画・出願にほかならなかった。……万一紀泉鉄道が不許可となって結果的に泉州地方に私鉄を建設する機会が一時的にも遠のくことを避けるために、戦略として紀阪鉄道という比較の対案を立てて二段構えで臨んだと考えられる。そして、もし紀阪鉄道の方が許可されればそれに越したことはないが、万一紀泉鉄道の方に許可が与えられたとしても発起メンバーの一人として、大阪・堺側のイニシャティヴに対して地元岸和田の利害についての発言権は確保されている、という政父の肚ではなかったろうか[15]」と。ただ、やがて政父は紀阪側に大きく傾斜していったように思われる。

両社の競願は、双方の不利益を免かれず、一八八九（明治二二）年六月、大阪府当局者が調停に乗り出し、紀泉鉄道側から松本重太郎・鳥井駒吉、紀阪鉄道側から佐々木政乂・岡村平兵衛を招いて、知事・書記官立会のもとで両社合併の勧奨がなされた。さらに、このほか岸和田出身の日本鉄道会社社員柳原浩逸が間に立って、両社の対立解消に尽力する一齣もみられた。しかし、いずれも実らずに終わり、ついに双方の交渉委員が合議することになったが、合併を不可避としながらも、自己の権利に終始し、物別れとなった[16]。前述のとおり、やがて紀泉鉄道の計画が挫折し、この問題はいったん立ち消えとなったのである。

いささか紀泉・紀阪問題の前史についてみてきたが、第二ラウンドにおいて、紀阪鉄道発起人が願書提出に先立ち、大阪府知事に会社創立の件で陳情したのは、一八九三（明治二六）年六月下旬のことである。すなわち、発起人の東尾平太郎、橋本喜右衛門、高井幸三、豊田善右衛門（大阪）、川端三郎平、喜多羅守三郎（堺）、佐々木政乂、川井為己（岸和田）、垂井清右衛門、北島七兵衛（和歌山）らが沿線地域社会の住民の意向をふまえ、紀阪鉄道発起のやむを得ざる理由を述べるとともに、速かに其筋へ進達方を懇請したのである。当時の新聞は、「是は阪堺鉄道と交渉上行違へる事柄もあり」と報じている。[17]

ここに紀泉・紀阪両鉄道の競合関係は、いっそうエスカレートする。そこで、当時大隈伯爵家家従左納岩吉が岸和田出身ということから、彼と和歌山市長長屋嘉弥太は、両社の間に奔走し、とくに長屋市長は大阪府知事の内意を受けて、鉄道会議議員・元大阪市長田村太兵衛とともに双方の交渉委員に根回しを試みたという。[18] 早い時期には、たとえば「田村太兵衛氏より紀阪派の大株主岡橋治助氏を説かしめんとする」[19] 動きがあったらしい。しかし、交渉はまとまらず、双方とも委員会などを開き、一歩も譲らぬ姿勢をとった。一方で、堺鉄道敷設計画が取りざたされる中で、紀阪側も体制を固め、一八九三(明治二六)年八月の委員会では、つぎの三点を議題とすることを決めている。[20]

一、紀泉鉄道会社発起人との交渉不調に付、進んで政府へ請願し初志を達せん事を力むる事

二、従来各地に於て選挙せし委員十五名は、本社創立の事を一任し置きしも今後は改めて創立委員十五名を選挙し創立に係る一切の事を委任する事

三、創立委員の選挙区は左の如く定む

和歌山部五名、岸和田部五名、堺部五名

八月一四日に開かれた紀阪側の委員会には、大阪・泉州・和歌山から八五名が参集し、佐々木政乂が座長をつとめた。第一議題は、満場一致で通過し、第二議題は、かつて大阪・泉州・和歌山の三地方より各五名ずつ選出した創立委員一五名をそのまま転用することにしたうえ、さらに相談役五名を選出することが決まった。創立委員選挙区の件(第三議題)は、第二問題の決議により自然廃案となった。相談役に選ばれた五名は、東尾平太郎、高井幸三、橋本善右衛門、豊田善右衛門、亀岡徳太郎である。[21]

かくて、双方とも自説を固辞して譲らぬ状態が続いたため、願書進達方に困惑した大阪府は、ついに紀泉派の委員松本重太郎、田中市兵衛および紀阪派の委員佐々木政乂、岡橋治助の四名を府庁に招き、最終的に松方正義の私裁を

仰ぐべきことを勧奨した。いよいよ大詰を迎えたわけであるが、合併条件等をめぐって松方伯に裁定を委ねんとしたのは、かねて松本と松方が懇親関係にあったことにもよるのだろう。私裁の要点は、つぎのとおりである。(22)

仲裁裁判ヲ乞フノ書

目下創立発起中ノ紀泉鉄道株式会社ト同創立発起中ノ紀阪鉄道株式会社ト今回合併ノ契約ヲ締結スルニ付テハ、該契約中其意見ノ吻合セザル点ニ対シ閣下ノ仲裁々判ヲ乞フ其事項左ノ如シ

第一　左ノ線路中其一ヲ撰択スル事

和歌山市ヨリ大阪府下天王寺ニ達セントスルノ線路

和歌山市ヨリ大阪市湊町ニ達セントスルノ線路

第二　資本金総額弐百八拾万円ノ内壱百万円ヲ以テ阪堺鉄道株式引替ニ充テ四拾万円ヲ以テ阪堺鉄道株式会社株主ノ引受高トナスコトハ紀泉紀阪両社発起人ノ既ニ承認スル所ナルヲ以テ其残高壱百四拾万円ヲ紀阪紀泉両会社ニ分配スルノ割合ヲ決定スル事

右ノ二事項ニ対スル閣下ノ裁判ハ紀泉紀阪両会社発起人ニ於テ之ヲ承認シ毫モ異議ナキコトヲ誓ヒ、茲ニ紀阪紀泉両会社発起人ハ各総代トシテ委員ヲ選ヒ連署ノ上、謹テ閣下ノ仲裁々判ヲ相仰キ候也

但此裁判以外ノ事項ハ渾テ紀阪紀泉両会社発起人ニ於テ一会社員トシテ協議決定スベキコトハ是亦双方ノ承認スル所ニ候

明治廿六年九月　日

紀阪鉄道株式会社創立

委員総代　某

紀泉鉄道株式会社創立

委員総代　某

伯爵松方正義殿

なお、九月一六日付で創立発起中の両社は、合併契約を交わしており、右の私裁案は紀泉・紀阪両社発起人の承諾をへて行われた。ただ、その間双方とも発起人総会においてかなり曲折があったことは否めない。当時の新聞報道によると、松方伯への裁定依頼をめぐって、紀泉側では外山脩造が、「無条件を以て私裁を依頼するは可なれど線路及株券歩合の条件を附し、孰れかに判断を請ふと云ふ次第なれば伯に対して敬を欠くものなり」と反対した。紀阪側では、岡橋治助一派が条件付私裁案に難色を示した。すなわち、「……私裁依頼案を一見して悦ばず、其第二項に阪堺鉄道会社株主の負担すべき株券割当額の事を載せたり我々が最初紀阪鉄道を賛成せしは其線路を天王寺に取れるが故なり阪堺会社の事は与かり知らず」と。こうした内輪割れには、双方とも困惑したが、外山脩造は発起人から辞退することになり、岡橋治助も修正不可の成り行きに発起人取り消しを申し出、さらに同派は発起人総会をボイコットするほどであった。(23)

曲折はあったが、まず紀泉側は発起人総会においてさきの依頼書案を可決した。一方、一八日の紀阪側発起人総会には、発起人たることを取り消した岡橋治助は当然欠席し、同派の中で出席したのは、豊田善右衛門、亀岡徳太郎、竹尾治右衛門らであり、席上「松方伯に依頼せんとする私裁案文中阪堺鉄道に係る株券歩合云々の項は不都合なり」として、無条件説を主張した。賛成者があったため、いったん会議を中断し、紀泉側へこの意向を伝えに行く一場面もあったが、結局再開後の会議で採決の結果、「権利個数六十八に対する二十二の少数にて」、無条件説は消滅したのである。ここに、私裁案は案文通りとし、紀阪側は佐々木政乂、紀泉側は渡辺鉄心の名が連署されることになった。

そして、私裁依頼書には阪堺鉄道も同意の旨が付記された。(24) すなわち、この結果、紀泉鉄道創立発起人総代渡辺鉄心から阪堺鉄道社長松本重太郎への 請願にあるとおり、「自然過般貴社ト当社発起人トノ間ニ締結セシ契約中不得止幾分ノ変更相生シ候次第ニ候得共、所詮斯ノ如ク相願ハザレバ遂ニ鉄道敷設ノ素志ヲ達スル能ハザルノ懸念モ有之候」(25)とされたのである。若干の変更とは、紀ノ川北岸より和歌山市への線路延長のことであるが、阪堺鉄道臨時株主総会で異議なく可決された。また、さきに紀泉鉄道発起人を辞退した外山脩造を再びその発起人として勧誘しようとする阪堺重役陣の意向が承認された。こうして、紀泉・紀阪・阪堺三社の合意がなったのである。(26)

同時に、紀泉鉄道株式会社創立委員総代松本重太郎の名で、松方正義宛に長文の「仲裁裁判ヲ乞フノ理由書」が提出されたらしい。それは、紀泉・紀阪競願問題につき、紀泉側の立場を述べたものであり、要点は株金の歩合および線路の選択の二つに分かれる。第一は、一八八九(明治二二)年以来の経緯を綴っており、その一節をみると、「……紀阪会社創立発起人ノ如キハ政府ノ設計即客年帝国議会ヘ提出セラレタルモノヲ以テ仮用シ一哩一鎖ノ測量ヲモ要セズ、且紀泉阪堺両社ノ合議中ヲモ不顧府庁ヘ出願セシ如キノ挙動タル徳義上之ヲ何トカ云ハン、如此旧紀泉鉄道発起人ノ既ニ再応書面進達ニ可及計画ノ有之ハ熟知スルニモ不拘漫然遮テ出願ニ及ヒ其末府庁ノ示諭ニ依リ交渉談判ニ至リ、株券負担ノ割合ニ於テ同一ノ権利ヲ有スル旨ヲ主張スルカ如キ其理由ノ存スル所抑モ何ノ点ニアルカ之ヲ知ルニ苦シメリ……」とある。第二は線路決定の問題であり、「線路ノ利害得失ニ付、彼ノ主張スル所ハ大阪府下堺市ノ東部ヲ経テ同府下天王寺ニ達セントスルノ意見ニシテ其便捷ヲ挙ルト雖モ本社ノ見ル所ハ大ニ異ナリ、抑此鉄道ヲ敷設セントスルヤ営利ヲ本トス一私設会社ナレハ利益ノ存スル所ニ於テ最モ注意セザルベカラズ、故ニ其線路ノ如キモ既設阪堺鉄道株式会社ト合併シ天下茶屋停車場ノ北部ヨリ分岐シテ大阪市湊町ヘ達セントスルハ第一物貨集散ノ便ナルヲ以テナリ……」と主張する。(27)この松本重太郎の上申書は、一八九三(明治二六)年九月とあるだけで日時は明らかでないから断定できぬ面もあるが、ともかく紀泉側のペースで松方裁定による決着を期待したことが推察できよう。

一八九三(明治二六)年一〇月一二日、松方正義は「第一線路ノ撰択ハ和歌山市ヨリ大阪市湊町ニ達スル線路ヲ取ル可キ事」「第二資本金残高壱百四拾万円ノ分配ハ之ヲ折半シ双方各七拾万円ヲ引受クル事」との裁定を下したのである。(28)

### 3　両社合併による南海鉄道の生誕

松方正義の裁定に従い、紀泉・紀阪の両社は合併することになるが、以下、その後の動きを詳しくみていこう。紀泉派は、一八九三（明治二六）年一〇月一七日、紀阪派は同一〇月二〇日に発起人会を開き、それぞれ交渉委員を選出し、詰めの作業に入っていく。紀泉派の動きをみると、発起人会の出席者は四〇名、協議委員として松本重太郎、渡辺鉄心の二名を選出し、総額二八〇万円のうち、一〇〇万円は阪堺鉄道の買収費、四〇万円は鉄道会社株主の負担にあて、残額一四〇万円の折半額七〇万円はこれを三分し、大阪、和歌山、和泉（旧郡）の各発起人が平等に分かつことを決めている。(29)さらに、二八日には紀阪派発起人会における決議を受けて、松本重太郎、田中市兵衛（大阪）、渡辺鉄心、宮本吉右衛門（和歌山）、鳥井駒吉（堺）、横山勝三郎、宇野四一郎（泉州）の七名を創立委員に選出した。(30)

紀阪派の発起人会の出席者は六〇名、席上、交渉委員に佐々木政乂を選出した。紀泉派交渉委員の松本重太郎、渡辺鉄心と協議の結果、新会社の発起人を双方一一八名ずつとし、また前述のとおり、創立委員を各七名と決めたようである。紀阪派の創立委員には、佐々木政乂、寺田甚與茂（泉州）、垂井清右衛門、北島七兵衛（和歌山）、岡村平兵衛、川端三郎平（堺）、竹尾治右衛門（大阪）が選出された。(31)かくて、一〇月三〇日紀泉、紀阪両派の創立委員会を開き、つぎのような内容で合意に達し、合併契約を締結することを確認した。(32)

一、目下創立発起中の紀泉鉄道株式会社と紀阪鉄道株式会社と合併する事
一、両社合併の上は紀摂鉄道株式会社と改称する事
一、資本金額を弐百八拾万円とする事
一、線路は大阪市湊町より和歌山市までとする事
一、紀泉鉄道株式会社と阪堺鉄道株式会社と曽て契約せし条件は凡べて承諾する事

創立委員中より松本重太郎が委員長に、渡辺鉄心、佐々木政乂は常務委員に選出され、一一月四日出席者九十余名の下に発起人総会を開いた。紀泉、紀阪両派の旧創立事務所は解散し、新創立事務所を南区竹林寺内に設けている。そして、創立願書提出を急ぐために、創立委員が手分けして調印し、発起人代表という形で出願することにした。すなわち、「発起人総数は二百三十六名の多きに及び居れば此れに対して一々調印を取りに廻らんこと容易にあらず、随ふて多少の時日を要し出願上延引の恐れあり如何せんと謀りしに願書への調印は創立委員に一任し……」[33]と。新会社（紀摂鉄道）株の振分けは、さきの紀泉派発起人会の決議のとおりとされた。[34]

紀摂鉄道株割賦明細書

五万六千株　　総高

内

弐万株　　　阪堺鉄道株引換

八千株　　　阪堺鉄道会社へ引当

残弐万八千株

内

壱万四千株　　旧紀泉鉄道会社へ

壱万四千株　　旧紀阪鉄道会社へ

旧紀泉、紀阪両派の引受高は、こうである。すなわち、前者は、大阪引受高三一一一株、堺引受高一五五五株、泉州四郡引受高四六六七株、紀州一円引受高四六六七株、後者は、大阪引受高一八五五株、堺引受高三七四〇株、泉州一円引受高三七三九株、紀州一円引受高四六六六株であり、その発起人引受高等の詳細は、第3-8・9表のように目論まれたらしい。発起人引受高の実績をみると、紀泉派では総株数一万四〇〇〇株中八四・四%にあたる一万一八二

## 第3-8表　紀泉派発起人の引受高等（計１万4,000株）

| 大阪 | | 堺 | | 泉州 | | | | 紀州 | | | |
|---|---|---|---|---|---|---|---|---|---|---|---|
| 株<br>200 | 田中市兵衛 | 株<br>200 | 肥塚與八郎 | 株<br>200 | 横山勝三郎 | 80 | 種子嶋源一 | 株<br>200 | 渡辺鉄心 | 40 | 加藤杲 |
| 200 | 芝川又右衛門 | 200 | 鳥井駒吉 | 200 | 木谷七平 | 70 | 北村六右衛門総理代人<br>吉村杢三郎 | 200 | 宮本吉右衛門 | 40 | 丸山一枝 |
| 200 | 松本重太郎 | 200 | 宅徳平 | 200 | 広海惣太郎 | 70 | 原藤十郎 | 200 | 鳥居伊太郎 | 40 | 鳥居勇三 |
| 200 | 山口吉郎兵衛<br>代西田永助 | 150 | 大塚三郎平 | 200 | 宇野四一郎 | 63 | 中谷源之数計 | 200 | 山崎庄兵衛 | 40 | 上野惣助 |
| 200 | 藤田鹿太郎 | 150 | 土川茂平 | 200 | 金納源十郎 | 63 | 山川七左衛門 | 200 | 山崎九一郎 | 40 | 西村楠次郎 |
| 200 | 佐伯勢一郎 | 150 | 井谷安次郎 | 180 | 山田新五郎 | 63 | 矢田鉄之郎 | 200 | 岡本善右衛門 | 40 | 上野山源兵衛 |
| 200 | 広瀬宰平 | 150 | 大西五一郎 | 160 | 原文平 | 43 | 高橋與三郎 | 200 | 南方弥兵衛 | 40 | 宮本晋次郎 |
| 150 | 平瀬亀之輔 | 50 | 前川迪徳 | 160 | 村田清治郎 | 42 | 檀清七 | 200 | 湯川専右衛門 | 40 | 古田吉兵衛 |
| 150 | 井上保次郎 | 100 | 石崎喜兵衛 | 140 | 古藤保 | 40 | 原文五郎 | 200 | 名手由兵衛 | 40 | 内田銀右衛門 |
| 150 | 大塚磨 | 100 | 北田豊三郎 | 100 | 寺田利三郎 | 40 | 村田利一郎 | 200 | 大江秋濤 | 40 | 市川清平 |
| 150 | 西田永助 | 30 | 中川光実 | 100 | 南定 | 30 | 安田庠作 | 200 | 原秀次郎 | 40 | 垣内栄次郎 |
| 150 | 浮田田鶴 | | | 100 | 田中楠三郎 | 30 | 原精一郎 | 200 | 多屋寿平治 | 40 | 小倉儀助 |
| 150 | 池田恒太 | | | 100 | 中辰之助 | 25 | 小田善五郎 | 100 | 藤岡庄一郎 | 40 | 岡本善造 |
| 150 | 菅野元吉 | | | 100 | 川崎佐治右衛門 | 20 | 山田哲二郎 | 100 | 西岡弥四郎 | 40 | 尾崎泰次郎 |
| 50 | 香村文之助 | | | 100 | 種子嶋源兵衛 | 20 | 広海益十郎 | 100 | 滝野新次郎 | 40 | 楠本藤助 |
| 50 | 中川光実 | | | 100 | 川崎佐治郎 | 20 | 荻野留吉 | 60 | 中山甚吉 | 40 | 薗村紋右衛門 |
| 50 | 藤本清七 | | | 100 | 太田平次 | 11 | 増江勇 | 60 | 石橋八九郎 | 40 | 宮本弥助 |
| | | | | 90 | 小滝弥彦 | 10 | 岡部為吉 | 40 | 赤城友次郎 | 40 | 広田善八 |
| | | | | 90 | 反保市次郎 | 10 | 反保覚次郎 | 40 | 南方弥太郎 | 40 | 神前久三郎 |
| | | | | 90 | 白井治平 | 10 | 桝岡茂平 | 40 | 八木新助 | 40 | 池端藤之助 |
| | | | | 90 | 永橋友太郎 | 10 | 山田亀吉 | 40 | 中井新次郎 | 40 | 清水平右衛門 |
| | | | | 90 | 金納庄七 | 10 | 武田治郎平 | 40 | 巽啓蔵 | 40 | 谷口尚 |
| | | | | 80 | 荻野源之助 | 25 | 中川光実 | 40 | 久世広太郎 | 25 | 中川光実 |
| 2,600（発起株）(a) | | 1,480(発起株) | | 3,775（発起株） | | | | 3,965（発起株） | | | |

| | | | | |
|---|---|---|---|---|
| | 511（賛成株）<br>3,111（引受高）(b)<br>17名　(c) | 75（賛成株）<br>1,555（引受高）<br>11名（中川光実除く） | 892（賛成株）<br>4,667（引受高）<br>45名（中川光実除く） | 702（賛成株）<br>4,667（引受高）<br>45名（中川光実除く） |
| $\left(\frac{a}{b}\right)$ | 83.6% | 95.2% | 80.9% | 85.0% |
| $\left(\frac{a}{c}\right)$ | 153株 | 135株 | 84株 | 88株 |

（備考）　南海電気鉄道株式会社所蔵文書「紀摂鉄道株式会社創立ノ義ニ付願」「南海鉄道株式分配調書」より作成。

### 第3-9表　紀阪派発起人の引受高等　（計1万4,000株）

| 大阪 | | 堺 | | 泉州 | | 紀州 | | | |
|---|---|---|---|---|---|---|---|---|---|
| 株 | | 株 | | 株 | | 株 | | | |
| 171 | 泉清助 | 315 | 川端三郎平※ | 350 | 佐々木政乂※ | 50 | 川崎喜右衛門 | 50 | 三村栄吉 |
| 140 | 竹田忠作 | 157 | 泉谷九兵衛 | 175 | 寺田元吉※ | 50 | 島村安次郎 | 50 | 菊池萬造 |
| 140 | 竹尾治右衛門※ | 150 | 河盛勘次郎 | 105 | 岸村徳平 | 50 | 北嶋七兵衛※ | 50 | 島田久次郎 |
| 140 | 弘世助三郎 | 125 | 辻本安七※ | 105 | 寺田甚與茂※ | 50 | 高松徳右衛門 | 50 | 山垣次八郎 |
| 105 | 岡崎栄次郎 | 105 | 石田庄兵衛 | 105 | 川井為已※ | 50 | 竹中源助 | 50 | 山名六太夫 |
| 105 | 岡橋治助 | 105 | 泉谷徳蔵 | 105 | 南四郎左衛門※ | 50 | 広田伊助 | 50 | 角田宗兵衛 |
| 70 | 豊田善右衛門 | 105 | 岡村平兵衛※ | 70 | 黒川幸七 | 50 | 垣内善八 | 50 | 山名郁三郎 |
| 70 | 和田半兵衛 | 100 | 辻本和七※ | 70 | 桜井謹輔 | 50 | 垂井清右衛門※ | 50 | 明渡知瑜太郎 |
| 56 | 山口善五郎 | 100 | 喜多羅守三郎※ | 70 | 浦田甚十郎 | 50 | 関栄造 | 50 | 谷井勘蔵 |
| 56 | 永井仙助 | 70 | 大沢徳平 | 70 | 藤井吉平 | 50 | 竹中吉右衛門 | 50 | 郭喜四郎 |
| 56 | 村上喜兵衛 | 70 | 金田伊平 | 70 | 浜口喜七 | 50 | 山本友次郎 | 50 | 米崎幾太郎 |
| 56 | 天野熊二郎 | 70 | 森田喜市 | 70 | 左納権一※ | 50 | 森懋 | 50 | 上田金兵衛 |
| 39 | 宮崎弥三郎 | 52 | 石田庄七 | 52 | 城野久七郎 | 50 | 高橋貞 | | |
| 39 | 大谷善兵衛 | 52 | 中西藤兵衛 | 52 | 城野伊八郎 | 50 | 前嶋十次郎 | | |
| 39 | 高砂長兵衛 | 35 | 指吸千太郎 | 52 | 田代環 | 50 | 伊東小次郎 | | |
| 38 | 池田仁左衛門 | 35 | 前田長三郎 | 52 | 大槻與三郎 | 50 | 中谷忠八 | | |

| 大阪 | 堺 | 泉州 | 紀州 |
|---|---|---|---|
| 38 西原清次郎 | 35 藪本政次郎 | 52 宇野小七郎 | 50 市川文太郎 |
| 38 貴田孫次郎 | 35 平野常七 | 35 古藤清 | 50 岩出松右衛門 |
| 35 淡野権四郎 | 35 辻林欽逸郎 | 35 南源十郎 | 50 野口惟和 |
| 35 福田吉兵衛 | 28 大橋喜平次 | 35 里井元次郎※ | 50 川崎春吉 |
| 35 亀岡徳太郎 | 25 麻田徳平 | 35 番匠谷平吉 | 50 酒井武平 |
| 35 橋本善右衛門 | 25 八星徳兵衛 | 35 森井茂吉 | 50 吉村熊次郎 |
| 35 高井幸三 | 24 森伊助 | 35 信貴孫次郎 | 50 島村富次郎 |
| 74 加藤甚助 | 18 阪上佐平 | 35 木岡増吉 | 50 高井萬造 |
| | 18 北村弥七 | 35 本田勝次郎 | 50 前田義夫 |
| | 18 乾佐兵衛 | 35 阪口喜平次 | 50 田所平左衛門 |
| | 13 鳳宗七 | 35 宇野庄寿計 | 50 角田大次郎 |
| 1,645（発起株） (a) | 1,920（発起株） | 1,975（発起株） | 1,950（発起株） |
| 210（賛成株） | 1,820（賛成株） | 1,764（賛成株） | 2,716（賛成株） |
| 1,855（引受高） (b) | 3,740（引受高） | 3,739（引受高） | 4,666（引受高） |
| 24名 (c) | 27名 | 27名 | 39名 |
| $\left(\frac{a}{b}\right)$ 88.7% | 51.3% | 52.8% | 41.8% |
| $\left(\frac{a}{c}\right)$ 69株 | 71株 | 73株 | 50株 |

（備考） 同前。※ 印は，旧紀泉鉄道発起人にも名を連ねた人物。

〇株を一一八名で引き受けている。内訳は、大阪が三一一一株中八三・六%にあたる二六〇〇株、一人当り平均一五三株、堺が一五五五株中九五・二%にあたる一四八〇株、一人当り平均一三五株、泉州四郡が四六六七株中八〇・九%にあたる三七七五株、一人当り平均八四株、紀州一円が四六六七株中八五・〇%にあたる三九六五株、一人当り平均八八株となっている。他方、紀阪派発起人一一七名の引受高は、総株数一万四〇〇〇株中五三・五%にあたる七四九〇株であり、紀泉派とはかなりの懸隔がみられる。内訳は、大阪が一八五五株中八八・七%にあたる一六四五株、一人当り平均六九株、堺が三七四〇株中五一・三%にあたる一九二〇株、一人当り平均七一株、泉州一円が三七三九株中五二・八%にあたる一九七五株、一人当り平均七三株、紀州一円が四六六六株中四一・八%にあたる一九五〇株、一人当り平均五〇株である。とくに堺、泉州一円、紀州一円の発起人引受率が低いこととならんで、これら三地区における一人当り平均引受高の低さが目立つ。

前述のように、実際の新会社の発起人は旧紀泉派一一八名、旧紀阪派一一七名（一一六名？）の計二三五名（二三四名？）であったようだが、各派七名計一四名の主要人物（創立委員）がそれぞれの地盤を中心に取り纏めを行い、本人を含めると二一一名の委任を取りつけている。この人数は、発起人の約九〇%に達する。詳細は、第3-10〜12表のとおりである。これら諸表によると、紀泉派では、松本重太郎が七名、田中市兵衛が六名、各一〇〇〇株分、それぞれ大阪を中心に動いたことを確認できる。以下、鳥井駒吉は堺市を中心に七名、九五〇株、横山勝三郎は泉郡、大鳥郡を中心に一八名、一三六〇株、宇野四一郎は岸和田、泉南を中心に二五名、二二一〇株、そして渡辺鉄心と宮本吉右衛門の二人は和歌山市内を中心に、前者は二五名、一八九〇株、後者は一九名、一八六〇株の取り纏めを行ったようである。とくに、泉州、和歌山地方における代印が目立つ。紀阪派では、佐々木政乂が岸和田を中心に一五名、一二四一株、川端三郎平は堺市を中心に九名、九六三株、寺田甚與茂は岸和田を中心に一三名、九〇九株、竹尾治右衛門は大阪市内を中心に一七名、一三〇六株、また堺市内を中心に活動した岡村平兵衛は一三名、七〇七株、そして北島七兵衛は和歌山市内を中心に一九名、九五〇株、和歌山市内と県下郡部を取り纏めた垂井清右衛門は一八名、九〇〇株となっている。紀阪派の場合、各人の活動は比較的均等化されていたといえよう。紀阪派の七名は、旧紀泉鉄道の発起にも参加した人物であり、いわゆる「かけ持ち派」であった。なお紀泉派で阪堺時代からの支配人中川光実が

### 第3-10表　紀泉派発起人の代印状況

| 主要人物＝代印者 | 被代印者 |
| --- | --- |
| 松本重太郎ー（大阪市東区）阪堺鉄道社長，舶来物商，第百三十銀行頭取，衆議院議員（実業同志倶楽部） | 芝川又右衛門（大阪市，書籍商，大地主），菅野元吉（大阪市，大阪鉄道支配人），井上保次郎（大阪市，第三十銀行取締役），香村文之助（大阪市），藤本清七（大阪市），木谷七平（南郡，肥物商，第百三十銀行取締役） |
| 田中市兵衛ー（大阪市西区）阪堺鉄道重役，肥料商，第四十二銀行頭取，衆議院議員（国民同志倶楽部） | 西田永助（大阪市，山口吉郎兵衛の代理人），平瀬亀之輔（大阪市，日本火災保険社長，大阪貯蓄銀行取締役），大塚磨（大阪市，貸付業），西田永助（前出，第百四十八銀行支配人），浮田田鶴（西成郡） |
| 鳥井駒吉ー（堺市甲斐町）阪堺鉄道重役，清酒醸造 | 石崎喜兵衛（大阪市），宅徳平（堺市，清酒醸造，第五十二銀行支店支配人），土川茂平（堺市，阪堺鉄道株主），北田豊三郎（堺市），大西五一郎（堺市，大西銀行頭取），前川迪徳（奈良県） |
| 横山勝三郎ー（泉郡大津村）大地主，衆議院議員（弥生倶楽部） | 寺田利三郎（泉郡），小滝弥彦（泉郡），南定（泉郡），田中楠三郎（泉郡），高橋與三郎（泉郡），檀清七（泉郡），岡部為吉（泉郡），古藤保（大鳥郡，大地主），中谷源之数計（大鳥郡），山川七左衛門（大鳥郡），増江勇（大鳥郡），矢田鉄三郎（大鳥郡），吉村李三郎（大鳥郡，北村六右衛門総理代人），安田庠作（大鳥郡），小田善五郎（大鳥郡），山田新五郎（日根郡，阪堺鉄道株主），山田哲二郎（日根郡） |
| 宇野四一郎ー（南郡岸和田村）大地主 | 原文平（日根郡，大地主），反保市次郎（日根郡），中辰之助（日根郡），反保覚治郎（日根郡），原文五郎（日根郡），広瀬惣太郎（南郡，肥料米穀問屋，大地主），金納源十郎（南郡，第一煉瓦製造社長，酒造商），川崎佐治右衛門（南郡），村田佐治郎（南郡，大地主，岸和田銀行取締役），種子嶋源兵衛（南郡），荻野源之助（南郡），原藤十郎（南郡），白井治平（南郡），永橋友太郎（南郡），金納庄七（南郡），桝岡茂平（南郡），広瀬益十郎（南郡），種子嶋源一（南郡），山田亀吉（南郡），原精一郎（南郡），武田治郎平（南郡），荻野留吉（南郡），村田利一郎（南郡），川崎佐治郎（南郡） |
| 渡辺鉄心ー（和歌山市本町）銀行役員，和歌山紡績監査役 | 鳥居伊太郎（和歌山市，旧紀泉鉄道発起人），滝野新治郎（和歌山市），山崎庄兵衛（和歌山市，木綿呉服卸商），岡崎善右衛門（和歌山市，菓子商），鳥井勇三（和歌山市），西村楠次郎（和歌山市），上野山源兵衛（和歌山市），宮本晋次郎（和歌山市），小倉儀助（和歌山市），岡本善造（和歌山市），楠本藤助（和歌山市），清水平右衛門（和歌山市），池端藤之助（和歌山市），谷口尚（和歌山市），赤城友次郎(和歌山市)，南方弥太郎（和歌山市），中井新次郎（和歌山市），加藤杲（和歌山市），丸山一枝（和歌山市），関栄造（和歌山市），南方弥兵衛（和歌山市，旧紀泉鉄道発起人），宮本孫助（名草郡），薗村紋右 |

| | |
|---|---|
| | 衛門（名草郡），中山甚吉（名草郡） |
| 宮本吉右衛門—（和歌山市新八百町）第四十三銀行頭取，和歌山織布監査役 | 山崎九一郎（和歌山市，和歌山紡績取締役），上野惣助（和歌山市），古田吉兵衛（和歌山市），内田銀右衛門（和歌山市），市川清平（和歌山市），垣内栄治郎（和歌山市），尾崎泰次郎（和歌山市），広田善八（和歌山市），神前久三郎（和歌山市），巽啓蔵（和歌山市），久世広太郎（和歌山市），湯川専右衛門（名草郡，和歌山商業銀行頭取，紀伊銀行監査役），名手由兵衛（肥料商，大地主），藤岡庄一郎（海草郡），西岡弥四郎（海草郡），石橋八九郎（海草郡），大江秋濤（西牟婁郡，旧紀泉鉄道発起人），多屋寿平治（西牟婁郡，阪堺鉄道株主） |

（備考）1　同前。
2　職業等は，引受株125株以上の人物につき，前掲『日本全国商工人名録』，西藤二郎，前掲論文「諸指標でみる草創期の関西私鉄」，南海電気鉄道株式会社『南海電気鉄道百年史』等により補う。上記以外の主要人物では，山口吉郎兵衛（大阪市，山口銀行主，日本生命取締役），藤田鹿太郎（大阪市，藤田伝三郎の兄，藤田組），佐伯勢一郎（大阪市，大阪糸綿木綿取引所理事長，大阪紡績取締役），広瀬宰平（大阪市，住友家），池田恒太（大阪市，大阪電燈監査役），肥塚與八郎（堺市，清酒醸造），大塚三郎平（堺市，酒造商，大町精米所），井谷安治郎（堺市，阪堺鉄道株主），原秀次郎（西牟婁郡，清酒醸造）等が注目されよう。

### 第3-11表　紀阪派発起人の代印状況

| 主要人物＝代　印　者 | 被　　代　　印　　者 |
|---|---|
| 川端三郎平—（大鳥郡湊村）綿油商，地主 | 石田庄兵衛（大阪市），石田庄七（大阪市），森伊助（大阪市），泉谷徳蔵（堺市），河盛勘次郎（堺市，木綿商），中西藤兵衛（堺市），辻本安七（堺市，和洋紡績糸商），藪本政治郎（堺市） |
| 寺田甚與茂—（南郡岸和田町）清酒醸造，大地主，第五十一銀行重役，岸和田紡績社長 | 岡崎栄次郎（大阪市），黒川幸七（大阪市），古藤清（大鳥郡），城野伊八郎（日根郡），松井謹輔（日根郡），里井元次郎（日根郡），宇野小七郎（南郡），木岡増吉（南郡），浜口嘉七（南郡），本田勝次郎（南郡），寺田元吉（南郡，清酒醸造，会社重役），左納権一（南郡） |
| 竹尾治右衛門—（大阪市東区）呉服卸商，摂津紡績社長 | 竹田忠作（大阪市，第三十四銀行監査役，日本生命監査役），岡橋治助（大阪市），弘世助三郎（大阪市，日本生命取締役），泉清助（大阪市，日本生命取締役，日本共同銀行取締役），豊田善右衛門（大阪市），山口善五郎（大阪市），永井仙助（大阪市），宮崎弥三郎（大阪市），大谷善兵衛（大阪市），高砂長兵衛（大阪市），池田仁左衛門（大阪市），天野熊二郎（大阪市），貴田孫二郎（大阪市），亀岡徳太郎（大阪市），和田半兵衛（大阪市），加藤甚助（大阪市） |
| 佐々木政乂—（南郡岸和田村）岸和田紡績取締役，衆議院議員（大成会） | 淡野権四郎（大阪市），福田吉兵衛（大阪市），泉谷九兵衛（堺市，木綿商），大沢徳平（堺市），南源十郎（南郡），浦田甚十郎（南郡），田代環（南郡），大槻與三郎（南郡），信貴孫次郎（南郡），岸村徳平 |

| 主要人物＝代印者 | 被代印者 |
| --- | --- |
| | (南郡)，藤井吉平(南郡)，川井為己(南郡)，阪口喜平治(南郡)，宇野庄寿計(南郡) |
| 岡村平兵衛―(大鳥郡向井村) 丁字油屋 | 河盛勘次郎(堺市，木綿商)，指吸千太郎(堺市)，辻本和七(堺市)，金田伊兵衛(堺市)，前田長三郎(堺市)，阪上佐平(堺市)，大橋喜平治(堺市)，八星德兵衛(堺市)，森田喜市(堺市)，平野常七(堺市)，北村弥七(堺市)，乾佐兵衛(堺市) |
| 北島七兵衛―(和歌山市植松町) 綿ネル製造，ネル商 | 島村安治郎(和歌山市)，竹中源助(和歌山市)，垣内善八(和歌山市)，伊東小次郎(和歌山市)，中谷忠八(和歌山市)，市川文太郎(和歌山市)，岩出松右衛門(和歌山市)，川崎春吉(和歌山市)，酒井武兵衛(和歌山市)，吉村熊次郎(和歌山市)，島村富次郎(和歌山市)，田所平左衛門(和歌山市)，角田大次郎(和歌山市)，三村栄吉(和歌山市)，菊池萬造(和歌山市)，島田久次郎(和歌山市)，高垣次八郎(和歌山市)，米崎幾太郎(海草郡) |
| 垂井清右衛門―(和歌山市西旅籠町) 地主，質商 | 川崎喜右衛門(和歌山市)，高松德右衛門(和歌山市)，広田伊助(和歌山市)，竹中吉右衛門(和歌山市)，山本友次郎(和歌山市)，森懋(和歌山市)，高橋貞(和歌山市)，前島十次郎(和歌山市)，野口惟和(和歌山市)，高井萬造(和歌山市)，前田義夫(和歌山市)，山名六太夫(名草郡)，角田宇兵衛(名草郡)，山名郁三郎(名草郡)，明渡知瑜太郎(名草郡)，郭喜四郎(海草郡)，上田金兵衛(日高郡) |

(備考) 同前。河盛勘次郎は2か所に名前がみえるが，原資料のままとした。

各ブロックに名を連ね、合計一三〇株を引き受けていることは注目に値しよう。彼は、新会社でも支配人となり、やがて取締役に昇進する。同派は、いうまでもなく阪堺鉄道株主、旧紀泉鉄道発起人の参加が目立つ。

要するに、前掲第3-10・11表から明らかなように、新会社設立の主体は紀泉派＝旧阪堺系の松本重太郎、田中市兵衛らを中心とする大阪財界グループとみてよかろう。紀阪派を含め、綿関係商人、清酒醸造、肥料商、地主、会社重役等のウエイトが高いのが目立つ。職業については、一応引受株上位者のみを注記したため、和歌山地方の発起人の性格は表から十分確認できない面もあるが、やはり地主、綿紡・綿ネル商等の商業資本家、それに地方政治家が有力な役割を担っている。

さらに、出発点では両派に分かれていたものの、第一回衆議院議員選挙で横山勝三郎(紀泉派)と佐々木政乂(紀阪

**第3-12表　紀泉・紀阪両派の代印比較**

| 紀泉派 | | | 紀阪派 | | |
|---|---|---|---|---|---|
| 氏名 | 人数 | 株数 | 氏名 | 人数 | 株数 |
| | 人 | 株 | | 人 | 株 |
| 松本重太郎 | 7 ( 6.5) | 1,000 ( 9.7) | 川端三郎平 | 9 ( 8.7) | 963 (13.8) |
| 田中市兵衛 | 6 ( 5.6) | 1,000 ( 9.7) | 寺田甚與茂 | 13 (12.5) | 909 (13.0) |
| 鳥井駒吉 | 7 ( 6.5) | 950 ( 9.3) | 竹尾治右衛門 | 17 (16.3) | 1,306 (18.7) |
| 横山勝三郎 | 18 (16.8) | 1,360 (13.2) | 佐々木政乂 | 15 (14.4) | 1,241 (17.8) |
| 宇野四一郎 | 25 (23.4) | 2,210 (21.5) | 岡村平兵衛 | 13 (12.5) | 707 (10.1) |
| 渡辺鉄心 | 25 (23.4) | 1,890 (18.4) | 北島七兵衛 | 19 (18.3) | 950 (13.6) |
| 宮本吉右衛門 | 19 (17.8) | 1,860 (18.1) | 垂井清右衛門 | 18 (17.3) | 900 (12.9) |
| 計 | 107 | 10,270 | 計 | 104 | 6,976 |

（備考）1　前掲第3-8　11表より作成。
2　（　）内は，%を示す。紀阪派から紀泉派に転じたもの1名ありか。

派）が当選していることが注目される。当時の情勢から、代議士は自ら地主層を主体とする地元有力者が国政へ打って出る場合が多いが、鉄道会社の許認可や鉄道政策の決定にあたり、彼らの存在はかなり大きな意味をもったことと思われる。松本重太郎、田中市兵衛もまた衆議院議員の席を得ることになる。

一八九二（明治二五）年六月鉄道敷設法の制定公布に伴い、鉄道庁によって全国鉄道路線調査が本格的に着手されることになり、各地でいわゆる鉄道比較線問題が起こっている。当時「近畿線ノ内和歌山線」では、「高田和歌山間（八木和歌山間）、大阪和歌山間」のルートが比較線であり、地元の利害関係や政治的思惑も働いて激しい誘致運動が展開された。鉄道会議における結論は、大和ルートに落ち着いたが、大和ルートも官線としての建設は実現しなかった。[35] しかし、このとき二つの私鉄（紀和鉄道―大和ルートと紀摂鉄道―紀泉ルート）がそれぞれのルートで免許を得て着工の準備に取りかかっていたのである。紀泉ルートの方は、一八九三（明治二六）年一一月一三日、松本重太郎以下発起人一同が、改めて資本金二八〇万円の紀摂鉄道株式会社設立の出願（仮免状）をする運びとなる。[36]

紀摂鉄道株式会社創立ノ義ニ付願

私共ニ於テ今般私設鉄道条例ヲ遵奉シ、大阪府下大阪市南区湊町ヨリ和歌山県下紀伊国和歌山市ニ達スル鉄道ヲ敷設シ旅客貨物運輸ノ業ヲ開キ度発起仕リ候、就テハ御許可ヲ被リ候上ハ該線路中既設阪堺鉄道会社ト合併シ、同社線路ノ天下茶屋駅北部ヨリ分岐シテ新ニ大阪鉄道湊町駅ニ達スル線路ヲ敷設シ、以テ官設線聯絡ニ差支無之様可仕計画ニ御座候間、何卒右敷設ノ義御許可被成下度起業目論見書仮定款略図相添ヘ此段双方連署ヲ以テ奉願上候也

明治二十六年十一月十三日

松本重太郎
外二百三十二人(ママ)
阪堺鉄道株式会社社長
松本重太郎

逓信大臣伯爵黒田清隆殿

紀摂鉄道の創立関係事務を掌握していた中川光実は、この間免許を心待ちしながら、佐々木政乂への手紙の中で、政府当局者の動静に神経を使っている同社内の雰囲気を、こう伝えている。(37)

……過日来より仙石技師近畿線巡視之為メ来坂被致居候ニ付両三度面会致種々談話承候事ニ候、尤モ我紀摂線ハ已ニ調査完結致居当度別段調査ヲ要スベキ事モ無之トノ事ニテ全ク今回ハ無関係之趣御話承リ候都合故、其辺御安神(心)被成下度候、又近々松本長官関西鉄道ヲ巡視サレ候由伝承候ニ付自然来坂可致事も可在之と想像仕居候、其節ハ孰れ拝芝ヲ得候心得ニ付何か御報可申上筋モ御座候ハヽ、直ニ得貴意候……要スルニ目下事務所モ至テ閑暇ニ在之候間御懸念ナク御地ノ御運動第一奉禱候、余リ御疎潤故右不取敢得貴意候、草々頓首

やはり、代議士としての佐々木政乂の役割を再確認できよう。なお右の手紙にみえる仙石技師とは、高知県出身、東京帝国大学で土木学を修め、鉄道技術官僚として活躍した人物である。一八九三〈明治二六〉年三月鉄道会議議員、後年鉄道院総裁(一九一二〈大正元〉年)、鉄道大臣(一九二四〈大正一三〉年)、南満州鉄道株式会社総裁(一九二九〈昭和四〉年)を歴任する。同じく松本長官とは、当時鉄道庁長官の職にあった松本荘一郎である。播州の出身、維新後

早々に渡米留学して土木学を修め、東京府、開拓使庁、工部省、農商務省をへて鉄道土木の権威となり、一八九二(明治二五)年一〇月鉄道会議議員に任ぜられ、翌一八九三(明治二六)年三月「わが国鉄道の父」井上勝のあとを受けて第二代目の鉄道庁長官となった。のち一八九八(明治三一)年、帝国鉄道協会を結成して副会長となる。(38)

さて紀摂鉄道は、一八九四(明治二七)年七月三日鉄道会社発起認可ならびに鉄道敷設仮免状の下付を受けた。その後社名を南陽鉄道と改名し、さらに南海鉄道と改称し、一八九五(明治二八)年九月五日付で会社創立および鉄道敷設の儀につき申請書を逓信大臣に提出、翌一八九六(明治二九)年三月三日付で本免状を下付されたのである。ここに、同年五月の「全国鉄道線路調査表」において紀泉鉄道ルートによる大阪和歌山間は「南海線」として扱われ、「採択線」に組み込まれたのであった。

商法発布に伴い、一八九五(明治二八)年五月一〇日改めて紀摂鉄道創立委員総代渡辺鉄心、佐々木政乂と阪堺鉄道社長松本重太郎との間で、さきの(一八九三〈明治二六〉年七月四日付)契約を実行可能なように一部手直をした。それは、紀摂鉄道の株式募集と阪堺鉄道株主の関係ならびに阪堺鉄道への譲渡金問題についてであったが、他方、つぎの諸点を契約している。(39)

一、紀摂鉄道株式会社ハ其鉄道線路紀ノ川北岸迄落成開業セシ上ハ直ニ金百万円ヲ以テ阪堺鉄道株式会社ヲ譲受クベキ事

一、阪堺鉄道株式会社ハ其譲渡金壱百万円ヲ受取リタルトキハ同時ニ同会社一切ノ権利義務ヲ紀摂鉄道株式会社ニ引渡スヘキ事

一八九五(明治二八)年八月二五日の創業総会において、初代社長には松本重太郎、取締役には鳥井駒吉、佐伯勢一郎、肥塚與八郎、渡辺鉄心、佐々木政乂、川端三郎平、監査役には田中市兵衛、宇野四一郎、宮本吉右衛門の役員陣が決定した。以上、南海鉄道の生誕に至る過程は、随分と曲折があったが、新会社の首脳陣として旧紀阪派から佐々

**第3-13表　南海鉄道株主の地域分布**（1896年3月末）

| 株数 | 大阪 (a) | 和歌山 (b) | 東京 | その他 | 計 (c) | c/d | a/d | b/d |
|---|---|---|---|---|---|---|---|---|
| 株<br>1,000以上 | (6)<br>21,000 | | | | (6)<br>21,000 | %<br>(0.5)<br>37.5 | %<br>(0.5)<br>37.5 | % |
| 300 〃 | (9)<br>3,681 | (1)<br>600 | | | (10)<br>4,281 | (0.8)<br>7.6 | (0.7)<br>6.6 | (0.1)<br>1.1 |
| 100 〃 | (64)<br>9,748 | (20)<br>3,318 | (4)<br>775 | (3)<br>470 | (91)<br>14,311 | (7.3)<br>25.6 | (5.1)<br>17.4 | (1.6)<br>5.9 |
| 50 〃 | (52)<br>3,426 | (49)<br>2,728 | (4)<br>291 | (5)<br>313 | (110)<br>6,758 | (8.8)<br>12.1 | (4.2)<br>6.1 | (3.9)<br>4.9 |
| 25 〃 | (86)<br>2,949 | (35)<br>1,359 | (6)<br>189 | (5)<br>177 | (132)<br>4,674 | (10.6)<br>8.3 | (6.9)<br>5.3 | (2.8)<br>2.4 |
| 10 〃 | (205)<br>3,026 | (15)<br>254 | (1)<br>20 | (16)<br>258 | (237)<br>3,558 | (19.0)<br>6.4 | (16.4)<br>5.4 | (1.2)<br>0.5 |
| 2 〃 | (205)<br>816 | (83)<br>213 | | (3)<br>18 | (291)<br>1,047 | (23.3)<br>1.9 | (16.4)<br>1.5 | (6.7)<br>0.4 |
| 1 | (113)<br>113 | (258)<br>258 | | | (371)<br>371 | (29.7)<br>0.7 | (9.1)<br>0.2 | (20.7)<br>0.5 |
| 計(d) | (740)<br>44,759 | (461)<br>8,730 | (15)<br>1,275 | (32)<br>1,236 | (1,248)<br>56,000 | (—)<br>— | (59.3)<br>79.9 | (36.9)<br>15.6 |

（備考）1　「南海鉄道株式会社第1回報告書」より作成。
2　各地域の上段（　）は株主数，下段は株数を示す。構成比も同じ。
3　表中，1,000株以上の5名（外山脩造ほか各4,000株）は，追加的に引き受けたと思われるので，一応当初記載の各引受株と別個に試算した。

木、川端の二取締役と監査役の宮本の三名が名を連ねたに過ぎず、代わって佐伯、肥塚の二名が旧紀泉派から入ったことが注目されよう。宇田正氏は、こうした南海鉄道生誕後の状況に関連して、佐々木政乂は取締役として旧紀阪系で自分の息のかかった社員が、ややもすれば旧紀泉＝阪堺系の占める社内主流派によって疎外されがちな立場に置かれたため、旧紀阪系の第一人者として阪堺系の経営陣に対抗して社業を総括していったようであると指摘されている。(40)

## 4　南海鉄道による阪堺鉄道の合併

終わりに、南海鉄道による阪堺鉄道の合併問題等を一瞥しておく。これまでみてきたように、この問題は当初からの筋書きであったかもしれないし、また南海鉄道の生誕はやはり紀泉派＝旧阪堺系がイニシアティヴをとったことも確かであろう。

まず、南海鉄道の株主についてみると、「第一回報告書」に添付された株主数は、一二四八名にものぼる。(41) その地域分布等を表示したのが、第3-13表である。少数大株主の優位が指摘されよう。以下、同報告書によると、一〇〇〇株以上の株主は、松本重太郎（一〇〇〇株）のほか、外山脩造（四〇〇〇株）、宅徳平（四〇〇〇株）、大塚三郎平（四〇〇〇株）、木谷七平（四〇〇〇株）、池田恒太（四〇〇〇株）の六名であり、彼らの所有株数は総株数五万六〇〇〇株中、三七・五％に達している。反面、多数零細株主の存在が目立っており、一〇株未満の株主数は、総株主数一二四八名中五三・〇％、六六二名を数える。しかも、このうち三〇％弱は一株株主であることが注目される。地域分布では、会社設立の経緯から、当然のことながら沿線の大阪と和歌山在住者が圧倒的に多い。株主数では、大阪が七四〇名、五九・三％、和歌山が四六一名、三六・九％を占め、両府県で九六％強となっている。その持株数は、大阪が四万四七五九株、七九・九％、和歌山が八七三〇株、一五・六％で、合算すると九六％弱となる。両府県を比較すると、株主数、持株数とも大阪の方がかなり優位であることがわかるが、とくに和歌山は零細株主が多いといえよう。一株株主数は、総株主数の二〇・七％にも達しているのである。これは、大阪の場合にも共通するが、それぞれ創立委員等の勧奨による地域社会における一種の分担金的性格に近いものといえようか。ともあれ、一株五〇円、総株数五万六〇〇〇株、資本金二八〇万円でスタートした南海鉄道にとって、発起人を中心とする少数大株主の優位とならんで、一方で多数零細株主が存在するに至ったことは、当初株式募集にかなり苦慮したことを示唆しているとみてよかろう。前述のとおり、外山脩造以下の各四〇〇〇株は巻末に記載されているのであり、おそらく不足分の急遽払込を行ったものと思われる。ちなみに、旧紀泉、紀阪両派各創立委員の所有株数は、前掲松本重太郎一〇〇〇株のほか、田中市兵衛二五〇株、鳥井駒吉四〇〇株、横山勝三郎二〇〇株、宇野四一郎二〇〇株、渡辺鉄心二〇〇株、宮本吉右衛門二〇〇株（以上紀泉派）、川端三郎平三一五株、寺田甚與茂一〇五株、竹尾治右衛門一四〇株、佐々木政乂三五〇株、岡村平兵衛一〇五株、北島七兵衛一〇四株、垂井清右衛門一三三株（以上紀阪派）となっている。他方、南海鉄道生誕後、新たに経営陣に加わった佐伯勢一郎は三五五株、肥塚與八郎は七三〇株を所有している。いずれにせよ、前掲第3－8・9表との関連でいえば、新会社南海鉄道の株式募集に当っては、旧紀泉・紀阪両派とも賛成株の獲得等をめぐり、かなり錯綜し、発起人引受株も相当流動的にならざるを得なかったのであろう。なお追加的に各四〇〇〇株を応募したと思われる外山脩造ら五名は個人の資格で引き受けたかどうか明らかでない面もあり、前掲第3－13表は、それぞれ当初応募株と別個に試算しているが、当初記載の持株数は、外山脩造一七六株、宅徳平三二四株、木谷七平二七〇株、大塚三郎平二六四株、池田恒太二〇〇株である。さきに述べたように、外山脩造の動きには多少曲折した面もあったが、以上大口引受の五名は、いずれも紀泉派の連中であるから、この点からも新会社南海鉄道において同派が主導権を握ることになったと考えられよう。

ところで、南海鉄道は一八九六（明治二九）年三月設立免許を得たが、これに先立ち同年一月には全線路を三区に分かち、難波、佐野、和歌山の三か所に建設事務所を設置している。また同年一月「当社（南海鉄道—筆者注）線路ト紀和鉄道線路ト和歌山ニ於テ接続ノ協議ヲ遂ケタ」[42]ことも注目される。一八九七（明治三〇）年三月起工式を行い、同年一〇月一日堺・佐野間、同じく翌一一月には佐野・尾崎間の営業を開始した。開通時、わずか三輛であった蒸気機関車が七輛になり、一八九八（明治三一）年一〇月一日には阪堺鉄道を合併したことによって、さらに六輛が引き継がれ、これらは当時の花形機関車として大いに活躍し、人気を博したという。

なお南海と阪堺の合併の件は、一八九八（明治三一）年三月「其線路（南海鉄道—筆者注）紀ノ川北岸迄落成開業スルト否ニ拘ラズ、明治三十一年十月一日同会社一切ノ権利義務ヲ南海鉄道株式会社ニ引渡ス可キ事」等の追加契約がなされた。[43]阪堺鉄道の業績は、明治二〇年代後半で急上昇し、株価も一八九六（明治二九）年には五〇円株が二五〇円にまで騰貴したこともあった。だから、南海と阪堺の合併条件は阪堺側にきわめて有利なものとなり、阪堺株一株について、南海株二株半が阪堺鉄道の株主に交付され（阪堺資本金四〇万円に対し、交付額一〇〇万円）、多額の資金を必要とする改軌改築工事も南海鉄道の負担で行われたのである。いうまでもなく、合併により元阪堺鉄道の所属財産等は南海鉄道が譲り受けた。青木栄一氏の指摘されるように、「合併は正に阪堺鉄道主脳部の筋書通り行われたというべく、阪堺株主に大きな利益をもたらすとともに、その役員は新会社においても引続き要職を占めた」ということになる。(44) 初代社長の松本重太郎に続き、二代目の鳥井駒吉、三代目の田中市兵衛と、いずれも旧阪堺役員が南海鉄道社長に就任しているのである。

同じく、一八九八（明治三一）年三月の臨時株主総会では、「当社鉄道線路、基点ヲ難波駅ニ改メ、天下茶屋駅ヨリ湊町ニ達スル線路敷設ヲ廃シ、更ラニ天下茶屋駅ヨリ大阪鉄道天王寺駅ニ達スル線路ヲ敷設シテ官線ニ連絡スル事」「資本金ヲ壱百弐拾万円増加ノ事」が決議されている。(45) つまり、阪堺鉄道合併を契機に、資本金を四〇〇万円に増資し、さらに路線網の拡大を意図したのであった。

一八九八（明治三一）年一〇月、尾崎・紀ノ川間の工事竣工とともに、難波・堺間の線路も二呎九吋から三呎六吋に変更され、ここに待望の難波・和歌山間の直通運転が実現した。ついで、紀ノ川北岸にあった和歌山北口駅から和歌山市駅に達する本線延長は、紀ノ川鉄橋落成により、一九〇三（明治三六）年三月二一日に実現する。同時に、和歌山市駅と紀和鉄道連絡線も完成した。以上、難波・和歌山市間四二哩余の全通をみたわけであるが、当時の運転状況は、午前五時から午後九時までの間に、上下各一一本の普通列車と上下各一本の急行列車を配し、所要時間は普通列車が二時間半、急行列車が二時間であったという。なお当初の営業成績は、必ずしも順風満帆というわけではなかったが、これらの点は項を改めて述べることにしよう。

（1）「御願」（前掲「阪堺鉄道会社設立関係書類綴」）。
（2）「紀泉鉄道会社創立ノ儀ニ付請願」（鉄道院文書「奈良紀泉阪堺鉄道」）。
（3）「約定事項」（同右）。

(4) 「阪堺鉄道改築仕様書、改築ノ趣旨」(前掲「阪堺鉄道会社設立関係書類綴」)。
(5) 青木栄一「南海電気鉄道のあゆみ——その路線網の形成と地域開発——」(『鉄道ピクトリアル』No.三六七、一九七九年)七頁。
(6) 時事新報、一八九〇年二月一八日付。
(7) 「仮御免状期限御猶予之義ニ付請願」(前掲鉄道院文書)。
(8) 時事新報、一八九〇年三月一四日付。
(9) 泉大津市史編纂室『明治期新聞資料集』(『泉大津市史紀要』第六号、一九八一年)二八頁(大阪朝日新聞、一八九三年一月八日付)。
(10) 同右、三一頁(同右、一八九三年六月一六日付)。
(11) 同右、三一—三二頁(同右、一八九三年六月一八日付)。
(12) 同右。
(13) 同右、三二—三三頁(同右、一八九三年六月二八日付)。協議員の一人、伊庭貞剛は、光村利藻の後見人である(「阪堺鉄道株式会社第八回年報」一八九四年一月)。
(14) 「契約書」(松方家文書「紀泉鉄道株式会社創立経歴之概略」)。
(15) 宮本又次・藤田貞一郎・宇田正編『佐々木政乂伝』(一九七九年)二一四—二一五頁。
(16) 同右、二一五頁。
(17) 前掲『明治期新聞資料集』三三頁(大阪朝日新聞、一八九三年六月二八日付)。
(18) 南海鉄道株式会社『南海鉄道発達史』(一九三八年)六頁。
(19) 大阪朝日新聞、一八九三年八月二日付。
(20) 同右、一八九三年八月一〇日付。
(21) 同右、一八九三年八月一六日付。
(22) 「仲裁裁判ヲ乞フノ書」(前掲「紀泉鉄道株式会社創立経歴之概略」)。
(23) 大阪朝日新聞、一八九三年九月一九日付。
(24) 同右、一八九三年九月二〇日付。
(25) 「仲裁裁判ヲ乞フニ付御参照書」(前掲「紀泉鉄道株式会社創立経歴之概略」)。

(26) 大阪朝日新聞、一八九三年九月二一日付。
(27) 「仲裁裁判ヲ乞フノ理由書」(前掲「紀泉鉄道株式会社創立経歴之概略」)。
(28) 同右。
(29) 大阪朝日新聞、一八九三年一〇月一九日付。
(30) 同右。一八九三年一〇月二九日付。
(31) 前掲『明治期新聞資料集』三七頁(大阪朝日新聞、一八九三年一〇月二二日付)。
(32) 同右。(同右、一八九三年一〇月三一日付)。
(33) 大阪朝日新聞、一八九三年一一月五日付。
(34) 以下、南海電気鉄道株式会社所蔵文書「南海鉄道株式分配調書」。なお発起人の数は、その後やや流動的となる。
(35) この点の詳細は、和歌山県史編さん委員会『和歌山県史』近現代史料四(一九七八年)八六二頁以下を参照されたい。
(36) 『第四回鉄道会議議事速記録』第二号、一八九四年五月五日付。なお南海鉄道(改称)の本免許を諮詢した鉄道会議の資料では、発起人松本重太郎ほか二三三名となっている(『第七回鉄道会議議事速記録』第四号、一八九五年一二月一一日付)。
(37) 前掲『佐々木政乂伝』二一八頁。
(38) 同右、二一八—二一九頁。
(39) 南海電気鉄道株式会社『南海電気鉄道百年史』(一九八五年)六三八頁。
(40) 前掲『佐々木政乂伝』二三七頁。
(41) 「南海鉄道株式会社第一回報告書」(一八九六年三月)。
(42) 同右。
(43) 前掲『南海電気鉄道百年史』六三八—六三九頁。
(44) 青木栄一、前掲論文「南海電気鉄道のあゆみ——その路線網の形成と地域開発——」七頁。なお阪堺から南海への歩みが既定のコースという見方は、さきの鉄道会議における議論からも十分に察せられる(前掲『第七回鉄道会議議事速記録』第四号)。
(45) 前掲『堺市史』続編第五巻(前掲大阪府庁文書)八四五頁。

## 二　生誕期南海鉄道の技術者・労働者と経営概況等

### 1　南海鉄道の技術者と労働者

つぎに、生誕期南海鉄道の技術者・労働者等にも言及しておこう。まず鉄道敷設工事にあたり、顧問技術者として迎えられたのは、工学博士南清である。彼は、元山陽鉄道の技師長であったが、中上川彦次郎のあとを受けて、松本重太郎が山陽鉄道社長を歴任した関係から懇請に応じたものと思われる。その南が腹心の部下として連れて来たのが工学士遠藤藤吉であり、南海鉄道の創立願書に添付された「工事方法書」にも、主任技術者および顧問技術者として両者の名前がみえる。(1)

「履歴書」によると、遠藤藤吉は一八九三（明治二六）年東京帝国大学土木工学科を卒業後、播但鉄道へ技士として就職した。そして、翌一八九四（明治二七）年一二月同社を辞し、紀摂鉄道（＝南海鉄道）創立事務所技士に任ぜられ、まもなく建築課長となった。(2)社長の「令」をみると、つぎのとおりである。(3)

建築課長　遠藤藤吉

一当社鉄道建設中、左ノ事項ヲ委任ス
一建築課主管ノ職務ニ関シ課員ヲ出張又ハ在勤セシムル事
一臨時雇並ニ工夫ノ任免及給額増減ノ件
一工夫ノ配置及工夫人夫ノ業務時間ヲ定ムル事
一土地丈量並ニ土地買収ノ際地理ニ熟達セシモノヲ一時雇入ル事

右各項中濫用ノ件アリト本職ニ於テ認定スルトキハ、右委任事項挙テ取消スコトアルヘシ

南海鉄道株式会社

社長松本重太郎

明治廿八年十二月廿四日

同じく外部から招かれ、一八九九（明治三二）年七月に汽車課長となった人物に、技士井上安麿がいる。「履歴書」によると、一八六五（慶応元）年生まれの彼は、米国で教育を受け、同地の鉄工所で「各種汽罐汽機鉱山諸機械及水車等ノ設計製図及ヒ製作ノ業務ニ従事」したあと、帰国して農商務省商工局、鉄道庁新橋汽車課、御料局機械課長、御料局技師等をへて、一八九六（明治二九）年一一月阪鶴鉄道株式会社へ転じたことがわかる。ポストは、「一級技士ニ任シ月俸金百円」「汽車課長ヲ命ス」とある。そして、一八九九（明治三二）年七月南海鉄道へ入社することになるが、同時に阪鶴鉄道事務嘱託を兼ね、「毎火木土ノ三曜日ヲ除ク他日中繰合其嘱托（ママ）ニ応スヘシ」との許可を得た。南海でのポストは、阪鶴時代と同様で、「一級技士ニ任シ月俸金七拾円」「汽車課長ヲ命ス」とある。当然のことながら阪鶴鉄道から、嘱託料として「月俸五拾円給与」され、「其嘱托事務ニ付テハ当社（南海鉄道―筆者注）ハ別ニ手当等ヲ給セズ」ということであった。(4)

森川英正氏は、明治二〇年代になって、紡績会社をはじめ、鉄道会社でも技術者は官庁官業より転職し、その後、学卒の事務系社員が採用される――それもかなりの部分が官業から――というプロセスがあったことを指摘されているが、(5)右の井上安麿の場合も同様の事例であろう。南海鉄道創設前後の技術者等の採用状況を、もう少し詳しくみると、以下のようになる。

まず創業当初の職制は、中川光実支配人以下、庶務課、会計課、用度課、運輸課、汽車課、建築課の六課をおき、建築課はさらに建設掛と用地係に分かれていた。そして、鉄道敷設工事のため、難波・佐野・和歌山に建築事務所を設け、それぞれ本社詰用地掛員を在勤させたというが、(6)以後かなりの職制改正を行っている。たとえば、一八九八

### 第3-14表　生誕期の南海鉄道建築課採用状況

| 経歴 | 氏名 | 南海鉄道入社時の条件等 |
|---|---|---|
| 筑豊鉄道株式会社用地事務 | 歌田静逸(1866年生) | 日給30銭（1895. 11発議） |
| 兵庫県技手八級俸在職中 | 木村藤吾(1863年生) | 月俸24円（1896. 1発議）和歌山建設(ママ)事務所技士 |
| 筑豊鉄道株式会社技士月俸24円 | 木村耕三 | 月俸24円（同）和歌山保線事務所主任技士 |
| 当社旧技士在職中月俸20円 | 鈴木酉二 | （同） |
| 大阪市水道事務所技手月俸20円 | 村田惟一(30歳) | 月俸20円（同） |
| 山陽鉄道及ヒ入江組ニ従事シ月俸15円 | 阿座上精一 | 日給50銭（同） |
| 兵庫県技手月俸12円 | 高橋茂次郎(1869年生) | （同） |
| 和歌山県庁土木課雇月俸12円 | 吉田槌次郎(1869年生) | 日給40銭（同） |
| 昨年末迄北海道炭坑鉄道ニ在職月俸12円 | 伊藤慶太郎(1872年生) | 日給40銭（同） |
| 第四土木監督署在職日給40銭 | 深尾喜重(1873年生) | （同） |
| 日本鉄道株式会社保存係月俸20円 | 児島教真 | （同） |
| 鉄道局東海道線ニ従事其后石川組ニ入ル月俸45円 | 土屋房吉(1862年生) | 日給45銭（同） |
| 山陽鉄道株式会社木工日給50銭 | 森竹次郎 | 日給50銭（同） |
| 浪速鉄道株式会社書記在職中 | 島津義章 | 月俸23円（同）7級書記 |
| 日根郡佐野村在住（地価修正事務等） | 籠谷熊次郎(1871年生) | （1896. 2発議） |
| 愛知・兵庫・鳥取・大阪府の臨時土木係等 | 木村兼三郎 | 日給25銭（同）臨時筆耕事務，1896年本社用地係雇 |
| 東成郡天王寺収税署臨時雇等 | 久保田宗三郎 | 日給25銭（同）臨時筆耕事務，1896年本社用地係雇 |
| 奈良鉄道株式会社技士在職中月俸45円 | 谷流水 | 月俸50円（1896. 3発議）堺保線事務所主任技士 |
| 奈良鉄道株式会社書記在職中月俸20円 | 川端浅吉 | 月俸25円（同） |
| 奈良鉄道株式会社技士在職中月俸18円 | 井上直身 | 月俸20円（同） |
| 奈良鉄道株式会社技士在職中月俸15円 | 倉田富士吉 | 月俸17円（同） |
| 奈良鉄道株式会社雇日給28銭 | 大崎太郎 | 日給30銭（同） |
| 大阪市北区河内町在住 | 内山伊三郎 | 日給25銭(同)難波建築事務所用地関係1896.5現給にて本社雇 |
| 堺県巡査，山形県事務所等 | 平松菊麿(38歳) | 日給20銭（同）佐野建築事務所用地関係 |
| 兵庫県奉職月俸14円 | 三好貞次(1870年生) | 月俸15円（1896. 5発議） |
| 東成郡東平野町在住 | 友岡安太郎 | 日給35銭（1896. 6発議）本会社建設係 |
| 山陽鉄道株式会社技士月俸17円 | 大坪金二郎 | 月俸20円（1896. 9発議）電機技士 |

（備考）　南海電気鉄道株式会社所蔵文書「建築工務，採用昇給」より作成。

### 第3-15表 建築課員請持工区ならびに本社詰分担等（1896年）

本　社　詰

| | |
|---|---|
| 月　俸　50円 | 技士　島竹次郎 |
| 同　50円 | 建設係長　同　谷流水 |
| 同　35円 | 用地係長兼建設課主任書記　緒方芳太郎 |
| 同　23円 | 建設係兼用地係　同　島津義章 |
| 同　15円 | 用地係兼建設係　同　堀越元貞 |
| 同　12円 | 同　同　喜田竹郎二 |
| 日　給　50銭 | 「雇」森竹次郎 |
| 同　30銭 | 建設係兼用地係　同　上野惟郎 |

建設係整理部本社詰

| | |
|---|---|
| 月　俸　28円 | 整理部主任技士　戸川元吉 |
| 同　18円 | 兼　勤　技士　山本兵之助 |
| 同　18円 | 同　倉田富士吉 |
| 同　14円 | 同　阪本亀五郎 |
| 日　給　25銭 | 「臨時雇」中西彦太郎 |
| 同　40銭 | 「工　夫」永野政吉 |
| 同　28銭 | 同　加藤岩五郎 |

第壱区　自難波至堺停車場間六哩二拾鎖（難波在勤）

| | |
|---|---|
| 月　俸　18円 | 第壱区主任技士　山本兵之助 |
| 日　給　45銭 | 「雇」　土屋房吉 |
| 同　20銭 | 「臨時雇」庄野萬吉 |

第弐区　自堺市至南郡麻生郷村間拾壱哩（難波在勤）

| | |
|---|---|
| 月　俸　24円 | 第弐区主任技士　木村耕三 |
| 日　給　45銭 | 兼　勤　「雇」　土屋房吉 |
| 同　40銭 | 同　伊藤慶太郎 |
| 同　25銭 | 同　品川登一 |
| 同　35銭 | 「工夫」津島角太郎 |
| 同　25銭 | 同　山本芳太郎 |

第三区　自麻生郷村大字海塚村堺至日根郡下荘村大字山中新田間拾弐哩（佐野在勤）

| | |
|---|---|
| 月　俸　20円 | 第三区主任技士　村田惟一 |
| 日　給　50銭 | 「雇」　阿座上精一 |
| 同　40銭 | 同　高田紋次郎 |
| 同　30銭 | 同　大崎太朗 |
| 同　45銭 | 「工夫」　自神音五郎 |
| 同　25銭 | 同　大島菊太郎 |

第四区　自下荘村大字山中新田村場至和歌山県和歌山市間九哩（和歌山在勤）

| | | | |
|---|---|---|---|
| 月　俸 | 24円 | 第四区主任技士 | 木村藤吾 |
| 同 | 20円 | 技士 | 井上直美 |
| 日　給 | 25銭 | 「雇」 | 水谷完治 |
| 同 | 30銭 | 「臨時雇」 | 松浦友三郎 |
| 同 | 17銭 | 同 | 田中萬吉 |
| 同 | 40銭 | 「工夫」 | 阪上喜太郎 |

（備考）　同前，月俸等は，一部前掲第3－14表の数値と符合しない場合もあるが，原資料のままとした。

（明治三一）年一二月庶務課を廃して社長附書記とし、書記長一名書記以下若干名を置き、また一時期建築課を建設課と改めている。当時の従業員は支配人以下六〇〇人であったという。(7)

さて、一八九六（明治二九）年度中に採用したと思われる技士等の状況は、第3－14表のようである。この中には、若干名入社を確認できない者も含まれているが、筑豊鉄道、山陽鉄道、奈良鉄道等や官庁から招聘された人物が多いことが注目されよう。その他、表にはないが関西鉄道・阪鶴鉄道との間にも「工夫」や技士の交流があったことがうかがわれる。いずれも、さきの社長「令」にあるように、主として建築課長遠藤藤吉の権限により臨時雇を含め、人員の確保を行ったようであるが、やはりその背景に顧問技術者南清の尽力があったことはいうまでもなかろう。

前掲第3－14表は、生誕期南海鉄道の技術者・労働力の全貌を明らかにするものではないが、鉄道敷設工事開始にあたり、技士等の確保が何よりも重要な課題であったことを示唆している。表中には、前職と同様の待遇では南海の招聘に応じ難いとのことで、月俸の引上げを行った場合もみられる。その逆もあったらしいし、またのち他の鉄道会社、たとえば中越鉄道へ転じたものもいる。さらに表にはないが、尾崎建設事務所主任技士後藤房雄のように、一時阪鶴鉄道へ「貸渡し」がみられた場合もあるらしい。「臨時」から「雇」に昇進した事例も確認できる。同表には、各自の月俸・日給を表示してあるが、列挙しなかった建設事務所「小使」の場合は、日給一七銭である。(8)工事は四区に分けて行われたが、一八九六（明治二九）年四月発議の建築課員の請持工区および本社詰の事務分担等は、第3－15表のようである。新たに南海へ招聘された者を含め、各工区の人員配置、月俸・日給等がわかり、興味深い資料であろう。当然のことながら、本社に相当数の

**第3-16表　「工夫」等の解雇者一覧**（1898年12月）

| 勤務年月 | 日給金額 | 慰労金請求額 | 姓名 | |
|---|---|---|---|---|
| 2年 7月 | 37銭 | （ママ）11円40銭（30日分） | 「級外雇」 | S・Y |
| 2 6 | 27 | 8 10（30日分） | 同 | K・T |
| 1 6 | 24 | 4 80（20日分） | 同 | T・H |
| 1 3 | 28 | 1 96（7日分） | 「工　夫」 | Y・T |
| 2 11 | 40 | 8（20日分） | 同 | I・K |
| 8 | 28 | 1 40（5日分） | 同 | K・T |
| 1 6 | 28 | 1 96（7日分） | 同 | G・O |
| 2 2 | 37 | 5 55（15日分） | 同 | M・M |
| 4 2 | 62 | 18 60（30日分） | 同 | G・S |
| 2 8 | 33 | 4 95（15日分） | 同 | K・M |
| 1 6 | 58 | 5 80（10日分） | 同 | K・H |
| 1 1 | 31 | 4 65（15日分） | 同 | T・M |
| 2 3 | 47 | 7 5（15日分） | 「電信工夫」 | T・Y |
| 2 3 | 58 | 11 60（20日分） | 「大　工」 | S・M |
| 1 5 | 55 | 8 25（15日分） | 「級外雇」 | T・I |
| 2 6 | 27 | 4 5（15日分） | 「小　使」 | N・N |
| 1 9 | 64 | 12 80（20日分） | 「工　夫」 | E・K |
| 3 | 50 | 3 50（7日分） | 同 | I・H |
| 3 | 45 | 3 15（7日分） | 同 | Z・K |
| 3 | 40 | 2 80（7日分） | 同 | D・N |
| 3 | 50 | 3 50（7日分） | 「大　工」 | M・Y |

（備考）同前。

技士を配しているが、各工区は主任技士一名のほか、「雇」と「工夫」からなっている。

以下、その後の動きやその他の事情をもう少しみておこう。一八九六（明治二九）年七月には、「臨時雇」の庄野萬吉以下一〇名が「建築課雇」に、また永野政吉以下九名の「建築工夫」申付を発令している。現給のままの昇格もみられるが、大部分はこれによって、前者は日給平均五銭、後者は日給平均七銭弱の増給となった。以後、「級外雇」を含め、適宜増給の措置を講じている。(9)

難波・和歌山間開通に伴い、一八九八（明治三一）年一〇月堺以南も「踏切番人」を採用することになるが、この部門は女子労働力に負うところが大きかったようである。尾崎建設事務所主任技士の稟請書をみると、「線路工夫」の妻や父が採用されたことがうかがわれる。この職種の日給は、当時七銭であったが、「遠ク村落ヲ離レ山間ノ僻地ニ存在セル」『踏切番人』

の場合、「普通ノ給料ニテハ応募者無之候ニ付」、特別に日給一二銭とするよう現場の長主任が建築課長遠藤藤吉へ上申している。他方、難波保線事務所小林作五郎の稟請書によって、堺以南は列車運転度数が僅少であり、踏切合図の度数が堺以北と随分違うため、多忙な堺以北の踏切番女子労働者五名の日給を一〇銭に増給するよう上申していることも確認できる。なお堺以南の同職が各一銭引き上げられ、日給八銭ないし一三銭となるのは、一九〇〇（明治三三）年九月のことである。(10)

ところで、一八九八（明治三一）年一二月には鉄道建設工事を竣成、営業時代に入ったとして、「級外雇」および「工夫」の解雇が行われた。理由は、「技倆ノ適セサルト高級ナルモノ」ということであり、それぞれ日給の五日〜三〇日分の慰労金が支払われた（第3-16表）。表にはないが、この時「明治廿七年十一月当会社創業際九州鉄道会社ヨリ貰請ケ在職満四ケ年ニ渉リ、入社以来専ラ線路ノ測量ニ従事シ測量結了後ハ第一隧道其他ノ難工事ニ専心」していた「建築工夫」M・Sも解雇されている。「在職中ノ慰労トシテ日給三十日分、即チ金拾八円六拾銭」が支給されたようである。(11)こうした状況は、各地の鉄道建設の過程でもみられたことと思われるが、南海鉄道の建設工事に携った「工夫」等の勤続年数、日給、慰労金は、当時の状況を伝える数少ない資料でもある。

つぎに、従業員等の勤務状況を一瞥しておく。一八九六（明治二九）年六月の規則第二号によると、「当社宿直員ハ当分二名ヲ置ク、内一名ハ当日各課職員退社時刻ヨリ翌日日ノ出迄残ル一名ハ当日日没ヨリ翌日職員出勤定刻迄何レモ引続キ相勤ムヘキ事」とされたが、この規程は一年余で廃止となった。(12)また開業当初の列車運転回数は比較的少なかったので、従業員の勤務時間は四日間勤務して五日目公休というほとんど日勤者に近い勤務状態であったといわれるが、各駅員・乗務員の標準勤務方は、つぎのとおりである。(13)

一難波・堺間各駅は三日勤務して四日目公休、一日平均約一三時間半
一湊・和歌山市間各駅は四日勤務して五日目公休、一日平均約一三時間半

## 第3-17表　1900年上半期建築課所属堺保線分勤功表

| 給　額 | 勤功点 | 成績点 | 得　点 | 支給金額 | 職　名 | 氏　名 |
|---|---|---|---|---|---|---|
| 円 9.000 | 点 180 | 点 20 | 点 3,600 | 円 9.000 | 「建築工夫」 | T・T |
| 7.050 | 177 | 18 | 3,186 | 6.230 | 「線路工夫」 | S・Y |
| 4.950 | 177 | 18 | 3,186 | 4.380 | 同 | T・T |
| 4.500 | 180 | 18 | 3,240 | 4.050 | 同 | Y・B |
| 4.350 | 180 | 16 | 2,880 | 3.480 | 「小　使」 | R・A |
| 7.950 | 172 | 20 | 3,440 | 7.590 | 「線路工夫」 | K・N |
| 6.300 | 180 | 18 | 3,240 | 5.670 | 同 | M・Y |
| 5.850 | 149 | 14 | 2,086 | 3.380 | 同 | I・T |
| 4.200 | 136 | 14 | 1,904 | 2.220 | 同 | S・Y |
| 5.850 | 180 | 18 | 3,240 | 5.260 | 同 | T・N |
| 5.100 | 154 | 16 | 2,464 | 3.490 | 同 | I・N |
| 4.500 | 175 | 18 | 3,150 | 3.930 | 同 | T・K |
| 3.900 | 170 | 16 | 2,720 | 2.940 | 同 | A・N |
| 6.150 | 180 | 18 | 3,240 | 5.530 | 同 | S・K |
| 4.500 | 146 | 14 | 2,044 | 2.550 | 同 | K・M |
| 4.350 | 173 | 18 | 3,114 | 3.760 | 同 | D・N |
| 4.200 | 163 | 18 | 2,928 | 3.410 | 同 | S・N |
| 3.900 | 179 | 16 | 2,864 | 3.100 | 同 | U・I |
| 4.950 | 180 | 18 | 3,240 | 4.450 | 同 | Y・K |
| 4.650 | 178 | 18 | 3,204 | 4.130 | 同 | T・N |
| 4.200 | 147 | 14 | 2,058 | 2.400 | 同 | M・A |
| 4.200 | 172 | 16 | 2,752 | 3.210 | 同 | M・Y |
| 7.200 | 180 | 20 | 3,600 | 7.200 | 同 | Y・H |
| 5.850 | 170 | 16 | 2,720 | 4.420 | 同 | I・Y |
| 4.650 | 174 | 16 | 2,784 | 3.590 | 同 | Y・O |
| 4.500 | 177 | 18 | 3,186 | 3.980 | 同 | U・M |
| 4.500 | 177 | 18 | 3,186 | 3.980 | 同 | N・W |
| 4.200 | 176 | 16 | 2,816 | 3.280 | 同 | S・A |
| 5.250 | 178 | 16 | 2,848 | 4.150 | 同 | K・K |
| 4.650 | 179 | 18 | 3,222 | 4.160 | 同 | E・M |
| 3.900 | 174 | 16 | 2,784 | 3.010 | 同 | K・K |
| 5.850 | 180 | 18 | 3,240 | 5.260 | 同 | I・S |
| 4.950 | 179 | 18 | 3,222 | 4.430 | 同 | K・K |
| 4.500 | 180 | 18 | 3,240 | 4.050 | 同 | T・N |
| 4.350 | 177 | 18 | 3,186 | 3.840 | 同 | S・U |
| 3.900 | 178 | 16 | 2,848 | 3.080 | 同 | H・M |
| 4.350 | 180 | 18 | 3,240 | 3.910 | 同 | F・S |
| 2.000 | 175 | 18 | 3,150 | 1.750 | 「見　習」 | I・N |
| 2.000 | 33 | 18 | 594 | 330 | 同 | T・O |
| 2.000 | 39 | 16 | 624 | 390 | 同 | B・O |

| 給額 | 勤功点 | 成績点 | 得点 | 支給金額 | 職名 | 氏名 |
|---|---|---|---|---|---|---|
| 2.000 | 33 | 18 | 594 | 330 | 同 | S・O |
| 2.000 | 86 | 18 | 1,548 | 860 | 同 | T・E |
| 2.000 | 179 | 18 | 3,222 | 1.790 | 同 | Y・O |
| 2.000 | 115 | 18 | 2,070 | 1.150 | 同 | E・N |
| 2.000 | 59 | 18 | 1,062 | 590 | 同 | S・A |
| 2.000 | 92 | 18 | 1,656 | 920 | 同 | J・M |
| 2.000 | 91 | 18 | 1,638 | 910 | 同 | K・H |

（備考） 同前。

**第3-18表　1900年度上半期建築課雇勤功表**

| 摘要 | 人数 | 給額 | 支給金額 | 一人当リ平均支給額 |
|---|---|---|---|---|
| | 人 | 円 | 円 | 円 |
| 堺保線分　（1） | 47 | 207.200 | 165.520 | 3.52 |
| 和歌山保線分　（1） | 61 | 263.430 | 215.880 | 3.54 |
| 天王寺保線分 | 13 | 58.500 | 46.800 | 3.60 |
| 本社分 | 10 | 42.400 | 37.420 | 3.74 |
| 堺保線分（2）踏切番 | 9 | 13.350 | 9.730 | 1.08 |
| 和歌山保線分(2)踏切番 | 10 | 12.000 | 9.380 | 0.94 |
| 計 | 150 | 596.880 | 484.730 | 3.23 |

（備考） 同前。

一乗務員は二日勤務して三日目公休、一日平均一
　二時間

さらに、一八九九（明治三二）年度下半期の建築課所属「級外雇」賞与金（「線路工夫」等一四三名へ三七三円下付）のデータが残されているが、その算定の基礎は、成績点、勤功点、月給額からなっている。すなわち、「課雇ヲ三等ニ分ケ、一等ハ月給額ノ二分ノ一、二等三分ノ一、三等四分ノ一」とされており、「一等職員分担事務ニ従事スルモノ、二等工夫小使踏切番人、三等見習工夫」であった。そして、「満点ハ成績及勤功共各百二十点トシ、雇入一ケ月未満ハ除却ス、欠勤二日迄ハ一ケ月ニ付十九点、五日迄ハ十七点、六日以上ハ十五点トス、成績点ト勤功点ヲ加ヘ月給額ヲ乗シ之レヲ二百四十ニ合シタルモノヲ賞与金ノ得数ト定ム」とされたようである。(14)

翌一九〇〇（明治三三）年四月より、勤務点一八〇点、成績点二〇点に変更されたらしいが、一例として堺保線分の建築課雇勤功表を掲げておく（第3-17表）。詳細は今後の課題としなければならぬ面もあ

るが、満点勤務ではじめて日給額半年分の賞与金を得たことがわかる。すなわち、「建築工夫」T・Tの場合、半年間の給額九円というのは一か月一円五〇銭、日給五〇銭に基づくものらしい。この段階における成績点の算定基準はよくわからない面もあるが、勤務点の方は一か月三〇点計算で一八〇点満点、欠勤があれば一点ずつ差引かれたようである。成績点を含め、現実には満点勤務は非常に困難であり、表中わずか二名、それだけ賞与金は押さえられたということになろう。なお同年度上半期の建築課雇勤功状況は、第3-18表のとおりである。人員合計一五〇名、総支給額四八四円七三銭、一人当り平均支給額三円二三銭であり、とくに「踏切番人」の低さが目立つ。それに比べ、「建築工夫」「線路工夫」の方はかなり高くなっている。以上、不十分な面は否めないであろうが、ある程度建築課所属「級外雇」労働者の状況等を推察できたことと思われる。

## 2　南海鉄道の経営概況等

鉄道建設工事は、一八九七（明治三〇）年一月大阪土木株式会社ほかと請負契約を結んで進められたが[15]、つぎに生誕期南海鉄道の経営状況等を一瞥しよう。この点は、別の箇所でも述べるように、一八九七（明治三〇）年下半期の開業以来、必ずしも順風満帆というわけではなかった。第3-19表に示すように、営業開始当初五万七一九四円余の利益をあげ、四分強の配当を行っているが、一割配当に達するのは一九〇三（明治三六）年上半期のことであった。確かに上昇気流に乗ったものの、以後一進一退を続けている。

「南海鉄道株式会社第五回報告書」は、開業当初の様子を、「全線開通ノ暁ハ避暑探勝ノ旅客多カルヘク、又貨物ノ如モ荷主ニ於テ従来ノ慣例ヲ打破シ鉄道ノ利用スルノ便ヲ覚知スルニ到ラハ盖シ将来ノ業況最モ有望ナルベキヲ信ズ」[16]と展望している。そして、貨物輸送については、沿線各所に荷物取扱所を置き、割引方法を講ずるなど、前向きの姿勢をとり、収入を増加させていくのである。すなわち、難波・和歌山間の開通一週間後には、貨客の輸送の便に

## 第3-19表　南海鉄道の営業成績

| 年　度 | 営業収入 | 営業支出 | 益　金 | 前期繰越金 | 合　計 | 配当金 | 配当歩合 |
|---|---|---|---|---|---|---|---|
| | 円 | 円 | 円 | 円 | 円 | 円 | % |
| 1897 下 | 102,511 902 | 45,317 689 | 57,194 213 | | 57,194 213 | 48,720 00 | 4 強 |
| 98 上 | 100,565 223 | 52,836 784 | 47,728 439 | 1,331 495 | 49,059 934 | 42,600 00 | 3 |
| 98 下 | 259,349 914 | 109,230 431 | 150,119 483 | 459 934 | 150,579 417 | 107,360 00 | 6$^5$強 |
| 99 上 | 281,666 719 | 108,704 557 | 172,962 162 | 644 457 | 173,606 619 | 146,040 00 | 8$^5$強 |
| 99 下 | 280,284 769 | 119,452 971 | 160,831 798 | 6,066 619 | 166,898 417 | 144,880 00 | 8 |
| 1900 上 | 319,736 457 | 111,349 908 | 208,386 549 | 4,518 417 | 212,904 966 | 166,360 00 | 9 |
| 00 下 | 289,859 979 | 119,389 509 | 170,470 74 | 124 357 | 170,594 827 | 151,480 00 | 8 |
| 01 上 | 325,618 019 | 134,671 936 | 190,946 083 | 1,514 827 | 192,460 91 | 168,520 00 | 8$^5$強 |
| 01 下 | 301,914 877 | 133,964 752 | 167,950 125 | 3,440 91 | 171,391 035 | 152,840 00 | 7$^5$強 |
| 02 上 | 316,803 995 | 121,582 751 | 195,221 244 | 1,051 035 | 196,272 279 | 175,520 00 | 8$^5$強 |
| 02 下 | 327,018 604 | 125,107 607 | 201,910 997 | 1,252 279 | 203,163 276 | 182,680 00 | 8$^5$強 |
| 03 上 | 486,465 272 | 191,427 612 | 295,037 66 | 883 276 | 295,920 936 | 224,470 00 | 10 |
| 03 下 | 302,376 967 | 140,768 618 | 161,608 349 | 41,440 936 | 203,049 285 | 188,120 00 | 8 |
| 04 上 | 307,574 281 | 128,673 492 | 178,900 789 | 829 285 | 179,730 074 | 155,960 00 | 6$^5$強 |
| 04 下 | 330,300 98 | 150,056 563 | 180,244 417 | 6,270 074 | 186,514 491 | 167,520 00 | 7 |
| 05 上 | 403,345 797 | 148,276 765 | 255,069 032 | 1,394 491 | 256,463 523 | 203,760 00 | 8$^5$ |
| 05 下 | 383,249 324 | 164,494 695 | 218,754 629 | 28,403 523 | 247,158 152 | 210,920 00 | 8$^5$ |
| 06 上 | 456,998 12 | 177,966 617 | 279,031 503 | 14,738 152 | 293,769 655 | 228,220 00 | 9 |
| 06 下 | 425,735 032 | 194,262 01 | 231,473 022 | 38,049 655 | 269,522 677 | 243,580 00 | 9$^5$弱 |
| 07 上 | 550,697 023 | 222,432 214 | 328,264 809 | 2,442 677 | 330,707 486 | 270,660 00 | 10 |
| 07 下 | 581,585 937 | 280,465 121 | 301,120 816 | 27,547 486 | 328,668 302 | 278,980 00 | 10 |
| 08 上 | 631,787 95 | 308,703 236 | 323,084 714 | 19,188 302 | 342,273 016 | 289,660 00 | 10 |
| 08 下 | 517,934 08 | 277,111 315 | 240,822 765 | 20,113 016 | 260,935 781 | 235,800 00 | 8 |
| 09 上 | 629,089 827 | 267,728 184 | 361,361 643 | 1,035 781 | 362,397 424 | 299,480 00 | 10 |
| 09 下 | 538,297 89 | 250,237 724 | 288,060 166 | 26,817 424 | 314,877 59 | 265,040 00 | 8$^5$ |
| 10 上 | 678,057 492 | 284,232 848 | 393,824 644 | 20,837 59 | 414,662 234 | 271,704 00 | 8$^5$ |

| | | | | | | | | | | | | | |
|---|---|---|---|---|---|---|---|---|---|---|---|---|---|
| 10 下 | 619,551 | 029 | 316,175 | 385 | 303,375 | 644 | 103,558 | 234 | 406,933 | 878 | 271,704 | 00 | 8.5 |
| 11 上 | 770,591 | 724 | 346,604 | 239 | 423,987 | 485 | 104,829 | 878 | 528,817 | 363 | 274,764 | 00 | 8.5 |

（備考）　前掲『南海鉄道発達史』118頁折込より抜粋。ただし、一部訂正。

供するため、とくに起終点の荷扱所に対し、力を入れるよう「告知書」を出している。[17]和歌山の特産「綿ネル」も南海鉄道で大阪へ搬出されるようになった。また特産の蜜柑も同様であり、たとえば那賀郡川原村では、「京阪地方へ輸出するものは何れも粉河町まで荷車にて運搬し来り、夫れより川船に積み込み紀ノ川を下り南海鉄道北口駅より目的地へ積み出す」[18]ことになったという。

その後、一九〇〇（明治三三）年一一月二三日付の新聞には、和歌山北口駅における各荷扱所を合併して、資本金五万円の南海運輸貨物取扱所を設け、本店を和歌山市と大阪難波の二か所に設置したことが報ぜられた。[19]同じ月に、和歌浦荷扱所を和歌山北口駅構内に移転させ、和歌山荷扱所と改称している。[20]同年末の新聞報道によると、後述の高野鉄道開通の影響により住吉・堺駅の乗客人員は前年に比べ、一〇〇〇～二〇〇〇人減少したが、貨物はかなり増加した。「従来海運に依りし紀州蜜柑を吸集せし為なるべし」という。[21]その他、一九〇一（明治三四）年三月には、従来鮮魚などの輸送を扱っていた南海運送会社に対し、「加太、和歌山両地より出づる鮮魚を始め市内の同品を一手に取扱はん」とした直扱店なるものが出現して競争が激化したという。[22]

また、南海鉄道の開通が海運に与えた影響も大きいものがあった。大阪商船の場合、紀阪間は約五時間を要したが、鉄道だと二時間ばかりであり、このため乗客貨客ともとみに減少している。商船では、紀州汽船などと協議のうえ、運賃値下げ、乗客への食事のサービスなどをして対抗した。[23]一方、南海鉄道関係者は、紀阿航路、つまり小松島・和歌浦両港間を就船させ、対岸四国の旅客・貨物を南海鉄道を経由して大阪へ運ぼうとする計画をたて、一九〇〇（明治三三）年二月、南海汽船商社を創設した。もっとも、風波などのための欠航も多く、累積七万円余の赤字を出

第3-20表　各社の鉄道収入旬報（1900年 6月下旬）

| 名　　称 | 客車収入 | 貨車収入 | 収入合計 | 一日一哩 | 前年比較 |
|---|---|---|---|---|---|
| | 円 | 円 | 円 | 円 | 円 |
| 阪　　鶴 | 7,323 | 3,829 | 11,152 | 16.302 | — |
| 京　　都 | 2,657 | 549 | 3,206 | 14.413 | — |
| 関　　西 | 29,407 | 12,941 | 42,348 | 21.870 | 増　1,220 |
| 奈　　良 | 5,495 | 1,006 | 6,501 | 17.020 | — |
| 南　　和 | 1,537 | 558 | 2,095 | 12.517 | — |
| 山　　陽 | 56,359 | 14,827 | 71,186 | 25.418 | 増　4,887 |
| 参　　宮 | 4,348 | 612 | 4,960 | 18.374 | 減　9,842 |
| 中　　国 | 2,273 | 1,237 | 3,510 | 10.310 | 増　1,020 |
| 南　　海 | 11,213 | 1,213 | 12,426 | 31.905 | 増　2,297 |

（備考）　泉大津市史編纂室『明治期新聞資料集』（『泉大津市史紀要』第 6 号）75—76頁（『大阪朝日新聞』1900年 7月 8日付）。ただし，合計は一部訂正。

して三月一五日限りで廃航された。[24]

一般に、鉄道建設工事は予定どおり進捗しない場合が多いが、一九〇〇（明治三三）年一月に着手した南海天王寺線の場合も例外ではなく、「霖雨連日又タ工事受請者ノ使役スル人夫罷業等種々ノ障碍」[25]に悩まされたようである。それはともかく、同年六月下旬の鉄道収入旬報をみると、第3－20表のようであり、総収入で南海は第三位にランクされている。一日一哩当りの収入では、断然トップである。ただし、この点は運賃の問題とも関係があろう。つまり、一九〇一（明治三四）年度下半期の営業報告が、「乗客人員ガ減少シタルニモ不拘収入金ノ増加シタル所以ハ昨年五月ヨリ旅客賃金率ノ改正ヲ実行シタル結果ナリ」[26]と記していることからも首肯できよう。なお、この前後紀和鉄道とは連絡切符を発売するとともに、関西・河南・南和・奈良・参宮の五社と相互連帯運輸を開始しているのである。[27]

一九〇二（明治三五）年上半期は、コレラ病が各地に発生し、汽車検疫執行のやむなきに至り、打撃を蒙った。鉄道事故の多発についても、世間の物議を招き、非難を受けた。後者の問題は、「執務者ノ過失」が多かったから、社長名で、とくに「職務執行ノ場合ハ……安全ノ方法ヲ謀リ常ニ錯誤失体無之様注意怠ルヘカラス」[28]と論達している。前者については、中川光実常務取締役の名前で、つぎのように諭告した。[29]

論　告

各　課
庶務係

過日来佐賀県下ニ於テ虎列拉病発生益伝播ノ兆有之趣ニ付テハ該発生地ヨリ来ル船舶ニ対シ、大阪和歌山其他各地方共病毒侵入ノ恐レアル府県ニ於テハ既ニ検疫法ヲ施行セラレ、山陽鉄道会社ノ如キモ該地方ヨリ来ル旅客貨物ハ素ヨリ諸事警戒ヲ加ヘ之カ予防ニ努メタリト聞ク、故ニ当社従事員ニアリテモ深ク自衛ノ方法ヲ講シ常ニ清潔ヲ旨トシテ摂生ヲ守リ、該病毒ニ感染セサル様注意肝要ニ候、時将ニ暑気ニ属シ他ノ伝染病亦発生ノ憂有之、已ニ堺市ニ赤痢患者発生是又蔓延ノ兆アリト……第五回内国勧業博覧会開会ノ期モ追々切迫シタレバ万一ノ事有之候テハ痛憂ニ堪ヘサル義ニ候間、停車場之如キ多衆会同ノ場所ニアリテハ便所抔ノ掃除ハ勿論総テノ衛生ニ充分注意シ諸事遺憾無之様可取斗此段及諭告候也

明治三十五年六月廿四日

中川常務取締役

右の諭告は、公共交通機関として当然のことと思われるが、以後繰り返し同様の措置を講じている。一九〇三（明治三六）年に入ると、第五回内国勧業博覧会ならびに堺水族館への観覧乗客が増加した。とくに博覧会に際しては、会場付近に停車場を設置する一方、運輸館を建設している。乗客誘引法に意を尽したことはいうまでもなく、たとえば四国地方の博覧会観覧者誘引のため、大阪商船、阿波共同汽船と協商して船車連絡の方法を講じたのである(30)。その他、関西鉄道や紀和鉄道とも連絡輸送を行い、一九〇四（明治三七）年度上半期「報告書」をして、「前年同期ハ四月ヨリ七月ニ至ル四ケ月間ハ第五回内国勧業博覧会開期中ニ属シ、多数ノ観覧者輸送ノ結果掌(ママ)テ比類ナキ多額ノ増収ヲ得タ」(31)といわしめたのであった。ただ、予期した収益をあげ得たかどうかは多少疑問の余地があろう。

旅客誘致については、いろいろと尽力したが、一九〇五（明治三八）年四月、運輸係長名で各駅長に対し、「営業隆

盛ナラシメン為メ官衙銀行、会社、講社、其他ノ諸団体ヘ係員ヲシテ日々乗車勧誘ニ差遣シ……百方吸集ニ努メ居候ニ付、乗車ノ際一層鄭重懇切ヲ旨トシテ……毫モ不快ノ感無之様充分注意スベシ」[32]と通達している。ただ浜寺以北は乗客数が多く、輸送上問題があった。たとえば、当時の車輌の構造では、「進行中検札ヲ行フ能ハズ」という状態であったから、混雑の際、しばしば三等客が高等切符を買っている乗客を圧迫し、世の批判を受けていたのである。同年九月、これら弊風是正のため社内から懸賞募集をする一齣があった。応募者心得の一節は、「㈠本会社線浜寺以北ノ列車一、二等室ニ三等客混入ヲ予防シ又此弊風ヲ匡正スル方法ヲ懸賞スルモノトス、㈠予防上多少ノ人員ヲ増スヲ得ルト雖トモ経済節約ヲ貴ブヲ以テ比較的少数人員ニテ行フベキ立案者ヲ最優等トス、㈠客車ノ構造ハ現今ノ状態ヨリ変更セザルコト、㈠懸賞ハ社内一般係所属ノ区別ヲ問ハズ身分ノ上下ヲ論ゼズ何人ト雖トモ之ニ応ズルヿヲ得」とある。そして、応募者のうち最優等一篇を選び、「此優等立案ガ完全ニシテ本会社ガ満足シテ之ヲ採用シタル場合ハ金拾円ヲ賞与ス、若シ又該案ニシテ満足ヲ表スルニ至ラザルモ比較的弊風匡正ノ実ヲ挙グルニ近キモノト認メ之ヲ採用シタル場合ハ金五円ヲ賞与ス」ということであったらしい[33]。

(1) この「南海鉄道工事方法書」は、拙稿「南海鉄道創設過程の一齣」(『近畿大学短大論集』第九巻第二号、一九七七年)で紹介している。また南清については、老川慶喜「解題『南清伝』他」(前掲『明治期鉄道史資料』第2集(5)、一九八〇年)を参照のこと。

(2) 南海電気鉄道株式会社所蔵文書「逓信省往復書類社長付書記」。

(3) 同右「建築工務、採用昇給」。ただし、この文書名は、のちに付されたものである。

(4) 前掲「逓信省往復書類社長付書記」。

(5) 森川英正、前掲『日本経営史』四四頁。技術者についてのより詳細な検討は、同『技術者——日本近代化の担い手——』(日経新書、一九七三年)がある。

(6) 前掲『南海鉄道発達史』五八—五九頁。

(7) 同右、六〇頁。

(8) 前掲「建築工務、採用昇給」。
(9) 同右。
(10) 同右。
(11) 同右。
(12) 南海電気鉄道株式会社所蔵文書「社則」一八九六年第二号。
(13) 前掲『南海鉄道発達史』六八頁。電化に際しての勤務方法の変更は後述するが、一九〇六年四月の改正で、難波・堺間各駅二日勤務（二日勤務し三日目公休、以下同じ）、湊・佐野間各駅および和歌山市駅三日勤務、樽井・紀ノ川間各駅四日勤務と変わった（同書、六八－六九頁）。
(14) 前掲「建築工務、採用昇給」。
(15) 「南海鉄道株式会社第三回報告書」（一八九七年三月）。
(16) 「南海鉄道株式会社第五回報告書」（一八九八年三月）。
(17) 紀伊毎日新聞、一八九八年一一月一三日付。
(18) 同右、一八九九年一二月一二日付。なお、同年一月難波停車場構内荷物置場の火災（原因不詳）で約二万五〇〇〇円余の損害を蒙ったのは打撃である（「南海鉄道株式会社第七回報告書」一八九九年三月）。
(19) 紀伊毎日新聞、一九〇〇年一二月二三日付。
(20) 前掲「社則」一九〇〇年達第七号。
(21) 大阪朝日新聞、一八九九年一二月二七日付。
(22) 紀伊毎日新聞、一九〇一年三月一二日付。
(23) 和歌山市史編纂委員会『和歌山市史』第八巻近現代史料Ⅱ（一九七九年）五五五頁。
(24) 創立百周年記念出版委員会『和歌山商工会議所百年史』（和歌山商工会議所、一九八二年）四七－四八頁。最初の航路もそうであったが、和歌山商業会議所は、日露戦後に紀阿航路再開を主張している。ただその実現は、一九一五年三月のことであり、今度は大阪商船と阿波共同汽船による共同配船で一日一便を原則とした。しかし、冬期は欠航勝ちとなり、やがて第一次大戦好況期にあって船腹不足から再び廃船となった（同書、八三－八四頁）。
(25) 「南海鉄道株式会社第十回報告書」（一九〇〇年九月）。

(26)「南海鉄道株式会社第十三回報告書」(一九〇二年三月)。
(27)「南海鉄道株式会社第十一回報告書」(一九〇一年三月)。
(28) 前掲「社則」一九〇二年諭達。
(29) 同右、一九〇二年諭告。
(30)「南海鉄道株式会社第十五回報告書」(一九〇三年三月)。
(31)「南海鉄道株式会社第十八回報告書」(一九〇四年九月)。
(32)「南海鉄道株式会社社報」(以下「社報」と略記) 第二〇号 (一九〇五年五月六日付)。
(33) 同右、第二三号 (一九〇五年九月三〇日付)。

## 三 南海鉄道の電化と労務問題等一斑

### 1 蒸気鉄道から電気鉄道へ

いうまでもなく、南海鉄道は蒸気鉄道としてスタートしたが、日露戦後の電鉄熱の中で電化計画に着手する。実は、会社創立委員会において「電気鉄道との取組みを審議」[(1)]したようだが、具体化せず、蒸気鉄道敷設という既定の方針が貫かれたのである。一九〇五(明治三八)年六月、同社は臨時株主総会を開き、難波・浜寺間と天下茶屋・天王寺間の電化を決定したのであった。さらに翌年一二月には、全線電化の方針が決定された。以下、南海鉄道の電化の背景、電化前後の労務体制の問題について、一定の展望をすることにしよう。

まず、電化前の南海鉄道の概要をみておこう。創設段階の南海鉄道は、他の既設鉄道会社や官庁から、かなりの技師引き抜きを行ったことは、前述したところだが、その中心人物は、建築課長遠藤藤吉であった。一九〇四(明治三七）年一二月彼の記した、「南海鉄道ノ大勢（附電気鉄道）」は、同社の電化過程をみるうえで有益な資料を提供している。この文書は、長文で、前身の阪堺時代からの概況を明らかにしているが、明治三〇年代以降、乗客の減退が目立ったという。すなわち、一八九八（明治三一）年一〇月から一一月にかけて佐野・尾崎まで延長し、さらに同年一〇月には和歌山北口駅を開業したが、「在来ノ大阪和歌山間海運ハ滅亡シタルニアラズヤ、由来紀泉ノ地万事大阪ヲ中心トシテ経営セラル、然ルニ南海線愈々延長シテ其首脳難波駅ノ乗客数愈々減少ス」(2)という状態であった。そして、乗客減退の理由を、つぎのように指摘する。(3)

右乗客減退ノ原因ハ実際種々複雑ナルモノアルヘキモ余ノ考ニシテハ大阪附近小鉄道ノ増加之カ最大原ナリト信ス、則チ浪速鉄道ノ廿八年八月ヲ以テ四条畷線ヲ開業セル、三十年十二月ヲ以テ阪鶴鉄道ノ宝塚迄開業セル、三十一年四月ヲ以テ西成鉄道ノ川口線ヲ開業セル、高野鉄道ノ三十三年九月ヲ以テ汐見橋堺間ヲ開業セル、皆ナ難波駅ニ影響セルモノニシテ其ノ以前ニ在テハ大阪市人ノ閑暇出遊ニ対シテハ十中八九ハ皆歩ヲ難波ニ向ケシ者形勢一変シテ、東ハ小楠公神社西ハ川口北ハ箕尾(面)宝塚等何レモ我社競争ノ位置ニ立テ、殊ニ高野鉄道汐見橋駅開通ノ如キ最モ直接ニ影響ヲ来セルコハ著明ノ事実ニシテ、又近クハ昨年来開業ノ築港電気鉄道（大阪市電築港線—筆者注）ノ本年非常ノ好景気ヲ呈セシカ如キ幾分我社線乗客数ニ影響セシモノナルヘシ、前期諸鉄道開業ノ度毎ニ大阪市ニ於ケル我社遊覧ノ顧客ハ蚕食セラル、モノナリ

南海鉄道は、一八九八（明治三一）年一〇月阪堺鉄道を合併したが、大阪近郊における鉄道網の形成が進む中で相当圧迫を受けたことが察せられる。配当率をみると、一九〇〇（明治三三）年にピークに達したものの、前述の諸事情により、伸び率は鈍化し、一九〇三（明治三六）年開催の第五回内国勧業博覧会も期待したほどではなく、「平年ヨリ約一歩ノ増収ニ止マリ、本年（一九〇四年—筆者注）ニ入リテ戦争ノ為メ更ニ非常ノ影響ヲ受ケ、開業以来ノ非運ニ陥リタルモノト云フヘシ」という状態だった。かくて、「余ハ之レニ応スル為メ難波浜寺間ノ電力応用ヲ策セントス、

其益スル点二アリ」と記している。(4)

第一ハ電気鉄道ニ於テハ其列車五分若クハ十分時毎ニ出発スルヲ以テ、非常ノ便利ナルノミナラス電車ハ難波ニ於テハ線路ヲ目下ノ停車場本屋前ニ出シ、来着ノ乗客ヲシテ直ニ客車ニ入リ車中ニテ切符ヲ購売スルノ便ヲ開キ買札、改札ノ関門ヲ省略スルニアリ、該関門ハ乗客ニ対シテ頗ル面倒ナレハ僅々数哩ノ乗客ニモ一種ノ旅行的観念ヲ与フルモノニシテ、若シ之レヲ廃スルヲ得ハ天下茶屋、住吉、大浜、浜寺ヲシテ事実上大阪ノ公園トシテ散歩的乗客大ニ増加スルモノアラン

第二ハ我社ハ数年前度数切符ノ制ヲ定メ、昨年来更ニ定期切符ノ制ヲ発シ職ヲ大阪ニ有スル人士ニシテ塵芥熱閙、殊ニ家賃不廉ノ地ニ居住スルニ忍ヒス、空気清冽ナル田舎ヨリ非常ノ廉価ニテ通勤スルノ便ヲ開キシト雖モ今日ニ於テ之ヲ利用スルモノ実ニ少数ナリ（中略）、其利用者少ナキ主因ニシテ列車回数少ナキ為メ充分ノ発達ヲ見ル能ハス、左リトテ此種乗客ノ為メ列車回数ヲ増加スルコハ目下ノ蒸気鉄道ニテハ非常ノ不経済ナルヲ以テ実行スル能ハス、然ルニ電気鉄道ニ於テハ短列車ヲ頻々出発スルコ其長所ナルヲ以テ此種乗客ニ対シ誠ニ好方法ト云フヘシ……

電気鉄道ノ妙ハ発車時間ノ伸縮自在ナルニアリ

以上、二点を乗客増加の理由としてあげ、遠藤藤吉は、南海鉄道の電力採用を「是」としたわけであるが、「右採用ニ関シテハ経済上ノ調査ハ、先キニ九月中ノ報告書ニ在ルカ如ク目下ノ乗客数ノミヲ基礎トシテ計算セハ或ハ損失ヲ来スヘシト雖モ、其乗客吸集力ハ前二項ノ如キ次第ナルノミナラス又聞ク処ニ依レハ目下大阪市ニテ経営セル市内電鉄線路ハ我難波駅前ヲ通過スル筈ナルヲ以テ、之レト互ニ連絡シ内外相応シテ乗客ヲ吸集スルニ努メナハ我社ノ前途ハ決シテ悲観スヘキモノニアラサルナリ」(5)と結んでいる。

南海鉄道は、当時の情勢から電化を急いだものと思われるが、蒸気鉄道から電気鉄道への転換は、すでに甲武鉄道が一九〇四（明治三七）年八月に完了していた。南海のそれは、甲武鉄道につぐ日本で二番目のものであるが、一九〇

五（明治三八）年六月の臨時株主総会で、「㈠難波―浜寺間および天下茶屋―天王寺間運転原動力に電気および蒸気を併用すること、㈡資本金七〇万円を増資すること、㈢増資の方法は新たに一万四〇〇〇株の株式を募集すること[6]」を決議した。かくて、逓信大臣に電化を出願し、運動の結果、同年九月認可を受け、社内の体制を整えていく。臨時建設部を設置し、部長は支配人の佐々木勇太郎が兼務のうえ、電気・土木・車輛・事務の各主任の人選を行い、基本設計に入ったのである。

当時、阪神電鉄を先駆として、関西では電鉄ブームが起らんとしていたが、わが国で電気の知識・技術を身につけた人材は限られていた。そこで、南海では東京帝国大学工科大学電気工学科卒業後、甲武鉄道に入社し、さきに同社の電化を実際に指揮し、名声をあげた市来崎佐一郎を招聘することとした。佐々木支配人が上京し、接衝にあたり、彼は一九〇五（明治三八）年一一月に南海の人として迎え入れられた。南海入社後、臨時建設部電気主任として、同社線の電化に全力を注ぐことになる[7]。伝記の回想録によると、市来崎の後任に推された井上昱太郎は、「南海へ行かれてからも色々甲武鉄道時代の『データー』が入用であったと見えて、東京へ来られると必ず訪ねられて、設計の材料その他について御相談がありましたから、自分も出来るだけ材料を提供し相談いたしました。……会社として営業費を減らし、建設費も無駄なものを使はんようにしてゆくと云ふ点については、非常に考へられたようです[8]」と語っている。

南海鉄道の建設史をみた場合、「エンジニアとしては、遠藤藤吉といふ人……電化に就ては何といっても市来崎君たゞ一人の力といってよい[9]」といわれる。さきに引用した遠藤は、当時鉄道の元締といわれた南清博士の下にあった人物である。市来崎は、赴任後「第一番に線路を歩いて視察[10]」したという。当時の彼の仕事ぶりは、「日曜、祭日も休みなしで、会社に出ていられましたナ。夫が常の日でも退社時間後二時間三時間と毎日のやうに居残って仕事をされてゐました[11]」ということである。随分と苦労はあったが、のちの南海鉄道社長片岡直輝が市来崎を評して、「天下一品の技師なり」[12]と賞揚したように、彼は自らの使命を完遂していく。電化工事と併行して、沿線浜寺公園の遊覧設備の整備・拡張等にも意を尽している。電化工事中の様子は、「工務部員は休日を全廃して作業に従事しつゝあり」[13]と新聞に報ぜられた。

当時は発動所、変電所、信号、車輛などの機械の大半は輸入に頼っていたため、搬送などに多くの時間を要し、予定期日よりも若干の遅れが生じたものの、一九〇七（明治四〇）年八月二一日難波・浜寺公園（二〇日より浜寺駅を改称）間の完成をみた。とくに、米国に注文した自動信号機が遅れたようであるが、他方、一時的に「旧甲武線の電車八九輛を借入れ」[14]る一齣もあったらしい。

社史によると、「列車の保安設備も、電化と同時に従来の手動信号機から自動閉塞式に改良、米国の『G・R・S』社製『アーム』式自動信号機を採用、明治四十年十一月から使用を開始、わが国最新設備として異彩をはなった」[15]という。電化時の一番手として登場した車輛は「電一形」で、ボギー車を採用している。米国ブリル社製の台車に、同じく米国ウェスチングハウス社製の電動機（五〇馬力）四個を積んでいたという。[16]八月八日午前零時より五時までの間、電車試運転を行ったが、駅長助役は徹夜勤務のため弁当料が支給された。[17]そして、当然のことながら電車運転開始の前日（二〇日）付で、駅務監督は各駅長・電車掌取締に対し、「電、蒸列車併用運転開始ニ付テハ一ニ駅長並ニ乗務員諸氏ノ技能ニ因ルノ外ナシ」としたうえで、乗務員の配置、浜寺駅における連絡方法、改札の注意、信号機の取り扱い、信号重視など、乗務員の心構えについて遺憾なきよう注意を喚起している。[18]

電化完成により、電車区間は午前五時から午後一二時まで一時間五回発車と変わったため、難波・浜寺間は飛躍的に便利となった。ところで南海鉄道の電化過程は、次項で詳説するように、一方で浪速電車軌道の買収・電化ひいては阪堺電気軌道との激しい競争が展開されたのであった。大阪・浜寺間は、事実上競合路線となるため、南海と阪堺は免許をめぐっての攻防、さらに阪堺創設後の両社の葛藤は、私鉄間競争史上、他にあまり例をみないものであったといえよう。阪堺側の資料であるが、一九〇七（明治四〇）年九月一八日付で、「大阪浜寺間電気鉄道敷設ノ件ニ付テハ本線沿道ノ往来急速ノ増加ヲ為シ、南海鉄道ノ輸送力ノミニテハ其交通ノ需要ヲ充ス能ハサルノミナラス、仮令同鉄道ニ於テ電車ノ併用ヲ実行スルモ尚且之レヲ以テ満足スルヲ得サル」としたうえで、「南海鉄道電車併用後ノ実況」（八月二一日〜九月二三日）を、詳細な試算によりつぎのように結論づけている。[19]

（前略）発車毎ニ多キハ二三百人、少ナキモ五六十人ノ乗後レ旅客ヲ生シ、漸次鶴首シテ次ノ発車ヲ待チ蝟集シテ乗降ヲ競ヒ其混雑実ニ名状スヘカラス、右ノ事実ナルヲ以テ婦女老幼ノ如キハ到底其便ニ依ルヲ得ス為メニ徒歩或ハ人車ニ依リ往復スル者愈頻繁ニシテ、天下茶屋及ヒ住吉ノ如キ特ニ大阪市ニ接近セル停車場ニ在リテハ折角購ヒタル切符ヲ返戻スル旅客モ亦往々目睹スル所ナリ……却テ電車併用以前ニ比シ交通機関ノ輸送力減退シタルヤノ感アリ

仮ニ南海鉄道ニ於テ今後車輛ヲ増加シ諸般ノ設備ヲ整頓シ発車時刻ヲ短縮シ、以テ輸送力ヲ増加スヘシトスルモ、前述ノ事実ト往来増加ノ趨勢ハ到底現在ノ交通機関ノミニヨリ一般旅客ニ満足ヲ与ヘ、以テ交通機関ノ完全ヲ期スルヿハ得テ望ムヘカラス

以上は、競争相手の一方の当事者の資料であるから、額面どおり受けとめることはできないかもしれない。というのは阪堺創設後の前哨戦でも、たとえば「〔阪堺の〕用地買収についても、会社に必要な土地は先廻りして御用商人に買占めさせ、法外な値段を〔南海〕が吹掛けたので、交渉はまとまらず、勢い土地収用審議会に廻すほかなく」といった状態だったからである。さらに、営業開始後の状況について、南海運輸部OBの回顧談は、「大正三年ごろ、阪堺電車との競争は激しいものでした。本線の運転手が上り列車を担当した時は浜寺までウンと飛ばして、そこでいくらかの時間的余裕をこしらえ、阪堺電車に乗ろうとするお客をこちらの線へ勧誘してきたものです。ボクは何人ひっぱった、ボクは何人つれてきたと互いに手柄にして阪堺との競争に燃えたことがありました」というほどである。[20]

さて、難波・浜寺公園間の電化に引き続き、一九一一（明治四四）年九月には、電化区間を貝塚まで延ばした。浜寺以北と以南とでは沿線の条件は随分と違うが、当然のことながら和歌山市までの全線電化推進の声が社内に起こってきた。つぎに一九一〇（明治四三）年二月一四日付の常務取締役大塚惟明の手になる「全線電車有望ノ理由」を掲げておこう。[21]

全線電車有望ノ理由

一或人ハ難波浜寺間ノ如キ遊覧地域ニシテ且人口稠密ノ区間ト浜寺和歌山市間ノ如キ区間ト同一ノ発達ヲ予期スベカラズト悲観スレドモ、固ヨリ全線ニ電車ヲ運転シタルトテ浜寺以北ノ如キ繁栄ト雑沓ヲ来スベシトハ何人モ予期セズ、要スルニ浜寺以北ノ増加率ノ半額即チ人員ニ於テ三割八分、賃金ニ於テ弐割七分ヲ増加スレバ足レリ……

二泉州ノ中枢トモ称スベキ岸和田貝塚地方ハ浜寺以北ノ電車併用后、却テ交通上ノ不便ヲ加ヘ、殊ニ大阪方面トノ往復ハ浜寺乗替ニ於テ徒ラニ数十分ヲ要スルコト少シトセズ……一旦此区間ニ電車開通シ頻繁ニ運転シ大阪ニ直通シ交通自在ヲ加フルヲ得バ、現今鬱屈セル同地方ノ発展ハ目覚シキ活躍ヲ呈スルヲ疑ハズ

三淡輪遊園ノ名声既ニ天下ニ轟ケリ、常設停車場設置ニ引続キ電車開通シ愛宕山ヲ拓ラキ自在ニ電燈ヲ使用スレバ、同地ハ著シキ発展ヲ来タスベシ

四従来和歌浦ノ発達ヲ阻碍セシ原因ハ和歌山市ト同地間四哩ニ交通機関ノ設備ナカリシト、我社蒸気列車ノ不備ニ帰セザルベカラズ……我社ハ之レニ応ズル適当ノ設備ヲ同地ニ施シ全力ヲ傾注シテ之ガ計画ニ努力セバ、和歌浦ノ発展ハ期年ナラズシテ面目ヲ一新スベシ

五浜寺以北ハ蒸気時代ニ於テスラ時トシテハ毎十五分運転ヲ試ミ、諸般ノ手段方法ヲ講ジテ飽マデ運輸収入ヲ絞リ尽シタリ、而カモ一旦電車運転ヲ開始セバ実ニ七割六分強ノ増進ヲナシタリ、之ニ反シ浜寺以南ハ従来実用遊覧

両方面トモ未ダ嘗テ奨励ノ手段ヲ尽サズ……若シ夫レ全線電車開通シ浜寺以北ト同一ノ孰カ手段ヲ講ジテ実用的交通ヲ刺激シ遊覧者ヲ奨励セバ、恐クハ其発展ハ意想ノ外ニ出ヅベキナリ

大塚惟明は、クリスチャンで大阪の三一神学校を出て牧師を経験したのち、山陽鉄道に入り、さらに讃岐鉄道に転ずるという変わった経歴の持主である、その当時両社の社長が松本重太郎であったことが縁で、一九〇五（明治三八）年南海へ入社している。彼は鉄道経営に精通しており、特異な発想法の持主であり、南海の事業展開の面で新境地を開いたといわれる。四一歳の若さで取締役となり、田中市兵衛社長の下では常務取締役として敏腕を振るい、田中死去のあとを受けて、一九一〇（明治四三）年七月南海鉄道第四代社長に就任した。社長となった大塚は、社運の回復をはかることを第一義として、電車併用を決行、沿線景勝地の開発、電気供給事業への進出など、非凡な才能を発揮した。[22]たとえば、ビュッフェの開業、淡輪遊園の開発における汽車ホテルなどのアイディア商法は、一時期世間の話題となった。[23]また和歌山市内における和歌山水力電気の軌道線開通は、名所和歌浦、紀三井寺への遊覧をいっそう便利にした。なお、和歌山までの電車併用運転は、一九一一（明治四四）年一一月二一日から開始された。全線電車運転により、当時の花形列車の「和歌号」「浪速号」の急行列車は廃止となった。

## 2　電化前後の労務問題等一斑

南海鉄道の電化は、一方で同社の労務体制の面でも、一時期を画することになったといえようが、この点は後述するとして、まず電化以前の状況からみていこう。創業期の同社は、支配人が職制編成の任にあたり、その後かなりの職制改正を行い、とくに一九〇〇（明治三三）年八月に公布された逓信省令第三七号「鉄道係員職制」との関連で、鉄道現業員に対する職制も制定されるに至るが、「鉄道従事員（運輸関係）の採用に就いては創業後数年間採用に関する規則を設けず唯慣習と常識とにより現場長・主任に於て適当に人選を為し其稟申に基いて夫々の職に採用」[24]する

という状態であった。

一九〇五（明治三八）年四月一九日には、工場（本工場、木工場）勤務の技士以下各員の執務時間を午前七時出勤、午後五時退社との汽車係達が出されている。これをふまえ、翌五月一日より「午前六時三十分始業午後四時三十分終業、追テ工場監督技士以下各員モ右始業及終業時間仝様執務スベキモノトス」と改正された。[25] 南海鉄道の最初の工場は、一八九七（明治三〇）年竣工の難波工場であるが、一九〇三（明治三六）年に天下茶屋工場を新築し、以後各種工場を増築するにおよんで難波工場は廃止となったが、一九〇五（明治三八）年五月一日には、全二八条からなる職工服務規程も制定された。第一条で、「職工ノ執務時間ハ休息ノ時間ヲ含ミ毎日十時間ト定ム十時間以上ノ業務ニ服スル時午後十時迄ハ各日給十分ノ一午後十時ヨリ午前零時迄ハ十分ノ一・四、午前零時ヨリ仝始業時間迄ハ十分ノ一・八ヲ毎一時間ニ対シ増給ス、但シ参退時限ノ定規ハ別ニ是レヲ定ムル所ニ拠ル」[26]と規程している。

一部電化案決定後の一九〇五（明治三八）年七月、「列車遅延ノ原因及定時運転ノ方法研究」等を議題に駅長会議を開催している。[27] この点は、当時の課題の一つであったわけである。同年九月には、運輸係に駅務監督が置かれた。「駅務監督ハ運輸係長ノ指揮ヲ受ケ各駅ヲ巡視シ駅員ノ勤惰、駅務ノ整否ヲ報告シ専ラ規則命令ノ実行ヲ努ムルモノトス」[28]とされたが、駅員の規律については何かと問題があったからである。たとえば、駅務監督発令に先立って、運輸係長は各駅長に対し、駅員の規律につき、つぎのように訓示しているほどである。[29]

駅員ノ規律厳正ナルト然ラザルトハ駅務取扱上多大ノ影響ヲ来スベク若シ不規律ナルトキハ延テ客荷取扱緩慢ニ流ル、ノミナラズ、職務軽忽ニ陥リ運輸上事故ノ発生ヲ惹起スルニ至ル……然ルニ近来駅長中列車出発次列車迄ノ時間中社宅ニ帰リ休養ナスモノアルヤニ聞及候、果シテ然ラバ是レ思ハザルノ甚シキモノニテ不在中ハ自然駅員放縦佚楽ニ陥リ易ク、電話応答ノ遅延或ハ旅客ニ対スル応接ノ不親切或ハ事務ノ渋滞等其弊害ノ及ボス処甚敷、遂ニ習慣トナリ亦矯正スルコト難ク且ツ自己ノ非ヲ措キ他ヲ制スルモ何等ノ効ナケレバ益々駅全体ノ紊乱ヲ来スニ至ラザルヤノ虞有之候、就テハ駅長ハ已ヲ処スル厳ニ執務中ハ常ニ駅舎ニアリテ、各員ヲ指揮督励シ規律正シク総テノ事務ヲ敏活処理セシムル様特ニ留意アリ度、右訓示ニ及候也

さらに、一九〇六（明治三九）年四月には、運輸課に列車長が置かれた。その職制は、「運輸課長ノ指揮ヲ承ケ指定セラレタル列車ニ乗務シ車掌制動手其他乗務員（機関車乗務員ヲ除ク）ノ監督ヲ為スモノトス」とされた。待遇は書記として、「諸給与ハ総テ駅長ニ準ス」ということであった。[30] 列車長服務心得によると、一方で乗客へのサービスに留意することになっていた。喫茶室付列車の監督も注目されるが、全一八項からなる心得の最後に、つぎの諸点があがっていることは特筆すべきであろう。[31]

列車長ハ左ニ示ス時期ニ於テ必ズ高声明瞭ニ御乗客ニ挨拶ヲナスベシ

(一)難波及ヒ和歌山市両駅発車後直ニ一、二等車室ニ到リ左ノ如ク述ブベシ

「一寸御挨拶ヲ致シマス皆様御乗車下サイマシテ難有ク御礼ヲ申上マス、私ハ列車長デアリマシテ車掌室ニ控エテ居リマス又時々列車ノ内ヲ見廻リマスカラ御乗車中何ナリトモ御用事ガアリマスレバ御遠慮ナク仰付ヲ願イマス、若シ御行先ニ電報デモ御掛ケナサイマスナラバ喫茶室ニ電報用紙切手類モ備テアリマス」

(二)下リハ湊駅上リハ大津駅ヲ発スレバ直ニ一、二等車室ニ到リ左ノ如ク陳ブベシ

「皆様次ハ浜寺駅デアリマス浜寺ニ御越ノ御方ハ御用意ヲ願イマス」

(三)上リ大和川ヲ発スレバ列車長ハ一、二等車又タ三等ハ列車長指揮シテ前後諸車掌ヲシテ左ノ如ク述ベシムベシ

「皆様次ハ住吉駅デアリマス天王寺大阪（梅田）関西線行ノ御方ハ御乗替ヲ願イマス」

(四)上リハ天下茶屋駅下リハ紀ノ川駅ヲ発シタル時列車長ハ一、二等車ニ其他ハ前ノ如ク指揮シテ左ノ如ク陳ベシムベシ

「皆様永々御退屈様デアリマシタ次ハ難波（又ハ和歌山）デアリマス、着キマシタラドウゾ御忘レ物ノナイ様御静

カニ御下車ヲ願ヒマス左様ナラ」

同時期には、また「女子出札掛勤務方」も制定されている。「(一)女子出札係ハ当分運輸課ノ監督ニ属シ難波駅臨時出札所ニ於テ乗車券ノ発売ヲナスモノトス、但シ出札勤務中ハ難波駅長ノ指揮ニ従フベシ、(二)女子出札係ノ勤務時間ハ午前八時三十分ヨリ午後四時迄トス、但シ旅客ノ多寡時期等ニヨリ随時変更スルコアルベシ、(三)女子出札係一日ノ勤務ヲ了ヘタルトキハ旅客賃日報ヲ作製シ収入金ト共ニ難波駅長ニ交付スルモノトス」(32)というのが、勤務の大要であった。

この間、一九〇五(明治三八)年九月には汽車係雇職工積立金規則および見習職工服務期限規則を制定し(33)、翌一九〇六(明治三九)年二月には俸給規則(職員および雇員)を改定した。俸給表は、一一種に区分され、一級一〇〇円以上、二級八〇円以上、三級六〇円以上、四級四〇円以上、五級三〇円以上、六級二五円以上、七級二〇円以上、八級一五円以上、九級一〇円以上がそれぞれ月給であり、「書記補・技士補」と「雇」はいずれも日給であった(34)。

さて一八九七(明治三〇)年ごろの社員の採用などについて、旧紀阪系の実力者佐々木政乂への請願状況は、一部明らかにされているが(35)、一九〇五(明治三八)年一一月一一日付で、各課長の権限をつぎのように規程している(36)。

自今左ノ事項ハ稟議ヲ経ルヲ要セズ、各課長之ヲ決行スベシ

一所属課雇ノ辞職ヲ黙許スルコト

一仝上補欠員採用ノコト

一仝上帰省其他ノ請暇ヲ許可スルコト

ここに、「試雇」という採用形式がある程度制度化されたといえよう。三か月ほどで「課雇」となったらしいが、「駅夫」は「駅長」が採用という形式は永く続いたのである(37)。一九〇七(明治四〇)年五月には、「駅夫ニ採用スベキモノ」の年齢は満一七歳以上とされたが(38)、当時「駅夫ニ欠員多キモ志願者乏シキ為メ止ムヲ得ズ年少者又ハ素養ナキ

無資格ノ輩ヲ使用スルノ傾キアリ」と「社報」は報じている。そこで運輸課では、同年「六月十四日ヨリ課員ヲ香川県ニ派遣シ旅費ヲ給シテ駅夫ヲ募ル事トセリ、時恰モ植付ノ農繁ニテ充分ノ好成績ヲ収メザリシモ二十日迄ニ八名ヲ得テ帰社セリ」とある。[39] しかし、「駅夫」の獲得には苦労し、また問題が尽きなかったようである。一九〇八（明治四一）年五月の運輸課長通牒は、「駅夫欠乏ナルヨリ其年齢未ダ成規ニ達セザル若シクハ身軀倭小ナルニ傭入レ居ル向アリ、此等ニ対シテハ重大ノ職責ヲ任意ニ負ハシムル不能次第ニ付今後傭入ニ際シテハ断ジテ年少ノ者ヲ避ケル事ニ致シ度」[40] としている。一九〇九（明治四二）年四月「駅夫」採用当初の給額は、難波・浜寺公園間各駅および和歌山市駅の場合、試験雇中二六銭以内、本務三〇銭以内に、また葛葉・紀ノ川間各駅は試験雇中二五銭以内、本務二八銭以内にそれぞれ改正された。[41] さらに、一九一三（大正二）年一〇月には「駅夫」採用年齢を満一六歳以上と変更した。[42] というのは、この職種は、比較的低廉な日給であったため、転廃業する者が少なくなく、欠員補充に苦慮したからであろう。

一方、電車併用運転に先立ち、一九〇七（明治四〇）年二月電車運転手・車掌の採用規程を制定した。これは、現業従事員採用に関する最初の規程である。今夏「予定ノ電車ニ対スル運転手車掌ハ数十名入用ニ付」制定されたものであり、他方「現在運輸従事員中ヨリ志願ノ向キニ対シテハ所属上役ノ銓衡ニ依リ採用スルコトアルモ取捨ハ会社ノ都合ニ依ル」とした。募集規程の大要は、つぎのとおりである。[43]

運転手車掌見習募集規程

第一条　南海鉄道ノ電車運転手車掌タラント欲スルモノハ左記各号ノ資格ヲ具備スルモノニ限ル

一年齢満二十一歳以上三十五歳以下ノ男子

二身体強健視力完全ニシテ諸関節ニ異状ナキ者

三容姿醜カラズ且ツ体格倭小ナラザル者

四高等小学校卒業以上ノ学力ヲ有スル者
五禁錮以上ノ刑ニ処セラレタルコトナキ者
六徴兵ニ関係ナキ者
七当社ノ採用試験ニ合格セル者
第二条　志願者ハ自筆ヲ以テ認メタル志願書ニ履歴書市町村長身元証明書ヲ添ヘ運輸課ニ申込ムベシ
第三条　運輸課ニ於テハ志願者ニ対シ左記ニヨリ試験ヲ施行ス
一体格・視力
二学課　読方　作文　算術
第四条　前条ノ試験ニ合格シタル者ハ其成績ノ順次ニヨリ採用シ運転手車掌見習ヲ命ズ、見習ニ採用セラレタルモノハ即時身元保証金トシテ金五円ヲ当会社ニ提供シ……誓約書ニハ当会社ノ適当ト認ムル保証人二名ノ連署ヲ要ス……
第五条　前条ノ手続ヲ終了シタル者ハ直ニ当社ノ指図ニ従ヒ運転手車掌ノ業務見習ニ従事セシムベシ、会社ハ見習中技倆熟達シタル者ヨリ漸次撰抜シ運転手車掌ニ任用ス……
但シ見習中運転手車掌タルノ見込ナシト認ムル者ハ見習ヲ解キ退社セシムル事アルベシ
第六条　見習中ハ被服ヲ貸与ス又手当トシテ一日金弐拾五銭以上参拾銭以下ヲ支給ス……
第七条　運転手車掌見習中ハ勿論運転手車掌拝命後満一ケ年内ニ不都合ノ行為アリテ退社セシムル者又ハ自己ノ都合ニヨリ退社セル者ニ対シテハ、貸与品返戻セシメ見習中支給シタル諸手当ヲ弁償セシムベキハ勿論身元保証金ヲ没収スベシ
第一回目の採用状況はよくわからない面もあるが、一九〇七（明治四〇）年四月運転手として、「約三十名の見習を採

用し之を阪神電気鉄道株式会社に派遣して約三ヶ月間仝社に於て教育を受け」させたあと、約一か月間試運転その他の実習に従事し、本務に任ぜられた。[44] その後、天下茶屋車輌事務所楼上を運転手教習所とし、新規採用者はここで約四か月間学科等の教習を受けたうえ、約二か月間営業線での実習に従事することになった。前掲規程第八条によると、「見習」を終え、運転手・車掌に任用されたものの日給は一〇等級に分かれ、一等八〇銭、二等七〇銭、三等六五銭、四等六〇銭、五等五五銭、六等五〇銭、七等四五銭、八等四一銭、九等三八銭、一〇等三五銭であった。[45] なお、車掌の社外からの新規採用は、当初で終わり、以後は改札掛・出札掛などから選抜採用することとした。

ところで、電車運転開始日より多くの規則が制定されたが、現業従事員の職掌に、新たに「電車掌取締」「電車掌同見習」が追加された。これに応じ、「電車運転手其他勤務心得」が制定された。同心得によると、勤務時間の大要は、つぎのとおりである。[46]

一電車運転手、同補、電車掌、発電所電気手、同補、発電所汽機手、同補、発電所火手、同補、発電所注油夫、発電所石炭夫ノ勤務時間ヲ左ノ通リ相定ム

第一直　毎日午前六時出勤　午後三時半退出

第二直　毎日午後一時半出勤　午後十一時半退出

第三直　毎日午後九時出勤　翌午前八時退出

但シ約一週間毎ニ第三直ハ第一直ニ第一直ハ第二直ニ第二直ハ第三直ニ交代スルモノトス

三電車運転手、同補及ビ電車掌ノ勤務交代時刻ハ別ニ定ムル交番表ニヨルモノトス

これに応じ、「駅員勤務方并ニ定員」の一部改正が行われた。すなわち、(一)隔日勤務スルモノとして、①難波・浜寺間駅長及助役（除日勤駅長）、改札掛、踏切番、②難波・浜寺両駅ロッキング専務信号手、難波駅出札掛、③夜間勤務スル各掛員、(二)ブロックメン兼信号手及転轍手（本線ニ従事スルモノニ限ル）ハ二日勤務トス、但二時間毎ニ交代執

務ノ事、㈢天下茶屋駅長ハ日勤トシ其勤務時間ハ別ニ通知ス、右ノ外ハ従前ノ通リトス、というものであった。[47]

他方、職制上の改正に伴い、電車運転手其他月末賞与金支給規則が制定され、電車運転開始日より実施された。漸次、その摘要範囲を拡大していく。また一九〇八（明治四一）年四月には、「線路工夫」其他月末賞与金支給規則が制定された。各一〇条からなるが、当初規程の骨子は、つぎのとおりである。

電車運転手其他月末賞与金支給規則[48]

第一条　左記係員ニ対シテハ普通ノ半期賞与金又ハ同慰労金ノ支給ヲ廃シ代フルニ月末賞与金ヲ支給スルモノトス

一、電車運転手、同補

一、電車掌

一、発電所電気手、同補、発電所汽機手、同補、発電所火手、同補、発電所注油夫、発電所石炭夫

但シ前期係員ト雖トモ其身分技士又ハ書記ナルトキハ此規則ヲ適用セズ

第二条　前条月末賞与金ハ左ノ金額ニ上役ノ見込ニヨル成績点ヲ乗シタル金額トス

但シ同成績点ハ百分ノ百ヲ以テ満点トス

一、課雇　　日給　四日分

一、社雇　　日給　七日分

一、書記補、技士補　　日給　十日分

第三条　前条ノ成績点ハ各所属主任ノ意見ヲ参照シ各所属課長之ヲ評定シ上役ニ報告スルモノトス

第四条　第一条列記ノ係員ニシテ欠勤遅刻又ハ自己ノ勤務時間外ニ他人ノ勤務時間全部ヲ代務シタル時ハ左ノ通リ前条ノ成績点ヲ加除スルモノトス

一、遅刻一回毎ニ　　百分ノ五宛減

一、欠勤一回毎ニ　　　百分ノ十宛減
一、代務一回毎ニ　　　百分ノ五宛増
第五条　月末賞与金ハ前月二十一日ヨリ其月二十日迄ノ分ヲ計算シ毎月末仕払フモノトス

線路工夫其他月末賞与金支給規則(49)

第一条　左記係員ニ対シテハ普通ノ半期慰労金支給ヲ廃シ代ルニ月末賞与金ヲ支給スルモノトス
　保線課所属建築工夫　全線路工夫
　全線路工夫見習　　　全踏切番
　臨時建設部所属建築工夫
第二条　前条月末賞与金ハ各日給額四日分ニ上役ノ見込ニヨル成績点ヲ乗シタル金額トス
　但シ成績点ハ百分ノ百ヲ以テ満点トス
第三条　前条ノ成績点ハ各所属監督者ノ意見ヲ参照シ課長之ヲ評定シテ上役ニ報告スルモノトス
第四条　第一条列記ノ係員ニシテ欠勤、遅参又ハ早引ヲナシタルトキハ左ノ通リ前条ノ成績点ヨリ控除スルモノトス
　遅参　　一回毎ニ　　百分ノ五
　早引　　一回毎ニ　　百分ノ五
　欠勤　　一回毎ニ　　百分ノ十

以上、当然のことながら従来の半期賞与金または同慰労金に代わって設けられた月末賞与金の制度は、職種によりその待遇はかなり相違があったことを確認できよう。

もう少し、電化後の動きをみておくと、一九〇七（明治四〇）年八月一二日付で、駅長代務として助役事務取扱を

置いた。(50) さらに、同年八月二五日付で、「電車掌取締勤務方」が制定されている。すなわち、「(一)電車掌取締三名ノ内主席者ハ日勤トシ午前七時ヨリ午後六時迄勤務シ毎週一回月曜公休ヲ与フ、(一)電車掌取締ノ他ノ二名ハ隔日勤務トシテ午前七時交代、(一)前記ノ如ク定ムルト雖トモ臨時必要ノ場合ニハ時間外ト雖トモ執務シ又ハ廃休執務スベシ」と。同職には勤務の都合で、社宅貸与を認めず、勤務手当一か月五円を支給することにした。(51) そして、一九〇八（明治四一）年四月には、「電車掌ノ代務ヲ要スルトキハ電車掌見習中相当技倆アルモノヲ撰抜乗務セシムベシ」と規程された。(52) また翌五月三日からは、運輸課長名で「電車掌ト運転手ノ見解ヲ明カニスルタメ左腕ニ電車掌ノ腕章ヲ附着セシムル事」という方針が電車区間各駅長および電車掌取締に通達されている。(53)

実は、電車掌の勤務態度などは何かと問題があったようである。とくに南海鉄道は事故発生が多く、これに関連して、一九〇八（明治四一）年七月二五日付で、運輸課長は各駅長、列車長、電車掌取締、喫茶室掛に対し、「此義（事故発生の場合の対応—筆者注）ハ独リ電車掌ノミナラズ運転手モ亦仝様ノ態度ニ出ヅベキ次第ニ有之、此点心得違ナキ様」と支配人よりの注意を申達しているほどである。(54) こうした状況下で、同年一〇月「電車掌ノ駅務実施見習」が開始された。その間の詳細な経緯は、こうである。(55)

大塚常務取締役ハ九月三十日支配人ヲ始メ運輸電気両課長及ビ運輸課ノ関係各部主任ヲ集メ、電車掌ノ執務上ニ於テ往々熱誠ヲ欠キ車ノ進退ヲ掌リ乗客ノ待遇ニ任ズル電車掌ノ働振リ兎角其理想ニ合セズ、熱心ニ其職責ヲ尽スベク働ケルモノ、少キハ種々ノ諮問ヲ発シ且ツ監督者ヨリノ申立ツル所ニ依レバ運転手タラン事ノ希望ヲ抱ケルモノアルヨシニテ、大体ニ於テ電車掌ノ出入交替頻繁ナルハ南海鉄道ノ生命トスル電車運転ニ必要欠クベカラザル良電車掌ハ養成シ得ベカラザル事ナレバ討議研究ヲ要ストテ、種々研究討議ノ結果運輸課現業員中駅ト電車及ビ蒸汽列車ヲ相通シ彼是職務ヲ交換融通シ電車ヨリ駅ニ弁ズルモ又タ駅ヨリ出テ、電車ニ乗ルモ何レモ共通差支ナク従事シ得ラル、如クニシ、電車掌ヨリ出身セシモノヲシテ徒ラニ永ク其職ニ漆着セシメズ撰抜ヲ以テ運輸事務ノ何レヲモ練習セシメ置キ、而シテ後進級試験ノ結果及ビ諸種ノ成績ヲ考量シ漸次上級ノ地位ニ採用スル事ヲ議セリ、若シ今迄電車掌中将来自己進路ノ如何ヲ想ヒ迷々裡ニ余儀ナク職ニ従ヒシ者アラバ宜シク其惑ヒヲ解キテ熱誠忠実ニ職務ニ従事スルヲ良シトス……

かくて、第一着手として電車掌四名が駅務見習を命ぜられ、難波・和歌山市両駅へ配属された。また車掌二名が電車掌に転ぜられた。

上述の進級試験は、一九〇八（明治四一）年四月に設けられ、内部従事員の進級転職の道を開いたものである。甲種試験と乙種試験の二種があり、前者は駅長助役に進級するための試験で、満一か年以上社雇現業従事員（車掌・出札掛・貨物掛・通信掛・小荷物掛・改札掛等）として在職する者に受験資格があった。後者は課雇の「駅夫」・信号手・転轍手等から雇（貨物掛・出札掛・小荷物掛等）へ進級するための試験であり、満四か月以上在職する者を受験資格とした。学科・口述等の本試験の合格者は、勤務成績点を加算のうえ、優良者より順次採用することとされた。(56)

その他、この問題に関連して、一九〇八（明治四一）年一〇月九日には、「電車掌取締補以下ノ電車乗務員ハ難波、浜寺公園間ニ居住スルヲ得ル次第ニ付、自今浜寺公園駅以北ノ地ニ在勤スル者ヨリ転職サレタル場合ハ赴任手当乃仝旅費ヲ支給セザル(57)」を制定しているし、翌一九〇九（明治四二）年二月には電車運転手車掌会議を開催し、電気課長・運輸課長から、電車運転ならびに勤務精励などについて諸注意を受けたりした。(58)

南海鉄道の電化過程というテーマからいえば、同社の国有化問題へも言及すべきであろうが、この点は項を改めて述べることにし、もう少し主として現業従事員の様子をみておきたい。まず服装について。たとえば一九〇六（明治三九）年四月鉄道省監督局長から、「深日駅上リ対向転轍器ノ転轍手ハ和服ノ上ニ外套ヲ着シ執務セル」状態が目にとまり、注意を受けている。(59) 翌五月三日付の運輸課長達は、「近来駅員中肆ニ制服ヲ変改シ成規以外ノ服装ヲ為スモノ、被服ノ修理ヲ怠ルモノ、着装方不体裁ナルモノ等風紀上寛暇スベカラザル者アリ」と注意を喚起し、「特ニ制定ノ服装ニ違フモノアルトキハ厳重ニ処分」することを報じている。[60] この点の徹底には、かなり時間を要したとみえ、以後繰り返し通達を出しているが、同様のことは、「社員電車乗降ニ関シ注意ノ件」にもあてはまる。一例として、一九〇七（明治四〇）年一〇月二四日付の社長達をみると、「当社職員中電車内ニ於テ乗客ノ佇立スルモノアルヲ見受ケナガラ其座席ヲ譲ラザルモノ往々有之、殊ニ出勤退出ノ時刻ニ於テ多ク其弊ヲ認ム、自今右等ノ場合ニ於テハ必ズ起テ其席ヲ譲ルベク尚ホ又職員ニシテ運転台ヨリ乗車スルモノアルヲ見受クルヿアリ、今後昇降ノ際ハ必ズ出入口ノ指定ヲ厳守シ右等不都合ナキ様篤ト注意スベシ」[61] とある。さらに、改札業務の徹底についても、一九〇八（明治四一）年二月に諭達を出しているが、一九一一（明治四四）年一月九日付で、運輸課長は各駅長に対し、「近来電車区間各駅ニ於ケル夜間ノ改札任務ヲ怠リ、甚シキニ至リテハ往々改札口ニ出務セザル駅アルヤニ聞及ブ、若シ事実ナリトセバ是恰モ商品ヲ公衆ニ無代提供シツヽアルト一般同様ノ状態ニシテ……此際一面随時課員ヲ巡視セシメ候間、此間ノ消息御諒知ノ上相互協力一致此弊ヲ矯正スルヿニ努メ度」[62] と申達するほどであったのである。

なお一九〇八（明治四一）年一月、「発電所石炭節約成績ニ応ジ其関係者当務者ニ石炭賞与金ヲ支給ス」（第一条）という趣旨の発電所石炭賞与金支給規程が制定された。[63] また同年二月二七日付で「職員中傷痍疾病其他ノ事故ニ依リ容易ニ出勤シ得ザルモノアルトキハ課長ニ於テ経伺ノ上休職ヲ命ズルモノトス」（第一条）、「休職中ハ俸給其他一般ノ給与ヲ停止ス」（第二条）、「休職中ハ職員貯蓄及補給規則ノ年数ニ加算セズ」（第三条）という休職規程が制定された。[64]

終わりに、全線電化にかけての諸問題をみておこう。一九〇九（明治四二）年二月には、列車検査成績を発表している。すなわち、備品、掃除および平素の勤勉の三科に分かち、一科三〇点とし、合計九〇満点の成績点を主任車掌名を付して公表したが、その結果は、浪速号八七点、和歌号八七・三点、い号八四点、ろ号八二・五点、は号八四点であった。[65] さらに、翌三月一三日より同月二〇日まで全線各駅の検閲を行い、「一般所属員規律の実況」「構内諸建物の保存実況」「諸達示、社報の保管、駅日誌、遺失品台帳、備品台帳、出勤簿職員検査券の検査」「構内出店、行商人、人力車夫取締の実況」「構内掃除の実況」「備品整否台帳との対照、構内外広告掲示及指導注意札並に待合所新聞雑誌備付の整否」「消耗品保管及使用の実況」「収入諸表帳類取扱方及貯蔵の整否」「現在乗車券の収支及其整否」「郵券類現在及収入」「乗客収入金調査」「荷物収入と勘定書と対照」「荷物判取帳の整否」「掲示広告と仝原簿との対照」「荷物に関する受授簿冊の整理」「所属運送店並に仲仕取締」「通票、通券箱の整否」「信号機完不完及転轍器清掃の有無」「列車仕立駅に対する列車備品の整否」「公衆電報に関する備品消耗品諸帳簿の整否」の各項について結果を公表している。(66)

一九一一（明治四四）年一月より、「赤帽」の直轄その他の改良を行った。すなわち、「難波線外各駅の手荷物運搬夫は是迄請負人ありしが一月一日より独立したる組合を組織し会社の直轄の許に監督する事となせり、又た仝駅の雑貨店、新聞煙草の呼売も従来為しつゝありし者を解約し喫茶室部の事業に移する事となせり」(67)と。

全線電車併用が近づいた一九一一（明治四四）年三月二九日には、各駅長、列車長、電車掌取締および天王寺運輸課事務所主任助役その他を召集して運輸課会議を開いた。席上、佐々木勇太郎支配人は、「既に外国に於てはエレクトリック、ロコモチーブ（電気機関車）を盛に使用して居る位であるから早晩荷物輸送も電車に依らなければならぬ時機の到来すべきは疑を入れない……昨年の五月迄は如何なる方式に依って遣るかと云ふ研究時代に属し八月に至って機械の買入れを決定して大倉組と三井物産に注文する事となり」と述べたあと、一方「全線電車併用になるからと云ふ理由の下に修理又は改善すべきものも後日に譲らんとするの傾向あるは最も避くべき事で修理すべきもの改善すべきものあらば最後迄改良進歩の観念を持ち決して退歩又は些の弛緩があってはならぬ」と訓諭している。(68)また小山茂運輸課長の訓示は、つぎのとおりである。(69)

……之レ常ニ上役ヨリ諭サル、営利営業観念ヲ働カスノ必要アルナリ

駅長列車長ノ御乗客公衆ニ対スル態度公衆ニ至ツテハ概ネ会社主義ニ合シ来レル……要スルニ先ヅ責任感ヲ自覚シ

廉恥ヲ弁ヘシメサルヘカラス屢々破廉恥観ノ生シテ其跡ヲ絶タサルハ遺憾トスル処ナリ、精神修養ハ今ヤ社会ノ絶呼スル所ナリ

被服改正ノ結果ハ頗ル良好ト認ム着装保存方ニ至ツテハ予テ注意ヲ促シアルニ拘ハラス頗ル乱暴ナルモノアリ、一層ノ注意ヲ以テ常ニ整然タランヿヲ望ム

現業員ハ必要ニ迫ラル、ノ結果、補欠任用ヲ忙ク為メ自然課雇ニシテ進級試験ヲ受クルモノ四ケ月以上ノ制限ヲ待ツ能ハサルヿトナリ、其結果ハ貴重ナル経験ヲ得ル能ハス雇現業員ノ粗製濫造トモ云フヘキ現象トナリ甚タ遺憾ニ堪ヘサレトモ亦止ムヲ得サルヿトス、之カ為メ往々社達其他ノ諸規程ノ履行甚タ不確実ニシテ何事カ異リタル輸送等ノ場合必ス通達ヲ無視シ（無視ト云フヨリハ寧ロ理解力ノ乏シキト云フ）大小過誤扱ノ伴ハサルヿナシ実ニ通達貫徹力ノ薄弱ナルニハ驚クヘキモノアリ、上級駅員ニ於テ能ク先ツ通達ヲ解シ能ク下級者ヲ指導シ以テ過誤ナカランコトヲ望ム特ニ通達ノ充分会得貫徹スルニアラサレハ甚タ危険ナリ

近時往々不健康者ノ出来スルハ誠ニ嘆スヘキコトニシテ過般通達セシ如ク交通機関ハ往復病菌ノ運送媒介ヲ為スモノト目セラル、公衆衛生ハ吾等ノ最モ留意シ常ニ停車場内ノ清潔身体ノ健全ヲ期セサルヘカラス之レ義務タルノミナラス自己ノ為メニモ防衛上必要ナリ

急行列車ニ至ツテハ動力ノ過渡ノ際トテ稍モスレバ車輛及ヒ属具ノ修補洽カラサルノ嫌ナキニアラスト雖モ、此ノ欠点ハ列車長初メ各乗務員ノ精神上ノ活動ハ熱誠奮励ニ依リテ補フコトヲ得ラレサルニアラス、若シ各員カ名ヲ物資ノ欠乏ニ藉リテ責ヲ免レントスルニ至ツテハ最早多年唄ハレタル当社ノ急行列車ノ華モ凋落セルナリ諸君ハ最後ノ一日迄奮闘シ有終ノ美ヲ完フセンコトヲ望ム……

要するに、支配人および運輸課長の訓諭からも、全線電車併用に際しての気構えを看取できよう。一九一一（明治四四）年四月には、全一三項目にのぼる詳細な「出札員執務心得」も制定された。(70)

(1) 前掲『佐々木政乂伝』二三四頁。
(2) 南海電気鉄道株式会社所蔵文書「明治二十八年起重要雑書綴」。
(3) 同右。
(4) 同右。
(5) 同右。
(6) 前掲『南海電気鉄道百年史』一四〇頁。
(7) 市来崎佐一郎君追懐録編纂事務所『忍草』(一九三三年) 二—三頁。市来崎に白羽の矢をたてたのは、南海の大塚惟明が電化を完成した甲武鉄道を見学に行ったのが契機らしい (同書、四七—四八頁)。当時鉄道の電車併用を実現した第一号が甲武鉄道であり、その推進者が市来崎だったからである。彼は、一九一八年営業部長、一九一九年支配人、一九二二年取締役、一九二四年取締役兼技師長となる。
(8) 同右、一七頁。
(9) 同右、七七頁。
(10) 同右、五五頁。
(11) 同右、一〇三頁。
(12) 同右、六一頁。
(13) 前掲『明治期新聞資料集』一〇九頁 (大阪朝日新聞、一九〇六年九月九日付)。

電化前後には、いくつかの対策を講じているが、主なものはつぎのとおりである (「南海鉄道第二十四回報告書」一九〇七年九月)。

一、大阪タオル合資会社ノ申込ニ依リ佐野停車場構内ニ於テ仝社工場ニ通ズル側線ヲ敷設セリ
一、堺煉瓦株式会社ノ申込ニ依リ箱作停車場構内ニ於テ煉瓦白地及粘土積卸場ヲ築造セリ
一、浜寺公園遊園場内ニビヤホール一棟ヲ新築シ又タ泉南郡淡輪村字黒崎湾ニ沿ヒ遊園場開設ノ為メ道路ヲ敷設シ、茶亭休憩所、遊技具、人造爆布、汽罐室等ノ設備ヲ施セリ
一、電車開通以来難波浜寺間踏切道ハ人車ノ通行上危険ノ虞アルヲ以テ、各所ニ番人小屋ヲ設置シ且ツ従来ノ門扉ハ不完備ナルヲ以テ目下改良施工中ナリ

(14) 同右、一一六頁（大阪朝日新聞、一九〇七年七月七日付）。
(15) 前掲『南海電気鉄道百年史』一四二頁。
(16) 同右。前掲「社報」第一一三号（一九〇七年六月二九日付）によると、「熱田日本車輌会社ニテ製造中ノ電車ノ内二輛ハ此程出来六月二十日天下茶屋ニ到着セリ」とある。
(17) 「社報」第一二〇号（一九〇七年八月一七日付）。
(18) 同右、第一二一号（一九〇七年八月二四日付）。電化後の同年九月一九日付で、「難波、浜寺公園両駅ニ聯動装置ノ転轍器巡視人ヲ置キ服務心得」を制定している（同右、第一二六号、一九〇七年九月二八日付）。
(19) 南海電気鉄道株式会社所蔵文書「阪堺電軌創業に関する書類」。
(20) 前掲『南海電気鉄道百年史』一九六頁。
(21) 前掲「明治二十八年起重要雑書綴」。
(22) 前掲『南海電気鉄道百年史』一五三―一五四頁。なお、一九一〇年二月二五日付の「達第一号」によると、当時大塚常務取締役は、阪堺との対抗上、「此際各課営業費ハ徴細ニ渉リテ節約ニ節約ヲ加ヘ」と、「節約整理ノ予算」編成を希望している（「社報」第二五一号）。
(23) 南海鉄道のアイディア商法については、拙稿「南海鉄道の新商法について――日本鉄道発達史の一齣――」（前掲『明治期鉄道史資料』月報No.七、一九八〇年）を参照されたい。
一九〇六年一二月の社長達によると、「今回喫茶室并ニ三等車バー営業ヲ直営トシ運輸課ヲシテ取扱ハシム……」（「社報」第八八号）とある。また一九一三年一一月二四日付の同右、第五一五号には、「昨二十五日ヨリ住吉公園駅待合所ニ於テ食堂掛出張『バー』開始御乗客ノ御用ヲ便ズル事トセリ」とある。
(24) 前掲『南海鉄道発達史』六三頁。
(25) 「社報」第一号（一九〇五年四月二九日付）。
(26) 同右、第二号（一九〇五年五月六日付）。
(27) 同右、第一二号（一九〇五年七月一五日付）。
(28) 同右、第二一号（一九〇五年九月一六日付）。
(29) 同右、第一八号（一九〇五年八月二六日付）。

(30) 同右、第五一号（一九〇六年四月一四日付）。
(31) 同右、第五三号（一九〇六年四月二八日付）。
(32) 同右、第五二号（一九〇六年四月二一日付）。
(33) 同右、前掲第二一号。
(34) 同右、号外（一九〇六年二月一三日付）。
(35) 前掲『佐々木政乂伝』二三五―二三九頁。
(36) 「社報」第三〇号（一九〇五年一一月一八日付）。
(37) この規程に先立って、一九〇五年九月一四日付で運輸係は、各駅長に対し、つぎのような通牒を出している（同右、第二二号、一九〇五年九月二三日付）。
従来駅夫ハ最初見習トシテ採用シ一定ノ期間ヲ経過シ見習解除スルコトニ相成居候処、自今最初ヨリ駅夫ニ採用シ左記ノ通日給支給ノ事ニ相成候ニ付、此段及通牒候也
一、難波駅ハ試雇中日給廿四銭駅夫ニ採用ノ場合日給廿六銭
一、其他ノ各駅ハ試雇中日給廿二銭駅夫ニ採用ノ場合日給廿四銭
(38) 同右、第一〇六号（一九〇七年五月一一日付）。
(39) 同右、前掲第一一三号。「駅夫」募集にあたっては、大阪その他の有力紙に広告し、補充につとめたが、地方から採用された者にとって、とくに住居と食物には苦労が伴ったという（同右、第一一七号、一九〇七年七月二七日付）。本文に掲げた香川県出身者のうち、三名は無断欠勤のまま行方不明になったが、中には下宿料の支払を果たさないものもあったという（同右、第一一九号、一九〇七年八月一〇日付）。
(40) 同右、第一六〇号（一九〇八年五月二三日付）。
(41) 同右、第二〇七号（一九〇九年四月一七日付）。
(42) 同右、第四九五号（一九一三年一〇月二三日付）。
(43) 同右、第九三号（一九〇七年二月二日付）。
(44) 前掲『南海鉄道発達史』七二頁。
(45) 前掲「社報」第九三号。当分の間、養成係は「書記」がその任にあたり、「各駅員并ニ乗務員ニ於テハ親密和睦ヲ旨トシ、

毫モ確執ヲ抱ク等ノ弊風ナキ様上役ニ於テ訓示セラレタシ」とされた（同右、第一一八号、一九〇七年八月三日付）。

なお同時期（一九〇七年六月）の阪神電鉄の運輸従事員日給表は、特等から六等までに分類されていた。特等七五銭以上、一等六五銭以上、二等五五銭以上、三等四五銭以上、四等四〇銭以上、五等三五銭以上、六等二〇銭以上であるが、鋳物工、活版工、和服仕立工並みの賃金水準に達するには、一等に格付けされることが必要であったといわれる。さらに大工、左官、建具職人など（一円前後の賃金）とは、かなりの隔たりがあり、一般に明治後期の電鉄従事員の賃金水準は、他産業に比べてかなり低かったとみられる（前掲『阪神電気鉄道八十年史』六四—六五頁）。

(46) 前掲「社報」第一一七号。
(47) 同右、前掲第一二〇号。
(48) 同右、前掲第一一七号。
(49) 同右、第一五六号（一九〇八年四月二五日付）。
(50) 同右、前掲第一二〇号。
(51) 同右、第一二二号（一九〇七年八月三一日付）。運輸課において、「電車掌心得」なる小冊子も発行した（同右、第一二五号、一九〇七年九月二一日付）。
(52) 同右、前掲第一五六号。
(53) 同右、第一五八号（一九〇八年五月九日付）。
(54) 同右、第一七〇号（一九〇八年八月一日付）。
(55) 同右、第一八〇号（一九〇八年一〇月一〇日付）。
(56) 前掲『南海鉄道発達史』六四—六五頁。

四月二五日施行分の甲種運輸従事員試験問題の一部を掲げると、「地理」では、㈠畿内ノ陸上交通系、㈡南海鉄道沿線ノ名所旧跡、「作文」は、㈠淡輪ニ遊ブノ記、㈡手荷物ノ取扱ヲ誤リ迷惑ヲ掛ケタル御乗客ニ駅長トシテ発スル挨拶状并ニ本課ニ提出スル荷物事故報告、㈢番人ノ附シアル構内踏切ニテ通行人轢死セリ駅長ノ事故報告并ニ所轄警察署ニ提出スル始末書、㈣自動閉塞機ノ効用ヲ論ズ、であった（前掲「社報」第一五八号）。

(57) 「社報」第一八一号（一九〇八年一〇月一七日付）。
(58) 同右、第二〇〇号（一九〇九年二月二七日付）。

(59) 前掲「明治三十九年分逓信省往復書綴」。
(60) 「社報」第五五号（一九〇六年五月一二日付）。
(61) 同右、第一三一号（一九〇七年一一月二日付）。
(62) 同右、第二九六号（一九一一年一月二一日付）。
(63) 同右、第一四三号（一九〇八年一月二五日付）。
(64) 同右、第一四九号（一九〇八年三月七日付）。
(65) 同右、第二〇二号（一九〇九年三月一三日付）。
(66) 同右、第二〇八号（一九〇九年四月二四日付）。
(67) 同右、第二九五号（一九一一年一月一四日付）。
(68) 同右、第三〇七号（一九一一年四月八日付）。
(69) 同右。
(70) 同右、第三一一号（一九一一年五月六日付）。

## 四　南海鉄道の国有化問題等

### 1　近畿鉄道大合同問題
――関西鉄道による鉄道網の統合――

まず最初に、近畿鉄道大合同問題について瞥見しておこう。和歌山から大阪へのもう一つのルートを建設した紀和鉄道は、開業以来業績振るわず、機会をみつけて南和鉄道や南海鉄道に合併話を持ち込んだが、いつも足もとをみられてまとまらなかった。一九〇三（明治三六）年一〇月には、南海と紀和は両社長間で合併仮契約までこぎつけたが、や

は り南海鉄道株主に反対派が生じ、また和歌山県下実業家にも反対意見を表明するものが出たのである。契約内容は、紀和鉄道に属する鉄道および付属物件を一〇九万三五四〇円で南海鉄道に譲渡するというものであり、そのうち一九万三五四〇円は現金で、九〇万円は南海鉄道の発行する六分利付社債の形式で受け取り、紀和鉄道の債権・債務は南海鉄道が継承となっていた。紀和鉄道の株主総会はこの仮契約書を可決したが、南海鉄道の方は六分利付社債を五分五厘に修正決議をし、同年一二月松本重太郎社長はその旨を紀和鉄道に通告した。これに端を発し、両社間は合併条件をめぐって紛糾し、結局これまた不調に終わったのである。裁判沙汰にもなったが、他方、すでに浪速・大阪両鉄道を合併し、近畿地方の鉄道の統合をはかろうとしていた関西鉄道から、南海・紀和両社の交渉中と同一の条件でもって紀和鉄道との合併を引き受ける意思が表明された。そこで、一九〇四（明治三七）年二月二五日紀和鉄道の重役陣は南海鉄道の提案に不同意の旨を通告する一方、すぐその日のうちに関西鉄道の重役たちと大阪で交渉を行い、さきに南海鉄道と締結したのとほとんど同一条件の合併仮契約書を交わした。そして、同年五月一七日から営業を関西鉄道に委託し、八月二七日には譲渡を完了、紀和鉄道は解散となったのである。(1)

このように、一九〇四（明治三七）年小会社分立の弊害が問題となると、近畿鉄道大合同の機運が盛り上がってきた。結果的には、関西鉄道がその中核となるが、当初は、南海鉄道もその中に入っており、同年四月関西、南海両鉄道の各有志株主より近畿鉄道大合同の要求が各社重役に請求された。南海は株主の請求によったため、ほぼ左記の原案にて、関西は有志株主と重役陣との交渉の結果、重役より提案という形のため、左記修正案にて、それぞれ株主総会の附議事項とされたようである。(2)

原案

近畿諸鉄道株式会社合併の目的を以て左記権限の委員七名を選定し、取締役と共同其任に当らしむる事

一、委員は近畿諸鉄道株式会社合併に必要なる調査並に交渉を為す事

二、委員は互に共同して、前項の事項に従事する事、但其意見一致せざるときは委員過半数の意見に従ふ
三、近畿諸鉄道株式会社とは、関西鉄道株式会社に関聯する鉄道株式会社とす、但其範囲は委員の意見により之を定む
四、委員は調査並交渉の結果各其意見相近接し、殆んど合併の目的を達するの見込ありと見認めたるときは、更に取締役を経て臨時株主総会を開き之が諸般の報告を為す事
五、前項臨時株主総会は、委員の報告を得たる後、相当の範囲を定め、更に委員を選定し該範囲内に於て合併の交渉及び之が解散を為さしむる事
六、取締役は総て委員と同一の権利義務を有す
七、本社調査並に交渉に関する必要の実費は会社の負担とす

修正案

近畿諸鉄道株式会社合併の目的を以て委員十五名（取締役全員を包含す）を選定し、共同其任に当らしむる事

委員の権限並に附則

一、委員は近畿諸鉄道株式会社合併に関する調査並に交渉を為す事、但其合併すべき会社委員間の権限及び調査並に交渉の方法等は、委員協議の上之を定む
二、委員は調査並に交渉の結果、各其意見相近接し合併の見込ありと認めたるときは、株主総会に付すべき合併に関する議案の草案を起草し、調査書と共に取締役に提出すべき事
三、取締役に於て前項の議案の草案を受取りたる時は、其議案を議決する為臨時株主総会を召集する事

かくて、両社の重役および合同委員は合同条件をめぐって協議を行うに至るが、条件が合わず交渉は進捗しなかった。交渉の経過は、当時の新聞にも克明に報ぜられているが、「合同歩合」をめぐって難航し、最終的には藤田伝三

郎に仲裁を依頼せんとするほどであった。[3] いうまでもなく、藤田は合同提唱者の一人であり、同年五月には、藤田らの主唱の下に、「奈良・南和・南海・関西の4社の委員37人が出席して、大阪で協議会が開かれた。この協議会では、各社の線路や車両に関しての現状および将来の展望に関する調査を、逓信省に依頼することを決し、各社から5人の交渉委員を出した[4]」という。ただ、南海側は「特別委員の交渉会ある毎に、普通委員及び重役は夫々別に会合し居れり[5]」という一齣があり、必ずしも足並みが揃っていたわけではない。とくに、重役改選期をひかえ、泉州地区株主を中心に南海鉄道改革問題が浮上していた。この派の「独立経営主義の改革」は、右の合同交渉が継続すれば、さらに遠ざかるものとみなされたりした。[6] 結局、南海・関西両鉄道合併問題は、南海鉄道の電化計画、軌道部門への進出問題が一方で取りざたされる中で無期延期、ご破算となってしまう。逆に関西鉄道は、さきに大阪鉄道を合併したのに続き、今回紀和鉄道（五条・和歌山間）を合併し、さらに一九〇五（明治三八）年二月にかけて南和鉄道（高田・五条間）、奈良鉄道（京都・奈良・桜井間）を吸収、近畿南部の大部分の鉄道網を統合して、当時の五大私鉄の一つに数えられるまでになった。

関西鉄道は、一九〇六（明治三九）年三月の鉄道国有法によって国有化されることとなり、翌一九〇七（明治四〇）年一〇月これが実施されて、奈良県および大阪東郊の鉄道網は大部分が国鉄路線となるが、前に述べたとおり、同社の国有化には反対の姿勢を示していたのである。ただ一方で、国有化は免れないとして、新たな積極策を模索している。一九〇六（明治三九）年一二月一二日の臨時株主総会から、その様子をうかがっておくと、以下のようになる。[7]

株主総会議案

第壱号当会社車輛ノ運転原動力ニ電気及蒸気ヲ併用シ其併用区間ニ複線ヲ敷設スル事

第弐号資本金八百六万六百円ヲ増加スル為メ新株式拾六万千弐百拾弐株ヲ募集スル事

第参号新株式募集ノ方法

第四号定款ノ方法

第五号第壱号乃至第四号議案確定ノ上其筋ノ認可ヲ請フニ際シ、条件ヲ示サレタル場合ニ於テ、之カ受否並ニ字句ノ修正ヲ要スルコトアルトキハ総テ之ヲ取締役ニ一任スル事

要するに、第一号議案が主たる課題であり、以下の議案は、それに付随するものであった。片岡直温社長が総会の会長席に座り、提案趣旨の説明を行っている。(8)

……此第一号議案ハ現在ノ線路中ニ敷設シ車輛ノ運転原動力ニ電気及蒸汽(マヽ)力ヲ併用スル事ナルガ、本案ヲ提出セル第一ノ原因ハ私カ先般生命保険ノ用務ヲ帯ヒ欧米各地方ヲ旅行セル際見聞上起リタル考ナルガ、日本ノ鉄道経営ニ就テハ将来鉄道政策ヲ改メサルヘカラス、何トナレハ欧米各国ニテハ主要ナル都会若クハ大都会附近ニ於ケル旅客輸送上ノ機関ニハ電気ヲ利用シ居レリ、市我古、紐育、倫敦、巴里、伯林等曩ニ蒸気ヲ使用シタルモノモ今日ハ電気ヲ使用セルカ若クハ専用セリ、日本ノ電気鉄道ニテハ速力一時間八哩ヲ超過スベカラズ、二台以上連絡スベカラズトノ事ナルガカカル都会ノ状況ハ一時間五十哩若クハ四十哩トシ車輛モ七八輛連結セリ、而テ運転時間ノ如キハ殆ンド間断ナシ、即紐育ノ如キハ昼夜電気鉄道ノ交通途絶スルコナク、地下、地上鉄道ハ勿論高架鉄道モ近来電気ヲ利用スルモノ多ク是ニ由テ考フルニ日本ニ於テモ東京、大阪、横浜、名古屋、京都、神戸ノ如キ都会ニ電気ヲ利用スルハ当然ノ事ナリ、本鉄道ノ如キ旅客運輸ヲ主トスルモノ、如キハ電気併用ノ改革ヲ採ルヲ必要トスト考ヘ、帰朝早々自分ノ考ヲ重役共ニ述ヘタルカ之レ電気ヲ併用セントスル第一ノ原因ナリ

次ニ本案ノ発案ヲ急キシハ本鉄道自衛上ヨリノ考ナルガ、近頃我沿線ニ電気鉄道ヲ敷設セシコヲ請願スル者多シ、然ルニ本鉄道ノ如キ旅客運輸ヲ主トスル遊覧鉄道ニ沿ヒ、別ニ電気鉄道ヲ敷設セハ自然競争ヲ惹起シ其専用鉄道モ利益ヲ見ルコ尠ナク、本鉄道ノ如キモ従来ノ利益ヲ殺減セラル丶ニ至ルベシ、時勢ノ進運ニ伴フテ相当ノ設備ヲ要スルハ当然ノ事ナレハ徒ニ自己ノ鉄道ニ不利益ナリトシテ之ヲ拒ムガ如キハ策ノ得サルモノニアラス、故ニ設計ヲ

変更シテ電力ヲ併用スル考ナリ、此理由ハ電気ノミニテハ遠距離ヲ旅行スル乗客又ハ多数ノ貨物ヲ運搬スルニ差支ヲ生スルニヨリ、此等ニ対シテハ従来ノ蒸気ヲ用ヒ比較的交通頻繁ナル近距離ノ交通ニハ電気ヲ用キテ交通機関ノ責務ヲ尽サントスルニアリ、之レ本案提出ノ理由ナリ

第二号乃至第五号議案ノ如キハ第一号議案ニ伴フモノナレハ殊更説明セサルモ御了解下サルベシ、先ツ御質疑アラハ伺ヒタシ

若干の質疑を紹介すると、たとえば第六番（加藤嘉衛門君）が、「全体ニ就テハ賛成ナルカ一号議案ニハ予算金壱千六拾九万円ヲ要スルニ、弐号議案ニテ資本金ノ増加ハ八百六万六百円ト相成居レリ、其相違ノ理由ヲ聞キタシ」と問うたのに対し、会長は「……予算金千六拾九万円ハ差向キ梅田・天王寺間、天王寺・奈良間、奈良・京都間、名古屋・津間ニ複線ヲ敷設スルト仝時ニ電車ノ設備ニ要スル者ナルニ資本金ノ増加ヲ八百六万六百円トシタルハ、此不足額ハ曩ニ募集シタル外債金ノ残額ヨリ流用スルニヨル」と回答している。また第拾六番（小室原與至大君）が第五号議案に関連して、「……元来本鉄道ハ創業以来幾多ノ困難ヲ嘗メ来リシガ漸次整理ヲ遂ゲ、近来基礎極メテ確実トナリタルモ不幸ニシテ一朝国有法ノ為メニ政府ニ買収セラル、ハ実ニ千載ノ恨事トスル所今重役諸君ハ、此ノ最後ニ当リ複線ヲ敷設シ電力ヲ併用スル等大発展ヲ試ミ、我々株主ヲ窮地ヨリ救ハル、ハ感謝ニ堪エサル次第ニシテ恐ラク一人ノ反対者モナカルベシ、依テ文字ノ修正ハ勿論其筋ニ対スル請願其ノ他苟モ此目的ヲ達スル為メニ必要ナルヿハ一切取締役ニ一任スヘシ、取締役諸君ハ宜シク十分手腕ヲ振テ出来得ル限リ御尽力ヲ願ヒタシ」と述べたのに対し、会長は「為念一言セシ、自分ノ信スルニハ本件ニ対シ其筋ノ許否ハ無論当席ニ於テ明言シ能ハサルモ資本増加ニ付テハ買収価格算定上何等カノ条件ヲ提出セラル、ヤモ計リ難シ、九州鉄道ノ如キ延長線ニ対シテ政府ヨリ条件ヲ附シテ認可セラレタル先例モアレバ本鉄道ノ工事ニ対シテモ何等カノ条件ヲ付セラル、ヿト推察セリ、右等ノ場合ニ際シテハ一応株主総会ニ附議スヘキハ当然ナルモ電気鉄道出願者多数ノ今日、態々総会ヲ開ク時ハ時日ヲ経過スル等不利益尠カラ

## 第3-21表　国鉄各線一日一哩当りの収入状況

| 1916年度 | | 1917年度 | | 1918年4月 | | 1918年5月 | |
|---|---|---|---|---|---|---|---|
| 線名 | 金額 | 線名 | 金額 | 線名 | 金額 | 線名 | 金額 |
| | 円 | | 円 | | 円 | | 円 |
| 西部東海道線 | 214.23 | 西部東海道線 | 284.02 | 西部東海道線 | 418.78 | 西部東海道線 | 369.76 |
| 山手線 | 202.17 | 山手線 | 255.24 | 山手線 | 376.48 | 山手線 | 306.95 |
| 筑豊線 | 168.50 | 中部東海道線 | 205.38 | 中部東海道線 | 282.69 | 中部東海道線 | 253.74 |
| 中部東海道線 | 160.50 | 筑豊線 | 201.12 | 筑豊線 | 227.94 | 筑豊線 | 227.14 |
| 常磐線 | 80.08 | 鹿児島線 | 104.53 | 参宮線 | 180.29 | 鹿児島線 | 128.82 |
| 鹿児島線 | 76.85 | 常磐線 | 99.97 | 鹿児島線 | 136.80 | 常磐線 | 125.26 |
| 参宮線 | 69.01 | 参宮線 | 93.58 | 常磐線 | 128.13 | 参宮線 | 117.81 |
| 室蘭線 | 66.38 | 山陽線 | 83.70 | 西部関西線 | 124.73 | 山陽線 | 104.94 |
| 東北線 | 65.16 | 東北線 | 83.33 | 山陽線 | 112.55 | 西部関西線 | 99.32 |
| 山陽線 | 65.12 | 室蘭線 | 80.83 | 東北線 | 109.45 | 東北線 | 95.24 |
| 函館線 | 58.97 | 函館線 | 76.55 | 中部関西線 | 107.36 | 函館線 | 93.96 |
| 長崎線 | 57.95 | 長崎線 | 74.45 | 長崎線 | 101.55 | 長崎線 | 89.01 |
| 豊州線 | 56.85 | 西部関西線 | 72.79 | 函館線 | 98.85 | 室蘭線 | 85.59 |
| 中部関西線 | 55.53 | 中部関西線 | 69.70 | 室蘭線 | 95.82 | 信越線 | 81.66 |
| 西部関西線 | 55.39 | 豊州線 | 66.25 | 信越線 | 87.38 | 中部関西線 | 80.23 |
| 信越線 | 48.70 | 信越線 | 59.87 | 豊州線 | 85.46 | 豊州線 | 80.07 |
| 北陸線 | 41.82 | 北陸線 | 50.64 | 讃岐線 | 82.87 | 讃岐線 | 72.44 |
| 中央線 | 40.15 | 中央線 | 49.94 | 北陸線 | 74.39 | 北陸線 | 61.94 |
| 総武線 | 38.76 | 総武線 | 46.63 | 中央線 | 64.10 | 中央線 | 60.08 |
| 奥羽線 | 35.48 | 讃岐線 | 45.13 | 総武線 | 59.67 | 総武線 | 54.81 |
| 讃岐線 | 32.75 | 奥羽線 | 41.32 | 山陰線 | 55.14 | 山陰線 | 50.70 |
| 宮崎線 | 32.14 | 宮崎線 | 40.14 | 徳島線 | 51.21 | 奥羽線 | 48.74 |
| 山陰線 | 30.07 | 山陰線 | 39.00 | 奥羽線 | 50.86 | 川内線 | 48.64 |
| 川内線 | 25.04 | 川内線 | 36.37 | 宮崎線 | 50.39 | 宮崎線 | 46.39 |
| 徳島線 | 24.26 | 徳島線 | 33.50 | 川内線 | 49.25 | 徳島線 | 44.59 |
| 網走線 | 23.77 | 網走線 | 30.79 | 網走線 | 36.13 | 宗谷線 | 39.48 |
| 宗谷線 | 22.52 | 宗谷線 | 29.99 | 陸羽線 | 33.46 | 網走線 | 34.41 |
| 陸羽線 | 22.47 | 陸羽線 | 29.44 | 宗谷線 | 33.14 | 留萌線 | 30.28 |
| 岩越線 | 21.67 | 留萌線 | 29.23 | 岩越線 | 32.31 | 陸羽線 | 30.03 |
| 留萌線 | 18.86 | 岩越線 | 26.20 | 留萌線 | 29.13 | 岩越線 | 29.90 |
| 釧路線 | 16.26 | 釧路線 | 20.81 | 釧路線 | 23.05 | 釧路線 | 20.51 |

凡例　線名中　中部関西線トハ名古屋亀山間　西部関西線トハ亀山湊町間亀山鳥羽間伏見木津間奈良高田間王寺和歌山間木津片町間天王寺大阪間　中部東海道線トハ東京米原間及支線　西部東海道線トハ米原下関間及支線ヲ云フ　参宮線ハ西部関西線ノ中ヨリ別記セシモノナリ

参宮線対山陽線平均通過人員比較表(表3-21続き)

| 種別 / 線名 | 一区間平均通過人員 下 1916年度 | 下 1917年度 | 上 1916年度 | 上 1917年度 | 計 1916年度 | 計 1917年度 | 一区間一日平均通過人員 1916年度 | 1917年度 |
|---|---|---|---|---|---|---|---|---|
| | | | | | 人 | 人 | 人 | 人 |
| 参宮線 | 640,825 | 866,780 | 604,192 | 836,628 | 1,245,017 | 1,703,408 | 3,402 | 4,667 |
| 山陽線 | 766,180 | 994,106 | 795,759 | 1,047,915 | 1,561,939 | 2,042,021 | 4,268 | 5,594 |
| 比較 | 125,355 | 127,326 | 191,567 | 211,287 | 316,922 | 338,613 | 866 | 927 |

(備考) 三重県多気町役場所蔵。

ス、故ニ其辺取締役ニ御一任ヲ願フ所以ナリ」との立場を表明した。

いずれにせよ、内外の諸情勢をみて一部電化、複線を意図したわけであるが、五議案すべて原案どおり可決された。右のような株主総会における決議は、明らかに来るべき国有化に対応するための布石であったといえよう[9]。なお少し先のことだが、参考までに大正初期の国鉄各線別の一日一哩当りの収入順位を掲げておく(第3-21表)。参宮線、中部関西線、西部関西線とも、かなりのところにランクされている。

## 2 南海鉄道の国有化問題

いわゆる鉄道国有化については、第二章で取り上げたが、やはり南海鉄道の場合も、この問題に直面している。一九〇六(明治三九)年の鉄道国有化政策の段階では、買収対象が二転三転したが、三二社案の中には南海鉄道も入っており、「其の買上価格も八百七十五万九千四百六十円と云ふことにて当事者は一驚を喫せし」[10]状態を呈した。一方で、南海は電化準備を進めていたから、当惑したことであろうが、鉄道国有法案は貴族院で買収範囲を一七社とするよう修正され、ことなきを得た。国有化中止により、南海の電化計画はいっそう進捗することになったのである。東武鉄道とならんで、有力私鉄のうちで買収を免れた一例であろう。

ところで、一九〇八(明治四一)年九月大塚惟明常務取締役は、「鉄道経営上ニ於ケル当会社ノ方針并ニ社員ノ覚悟等」について注目すべき演説をしている。前記国有化問題への南海の姿勢を読みとることができるので、つぎに引用しよう。すなわち、鉄道国有化の結果、「我国の鉄道は軍事を基礎とせる国有線と、純然たる産業の目的に出でたる民有線と相対して経営の優劣を争ふこと」になったとして、南海鉄道の方針を明確にするのである（傍点原文）。[11]

予の信ずるところに依れば、運輸交通事業は、徹頭徹尾平民的に経営するを以て、最も其業務に適合したる上乗の方策とせざるべからず、平民的経営とは、経営組織を簡易にし、取扱を軽便にし、倨傲尊大の風と繁文褥礼の弊は努めて之を避け、上は重役より下駅夫工夫に至るまで、所謂前掛主義の商人となり、一般公衆に対して最も叮嚀懇切なる取扱を為すものなり、我南海鉄道は飽まで前掛主義、平民主義を以て経営の大方針とし、以て官業との競争を行ひ、他日官民何れか優秀なる経営を為すやの問題に答へん精神なり

然り而して吾人は一面に於て平民主義を民業の特色主眼なりと解釈すると同時に、他の一面に於て内部に於ける業務の組織は帝国主義に依るべきものなることを主張せざるべからず、帝国主義とは如何、上下の秩序を正し、各自の職権を尊重する事之なり、彼の軍隊に於ける秩序の如きは極端なる帝国主義にして、其上下一致、秩序并然恰も四肢が頭脳の命令に依て活動するが如きは、乃はち帝国主義の産物なり、今南海鉄道が全然此軍隊組織を学ぶの可否は疑問なるも、其精神を取って秩序を守ることは最も肝要なりとす

（中略）

業務の成功を収むるために『約束』に依て秩序に服従するものなり

右から、南海鉄道の経営理念、現業従事員対策の方針を確認できよう。それはともかく、明治末期には、軽便鉄道法・同補助法が公布され、政府の鉄道政策が一変していく中で、さきに国有化の対象からはずれた南海・中国・東武等五社の国有説が再び浮上してくる。南海の場合、「紀淡要塞および和歌山歩兵第六十一聯隊の連絡のため軍事関係上必然の趨勢」とも新聞に報ぜられた。[12]勿論実現しないが、南海の国有化はいずれ免れない情勢となる。一九二〇（大正九）年原内閣の時にまた買収案がもちあがった。紀南地方の人びとにとって、とくに永年の悲願であった紀勢鉄

道敷設が前年に漸く決定したこともあって、[13]「紀勢鉄道起点と南海国有」が「大和歌山の構想」の中で具体化していこうとしたのである。[14]翌年七月南海鉄道の国有化問題に関し、元田肇鉄相が、「直接国有実現を期し発電所を設備し約二万キロの電力を供給せしむる計画なり、これが為老子和歌山間の複線工事は一年間遅延すべし……南海株は八十五円より八十円位に下降せるに見るも株主が甚大の打撃を受けたるかを知るべし」[15]と言明したように、政府買収が決定した。南海では、国有化問題を予想外とし、老子和歌山間の複線化を急ぐ一方、「阪堺線買収後配当が七朱に降り、「会社としては最低の収入率、最悪の条件によって買収に応じねばならぬわけであ」ったから、時の片岡直輝社長以下全社あげて買収反対運動を展開している。[16]

一般的に、鉄道国有化は企業格差による私鉄業界内の二重構造の形成から、都市大私鉄は国有化を極力回避せんとし、他方、地方中小私鉄は国有化を期待する面があったといわれるが、南海鉄道の場合は、赤字私鉄が政治的救済を期待するという後者の状況ではなく、まさに前者を代表するものであった。政友会の領袖岡崎邦輔を頼って展開した買収反対運動には、鉄道国有化政策に対する都市大私鉄の注目すべきビヘイビヤがみられるが、買収案上程直前に議会が解散となり、この問題は立ち消え、南海は買収を免れたのである。[17]

二年後にも南海買収の動きはあったが、「買収額の四千余万円の協調が就かず」、議会に提出されずに終わった。ただ、大阪・和歌山間の鉄道建設を要求する声は強く、やがて「南海を買収せず、政府自ら一線敷設」を計画することになる。[18]商工業および軍事上の見地から、政府においても大阪・和歌山間鉄道敷設の必要性を認めたわけであるが、官設案は、結局実現せず、私設＝阪和電鉄として具体化した。[19]開業後、南海と阪和が激烈な競争を展開したことはよく知られている。とくに、一九四〇（昭和一五）年八月紀勢西線・紀勢中線の連絡全通をひかえ、国鉄列車の乗り入れおよび沿線開発などをめぐって、両社の競争はさらに激しさを増した。そこで、両社の対立競争は、かえって経営の基礎を危くし、ひいては列車運転の安全性を阻害する恐れありとの見地から、鉄道当局は両社の合併を慫慂した。

国鉄への買収の話もあったが、関西交通統制の立場から、阪和電鉄は一九四〇（昭和一五）年一二月南海鉄道に吸収合併されることとなった。ここに旧阪和路線は、南海山手線と称されたが、やがて一九四四（昭和一九）年戦時強制買収により、政府に買収されて国鉄阪和線として継承されることになる。[20]

（1）南海と紀和の合併問題を伝える資料は、南海電鉄にも多少残されている。久嶋惇徳編『紀和鉄道沿革史』（一九〇六年）七七頁以下に詳しいが、拙稿「和歌山における鉄道敷設概況」（安藤精一編『和歌山の研究』第四巻近代篇、清文堂出版、一九七八年）をも参照れたい。
（2）前掲『明治期新聞資料集』九三―九四頁（大阪朝日新聞、一九〇四年四月一三日付）。
（3）交渉経過は、さしあたり、同右、九四―一〇一頁（同右、一九〇四年八月二五日～一九〇五年二月一八日付）を参照のこと。
（4）前掲『日本国有鉄道百年史』第四巻、四六六頁。
（5）前掲『明治期新聞資料集』九五頁（大阪朝日新聞、一九〇四年九月八日付）。
（6）同右、一〇〇頁（同右、一九〇五年二月七日付）。
（7）「株主臨時総会議事及決議要領書」（前掲鉄道院文書「関西鉄道」）。
（8）同右。以下同じ。
（9）本書、第二章第一節一および第二節を参照のこと。
（10）前掲『明治期新聞資料集』一〇六頁（大阪朝日新聞、一九〇六年三月七日付）。
（11）前掲「社報」第一八三号（一九〇八年一〇月三一日付）。
（12）紀伊毎日新聞、一九一一年七月二九日～三〇日付。
（13）この点については、拙稿「紀勢線の敷設問題とその周辺」（『近畿大学短大論集』第一三巻第二号、一九八一年）を参照されたい。
（14）紀伊毎日新聞、一九一九年一一月二五日～二六日付。
（15）同右、一九二〇年七月二〇日付。
（16）前掲『開通五拾年』三〇頁。

(17) 宇田正氏は、「一説には、当初社長をはじめ重役の大半は買収に乗気であったが、和歌山方面の株主の猛烈な反対動向に押されて買収反対に転じたという」見方にも目をやりながら、「その間の会社側の矛盾するビヘイビアはともかくとして、株主の利害関係が市場の民営採算化の見通しに支えられて、買収を阻止したことには変りない」と指摘されている(宇田正「戦時買収地方鉄道払下問題と国有貫徹の論理」、『大阪大学経済学』第一五巻第三号、一九六五年、二八頁)。

(18) 紀伊毎日新聞、一九二二年一〇月二日付。

(19) 詳しくは、拙稿「大阪・和歌山間の鉄道建設について――国鉄阪和線生誕の過程――」(大阪市史編纂所『大阪の歴史』第二号、一九八〇年)を参照されたい。

(20) 以上については、前掲拙稿のほか、宇田正、前掲論文、同「国鉄阪和線払下げをめぐる地元の動向」(前掲『追手門経済論集』第一巻第一号、一九六六年)、同「阪和電気鉄道の成立と泉南人・谷口房蔵――国鉄阪和線前史の一齣――」(泉南市史編集委員会『泉南市史紀要』第八号、一九八〇年)が詳しい。

## 第三節　南海軌道線の生誕と統合過程

### 一　南海軌道線前史

――大阪馬車鉄道から浪速電車軌道へ――

大阪市の人口は、市域の拡張もあって、明治三〇年代以降急増するが、この間交通機関の発達もめざましいものがあった。とくに、一九〇三(明治三六)年大阪で開かれた第五回内国勧業博覧会は、この部門にも大きな影響を与えており、巡航船、市電が登場し、それまでの人力車を圧迫していった。また外商によって自動車が紹介され、その試運転も行われ、後年の「円タク熱」の先駆をなしたといえよう。(1)

日露戦後の電鉄ブームの中で、南海鉄道の電化も行われたが、他方、同社は軌道部門への進出も意図した。以下、のちの南海軌道線の主力で、当時その生誕をめぐって、いろいろと話題を呼んだ上町連絡線・阪堺線・平野線の形成過程を扱うことにするが(2)、阪堺電軌との対抗がその頂点であった。蒸気鉄道から変身した電気鉄道にとって、それへの進出は容易ならぬものがあったが、まずその前史からみていこう。

大阪と堺との交通需要は、都市化の進展とともにいっそう高まり、自らこの間を軌道で結ぼうとする計画が生まれる。最初阿倍野街道を走っていたのは、大阪馬車鉄道である。同社は、主として住吉大社への参詣客の吸引を目的に、資本金五万円で、一八九七（明治三〇）年五月に発足し、一九〇〇（明治三三）年九月から一九〇二（明治三五）年一二月の間に天王寺西門前・下住吉間を開業していた。「同社第一回報告」によると、役員等の持株は第3-22表のようである。このあと五年間ほど出水弥太郎が社長に就任し、第五回内国勧業博覧会後、土居通夫が社長に復帰した。

**第3-22表　大阪馬車鉄道の重要株主**（1897年9月末）

| 株数 | 住所 | 氏　名 | 備　考 |
|---|---|---|---|
| 株<br>100 | 大阪 | ◎土居通夫 | 大阪商業会議所会頭,<br>大阪電燈社長 |
| 100 | 河内 | △山沢保太郎 | 大地主 |
| 80 | 同 | 岡村亨 | |
| 50 | 同 | ○出水弥太郎 | 地主，黒山銀行頭取 |
| 50 | 大阪 | ○荻田利兵衛 | |
| 50 | 同 | ○野田正教 | |
| 50 | 同 | △平川靖 | |

（備考）1「大阪馬車鉄道株式会社第1回報告」より作成。
2 ◎印は取締役社長，○印は取締役，△印は監査役を示す。職業については，前掲書等を参照。

会社創設後、「馬車鉄道にては、今日の時勢に面白からず。また、馬車鉄道にては、開業のあととても、馬あるいは馬糧等ずい分費用もかかり、不得策なれば、この際、電気鉄道に変更するは、将来のためよろしからん」(3)として馬車鉄道を電気鉄道へ変更しようとする動きをみせた。しかし、これに伴う工事延期願は認められなかったため、馬車鉄道としてスタートする。開業当初の車輛数は七輛、馬は一六頭保有しており、「従業員（役員除く）」は、書記二名、雇二名、技士一名、工夫二名、線路工夫三名、小使一名、馬丁二名、駆者六名（一名見習）、車掌五名（内一名は見習）、掃除夫一名、合計二四（ママ）名」であったという(4)。

同社は、一八九七（明治三〇）年九月の天王寺西門前・東天下茶屋間の開業以後、同年一一月に東天下茶屋・上住吉間、さらに一九〇二（明治三五）年一二月

### 第3-23表　大阪馬車鉄道の営業成績

| 年　度 | 営業収入 | 雑収入 | 計 | 営業費 | 差　引 | 備　考 |
|---|---|---|---|---|---|---|
| | 円 | 円 | 円 | 円 | 円 | 円 |
| 1900上 | 65.08 | 752.807 | 817.887 | 430,301 | 387.586 | 創業費償却未済209.02 |
| 00下 | 2,202.325 | 199.033 | 2,401.358 | 2,370.189 | 31.169 | |
| 01上 | 3,460.395 | 141.88 | 3,602.275 | 2,973.648 | 628.627 | |
| 01下 | 3,129.81 | 206.995 | 3,336.805 | 2,827.09 | 509.715 | |
| 02上 | 2,950.74 | 125.794 | 3,076.534 | 2,788.337 | 288.197 | |
| 02下 | 3,400.70 | 224.43 | 3,625.13 | 3,620.996 | 4.134 | |
| 03上 | 4,589.90 | 87.235 | 4,677.135 | 5,982.247 | △1,305.112 | |
| 03下 | 2,735.50 | 110.565 | 2,846.065 | 5,422.557 | △2,576.492 | |
| 04上 | 2,312.41 | 175.211 | 2,487.621 | 5,929.513 | △3,441.892 | |
| 04下 | 2,884.21 | 27.705 | 2,911.915 | 4,907.299 | △1,995.384 | |
| 05上 | 2,922.94 | 41.733 | 2,964.673 | 4,978.122 | △2,013.449 | |
| 05下 | 2,805.25 | 38.086 | 2,843.336 | 5,187.999 | △2,344.663 | |
| 06上 | 3,700.54 | 26.939 | 3,727.479 | 5,422.817 | △1,695.338 | |
| 06下 | 3,124.70 | 107.732 | 3,232.432 | 5,480.90 | △2,243.468 | 大阪電車鉄道と改称 |
| 07上 | 3,641.83 | 793.232 | 4,435.062 | 3,402.142 | 1,032.92 | |
| 07下 | 1,580.18 | 1,652.168 | 3,232.348 | 2,081.493 | 1,150.855 | 浪速電車軌道と改称 |
| 08上 | — | 3,050.031 | 3,050.031 | — | 3,050.031 | |
| 08下 | — | 6,953.086 | 6,953.086 | — | 6,953.086 | |
| 09上 | — | 1,027.652 | 1,027.652 | — | 1,027.652 | |

（備考）　大阪馬車鉄道株式会社，大阪電車鉄道株式会社，浪速電車軌道株式会社「各期報告」より作成。

に上住吉・下住吉間を開通させていったが、開業一一日間の乗客数は五五〇八人、一日平均五〇〇人強であった。[5] だが、この馬車鉄道は、一九〇〇（明治三三）年に南海鉄道天王寺支線および高野鉄道が開通したことにより、大きな打撃を受けた。さらに、内国勧業博覧会に際しても、南海鉄道の五割増収に比べると、遜色があったといわざるを得ない。すなわち、「前期ニ比シ殆ト千弐百円即チ三割ノ増収ヲ得タリト雖モ、曩ニ下住吉延長工事及複線拡張工事并ニ博覧会設備等ニ係ル費用ヲ総テ借入金ヲ以テ処弁シタルカ故ニ之レカ利子等ノ支出ヲ要シ、増収額トノ比較上反テ損失ヲ来タシタ」[6] ということである。

　大阪馬車鉄道の営業成績は、当初数期間何とか黒字であったが、一九〇三（明治三六）年上半期以降、ほとんど赤字に転落している。ちなみに、同期の乗客人員総数は六万三〇八五人、一日平均三四五人弱、客車回転数は四七〇三回、一日平均二五回余、馬匹走行哩数は二万五二七〇哩、一日平均一三八哩強、馬匹一頭一日の平均走行哩は八哩七〇鎖弱であったようだ

第3-24表　大阪電車鉄道の重要株主（1907年9月末）

| 株数 | 住所 | 氏名 | 備考 |
| --- | --- | --- | --- |
| 株 2,334 | 東京 | ○浅野総一郎 | 浅野セメント合資会社代表社員 |
| 800 | 同 | ○原六郎 | 大地主，元横浜正金銀行取締役 |
| 480 | 大阪 | 山内徳治郎 | |
| 400 | 同 | ◎土居通夫 | 大阪商業会議所会頭，大阪電燈社長 |
| 400 | 同 | △伊藤喜十郎 | 大阪巡航合資会社社長 |
| 400 | 同 | 浜崎永十郎 | 株式仲買，大阪株式取引所理事 |
| 400 | 同 | 大谷清 | |
| 400 | 同 | ○阿部彦太郎 | 米穀砂糖肥料商，大地主 |
| 400 | 同 | 島徳治郎 | 株式仲買 |
| 400 | 同 | 芝田大吉 | 大阪株式取引所仲買 |
| 200 | 同 | ○今西林三郎 | 大阪三品取引所理事，石炭商回漕業 |
| 200 | 東京 | ○前島密 | 貴族院議員 |
| 200 | 大阪 | △入江鷹之助 | |
| 130 | 東京 | ○渡辺甚吉 | |
| 100 | 大阪 | △松村九兵衛 | 書籍商，大阪運河取締役 |

（備考）1　「大阪電車鉄道株式会社第21回報告」より作成。1909年3月末には，浅野総一郎・原六郎の持株数は100株となる（「同第25回報告」）。
2　◎印は取締役社長，○印は取締役，△印は監査役を示す。職業については，前掲書等を参照。

が、同社営業報告は「殊ニ馬糧ノ如キハ殆ント払底ノ為メ再価格ハ実ニ五割以上ノ高価ニ上リテ直接ニ其損害ヲ蒙リ、且借入金ノ利子等支出ニ於テ十分ニ節減ヲ加フルヲ得サリシ」と、減収の要因を指摘している。(7) 生きものである馬の管理も大きな問題であったろう。同社の営業成績の推移は、第3－23表のとおりであり、馬車鉄道の限界を身をもって体験したといわざるを得ない。そこで、当初から電気鉄道論者であった土居通夫社長は、電鉄熱の中で改めて電車運転を決断する。一九〇七（明治四〇）年二月にその特許を受け、翌月に大阪電車鉄道と改称し、資本金を五万円から五〇万円に増資して、さらに一〇月には浪速電車軌道とめまぐるしく社名を変えている。増資段階における大阪電車鉄道の重要株主は、第3－24表のようである。馬車鉄道時代とは随分変わったことがわかる。もっとも、この時期累積欠損は、一万五七七一円余に達していた。(8) そして、一九〇八（明治四一）年一月三一日限りで馬車鉄道の運転をいったん廃止して電気工事に着手することになる。翌二月には、大阪電燈株式会社と電力購求契約を結んだ。(9) 同年一一月には、市電路線への乗り入れを企図し、天

王寺西門前・天満橋南詰間の軌道共用の契約を結んでいる。(10)

一方、南海鉄道は培養線の計画をたて、一部競争線と目された浪速電軌に対し、この頃から合併の話し合いを進めていったらしい。この点は、項を改めて述べることにするが、浪速電軌の工事進捗状況をみると、「明治四十一年七月七日付ヲ以テ日本車輛製造株式会社ヘ注文シタル電車々体二十輛ハ成工ニ付、本年八月末日ヨリ天王寺車庫ヘ引取リ車台組立ヲ完了シ目下機械取付ニ着手中ナリ」ということであった。(11)

(1) この点については、拙稿「交通機関の変貌と交通労働者――『人力車』から『円タク』への移行――」(近畿大学『商経学叢』第三〇巻特別号、一九八四年)を参照のこと。
(2) この軌道線は、一九八〇年七月以降、系列の阪堺電気軌道株式会社の手で経営されている。平野線は、同年一一月二八日限りで廃止された。
(3) 前掲『南海電気鉄道百年史』一一九頁。
(4) 同右、一二〇頁。
(5) 「大阪馬車鉄道株式会社第七回報告」(一九〇〇年九月)。
(6) 「大阪馬車鉄道株式会社第拾三回報告」(一九〇三年九月)。
(7) 「大阪馬車鉄道株式会社第拾四回報告」(一九〇四年三月)。
(8) 「大阪電車鉄道株式会社第弐拾回報告」(一九〇七年三月)。
(9) 「浪速電車軌道株式会社第弐拾弐回報告」(一九〇八年三月)。
(10) 「市営電車事業ニ関スル契約締結ノ件」(鉄道省文書「南海鉄道(元阪堺電気)」)。
(11) 「浪速電車軌道株式会社第弐拾五回報告」(一九〇九年九月)。

## 二　南海軌道線の生誕と大阪・浜寺間電鉄の出願

南海鉄道は、軌道部門への進出に随分と苦労するが、既設の浪速電軌を、一九〇九（明治四二）年一二月二四日付で合併し、その第一歩を踏み出した。この間の経緯をふりかえっておくと、南海の有志株主田中市兵衛ほか一四名が合併を目的に購入した浪速株は五六〇六株に達しているが[1]、浪速電軌側重役に時期尚早派もあり、合併交渉は難航し、最終的には藤田伝三郎の裁許により決定をみたのである。

一九〇九（明治四二）年七月の浪速電軌重役補欠選挙で、南海の大塚惟明、寺田甚與茂、村野山人らが取締役に選ばれている。また同社報告には、「南海鉄道株式会社ヨリ金六拾万円融通ヲ受クベキ契約ヲ為セリ」「大阪市対本社締結ノ電気軌道共用契約書ニ依ル第一回納付金金参拾万円ヲ大阪市ニ納付シタリ」とある[2]。同時期（一九〇九年上半期）の浪速電軌の決算によると、雑収入一〇二七円余の利益を計上しているが、前期繰越損金が三五八四円余あり、差引二五五七円弱の欠損となっていた[3]。合併契約書によると、浪速株一万株に対し、南海は合併のため六八〇〇株を発行し、浪速電軌株主に分配するという条件であり、また解散費用として一万五〇〇〇円を浪速電軌重役に交付し、その処分を一任することにしている[4]。南海としては、阪南交通機関の統一という構想上、多少の犠牲を顧慮せず、ついに合併を実現させたのであろう。

ここに浪速電軌に特許されていた権利・義務は、南海鉄道が継承することになり、一九一〇（明治四三）年一〇月一日天王寺西門・住吉間二哩六四鎖の電車運転を開始した。続いて、さきの大阪市との協定により、翌年一月には市電の谷町六丁目まで、八月には天満橋南詰までの乗り入れを実現した。この結果、一九一一（明治四四）年下半期には、「総収入金十万八千八百五十一円」[5]余をあげた。しかし、市電路線への乗り入れは長続きせず、一九一二（明治四五）年初春には中止となった。その理由は、『大阪市交通局七十五年史』によると、両者の運転本数の調整がつかなくなって市側が契約を破棄したためとあり、『南海鉄道発達史』では、一九一二（明治四五）年一月大阪市電の運賃均一制の実施を機会に中止されたという。(6)

解約問題の経緯は別にしても、この結果、「(一)現在の乗入（一時間二十五分往復）契約を廃して更に市は南海車輌三十輌に対し賃貸借契約をなす事、(二)之に対する使用料として現在南海が乗入れにより収得しつゝある金額と略同様になる金額を市より南海に交付する事、(三)南海が既に市に納付したる百三十万円の提供金は五箇年間内に随意返却する事（但し利子を附せず）」(7)などが確約されたようである。このうち、「大阪市ト軌道共用解除ノ契約ニ係ル収入金」は「十万六千八百三十七円」余であった。(8)

いずれにせよ、いわゆる上町連絡線は、一九一三（大正二）年六月二〇日に住吉・住吉公園間二〇鎖を延長開業し、南海本線と連絡することになった。なお南海鉄道は、その後一九二三（大正一二）年一〇月天王寺西門・天王寺駅前間一二鎖六八節を、大阪市に譲渡して路線を短縮している。これにより、上町連絡線の起点も阿倍野橋省線天王寺駅前に移転した。

以上、南海鉄道は既設電気軌道を買収して軌道部門への進出を果たしたのであるが、一方で、紀州街道上に電車を走らせようとする計画も、何回か試みられたようである。一九〇七（明治四〇）年四月には、従来の運動中六派を統合する形で、阿部彦太郎ほか二三名の発起によって、大阪・浜寺間電気鉄道敷設計画が具体化した。資本金三〇〇万円の阪堺電気鉄道がそれであるが、願人総代片岡直輝・大林芳五郎・奥繁三郎らによる内務大臣原敬宛の副申書はその企図を、つぎのように主張している。(9)

副申書

大阪ノ地タル、我邦商業ノ中心ニシテ、人口稠密、商家櫛比、特ニ工業ノ発達ハ工場ノ増加ト為リ、煙筒各所ニ林立シテ煤烟日光ヲ蔽フ、於是乎、幾十万ノ市人ハ、少閑ヲ得レハ輙チ近郊ニ出テ新鮮ノ空気ヲ呼吸シ憂鬱ヲ散スルノ必要アリ、天下茶屋、住吉、堺、浜寺ノ如キハ、其目的地トシテ実ニ恰好ノ場所ナリトス、加之ナラス、近時家賃ノ騰貴ニ依リ、収入ノ少ナキ店員・職工ハ固ヨリ、官吏・公吏ニ至ルマテ居ヲ市外ニ求メ、日々市内ニ通勤スル者著シク増加セルヲ以テ、天下茶屋、住吉、堺若クハ其沿道ニ於ケル人家ノ増加ハ驚クヘキ勢ニシテ、大阪、堺両市ヲ連絡シテ一大都市ノ観ヲ呈スルニ至ルハ実ニ期月ノ間ナルコトハ、現時ノ状況ヲ一見シタルモノハ何人モ疑ハサル次第ニシテ、況ンヤ浜寺ニ接続スル高石村ハ軍隊ノ駐在地ト為リ兵営ノ設置ヲ見ルヘケレハ、到底在来ノ交通機関若クハ南海鉄道会社ノ計画セル電気鉄道ノミニテハ其需要ヲ充ス能ハサルハ明白ナル状況ナリト奉存候

南海鉄道会社ハ、曩ニ蒸気鉄道ト同軌併用ノ電車計画ヲ立テ其許可ヲ受ケ、将ニ開業セントスルモ、蒸気鉄道ト同軌併用ノ電車ハ、其発着時刻ト云ヒ停留所ノ位置ト云ヒ、単純電車ノ如ク乗客ニ便利ナラシムル能ハサルコトハ甲武鉄道ノ電車併用之ヲ証明ス、且ツ南海鉄道線ト本願線路トノ間若干ノ距離アリ、都会ノ地ニテハ是ノ距離ヨリ迥カニ近距離ノ間ニ二線三線ノ電車併行セルアリ、又都会ノ地ナラサルモ、現ニ京都伏見間ニ於テハ、在来ノ京都電気鉄道会社ノ伏見線アルニ関セス其レト併行シテ其間ニ更ニ電車敷設ヲ京阪電気鉄道会社ニ許可サレタル例モアリ、況ンヤ前記ノ如ク、本出願線ハ其名ハ市外線ナルモ、其実ハ市内線ト殆ント相同シキ場所ナレハ、若干ノ距離ヲ有スレハ、其間ニ二線三線ノ電車敷設ヲ見ルモ各々相当ノ収益アリテ、而カモ交通上多大ノ便利ヲ与ヘ、乗客ヲ満足セシムルコトハ明カニ推測サル、次第ト奉存候

右ノ如ク、本願線ハ交通頻繁ノ区間ナルニ拘ハラス、交通機関ノ設備完カラサルカ為メ、一般公衆ノ之便不利尠カラサルコトハ実地ノ状況ニ徴シテ明瞭ナル事実ニ候……私共決シテ一時ノ流行ノタメニ出願ヲ為スニアラス、実ニ大阪浜寺間ニ於ケル交通ノ状態已ムヲ得サルモノアルヲ以テ、従来度々却下サレタルコトアルニモ関セス、其者等打寄リ熟義ノ上、本出願仕リタル義ニ御座候間、何卒御採用ノ義奉懇願候也

ところで、南海軌道線の一前史たる大阪電車鉄道も、一九〇三（明治三六）年一二月以来、数回浜寺への軌道線延長を目論んでいたのである。いずれも認可を得るに至らなかったが、阪堺電鉄の出願に対抗して、一九〇七（明治四〇）年九月改めて、「弊社ハ阪堺間ノ内東成郡墨江村（住吉神社）マテ電気軌道敷設ノ御許可ヲ得、遠カラス電車開通可致成算ニ有之候得ハ、阪堺間ノ距離殆ンド其過半ニ達シ居、旁此際前陳終点地（住吉神社）ヨリ堺市迄電気軌道ヲ延長シ、阪堺間及堺市街ノ交通機関ヲ最モ完全ナラシメ、一般公衆ノ便益ニ供シ度候」[10]との動きを示した。この競願は、いわば南海対阪堺の前哨戦ともいうべき性格をもつが、同年一〇月の大阪府知事副申は、先願の阪堺電鉄に認可あらんことを進達している。すなわち、「抑モ本区間ノ乗客、大多数ハ専ラ浜寺、堺、住吉等ノ遊覧ヲ目的スルモノニシテ、交通ノ利便増進スルハ従テ遊覧者ノ増加スルハ従来ノ実跡ニ徴シテ明ナルニ付、今後南海鉄道ニ於テ電車ノ運転回数ヲ増加スルモ、到底交通ノ発展ニ追及シテ遺憾ナキヲ期スルハ至難ノ事ト被認、随テ此方面ニ向テ更ニ一ノ交通機関ヲ増設スルハ止ヲ得サル事実ト謂フヘキ、殊ニ其ノ軌間ハ広軌ナルニ付、大阪市営ト共通利用ノ利便モ有之、本計画ノ成立ハ、大阪市百弐拾万人ノ遊覧心ヲ跳発シ二者相両立スルモ、反テ其ノ繁栄ヲ加フ……甲願（阪堺電気鉄道発起人―筆者注）中、線路ハ別紙（略）図面中黒線ニ表示スル如ク変更セシメ許可相成然見込、又乙願（大阪電車鉄道―同右注）ニ対シテハ、先願タル甲願ニ御許可相成候上ハ、堺市ニ対スル交通ノ利便ハ当分十分ナルヲ以テ御詮議ノ必要無之ト被認候」[11]と。究極的には、前者の路線に特許がおり、後者の延長線は却下されることになるが、項を改めて、この間の動向を詳しくみていこう。

（1）前掲『明治期新聞資料集』一三〇頁（大阪朝日新聞、一九〇九年七月四日付）。
（2）前掲「浪速電車軌道株式会社第弐拾五回報告」。
（3）同右。
（4）前掲『南海鉄道発達史』二五頁。
（5）「南海鉄道株式会社第三十二回報告書」（一九一一年九月）。

(6) 青木栄一、前掲論文「日本の鉄道・京阪神圏（大阪近郊）の鉄道網のあゆみ」Ⅲ大阪都心部（前掲誌、第一七一号）六三頁。なお市電と郊外電鉄との乗り入れは、南海のほか、京阪電鉄の梅田乗り入れ、阪神電鉄の今橋東詰への乗り入れ契約が結ばれたが、実は「経営上の支障を除き、運転上の統一整備を期するため」（大阪市交通局『市電――市民とともに65年――』一九六九年、二五頁）という理由で実施に至らず、一九一一年一二月の市会で、南海に対する解除案とともに同様に扱われることとなり、ついに実現しなかったのである。前述の市電の料金均一制をも合わせて、その理由とされたという。

(7) 前掲『明治期新聞資料集』一五四頁（大阪朝日新聞、一九一一年一二月一〇日付）。

(8)「南海鉄道株式会社第三十六回報告書」（一九一三年一〇月）。

(9)「副申書」（前掲鉄道省文書「南海鉄道（元阪堺電気）」）。

(10)「電気軌道線路延長敷設特許申請書」（同右）。

(11)「大阪浜寺間電気軌道敷設願副申」（同右）。

## 三　阪堺電気軌道の生誕と南海鉄道との対抗

阪堺は、当初電気鉄道として出願しているが、やがて名実ともに電気軌道として免許を得ようとする。確かに鉄道と軌道は「格」の異なる交通機関と考えられていたようであり、完全並行線でも許可されるケースが多かったのである。それゆえ、阪堺電軌の出願の件は、鉄道院総務部長から数回にわたって大阪府知事に照会があり、その都度回答を寄せているが、それは軌道条例によって道路上に敷設される軌道の場合、特許にあたり、管理者たる地方長官の意見を尊重する必要があったからであろう。もっとも、前述のように浪速電軌、ひいては南海軌道線との対抗が問題となることには変わりないが、一九〇九（明治四二）年一〇月一六日付の大阪府知事の回答では、大阪・浜寺間の一九〇四（明治三七）年から一九〇八（明治四一）年に至る五年間の乗車人員を掲げ、この区間の増加率が年々三割ないし四割に達していること、さらに将来もこの傾向は変わらないであらうと予想するとともに、現行の状況について、「南海鉄道ハ、断エズ設備ヲ改善シ乗客輸送ニ全力ヲ尽スト雖モ、乗客幅湊時ニ於ケル常態ハ、毎車満員以上ナルモ尚乗リ後レ者ヲ出シ」(1)と報告しているのである。かくて、一九〇九(明治四二)年一一月、大阪府知事は、阪堺電軌の目論見に対して、調査結果をこう述べたのである。(2)

大阪浜寺間及堺市ニ電気軌道敷設ノ義、阿部彦太郎外二十三名ヨリ出願ノ件調査候処、

一、起業ハ成業ノ見込有之候

二、本軌道敷設ノ為メ、大阪浜寺間ノ交通ヲ利便ニシ、且ツ沿道部落ノ交通ヲ増進シ、便益ヲ与フルコト不尠ト相認メ候

三、本軌道ハ南海鉄道、高野鉄道、浪速電車軌道ニ影響スルト雖モ、両地間ノ鉄道ハ最モ頻繁ヲ極メ、到底既成鉄道ニテハ円満ニ其ノ需要ヲ充タス能ハサルニ付、更ニ一線敷設ノ必要アルモノト相認メ候

四、既成ノ鉄道横過ニ関シテハ協議未済ナルモ、適当ノ方法ニ依ラシムル見込ニ有之候

五、願人ハ相当ノ信用及資産ヲ有シ、起業者タルニ差支ナシト相認メ候

六、願書並ニ関係書類ニ押捺セル印影ニ関シテハ、確実ナルモノト認メラレ候

七、代理人ノ受任ハ正確ノモノト相認メ候

八、明治三十四年内務省訓令第十七号第二条ノ関係公共団体議会ノ意見ヲ諮問シタルニ、異議無之候

九、本軌道敷設ニ付、浪速電車軌道株式会社(旧大阪電車鉄道株式会社)ヨリ競願致居リ候ヘ共、右ニ関シテハ、已ニ四十年十月十四日土甲第一五〇〇号ヲ以テ意見上申致シ置キ候ニ付、却下相成候様致候

依テ命令書案相添ヘ、此段副申候也

明治四十二年十一月一日

大阪府知事高崎親章㊞

内閣総理大臣侯爵桂　太郎殿

内務大臣法学博士男爵平田東助殿

一方、これに対抗して南海鉄道は、常務取締役大塚惟明の名で、「其併行線出願ノ区間ハ、恰モ弊社線ノ生命トモ云フヘキ地点ニテ、真ニ弊社ニ取リテハ致命的大打撃ニ有之、弊社及ヒ合同ノ結果、利害ヲ同フスル浪速軌道株主二千五百名ノ狼狽恐慌名状スヘカラス、一面株式ハ暴落シ、其額既ニ二百万円ニ達シ、尚日々下落ヲ続ケッ、アリ」と、同月五日付で長文の陳情書を鉄道院総裁後藤新平宛、翌六日付で同文の陳情書を内閣総理大臣桂太郎宛に提出している。引用が長くなるが、これまでの経過がよくわかるので大要を掲げておこう。(3)

陳情書

(前略)

一往年企業熱勃興ノ際、南海線ニ併行スル電気軌道ノ出願十一社ノ多キニ及ビタルモ、高崎府知事ハ其必要ナシトノ副申ヲ為シ、内務省ハ悉ク之ヲ却下シタリ

一明治四十年春、右十一会社中六七ノ団体合同シ、俗ニ六団体派ト称シ一会社ヲ組織シ、再ビ併行線ノ出願ヲ為セリ、高崎大阪府知事ハ之ニ副申シテ、阪堺間ノ交通ハ南海一線ニテハ不充分也、大阪市ハ将来繁栄西漸スベケレバ、南海線ト隔絶セル木津方面ニ起リ海岸ニ沿フテ堺浜寺ニ達スル軌道ハ、御認可アリテ然ルベシト云ヘリト聞ケリ、其同知事ノ所論一変セリト雖モ、尚ホ依然トシテ南海ニ接近併行セル出願人ノ線路ヲ否認セラレタリ、是レ地方長官トシテ斯ノ如キ非常識ノ線路ニ賛同ノ副申ヲ為セバ、其責任悉ク一身ニ集ルコトヲ避ケタルモノナラム

(中略)

一本年春、大阪府庁ハ始メテ一種ノ統計ヲ作リ、更ニ競争線願書ヲ鉄道院ニ提出セリ
一鉄道院ハ双方ノ数字統計及南海ノ現状ヲ公平正確ニ調査スベク、技師西大助氏ヲ派遣セリ
一其復命ノ結果、本年八月二日小生鉄道院ニ召換サレ、調査ノ結果、南海ノ設備ハ完全ト認ム、唯車輌ノ運用ニ遺憾ノ点アリ、故ニ三ケ条ノ覚書通リニ改善スベシト命令アリタリ、依テ小生ハ直チニ請書ヲ提出シ、且ツ完全ニ之ヲ実行シツヽアルヲ以テ、茲ニ競争線不認可ノ保証ヲ得タルモノト確信セリ

（中略）

一然ルニ伝フル処ニ依レハ、政府ハ此際歴史久シキ一定不動ノ方針ヲ一変シ、南海ノ設備完全ハ姑ラク別問題トシテ、往年内務省ガ主張セシ道路ト鉄道ハ別物也トノ理論ニ依リ、競争線ヲ認可セントス
一前内閣ノ時代ニ、天下ノ輿論殊ニ貴族院諸君ノ主張セシ議論ハ、左ノ如シ
電車軌道ハ、幼稚時代ニ於テハ人力車、馬車、自働（動）車ト同ジク単純ナル道路補助機関トシテ内務省ニ属セシメ置クモ可ナレトモ、今ヤ長足ノ発達ヲ為シ、確カニ交通機関タル性質ヲ帯ヒ来リ、且ツ動トモスレバ主管ノ異ナルヲ奇貨トシテ種々ノ運動ヲ試ミ、軌道布設ヲ願フモノ続出スルニ至レリ、之ヲ国家交通機関ニ直接関係ナキ内務省ニ属セシメ置クハ危険也、宜シク其主管ヲ逓信省ニ移スベシ云々
一現内閣組織セラルヽヤ、速カニ前論ノ主旨ヲ容レテ、爾来電気軌道ニ関スル主管ハ内務専属ヲ廃シテ内務省鉄道院ニ両属スルコトヽナレリ
一此主管両属ノ精神ハ、申マテモナク南海鉄道ノ如ク殆ンド国道ト恰モ縄ヲ綯ヘルガ如キ併行セシ鉄道ニ電車ヲ一日数百回運転スル以上ハ、所謂普通鉄道ニアラズ、一面鉄道ノ任務ヲ尽スト共ニ、道路交通ノ補助機関タル性質ヲ兼備スルモノ也、南海ハ鉄道院ニ直属スルモノナルガ故ニ、此状態ニ精進セラルベキ鉄道院ハ、斯ル差別ヲ判断シテ電気軌道許否ノ方針ニ万一ノ誤ナカランコトヲ期セシニ外ナラズト信ズ

一前記ノ主旨ハ、前内閣以来鉄道ニ直接関係ナキ内務省ニ於テスラ認メ居ラレタリ、然ルニ鉄道院ガ、此際南海ガ特殊鉄道タルコトヲ認メズ、別ニ軌道ヲ認可スルニ立至ラバ、現内閣カ天下ノ輿論ヲ容レテ軌道ノ主管ヲ両属セシメシ精神ハ全ク没却セラレタルモノト云ハサルヲ得ズ

一或ハ曰ク、南海電車ハ軌道幅員ノ異ナルニ依リ、市内ニ直通運転スル能ハズトセハ、一理由ニ相違ナキモ絶対理由ト云フベカラズ、幅員ノ同一ナルモノモ、乗換ノ止ヲ得サルハ比々其例ニ乏シカラズ、京浜電車ガ品川ニテ乗換フルヲ政府ハ承認シ居ルニアラズヤ、要スルニ、カカル一二薄弱ナル理由ヲ以テ既設会社ニ致命的打撃ヲ与ヘ、一般企業者ノ恐慌トナリ経済界ニ不安ノ念ヲ注ゼシムルハ、真ニ恐ルベキ悪結果ヲ起スベシト信ズ、況ンヤ南海ハ、市内直通ノ利便ヲ計ラン為メ浪速軌道ト合同シ、既ニ双方ノ総会ヲ通過シ、不日認可ヲ申請セントスルニ於テオヤ

一南海鉄道ノ創立者藤田伝三郎氏ハ、常ニ小鉄道分立区々ノ競争ヲ為スヲ国家ノ不利ト認メ、掌(嘗)テ近畿鉄道大合同ヲ主唱シタルコトアリ、同一主義ノ下ニ、南海浪速両会社合併ノ中堅トナリテ之ヲ成功シタリ、南海ハ既ニ電車設備ニ約百五十万円ヲ投ジタリ、更ニ浪速本線ニ約九十万円、大阪市内線ニ百三十万円ヲ放資セントス、南海ガ道路交通ノ補助設備ヲ完成セントシテ、既出又ハ支出セントスル資本額ハ合計三百六七十万円ニ達セントス、今若シ別ニ競争線ヲ御認可アレバ、如上ノ資金ハ全ク死金トナル次第ナリ

一或説ニ曰ク、大阪市ハ年々数万ノ人口増加ス、故ニ今一線ノ必要アリト、元来南海乗客ノ或部分ハ遊覧者ニシテ、此種ノ乗客ハ来春箕面有馬、京阪、浪速三線ノ開通スルアリテ、幾分ハ此方面ニ吸収セラレテ、南海線ノ閑散ヲ免レザルベシト信ズ、故ニ我々ハ飽マデ其必要ヲ認メザルモ、若シ政府ハ強ヒテ大阪市ノ人口増加ノ為メ今一線ノ必要ヲ認メラル、ナラバ、好ンデ利害ヲ異ニシ且未成ナル競争線ヲ布設シテ、既設会社ニ致命的打撃ヲ与ヘザルモ他ニ良手段アリ、即チ浪速軌道線ハ天王寺住吉間目下工事中ニ属シ、来春開通スベク、且ツ住吉以南堺

浜寺ニ至ル延長線ハ先願也、先ヅ其延長ヲ命令セラル、モ可ナラズヤ、浪速線ハ大阪市上町ヲ南北ニ貫通スル市街線ヲ借用シ（且住吉梅田間電車共通ノ附帯契約アリ）、東部全体及北区天満方面ノ乗客ヲ吸収シ、大ニ南海本線ニ集ル乗客輸送ヲ軽減スベキナリ

以上から、阪堺側の認可運動、南海側の防戦の様子がよくわかるが、双方の運動費は相当額に達した。一九〇九（明治四二）年一二月三日、南海では同社重役らの防戦運動とは別に、株主委員垂井清右衛門・南耕一郎らの手で有志株主大会を開催し、阪堺電軌の出願を認可しないよう陳情したことを報告するとともに、つぎの決議文を満場一致で可決している。そして、さらに陳情委員を増加し、桂太郎総理大臣を訪ね、最後の大活動を試みることを決定した。(4)

一、当社線路に並行して今宮より浜寺に達せんとする電気軌道の企画出願に対し、地方長官の復申を無視し、政府は之を認可せんとする傾向あり、是既会社を死地に陥らしめ、経済界を攪乱する不公平な所置なりとす、仍て政府の反省を促し経済界の安寧秩序を保持せん事を期す

二、若し不幸にして阪堺線の認可に接するも、不屈不撓、本決議の意志を貫徹する事

さきの陳情書からも、阪堺と南海の対抗は、やや政治がらみで進行したことが察せられようが、実は阪堺電軌の出願には、在阪有力資本家に加えて、政友会領袖衆議院議長奥繁三郎が名を連ねていたことに注目する必要がある。確かに南海の並行線たる阪堺の特許にあたり、彼の政治力が大きな意味をもったことは想像に難くないであろう。

阪堺電軌の路線は、紀州街道上および海岸寄りが検討されたが、当初の計画どおり、前者の路線に免許が下付されることになる。一九〇九（明治四二）年一二月二八日付の、大阪・浜寺間と堺・大浜間への支線特許がそれであった。ここに阪堺は、財界の大立物片岡直輝を社長に、取締役は奥繁三郎・野元驍・永田仁助・大林芳五郎、監査役は岩下清周・松方幸次郎、渡辺千代三郎ら関西有力実業家を揃え、南海への競争を目論むことになったのである。特許書には、起点明示のほか、「賃金は南海電車と協定すべきこと」、「運賃その他取客上に関し、絶対に競争及びこれに類す

る行為を禁止する」などの条件が付記された。(5)

ところで、当時の新聞が数年間懸案であった阪堺電軌の認可問題は、「閣員の一部に大反対あるに拘はらず、政党操縦の或る目的の為、認可を与へたるは甚だ不法の事なり」(6)、「政友会所属の政商等が一団となり、利益交換の条件として攫得した」(7)と報じているように、幾多の問題を残している。中西健一氏は、とくに「権利株を目的の奥の政治力が、南海鉄道にたいする重複線であることの明白なこの鉄道の免許を実現せしめた」(8)と指摘されている。周知のように、京阪電鉄の岡崎邦輔やこの奥繁三郎のように、政党政治の発展とともに政党政治家の私鉄創設発起への加入が目立つが、彼らは事業をやるという気持はカケラも持たず、許可があって会社が創立したときに、功労株として優先的に株券の幾割かを受け取り、やがて値の出るのを待ってプレミアムつきで売り払い、マンマと甘い汁を吸うというのが常套手段であったらしい。一方、政治家を歓迎した鉄道資本家たちは、免許・補助・買収・工事変更その他に関して、彼らの腐敗した政治的手腕に期待したことはいうまでもなかったのである。(9)

阪堺電軌の認可後、いわゆる六派間の権利株をめぐって重役間で内訌が生じた。伝えられるところによると、「例の大阪方有力屋と政友会派政商の横暴に基づくものにして、即ち六派中に貴族院議員千阪高雅派なるものありて、三十九年十月守屋此助、関根親光、磯野良吉、浜崎栄三郎(永)等外十名の政商株屋連にて、国道線を出願したるは六派中最先願なりしやにて、後続々出願せし数線を西山金蔵、奥繁三郎、植場平等の政商チャキチャキが斡旋にて合同を為すに至りたるが、其の際他の五派は代表者を二名若くは数名の多数を出せしも、所謂千阪派は只一人の千阪高雅氏其の代表となり居たるに、同電鉄の認可あるや、片岡直輝氏より権利株は平等分配を以て千阪派にも五千株を与ふべしと通知したるに、サテ愈分配となると、僅一千株を千阪派に分配(10)」しようとしたのがことの真相らしい。なお奥一派は三万株の権利株を手にし、のちこれを大林に一株一〇円のプレミアムで売り、一文も払わずに三〇万円を手にすることになったという。(11)

一方、南海鉄道も、敗戦の責任と今後の経営方針をめぐって、重役間で内訌が生じた。大塚惟明・田中市兵衛社長を中心とする一派と、寺田甚與茂ら泉州派株主の対立がそれであり、社長交替劇が予想され、連日新聞を賑わしたが、やがて重役間の不和は解決し、役員は現状のままで経営を続行することとした。そして、㈠独立自営の主義を基礎として、他に依頼的行動をなさざる事、㈡従来の状態を一新し営業の方針を革新し、収益の増加を努むる事、㈢阪堺電軌開業の暁は、自然相互の競争は免れざるを以て、当初は今期より利益配当の幾分を積立てて、弊来の競争準備とする事、の三点を重役会で確認している。(12)

一九一〇（明治四三）年五月、阪堺電軌は浜寺・岸和田間の軌道延長敷設を申請するが、これは新たなる南海鉄道への挑戦であったといえる。当然のことながら、一丸となった南海は、翌月六日付で、同社の浜寺以南の電化計画と競合するとして阪堺の企図は不必要であることを陳情し、その却下を願い出た。(13)

陳情書

仄カニ承ル所ニ拠レバ、昨年十二月大阪浜寺間ニ電気軌道敷設特許ヲ得タル阪堺電気軌道株式会社ハ、今回更ニ弊社線路ニ並行シテ浜寺以南岸和田ニ達スル区間ニ軌道延長ヲ出願セリト、若シ本出願ニシテ事実ニ有之候得ハ、弊社ハ大阪浜寺間ニ於テ阪堺電気軌道ノ御特許ニ依テ非常ノ打撃ヲ蒙リタル上ニ、又タ一層ノ苦痛ヲ加フル義ニ有之候、弊社ハ、明治三十九年十一月廿九日浜寺貝塚間、又タ四十年四月十日貝塚和歌山市間ニ電車併用ノ御認可ヲ得テ、爾来適当ナル時機ヲ得テ工事ニ着手スル計画ニ有之候処、本年三月二日、弊社取締役会ニ於テ直チニ工事着手ノ決議ヲナシ、目下別紙仕様書（略）ヲ欧米各電気材料製作所ニ送リ、七月十六日ヲ期シ値積書徴集中ニ有之、該工事全部ノ竣成、即チ浜寺以南和歌山ニ達スル約三十哩ニ電車ノ運転ヲ見ルハ、来ル四十四年晩夏ノ頃ト予定致居候、弊社全線中、四季ヲ通ジテ難波堺間ハ乗客最モ多数、堺以南和歌山間ハ、夏季二ケ月浜寺行乗客数ガ一時的膨脹ヲ来タスノミニテ、平素ハ乗客甚ダ多カラズ、殊ニ浜寺以南に至テハ乗客少数、此区間三十哩ノ乗客惣数ハ浜寺以北十余哩ノ約三割ニ過ギズ、現今一日往復九回ノ直通列車及四回ノ区間列車ヲ以テ、輸送上毫モ渋滞ヲ認メズ候、之ニ加フルニ、弊社ガ今回交通設備ノ改善、地方開発ニ資スル為メ電車併用ヲ決行シ、浜寺佐野間約十分、佐野和歌山間約二十分乃至三十分ノ間隔ヲ以テ、ボギー式長大ナル電車又ハ連絡電車ヲ運転スルニ立至ラバ、輸送上毫末モ遺憾無之義ト奉存候、其時期ハ正サニ向後一年半ヲ遅レザル事ニ御座候、随テ浜寺以南ニ対スル阪堺電気軌道株式会社ノ延長出願ハ、全ク不必要ノミナラズ、既設会社タル弊社ニ非常ノ苦痛ヲ与ヘ交通上ニモ格別ナル利益ヲ見ル能ハズト奉存候間、何卒速カニ該延長願書ヲ御却下被成下候様奉懇願候、謹言

明治四十三年六月九日

南海鉄道株式会社

社長　田中市兵衛　印

内閣総理大臣侯爵　桂　太郎殿

結局、阪堺電軌の延長計画は、大阪府知事の賛同を得たものの、「全線南海鉄道株式会社線ト並行シ、同社浜寺以南複線敷設及電車併用ノ計画熟シ、之カ実行ノ期モ近キニアルヘキヲ以テ、出願区間目下ノ状況更ニ一線敷設ノ必要無之被認候」[14]と却下され、南海の主張が認められた。

それはともかく、一九一〇（明治四三）年三月八日創立総会を開いた阪堺電軌は工事を円滑に行えるよう特許線の一部線路を変更したが、一九一一（明治四四）年一二月から一九一二（大正元）年一一月にかけて、恵美須町・大小路間五哩五六鎖、大小路・少林寺橋間五九鎖、少林寺橋・浜寺駅前間一哩三五鎖二〇節、宿院・大浜水族館前間五〇鎖四〇節、大浜水族館前・大浜海岸間二六鎖四〇節、浜寺駅前・浜寺公園間五六節の各区間を順次開業し、南海鉄道と激しい競争を展開することになる。最後の浜寺駅前・浜寺公園間は、浜寺海水浴客のため、南海との対抗上、延長敷設したものであった。

第3-25表　阪堺電気軌道の重要株主

| 株数(1910年3月末) | 株数(1913年9月末) | 住所 | 氏名 | 備考 |
| --- | --- | --- | --- | --- |
| 株 410 | 株 795 | 大阪 | ◎片岡直輝 | 大阪瓦斯社長 |
| 300 | 1,000 | 京都 | ○奥繁三郎 | 衆議院議員 |
| 350 | 585 | 大阪 | ○野元驍 | (1913年の住所は東京) |
| 300 | 530 | 同 | ○永田仁助 | 大阪株式取引所理事，浪速銀行頭取 |
| 735 | 5,700 | 同 | ○大林芳五郎 | 大林組 |
| 611 | 872 | 東京 | △岩下清周 | 北浜銀行頭取 |
| 700 | ― | 兵庫 | △松本幸次郎 | 日本火災保険取締役，衆議院議員，松方正義の三男 |
| 375 | 500 | 大阪 | △渡辺利三郎 | |
| 354 | 1,139 | 同 | △志方勢七 | 肥料商 |
| 1,480 | 1,810 | 同 | 本出保太郎 | 地主 |
| 1,350 | ― | 東京 | 千阪高雅 | 貴族院議員 |
| 104 | 1,271 | 大阪 | 伊藤哲郎 | |
| ― | 2,100 | 同 | 石井竹三郎 | |
| ― | 2,750 | 同 | 日本生命取締役 片岡直温 | |
| 404 | 6,435 | 同 | 大門益太郎 | |
| 104 | 1,435 | 兵庫 | 小原孝平 | (1913年の住所は大阪) |
| ― | 1,100 | 大阪 | 小林一三 | 元三井銀行員，元阪鶴鉄道監査役 |
| 104 | 1,705 | 同 | 佐々木伊兵衛 | |
| 360 | 2,650 | 東京 | 岸清一 | 弁護士，大阪瓦斯取締役 |
| 104 | 1,300 | 大阪 | 白杉亀造 | |
| 6万株 255名 | 7万2000株 342名 | 総計 | | |

(備考) 1 「阪堺電気軌道株式会社第1回，第8回報告書」より作成。
2 役員は，1910年3月末のもので，◎印は取締役社長，○印は取締役，△印は監査役を示す。職業については，前掲書および渋谷隆一編『大正昭和日本全国資産家地主資料集成』Ⅰ，Ⅳ(1985年復刻版)等を参照。

阪堺電軌は資本金三〇〇万円であり、重要株主等は第3-25表のようである。政財界の錚々たる人物が顔を揃えていることがわかる。支配人は足立通衛であり、技師長に工学博士杉山清次郎が就任、総務・運輸・電気・土木の四課からなる。職員として、「支配人、技術長、課長、秘書役、係長、技士、書記、車掌監督、運転手取締、機関手、運転手、職工長、車掌、車掌心得、出札係、改札係、検車係、雇、線路工夫取締、建築工夫、シグナルメン、ポイントメン、守衛、大工、電線工夫、線路工夫、車輌夫、橋梁番、踏切番、職工、傭夫、仲仕、給仕、小使」を置くとされた。[15] 職員の給料は、年俸・月俸・日給の三種に分けられ、その等級は六種に区分されたらしい。[16] 職員は、身元保証金を差し出さねばならなかった。その割合は、「(一)総務課長ハ俸給月額ノ十五倍以上、(二)運輸課長、電気課長、土木課長及総務課会計係勤務ノ三等職員以上ハ俸給月額ノ十倍以上、(三)三等職員以上及総務課会計係勤務ノ四等職員以下ハ俸給月額ノ七倍以上、(四)四等職員以下ハ俸給月額ノ五倍以上」[17] とされた。職員の休日は、日祝日、大祭日および毎年一月一日から三日までとされた。出勤退出時間は、一月〜三月末と一一月〜一二月末間が午前九時出勤、午後四時退出であり、四月〜一〇月末間は午前八時出勤午後四時退出とされたらしい。なお現業従事員については、「別ニ定メル所ニ依ル」とあるが、いまそれを確認できない。[18] 一九一一（明治四四）年二月の臨時株主総会において、阪堺電軌は社債一五〇万円の募集を決議し、浪速・北浜・三十四の三銀行が引き受けている。[19]

さきに少しふれたように、南海は阪堺に対抗するため、「早速競争基金といふを積立てて、乗車賃で阪堺を凹ます計画」[20] であったが、政府の威光で不可能とされ、阪堺の開業に先立ち、「大阪浜寺間を六区に区分し、一区二銭の賃金を定むる事」を骨子とする区間制の運賃協定を成立させた。[21] いわば、この運賃は泣く泣く阪堺と協定したものであったから、阪神などに比べると安くないが、南海にとっては、「約一割五分の運賃値下」[22] になったといわれる。しかし、両社の運賃協定によって、協定区域における南海の一現客の運賃は従来よりやや緩和されたが、定期券や回数券の利用者には逆に値上げとなった。協定区域の定期券の場合、従来の七割五分引が五割引となったのである。「お蔭で迷惑するのは沿道住民だ。ソロソロ逃げ出す連中があるので田園生活を当て込んだ貸家主の土地思惑が外れ出した」[23] という。もっとも、この点は、一方で浜寺・岸和田間の延長計画が議論されると、たちまち助松付近の地価が暴騰するといった状態で、本来投機性がつきまとうものであったことはいうまでもあるまい。それはともかく、競争が激化するにつれ、協定破りが出はじめたらしい。[24]

阪堺電軌は、特許線の全線開業に続いて、一九一二（大正元）年一〇月、一般貨物運輸の営業を出願した。その中

請書には当時の沿線における貨物の輸送状況が述べられており、興味深い点があるので、つぎに掲げておこう。(25)

貨物運輸営業許可申請書

弊社ハ曩ニ御許可ヲ得テ旅客運送ノ業ヲ営ミ居候処、今般弊社軌道ノ全部ニ貨車ヲ運転シ、一般貨物ノ運輸ヲモ開始致度候間、御許可相成度、明治四十二年十二月二十八日付御下付ノ命令書総第一〇一七号ニ依リ、理由書相添ヘ此段申請候也

大正元年十月廿三日

阪堺電気軌道株式会社
社長　片岡直輝　印

内閣総理大臣侯爵西園寺公望殿

理由書

大阪市ト其南方郊外トノ交通ハ近来長足ノ進歩ヲ為シ、随テ貨物ノ出入モ亦頗ル増加シ、現ニ大阪堺間ノ如キハ南海鉄道ノ便アルニ拘ハラズ、尚人馬牛車ニ依ルモノ一日平均壱千輛以上ニ及ブノ盛況ナリ、然ルニ此等ノ貨物ハ、何故ニ南海鉄道ニ依ラサルヤ、其事情ヲ研究スルニ、全鉄道ハ此等貨物ノ集配地域ノ西方ニ偏在シ、貨物ノ出入地点ト鉄道駅トノ距離遠キヲ以テ、鉄道運賃発着手数料等ノ外ニ多額ノ持込賃又ハ配達賃ヲ要シ、殊ニ輸送区間ハ僅々五六哩ニ過キサルヲ以テ、寧ロ始ヨリ牛馬車ニ依ルノ便利ナルヲ以テナリ、茲ヲ以テ、一度ハ鉄道便ニ托送シタル貨主モ、次回ヨリハ之ヲ廃シタル例証少ナカラズ、然ルニ弊社線路ハ、此等貨物集配地域ノ中央ヲ貫通セルヲ以テ、開業以来貨物ノ輸送ヲ希望スル者頗ル多ク、殊ニ堺大浜魚類商賈ノ如キハ、弊社大浜線ノ繋船場及魚市場ニ近接セルカ為メ魚類ノ輸送ヲ懇望シ、又晒木綿ノ本場ナル石津地方ニ於テハ、大阪ニ輸送スル晒木綿ノ年計ハ実ニ参百四拾余万貫ニ達シ、尚年々増加ノ傾向アリ、南海鉄道ニ依リテ輸送セントセハ、石津ヨリ遙々堺駅迄持出サザル

ヲ得ス、掌(嘗)テ之ヲ試ミタル事アリタルモ、前陳ノ事情ニ依リ、寧ロ始ヨリ牛馬車ニ依ルノ便利ナルガ為メ鉄道輸送ヲ廃シタルニ、弊社ノ線路ト木綿ノ晒場トハ密接シ、且ツ大阪問屋ハ悉ク弊社線路起点ノ附近ニ在ルヲ以テ、何レモ其貨物ヲ弊社線ニ托送センコトヲ切望シテ已マス、尚以上ノ外、沿線ニ於テ貨物輸送ノ希望多々ナルノミナラズ、目下建設中ノ工場等モ亦少ナカラサルニ依リ、弊社ハ種々調査ノ上営業ノ見込相立チタルヲ以テ、進ンテ此等貨主ノ希望ニ応シ、全線ヲ通シテ貨物運輸開始仕候、茲ニ別紙ノ通リ申請致候次第ニ御座候

この貨物運輸の件は、一九一三（大正二）年上半期に許可され、「直チニ貨車引込線ノ敷設ニ着手シ、六月下旬之ヲ竣工シ、傍ラ有蓋貨車三輛、無蓋車二輛ヲ新調シ」、七月一〇日から運輸営業を開始した。(26) 開業に先立ち、旅客運賃の場合と同様、同年四月阪堺と南海は、貨物運輸および割合歩合に関し協定を結んでいる。(27) しかし、両社の競争はいっそう激化することになる。

このあと阪堺電軌は、今池・平野間の特許をもっていた姉妹線たる資本金六〇万円の阪南電気軌道株式会社（一九一二〈大正元〉年一一月片岡直輝ほか八名発起、社長以下役員も阪堺と同一）を一九一三（大正二）年七月一日付で合併し、(28) その資本金は三六〇万円となり、翌年四月二六日、同区間三哩四八鎖六〇節を開業して営業網を拡大した。そして、この平野線においても、「該沿線ハ、牛馬車其他ノ荷車ニ依リ大阪市トノ間ニ貨物ノ出入頗ル多ク、之等貨主ニ於テ、右支線開通ト共ニ貨物運輸取扱ノ希望者多々有之、是レガ調査ノ結果充分ノ見込相立チ候間、其希望ニ応シ、右支線ニ於テモ本線同様ニ一般貨物運輸業ヲモ開始致度候」(29) との観点から、貨物運輸の営業を行うことになったのである。

南海は、阪堺という競争線の出現によって経営の不安と脅威を感じ、機会あるごとに阪堺との合併交渉を進めたが、実に強敵であったといわねばならぬ。阪堺の一九一四（大正三）年上半期の営業概況は、「貨物輸送ハ漸次良好ノ成績ヲ挙ゲ来レルガ、特ニ市内船場荷扱所設置以来頓ニ取扱増大シタレバ今後経済界ノ恢復ニ連レ益々増収ヲ見ルニ至ルベシ」(30) と報ぜられた。

(1) 「土甲第一五〇〇号」(前掲鉄道省文書「南海鉄道(元阪堺電気)」)。
(2) 同右。この電気軌道の敷設免許についての裏面史については、前掲『原敬日記』第二巻(一九一〇年一月一三日付)にも言及されている(三九八頁)。
(3) 「陳情書」(前掲鉄道省文書)。
(4) 前掲『明治期新聞資料集』一三四頁(大阪朝日新聞、一九〇九年一二月四日付)。
(5) 同右、一三六頁(同右、一九一〇年一月五日付)。
(6) 同右、一三五頁(同右、一九一〇年一月三日付)。
(7) 同右、一三六頁(同右、一九一〇年一月二二日付)。
(8) 中西健一、前掲『日本私有鉄道史研究』増補版二九二頁。
(9) 同右、二九三頁。
(10) 前掲『明治期新聞資料集』一四三頁(大阪朝日新聞、一九一〇年三月八日付)。
(11) 中西健一、前掲書、二九三頁。
(12) 前掲『明治期新聞資料集』一四〇頁(大阪朝日新聞、一九一〇年二月五日付)。
なお社長交替劇とは、病弱の田中市兵衛を引退させ、中橋徳五郎をかつぎ出そうとした動きであったが、寺田甚與茂らの反対が強く、中橋は辞退する。一九一〇年七月田中は病死し、大塚惟明が第四代社長に就任したことは、前述のとおりである。
(13) 「陳情書」(前掲鉄道省文書)。
(14) 「阪堺電気軌道延長線敷設願却下ノ件」(同右)。
(15) 南海電気鉄道株式会社所蔵文書「(阪堺電気軌道株式会社)職制」。
(16) 同右「給与規則」。
(17) 同右「職員身元保証金規則」。
(18) 同右「処務細則」。
(19) 「阪堺電気軌道株式会社第四回報告書」(一九一一年九月)。
(20) 泉大津市史編纂室『大正期新聞資料集』(『泉大津市史紀要』第七号、一九八二年)一〇頁(大阪朝日新聞、一九一五年三月二九日付)。

(21) 前掲『明治期新聞資料集』一五三頁（同右、一九一一年一一月一七日付）。
(22) 前掲『南海鉄道発達史』三一六頁。
(23) 前掲『明治期新聞資料集』一五四頁（大阪朝日新聞、一九一一年一二月一〇日付）。
(24) 前掲『南海電気鉄道百年史』二〇三頁。
(25)「貨物運輸営業許可申請書」（前掲鉄道省文書）。
(26)「阪堺電気軌道株式会社第八回報告書」（一九一三年九月）。
(27)「貨物運賃協定書」（前掲鉄道省文書）。
(28)「阪南電気軌道株式会社合併ノ件」（同右）。
(29)「平野支線貨物運輸営業許可申請書」（同右）。
(30)「阪堺電気軌道株式会社第拾回報告書」（一九一四年九月）。

## 四　南海鉄道による阪堺電気軌道の合併

南海鉄道と阪堺電軌の競争は激甚をきわめた。南海は、対抗上難波・浜寺間に多数の停車場を設置し、また浜寺公園の開発などにも多額の資本をつぎこんでいる。ただ反面、次項でも述べるように、「経費節減の名目により、多年会社に功労深き現業社員の馘首となり、従って残留員には過重な労働の負担となった[1]」という。

一方、阪堺も、乗客吸収、設備増強にこれつとめる。南海がその起点難波近くに千日前をひかえているのに対抗して、一九一二（明治四五）年七月には恵美須町停留場の東隣に、大阪の新名所となった通天閣、新世界が開設された。これは阪堺電軌を培養する目的で、第五回内国勧業博覧会の跡地を利用して、大林組が建設したものであった。通天閣はパリのエッフェル塔をモデルにしたといわれ、遊園地ルナパークは人気を呼ぶことになり、大阪土地建物株式会社が催した開業式には、知事、市長をはじめ二〇〇〇余人が集まったという。また阪堺が大浜の開発に力を入れた意

### 第3-26表　阪堺電気軌道の職員数等

| 年　度 | 人　員 | 備　　　考 |
|---|---|---|
| 1910上 | 人 63 | |
| 10下 | 70 | |
| 11上 | 204 | |
| 11下 | 495 | 営業開始ニ付運輸従事員ヲ採用 |
| 12上 | 426 | 前期末ニ工事竣工ノ結果不用ノ人員ヲ解職 |
| 12下 | 468 | 大浜潮湯開業ノタメ増加 |
| 13上 | 508 | 乗客運輸繁忙及貨物運輸開始ノタメ増加 |
| 13下 | 463 | |
| 14上 | 456 | |

（備考）「阪堺電気軌道株式会社各期報告書」より作成。人員は支配人以下の総数を示す。

義は大きい。一九一二（大正元）年上半期には、市電堺筋線の開通に加えて、同社大浜循環線を開通させ、とくに「堺大浜ニ於テハ公会堂及海楼ヲ建築シ、海水浴場ヲ開キ、専ラ乗客ノ吸収ニ力メ……新設電気鉄道会社トシテ実ニ稀有ノ好成績」(2)をあげたのである。

大浜海水浴場は、大阪市および堺市内の小・中学校、その他各種学校の指定遊泳場とされたし、さらに一九一三（大正二）年一月には、大浜海水温浴場を開業している。大浜潮湯は、家族湯の設備もあり、「開業以来非常ノ好人気ニシテ、浴客常ニ幅輳」(3)したという。そして、一九一三（大正二）年上半期の営業概況は、「開業以来ノ最好績ヲ挙ケタリ、之レ当期ハ海水浴ノ季節ニ相当シ各種学生及一般避暑客ノ来往頻繁ナリシト沿線地方ノ漸次発展スルニ伴ヒ乗客増加シ、就中定期券及回数券乗客ノ激増シタルト大浜公園ノ娯楽的価値ガ一般世間ノ認識ヲ得タルニ至リタルトニ帰セザル可カラズ」(4)と報じている。続いて、翌一九一四（大正三）年二月一八日から電燈電力供給事業も兼営するようになった(5)。

さて阪堺電軌の職員数等の推移をみると、当初は支配人以下三三名であったが(6)、一九一〇（明治四三）年上半期以降の推移は、第3－26表のとおりである。残念ながら、職種別の数値は得られないが、備考欄から営業開始にあたり大量の運輸従事員を採用したことや、また営業基盤の拡大に伴い人員を増加させたこと、反面工事完了により「建設工夫」等の解雇が行われたことが察せられる。

つぎに、南海と阪堺の営業成績を比較しよう。まず、一九一二（明治四五）年上半期の状況をみると、南海は営業キロ六七・九、乗客人員六〇五万九四三七人、乗客収入五二万五六五九円、阪堺は営業キロ一五・八、乗客人員三七

### 第3-27表　南海と阪堺の営業成績比較

（1）　南海鉄道の営業成績

| 年　度 | 営業収入 | 運輸収入 | 諸支出 | 差引 | 配当 |
|---|---|---|---|---|---|
| | 円 | 円 | 円 | 円 | 分 厘 |
| 1911 下 | 770,335.55 | (587,339.65 ) | 394,812.515 | 375,523.035 | 9 |
| 12 上 | 781,352.746 | (625,230.35 ) | 437,314.029 | 344,038.717 | 9 |
| 12 下 | 669,561.111 | (559,932.55 ) | 438,211.167 | 231,349.944 | 8 |
| 13 上 | 810,085.787 | (656,843.133) | 422,473.202 | 387,612.585 | 8・5 |
| 13 下 | 707,648.894 | (578,672.245) | 410,056.071 | 297,592.823 | 8・5 |
| 14 上 | 798,244.092 | (635,182.73 ) | 416,950.908 | 381,293.184 | 8・5 |
| 14 下 | 689,452.494 | (550,458.985) | 400,857.703 | 288,594.791 | 9 |

（備考）「南海鉄道株式会社各期報告書」より作成。

（2）　阪堺電気軌道の営業成績

| 年　度 | 運輸収入 | 雑収入 | 計 | 諸支出 | 差引 | 配当 |
|---|---|---|---|---|---|---|
| | 円 | 円 | 円 | 円 | 円 | 朱 |
| 1911 下 | 60,086.28 | 1,732.87 | 61,819.15 | 46,795.152 | 15,023.998 | 一 |
| 12 上 | 190,137.25 | 4,606.66 | 194,743.91 | 132,503.584 | 62,240.326 | 6 |
| 12 下 | 170,075.40 | 13,351.315 | 183,426.715 | 124,444.431 | 58,982.284 | 6 |
| 13 上 | 221,644.22 | 66,662.185 | 288,306.405 | 163,136.201 | 125,170.204 | 7 |
| 13 下 | 182,154.32 | 29,882.604 | 212,036.924 | 143,717.146 | 68,319.778 | 7 |
| 14 上 | 234,774.87 | 46,561.811 | 281,336.681 | 175,903.414 | 105,433.267 | 7 |
| 14 下 | 204,753.07 | 36,268.253 | 241,021.323 | 163,420.26 | 77,601.063 | 6朱2厘8毛強 |

（備考）「阪堺電気軌道株式会社各期報告書」より作成。

五万三一六八人、乗客収入一九万一三七円である。阪堺の出現がいかに南海の経営を圧迫したかがわかる。(7) さらに、詳細な両社の推移は、第3−27表のとおりである。確かに、阪堺は新設電気軌道としては各期とも相当の純益金を計上しており、反面南海は、一九一二（明治四五）年下半期以降配当率を低下させねばならなかったのである。実際、阪堺開業後の南海の不振について、南海の社史は、「明治四十四年上半期と大正四年の上半期とを比較するときは列車走行粁に於て約二倍の激増を示し居るに反し運輸収入に於て約八分の減収を見……会社は実に創業以来の苦境に立ち至った」(8)と指摘するほどである。

両社の競争は日増しに激しさを加え、「ついに南海鉄道は、阪堺電軌の息の根を断つべく阪堺電軌株の買収にとりかかり、奥繁三郎一派のもつ総株式の半分に当る権利株に目をつけた。これを知った大林芳五郎は、岩下清周の北浜銀行から融資を受けて、一〇円のプレミアムで奥一派の政党屋のもつ権利株を買取り、南海の企図を挫いた」[9]が、やがて両社とも困憊し、池上四郎市長、合同紡績社長谷口房蔵の調停によって対等合併の協議が成立する。一九一五（大正四）年三月二三日の仮契約に先立ち、一九日につぎの点で合意をみたのである。[10]

一、南海鉄道は、三十五円払込の新株一株と、阪堺電鉄（軌）の三十五円払込一株との割合を以て阪堺電鉄を合併すること

二、南海鉄道は、阪堺電鉄に対し、清算費として現金十万円を交付すること

三、南海側に於て阪堺側の重役を南海に入社せしむる希望ある時は、阪堺側に異存なき事

当時両社の資本金は、南海が一〇〇〇万円、阪堺は三六〇万円であり、合併により一三六〇万円となる。一九一五（大正四）年四月一〇日、両社は株主総会を開いて、合併の件を可決するが、南海の場合、予定どおり議事はスムーズに進行した。[11]阪堺電軌の株主総会では、冒頭で「両社ハ早晩合併スルモノト思フテ居リマシタガ、阪堺ハ創業以来着々成功致シマシテ、将来モ亦益々多望ノ感ガアリマスカラ、阪堺ヨリ進ンテ合併ヲ提議スヘキ道理モナク、又実際合併ノ申込ヲ為シタ事モ御座リマセヌガ、而シ南海ヨリハ年来度々仲介人ヲ以テ合併ノ申込アリマシタ、然ルニ合併ノ主義ニハ反対シマセヌガ、株主ノ利益ヲ犠牲トスル事ハ忍ビマセヌ故、今迄ハ承認致シマセンデシタガ、最近ニ於テ池上市長並ニ谷口房蔵両氏ヲ介シ又南海ヨリ申込アリマシタ、其合併案ハ双方利益上最モ公平ト認メマシタカラ、茲ニ各当事者間ニ於テ契約ヲ締結シタ次第デアリマス、左様御承知願ヒマス」[12]と合併に関する経過の大要が報告された。議事に入ると、「此会社設立出願当時ニ於テハ合併セナイ条件ノ下ニ許可セラレタ様ニ聞キ及ビマスガ、若シ其条件アリトセバ如何ナルモノデアリマスカ」との質問が出たが、議長の片岡直輝（社長）は、「当会社ハ、南海鉄道株式会社ノ一線路ニテハ輸送力不充分ナルガ為メ、交通ノ利便ヲ計リ許可セラレタルモノニシテ、許可ト共ニ其権利ヲ他ニ売却スルガ如キハ許可ノ本旨ニ違フヲ以テ、主務省ニ於テハ完全ニ其目的ヲ達スル迄事業ヲ進行セシムル方針デ

アッタ様ニ伝聞致シテ居リマスガ、已ニ開業以来幾多ノ歳月ヲ経過シテ交通運輸ノ目的ヲ達セハ、今日ニ於テ其御心配ハ無用ト存ジマス、寧ロ政府ハ合併ヲ歓迎スル事ト存ジマス」と回答している。大林芳五郎は、さらにつけ加えて、「鉄道院ニ於テハ寧ロ両社ノ合併ヲ勧誘セラレテ居リマス」と発言している。[13] その他、合併に伴う南海からの交付金一〇万円の使途や合併前の両社の配当などについて、簡単な質疑が行われたが、同様に「両会社ヲ合併シ同一会社ノ下ニ経営スルハ、独リ会社ノ利益ナルノミナラズ、国家経済上ヨリ見ルモ有利ナルヲ以テ」との理由で、滞りなく合併契約は承認されたのである。[14]

以上、阪堺電軌に対し、ねばり強く合併交渉を進めた南海鉄道は、一九一五（大正四）年六月二一日付でこれを合併し、その路線と電燈電力供給事業を引き継ぐことになった。軌道延長は、五七哩余となるが、新社長には阪堺の片岡直輝が就任し、南海の大塚惟明は専務取締役に甘んじている。合併により取締役を増員したが、阪堺から永田仁助・渡辺千代三郎が入った。対等合併であったものの、このトップの人事を含め、阪堺の残存社債支払手形二〇〇余万円および別に阪堺への解散手当一〇万円の支出など、「裏面における両者間の内約は兎も角として、其表面に現はれたる合併の形式に至っては、実に南海の立場上忍ぶべからざる不利益な合併を敢てしたのであった」[15] ともいわれる。だから、南海が譲歩して合併を実現させたのは、南海にとって当時阪堺の存在がいかに強敵であったかを示すものにほかならないのである。

一方、阪堺電軌の現業員は全部南海鉄道に引き継がれることになり、後者の軌道運輸員は増大した。従来南海上町連絡線の現業員は軌道条例により経営のためか、「鉄道係員の待遇に比し常に其の不遇をかこち居た」ようであるが、合併によって、「軌道運輸員を一丸として相互の福利増進喜憂を共にす可く」、共済組合以上の機能を出なかったものの、軌友会を組織することになった。[16]

これまで、南海鉄道の軌道部門への進出およびこれと対抗関係にあった阪堺電軌の興亡をみてきたが、阪堺鉄道を前史とする一方、一八九六（明治二九）年三月資本金二八〇万円でスタートし、数次の拡張・買収などによって大都市主要私鉄に成長する南海にとって、阪南交通機関の統一を意図しつつも、「格」の異なる軌道部門への進出は容易ではなく、阪堺電軌とは死活的な競争を繰り返さねばならなかったのである。競争線たる阪堺電軌の特許には、政党政治家が介在しており、日本私設鉄道建設史上の一典型がみられるが、そこに多くの問題点があったことは否めないであろう。

他方、南海と阪堺の合併劇もまた、政治的決着という色彩が強かった。それはともかく、当時の新聞が報じているように、両鉄道の合併に伴い、南海線は主として大阪・和歌山間の長距離を急行で結ぶ交通機関となり、かつて阪堺との競争から増設された小駅廃止問題が起こった。旧阪堺線はもっぱら大阪・浜寺までの郊外居住者や住吉公園、大浜および浜寺海水浴場への遊覧列車としての性格を深めることになる。(17) なお旧阪堺の延長線浜寺駅前・浜寺公園間は、一九一六（大正五）年一二月二二日限りで廃止された。

（1） 前掲『南海の労働運動史』二六二頁。
（2） 「阪堺電気軌道株式会社第六回報告書」（一九一二年九月）。
（3） 「阪堺電気軌道株式会社第七回報告書」（一九一三年三月）。
（4） 「阪堺電気軌道株式会社第八回報告書」（一九一三年九月）。
（5） 「阪堺電気軌道株式会社第九回報告書」（一九一四年三月）。
（6） 「阪堺電気軌道株式会社第壱回報告書」（一九一〇年三月）。
（7） 前掲『南海電気鉄道百年史』一七二頁。
（8） 前掲『南海鉄道発達史』三一六頁。
（9） 中西健一、前掲『日本私有鉄道史研究』増補版二九三頁。
（10） 前掲『大正期新聞資料集』七頁（大阪朝日新聞、一九一五年三月二〇日付）。
谷口房蔵は、まずこの合併に最も反対した南海の寺田甚與茂も説得し、合併実現の足がかりをつくり、続いて大塚惟明社長および泉南、和歌山等の大株主の了解を得た。阪堺側は、永田仁助と渡辺千代三郎にはかって目途をつけ、大林芳五郎は進んで合併工作に参加し、片岡直輝社長は谷口の熱心な態度に動かされ了承したという（前掲『南海電気鉄道百年史』二〇五頁）。

(11)「(南海鉄道株式会社) 株主総会議事録」(前掲鉄道省文書「南海鉄道」)。

(12)「阪堺電気軌道株式会社株主臨時総会決議録」(同右)。

(13) 同右。

(14) 同右。

(15) 前掲『大阪郊外電鉄業観』二〇頁。大塚と片岡の関係については、のちの動きを含め、石川辰一郎編『片岡直輝翁記念誌』(一九二八年) に紹介されている。

(16) 前掲『南海の労働運動史』二六四頁。

(17) 前掲『大正期新聞資料集』八—九頁（大阪朝日新聞、一九一五年三月二八日付）。

## 五　若干の展望

——南海軌道線の労務問題等一斑——

以上みてきたように、南海軌道線は既設軌道を合併して形成されたものだが、最後に労務問題等にも一瞥しておこう。まず浪速電車軌道との合併準備に際して、一九〇九（明治四二）年七月「同会社事務ノ嘱托ヲ受ケタル者ハ当会社同様ノ心得ヲ以テ双方業務ニ差支ヘザル様取扱フベシ、又タ嘱托ノ辞令ヲ受ケザル職員ト雖モ常務取締役又ハ支配人ヨリ浪速電車軌道株式会社ノ事務ニ関シ特ニ命ゼラレタルトキハ当会社事務同様ニ心得フベシ、但シ嘱托ヲ受ケタル者ニ対シ別ニ俸給又ハ手当ヲ支給セズ旅費ハ当会社規定ニ拠リ支給ス」[1]としている。そして、合併後の一九一〇（明治四三）年八月上町連絡線運転手、車掌見習募集規程を制定した。基本的には、一九〇七（明治四〇）年二月の南海鉄道運転手車掌見習募集規程と同様であるが、相違点はつぎのとおりである。[2]

上町連絡線運転手、車掌見習募集規程

第一条　南海鉄道上町連絡線ノ運転手并ニ車掌タラント欲スルモノハ左記各号ヲ具備スルモノニ限ル

一、運転手ハ年齢満二十歳以上四十歳以下車掌ハ満十八歳以上四十歳以下トス

第四条　見習ニ採用セラレタル者ハ即時身元保証金トシテ金拾円ヲ当会社ニ提供シ……

但シ保証金ニハ利子ヲ附セズ而シテ全額即納ノ資力ナキモノハ内金五円ヲ即納シ残額五円ハ毎月壱円宛給料中ヨリ提供スル事ヲ得

第六条　見習中ハ被服ヲ貸与ス又手当トシテ一日金参拾銭ヲ支給ス……

南海本線に比べると、採用年齢の幅は軌道線の方が大きく、また時期が少しずれるためか、身元保証金や見習中の給金も軌道線の場合が少し高くなっている。ただ、身元保証金の上納には分納が認められていることが目立つ。

一九一〇（明治四三）年一一月汽車課は廃止され、電気課に合併された。(3) 一九一一（明治四四）年一月二四、二五の両日、上町連絡線の市電乗り入れに際して、佐々木支配人は大要つぎのような訓示をしている。すなわち、まず該線の歴史を顧みたあと、執務上について「就中運転手車掌に希望したき事は……第一は安全次は叮嚀親切なるべし……時々電車内に於て乗客と乗務員の間何事か係争問題の生ぜし時……乗務員の最後の一言一動は慎むべきなり、尚ほ乗務員は片時も姓名札の提出を怠るべからず自ら姓名を名乗りて其責任を明にし自ら最も善しと信ずる所を尽せば夫れこそ正々堂々係争問題に当っても同情の傾申する所必ず深かるべし……次に電車乗入れに就き運転手車掌の最も注意を要すべきは一歩天王寺西門前の分界点を超えて市の線内に入りし時は南海だとか市だとか考へる必要更になし……市営線内を通る間は市の命令を遵守し其差図に従ひ全然市の運転手となりし覚悟を以て熱心職務に従ふべし……次に切符の取扱は従来単独社線内運転の時の如く単純ならず頗複雑を来すべきも其取扱方は曩に一冊つゝ頒布しある取扱手続に依って明瞭なるべく……只一言を必要とするは蒸気鉄道は集札本位の切符を以てす即ち日付あり番号ありて之

を一々調査す、反之電車は出札本位とでも称すべく一度出たる切符は敢て一々精確に戻り来ずとも可なりとせり現に市電の如き之を引裂けり、然るに上町線に於て当社は多くの電車の遣り方に反し全然集札本位を以てせざるべからず此点は深く乗務員の頭に叩き込んで置かねばならぬ……次に切符の取扱に従事する運輸課員に一言すべきは諸君の車掌より受取りし集札を調査しつゝある内に電車の切符には日付もなく且つ種類も色々あれど自然曖昧なものを発見する事あらん、此の場合は宜しく上役の指図を受けて其切符の処置を為すべし……尚ほ終りに望み特に運転手諸君に一言せん凡そ仕事を為すものが技巧を弄すると云ふ事あり……巧妙と称す如此巧を弄するよりも一歩退いて安全の策を執る事を望む……又た電車手諸君に一言す諸君が車輛に就き特に注意を払はれたきは直接乗客に触るゝ部分とす……最後に此機会を利用して諸君が社会に立ち職業に就て最初の途出に此の文明交通機関なる電気鉄道を撰ばれしは誠に適切の心掛けにして、目下本邦に於て企業せられつゝある資本中其半以上は実に電気事業なり吾人は自己の為将た国家社会の為め奮励努力以て忠実勤勉せられん事を切望する所なり」(4)と述べた。市電との軌道併用に関連して、まさに交通運輸業の従事者としての使命を順々と説いているといえよう。

一九一一（明治四四）年九月分（自八月二一日至九月二〇日）より、上町連絡線車掌運転手月末賞与金支給内規が制定、実施された。軌道線ゆえ、南海本線とは多少異なった規程がみえる。同内規は全三章からなるが、その大要はつぎのとおりである。(5)

上町連絡線車掌、運転手月末賞与金支給内規

第一章　成績点ノ標準

第一条　車掌、運転手ニハ左ニ掲クル標準ヲ基トシ得点ヲ附与ス

但シ乗務外ノ勤務ヲ命ジタル場合ハ相当得点ヲ与フ

一勤務点　左ノ二種別トス

一、走行一哩ニ対シ　一点但一ケ月ノ計算ニ於テ一哩ニ満タサル端数切捨ツ

二、車掌、運転手一組ノ取扱タル会社実収入金弐拾五銭ニ対シ　一点但一ケ月ノ計算ニ於テ金廿五銭ニ満タサル端数切捨ツ

第二条　前条ノ得点ノ和ニ勤功点ヲ乗ジ其積数ヲ以テ月末賞与金ヲ算定ス

一勤功点　百分ノ百三十ヲ以テ満点トス車掌、運転手ノ技倆品行職務ノ熱心不熱心注意ノ周到不周到乗客待遇ノ良否ヲ考察シタル天王寺運輸事務所主任ノ評点ニ対シ上役ノ裁下ヲ得ルモノトス

第二章　得点ノ増減

第三条　欠勤遅刻早引ヲナシタルモノハ左ノ減点ヲ為ス

一無届欠勤　五百点

一欠勤　　三百点

一遅刻早引　百五十点

第四条　一直ヲ通シ代務シタルモノニハ左ノ増点ヲナス

一代務一回　弐百点

第五条　懲戒内規ニ依リ決定シタル点数ハ其月賞与得点ヨリ減点ス

但シ得点数ニ不足ヲ生ズル場合ハ翌月ニ廻シ減点スルモノトス

当初、上町連絡線は、南海本線電車掌取締を上町連絡線車掌取締兼務として、また運転手取締補車掌取締補という専属の係員若干名を置き統制にあたらせた。一九一一（明治四四）年三月天王寺西門に天王寺運輸事務所を設置している。同事務所は運輸課に属し、上町連絡線運輸営業に関する事務のうち、計理関係を除き一切を掌理するものとされた。同事務所職員は、事務所主任一名、主任助役一名、車掌運転手監督長一名、車掌運転手監督副長、車掌運転手監督、車掌、運転手、信号手、「線路番人」各若干名を定員とした。(6) 全線電化直後の運輸課の組織および現業の

職種別定員は、第3-28・29表のとおりである。なお表中、列車長は一九一四（大正三）年六月運輸課主事の職制とともに廃止された。また食堂部は、従来の喫茶室部を改称したものである。(7)

いずれにせよ、全線電化および阪堺電軌との対抗から、大正初期には一連の組織改革に着手する。一九一三（大正二）年三月運転手を電気課より運輸課所属に移し、電車掌とともに監督系統が一本化された。小山茂運輸課長は、各駅長に対し、こう諭告している。(8)

諭告

今回当社ハ主トシテ競走線ノ為メニ蒙レル収益ノ減少ニ起因シ経費ヲ節約シ以テ営業ノ鞏固ヲ期セザルベカラザル必要上、遂ニ過般多年吾々ト共ニ忠実勤勉セシ幾多ノ僚友ヲモ退カシムルノ悲ニ立到リシハ深ク説明ヲ要スル迄モナク深ク諸士ノ諒知スル所ナルベシ、就テハ此機会ヲ以テ直接営業ノ衝ニ当ル運輸課ノ組織并ニ駅ノ配合等ニ大ナ

**第3-28表　南海鉄道運輸課の組織図**

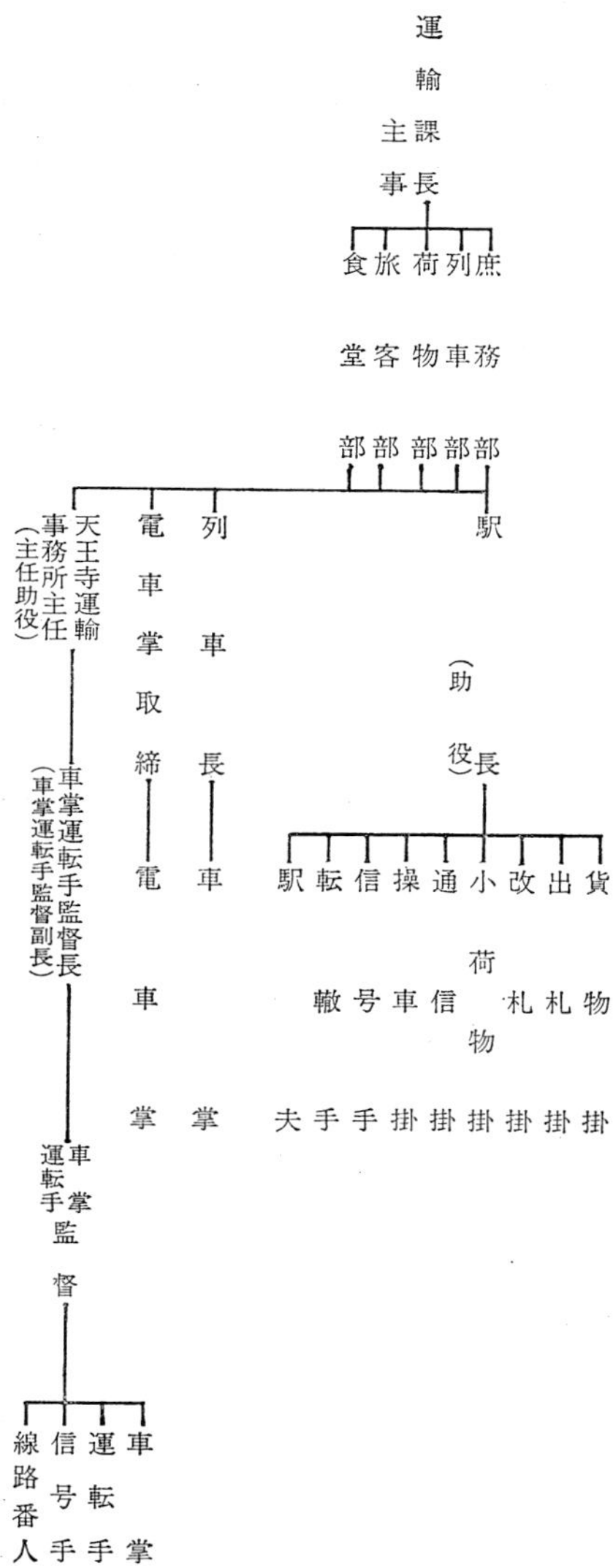


（備考）　前掲『南海鉄道発達史』156頁。

**第3-29表　全線電車開通当日より実施の定員表**（1911年11月21日現在）

| 駅別＼職名別 | 駅長 | 助役 | 車掌 | 出・貨 | 貨物 | 操車 | 通信 | 改札 | 信・改 | 駅夫 | 貨物駅夫 | 配達夫 | 踏切番 | 給仕 | 掃除夫 | 合計 |
|---|---|---|---|---|---|---|---|---|---|---|---|---|---|---|---|---|
| 難波 | 1 | 5 | 9 | 10 | 4 | 4 | 4 | 10 | 7 | 20 | | 2 | 4 | 2 | 5 | 人 87 |
| 天下茶屋 | 1 | 2 | | 5 | | 1 | 1 | 2 | 3 | 9 | | 1 | 1 | | | 26 |
| 住吉 | 1 | 2 | | 5 | | | | 5 | 3 | 10 | | | 5 | 1 | 1 | 33 |
| 堺 | 1 | 3 | | 9 | | | 2 | 5 | 5 | 12 | | 1 | 3 | 1 | 1 | 43 |
| 浜寺公園 | 1 | 2 | | 4 | | | 1 | 3 | 6 | 6 | | 1 | | 1 | 1 | 26 |
| 葛葉 | 1 | 1 | | 2 | | 1 | | | 3 | 5 | 2 | | | | | 15 |
| 大津 | 1 | | | 1 | | | | | | 4 | | | | | | 6 |
| 岸和田 | 1 | 1 | | 3 | | | | | 1 | 5 | | | | | | 11 |
| 貝塚 | 1 | | | | | | 1 | | 1 | 5 | | | | | | 8 |
| 佐野 | 1 | 1 | | 1 | | | | | 6 | 5 | | | | | 1 | 15 |
| 樽井 | 1 | | | | | | | | | 4 | | | | | | 5 |
| 尾崎 | 1 | 1 | | | | | 1 | | | 4 | | | | | | 7 |
| 箱作 | 1 | | | | | | | | 2 | 4 | | | | | | 7 |
| 淡輪 | 1 | | | 1 | | | | | 1 | 4 | | | | | | 7 |
| 深日 | 1 | | | | | | | | 2 | 4 | | | | | | 7 |
| 紀ノ川 | | 1 | | | | | | | 2 | 3 | | | | | | 6 |
| 和歌山市 | 1 | 4 | 6 | 4 | 4 | 2 | 2 | 3 | 5 | 12 | 2 | 2 | | 1 | 2 | 50 |
| 合計 | 16 | 23 | 15 | 45 | 8 | 8 | 12 | 28 | 47 | 116 | 4 | 7 | 13 | 6 | 11 | 359 |

（備考）　同前，157頁。ただし，合計は一部訂正。

ル改革ヲ施サセタルモノナリ、依テ左ニ其概要ヲ記シ今後益本課并ニ各駅トノ間ハ提携ヲ密ニシ各自責任義務ハ階級ヲ逐テ明ニシ一致協力以テ運輸ノ敏捷、収益ノ増加、事務ノ完備ヲ図ル事ニ尽瘁セサルベカラズ

若シ苟クモ吾人ニシテ之ヲ怠ルニ於テハ唯ニ会社ニ対シテ忠実ヲ欠クノミナラズ幾多ノ犠牲トナリテ退キタル忠良ノ先輩僚友ニ対シテモ実ニ其意ヲ空フスルモノナリ豈ニ慎ミテ戒メサルベカラズ

一、運輸課ハ掛長ヲ任命セラレ分掌事務ニ対シ其責任ヲ一層明確ニシタリ

二、駅長ニハ自治的精神ヲ以テ駅ヲ管掌シ部下ヲ監督スベキ事ヲ要求セリ、客、貨ノ集散、地方ノ状況ニ照シ数駅ヲ合併シテ一駅長ノ管掌ノ許ニ置ケリ或ル意味ニ於テ地方官タルガ如シ

三、定員ヲ墨守セズ運輸課長ハ予算ヲ以テ受負ヒタルモノナリ而シテ駅ニハ一定ノ人員ヲ授

ケ定メラレタル標準勤務時間ニ依リ適当ニ人員ノ配置勤務ノ負担ヲ按配シ之レヲ勤務交番表ニ作製シ運輸課長ノ承認ヲ経ベキヿトセリ

此結果駅長ハ巧ニ其人員ヲ使用シ駅務ノ繁閑ニ応シ勤務ヲ短縮延長スル等ノ手加減ヲ為サザルベカラズ

四、日勤及ビ駅長日勤助役ノ勤務時間モ何時出勤何時退出ト限定セズ一日平均十時間ハ如何ナル方法ニ依リテモ勤メザルベカラザルヿトセル等切ニ駅長ノ高尚ナル人格ヲ尊ビ其自治的精神ノ向上発揮ヲ要求ス

五、駅員ハ事務繁忙ニ際シテハ其帯ブル所ノ職名ノ如何ヲ問ハズ何役ニテモ上役ノ命ノ儘ニ従事シ拒ムヲ得ズ斯クシテ彼此共通的ニ働作スルヿヲ要ス之レガ為ニハ駅長ハ平素ニ於テ此方針ニ遵ヒ訓練ヲ要ス

因ニ出札、貨物、小荷物、通信、改札、各係ヲ合併シ新ニ助手ナル職名ヲ設クル筈ニテ目下申請中ナリ

六、事務ハ成シ得ル丈簡単省略スル事ヲ期ス此方針ニ向ツテ集札番号ノ整理ヲ省略セルガ如キモ一手段ナリ乍併茲ニ深ク戒ムベキハ決シテ集札ヲ疎略等閑ニ為スノ趣旨ニアラズ反ツテ改札集札ハ今後一層之ヲ厳密ニシ之レガ疎略ト厳正トハ収入ニ影響スル所大ナリ誤解ナキヲ要ス

尚ホ事務手続ヲ簡単ニスル事ニ関シ名案アラバ腹蔵ナク何時ニテモ申報ヲ希望ス

七、人ヲ採用スルニ当リ有為ノ人ヲ採用シ適材ヲ適所ニ宛テ冗員ヲ節シ各人ノ幸福ヲ図ラン事ヲ期ス

以上ノ方針ニ従ヒ益々決心ヲ以テ将来会社ノ繁栄ヲ増進スル事ヲ期スルモノナリ

大正二年三月三十日

運輸課長　小　山　　茂

他方、「大改革大整理ノ遂行」の過程で大塚善行賞が設けられた。取締役社長大塚惟明が「大正二年上半期間中俸給ノ半額即月額金壱百五拾円宛ヲ毎月社員ノ善行奨励又ハ救助ノ為メ寄附シタ」ものを基金とし、短期間ながら実施された。その対象は、「書記技士ヨリ課雇ニ至ル迄一般ノ社員ニシテ其職ノ上下ニ区別ナク推挙スベキ事」「候補者ハ職員ノ一個人ト限ラズシテ一団体ヲ認メテ善行ヲ表彰スル事」ありとし、甲種と乙種に分けられ、善行奨励金は一口

五円以上であった。甲種は「㈠職務ニ忠実熱心ナルモノ、㈠他ノ模範タルベキ善行アリタルモノ、㈠会社ノ利益増進経費節減ニ注意シ新案ヲ工風（夫）シ又ハ普通注意ノ及ハザル点ニ注意ヲ施シタルモノ、㈠乗客又ハ一般公衆ニ対シ会社ノ面目ヲ施スベキ善行アリタルモノ」、乙種は「病気又ハ不慮ノ災難其他ノ不幸ニヨリ救助ヲ受クルノ止ムヲ得ザルモノト認ムルモノ」を資格者とし、各課長が該当者を課長会議に提出、決定のうえ、候補者を社長に推挙するという手続をとった。(9)

改革後の一九一四（大正三）年三月に開かれた駅長会議における佐々木勇太郎支配人の訓示をみると、「会社ハ昨年三月大改革ヲ施シ経費ニ大節減ヲ加ヘタル為メ……漸ク予定ノ配当ヲ株主ニ分ツ事ヲ得タ」ものの、検札の励行、衛生思想の普及、駅長の駅管理のあり方、事故の処分、運輸課所属書記階級の欠勤数が多いことなどを問題点として指摘している。また小山茂運輸課長は、改革の経緯を顧み、二営業期をへて一定の成果をあげたことを報告するとともに、「此期間或時ハ重大事故ヲ続出セシ事アリシモ、前後二回事故防止研究会ヲ開キテ深ク理論的ニ究ムル処アリシニ諸君ノ慎重ナル注意戒慎ニ依リ爾後大ニ防止ノ実ヲ挙ゲシ」ことを論告している。(10)

つぎに、阪堺電軌合併後、第一次大戦後にかけての諸動向を瞥見しておこう。一九一五（大正四）年四月阪堺電軌合併後の同線における従事員の勤務方は、阪堺電軌時代のものをそのまま適用した。すなわち、「(イ)主任及車掌運転手取締は日勤、月三回の公休、(ロ)車掌運転手取締補及信号人・転轍手・線路番人は隔日勤務、(ハ)乗務員は一日を一・二直に分ち直交代を月三回とし直交代の際一日の公休を与ふ」(11)と。一九一六（大正五）年九月には、軌道線車掌運転手給料支給規程が制定された。全三条と附則からなるが、第一条によると給料は日給で、一二等級に分けられている。一級八〇銭、二級七六銭、三級七三銭、四級六八銭、五級六四銭、六級六〇銭、七級五七銭、八級上俸五四銭下俸五三銭、九級上俸五一銭下俸四九銭、一〇級上俸四七銭下俸四六銭、一一級上俸四四銭下俸四三銭、一二級四〇銭であった。以下の条文は、つぎのとおりである。(12)

第二条　昇給ハ前六ケ月間若クハ前六ケ月間以上ノ成績ニ拠リ行フモノトス
　但六拾銭以上ハ時間ヲ定メズ詮衡ノ上随時昇給セシム
第三条　特別ノ事由アル者ヲ除キ左ノ各号ノ一ニ該当スル者ハ前条ノ期間昇給スル事ヲ得ズ
　イ欠勤遅刻早引ヲ通ジ計日数十五日以上ニ渉ル者
　ロ懲戒又ハ減点ノ処分ヲ受ケタルモノニシテ其状情ノ重キ者
　附則
本規程施行ノ際現ニ第一条ニ定ムル給料額ニ該当セザルモノニ対シテハ当分ノ内現給額ヲ支給ス

右の規程は、一九一八（大正七）年三月一日に廃止され、他の職種も含め、代わって同月五日から課雇採用規則が適用されることになった。この制度は、前年の一一月に制定されていたが、一部改正のうえ、新たにつぎのような規程となった。以下、全文を掲げておこう。(13)

　課達
課雇採用資格並ニ最低給左記ノ通リ制定来ル五日ヨリ実施ス
　但婦人ノ採用ニ就テハ其都度適当ニ定ムルモノトス
　本線
一、駅夫　年齢満十八歳以上ニシテ高等小学卒業若クハ之ト同等ノ素養アルモノトス
　但満十六歳以上義務教育ヲ了ヘタルモノニシテ体格強壮将来鉄道係員トシテ適当ナル素質ヲ有スルモノハ特ニ
　詮考ノ上見習トシテ採用スルコトヲ得
　給料　満十八歳以上　初任金四拾五銭
　満十六歳以上十八歳未満（見習中）同　四拾銭

試雇中　　同　　参拾五銭

一、信号、転轍手、駅夫ニシテ満三ケ月以上ヲ経タルモノ若クハ之ト同等ノ経験ヲ有シ年齢満二十歳以上ヲ本位トシ止ムヲ得ザルトキハ満十八歳以上ニシテ相当資格アルモノハ特ニ任用ス

給料　　初任金四拾八銭

一、踏切番、掃除夫年齢満二十歳以上五十歳以下ヲ本位トス身体強壮、視聴力完全ニシテ其任ニ堪フルモノハ満五十三歳迄詮考ノ上採用スルコトアルベシ

給料　　初任金五　拾　銭
　　　　試雇中金四　拾　銭

軌　道　線

一、役夫、線路番人、信号転轍手、年齢満二十歳以上五十歳以下ヲ本位トシ役夫ニ限リ止ムヲ得ザルトキハ満十八歳以上採用スルコトヲ得

給料　　丁年以上　初任金五　拾　銭
　　　　丁年未満　同　金四拾五銭
　　　　試雇中　　同　金四　拾　銭

以上

本達ニ抵触スル従前ノ諸規程ハ自然消滅スルモノトス

車掌運転手初任給左記ノ通リ制定シ即日実施ス

一、本線　　電車掌 金四拾八銭
　　　　　　運転手 金五　拾　銭

一、軌道線　車　掌 金五　拾　銭
　　　　　　運転手 金五　拾　銭

何レモ爾後時期ヲ定メズ成績優良ノ者ハ抜擢ヲ以テ随時増給スルモノトス

一九一八（大正七）年三月の駅長会議において、駅務改善を目的に、各駅に助役を専属配置することを決めている。また大塚惟明専務取締役は、「各駅及軌道電車ニ於ケル改集札幷ニ本線電車内等ニ於ケル検札ハ常ニ周到ノ注意ヲ払ヒ尤モ厳密ニ施行シ遺漏ナキヲ期スル」ことを訓示した。(14) 同年五、六月には、職制ならびに鉄道係員職制の改正を行った。しかし、各種事故はあとを絶たず、同年末には運輸課長名で、「此際之等事故ノ発生ヲ未然ニ防止スル方法ヲ講ズルハ刻下ノ急務ナルが故ニ……列車保安上ノ事故ハ勿論御乗客待遇上ノ事故、金銭切符ノ事故、改集札事故、貨物手小荷物往復物品等輸送上ノ事故、電信電話通信上ノ事故、其他百般ノ事故ヲ未然ニ防止シ運輸営業ノ実蹟ヲ挙ゲントス」として、書記および書記補一〇名を事故防止員に任名している。(15)

一方、これに先立ち、一九一八（大正七）年三月一日付で、「時局ノ関係上諸物価騰貴ノ為メ本社各部従事員生活上ノ苦痛ハ社長及専務取締役殿ニ於テ充分同情セラレ……賃銭改正認可ノ日ヲ待ツニ忍ビズ予期ヲ繰上ゲ本日書記補、技士補、雇、課雇ノ全部ヲ増給セラル、事ニ相成候」としている。(16) さらに、例の米騒動の折には、「課雇」に限り米価補助の趣旨にて臨時手当を出している。また、翌一九一九（大正八）年一〇月、職員以下に臨時手当を支給することにした。各規程は、つぎのとおりである。

規第二〇号(17)

各課

米価暴騰ニ付自今当分ノ内米価補助ノ主意ニ於テ左記方法ニ拠リ臨時手当ヲ支給ス

但米価白米小売相場壱升参拾五銭以内ニ復シタルトキハ本手当ヲ廃止スルモノトス

大正七年八月八日

社長　片岡直輝

一、書記補技士補以下課雇（辞令ヲ交付シアルモノ）ニ限リ出勤日数ニ応シ一日金拾銭ヲ平等ニ支給ス

一、公休日（職工ノ公休日ヲモ含ム）ニ対シテハ前項ノ手当ヲ給与シ忌引公傷其他ニヨリ勤務セサルモノニ対シテハ給与ノ限リニアラス

一、公休日ヲ狭ミ其前後両日トモ欠勤セシモノニ対シテハ勿論公休日ト雖モ給与セサルモノトス

以上

達第二〇号[18]

各部課

職員以下（辞令ヲ受ケザル臨時雇ヲ除ク）ニ対シ臨時手当トシテ本月廿一日ヨリ当方左ノ通リ給与ス

大正八年十月九日

社長　片岡直輝

一、日給者ニ在ツテハ其月支給スベキ本給及代務廃休時間外勤務加給ニ対スル五割

一、月俸者ニ在ツテハ左ノ割合ニ拠ル

月俸金六拾円以下　五割

同六拾壱円以上百円以下　四割

同百壱円以上　三割

但月俸者ニ対シテハ欠勤一日ニ付三十分ノ一ヲ減ズルモノトス

又上級者ノ支給額ガ下級者ニ及バザル時ハ其同額迄ヲ増加支給スルモノトス

以上

ただ、「運輸課所属各駅所員ノ執務状態並ニ諸施設ノ改善ヲ要ス可キ事項」は相変わらず多く、注意警告数は前後七回におよんだという。[19] 勤務状態の改善は容易ではなく、第一次大戦後の一九二〇（大正九）年七月にも、運輸課長は各駅所員の執務怠慢について注意を喚起しているほどである。[20]

執務怠慢ニ就テ

各駅所員一般

近来各駅所ニ臨ミ親シク執務状態ヲ監察スルニ一般甚シク倦怠ノ兆アリ、左ニ二三実例ヲ挙ゲンカ終端駅停止電車

ノ鎧戸ヲ閉ジズ日光ノ直射ニ任セ、乗務員ハ雑談ニ耽ルアリ、或ハ運転手脱帽ノ儘操業ニ従ヒ、車掌ハ服ノ釦ヲ外ヅシテ半身ヲ車外ニ露シ御乗客保護ノ任ヲ忘レシガ如キ、出札、改札掛等ニ至リテハ服装ノ整正殆ド態ヲナサズ、而カモ直接監督取締ノ任ニアル者平然之ヲ不問ニ付シ当務駅長自ラモ列車扱ニ当リ、到着以前必ズ乗降場ニ出デ最モ敏捷ニ取扱フ可キヲ到着後悠々出場シテ舎内事務ノ繁忙ヲ装フガ如キ、或ハ駅構内乗降場待合所ノ撒水ヲ怠リ、為ニ塵埃飛散シテ腰掛ザラ／＼ナルモ顧ミズ、建物ノ角々ニ前日来ノ汚芥堆積シテ掃除ノ不行届ヲ証スルモ意ニ介セズ、構内掲出ノ社内掲示ガ毀損セルモ張替ヘズ、甚シキハ過去ニ属スル無効広告ヲ其儘放置セルガ如キ、殊更注意ス可キ筈ノ転轍器ノ違方向ヲ顧慮セズ放任セル等、列挙セバ従来再三再四注告訓誡ヲ与ヘシ事柄ニシテ実行ノ伴ハザルモノ実ニ多シ、苟モ会社ニ職ヲ奉ズル以上夫々分担ノ職掌ハ単ニ規程ヲ知悉理解セルノミニテ足レリトセズ主宰者ハ家庭ニ於ケル主人ノ如ク取締補、助役ハ主婦ノ如ク以下ノ従事員ハ家族ノ如ク上下融和、自己担任ノ職責ヲ完全ニ遂行スルハ当然ノ義務ナリト信ズ敢ヘテ一般ノ反省ヲ促ス

（運輸課長）

前述の「規第二〇号米価臨時手当給与規定」および「達第二〇号職員以下臨時手当給与」は、一九二一（大正一〇）年六月二〇日限りで廃止された。俸給規則その他が、翌六月二一日付で改正実施されることになったからである。かつての職員の俸給等級は廃止となり、「書記」「技士」は月俸、「書記補」「技士補」「雇」は日給にて支給とされた。そして、職員以下給料その他支給方改正により、とくに従前に比べて、多少増給になると通牒されたのである。その内容は、つぎのとおりである。(21)

一、日給者ハ五割増手当ト米価補助ヲ本給ニ繰入レ厘位ハ銭位ニ切上ゲ

二、月俸者ハ従来ノ割増手当ヲ本給ニ繰入レ銭位ハ円位ニ切上ゲ

三、月末賞与ハ補十日分、社雇七日分、課雇五日分ト改正（精勤手当ハ以前ノ通リ）ニシテ現在日給壱円ノ場合新旧給与額ヲ対照セバ左表ノ如ク

| | 補 | | 社雇 | | 課雇 | |
|---|---|---|---|---|---|---|
| | 旧 | 新 | 旧 | 新 | 旧 | 新 |
| 日給 | 円 一、〇〇 | 円 一、六〇 | 円 一、〇〇 | 円 一、六〇 | 円 一、〇〇 | 円 一、六〇 |
| 給料 | 三〇、〇〇 | 四八、〇〇 | 三〇、〇〇 | 四八、〇〇 | 三〇、〇〇 | 四八、〇〇 |
| 米代 | 三、〇〇 | — | 三、〇〇 | — | 三、〇〇 | — |
| 手当五割 | 一五、〇〇 | — | 一五、〇〇 | — | 一五、〇〇 | — |
| 月賞 | 一四、〇〇 | 一六、〇〇 | 一〇、〇〇 | 一一、二〇 | 七、〇〇 | 八、〇〇 |
| 精勤 | 七、五〇 | 七、五〇 | 六、〇〇 | 六、〇〇 | 四、五〇 | 四、五〇 |
| 合計 | 六九、五〇 | 七一、五〇 | 六四、〇〇 | 六五、二〇 | 五九、五〇 | 六〇、五〇 |

社員各自ノ収入ハ多少増加スルモ決シテ減少スルコトナク且ツ現在ヨリモ受給額ニ於テ大ニ確定的トナル訳ケニ付此辺誤解ナキ様部下一同ヘ無洩御通達相成度、尚ホ日給及月給額ハ各自ニ辞令ヲ交附シ今般限リ社報ニ載掲致サズ候此段特ニ御注意迄及通牒候也

大正十年六月十八日

支配人　市来崎佐一郎

各課長殿

(1)「社報」第二三二号(一九〇九年七月三一日付)。
(2)同右、第二七六号(一九一〇年八月二七日付)。
(3)同右、第二九〇号(一九一〇年一二月三日付)。
(4)同右、第二九八号(一九一一年二月四日付)。
(5)同右、第三二八号(一九一一年九月二日付)。

(6) 前掲『南海鉄道発達史』一五二―一五三頁。
(7) 同右、一五五頁。
(8) 「社報」第四〇八号（一九一三年四月五日付）。一連の組織改革に伴う諸規程の制定は、同社報に収録されている。
(9) 同右、第四一一号（一九一三年四月二六日付）。
(10) 同右、第五九一号（一九一四年四月三〇日付）。
(11) 前掲『南海鉄道発達史』六九―七〇頁。
(12) 「社報」第一〇二九号（一九一六年九月四日付）。一九一六年二月に電車運転手電力賞与金支給規程が改正実施され、本線軌道線とも電力節約につとめたらしいが、九月にはじめて軌道線のみ規程の給額に達したようである（同右、第一〇四五号、一九一六年一〇月六日付）。
(13) 同右、第一三二四号（一九一八年三月五日付）。
(14) 同右、第一三三九号（一九一八年三月三〇日付）。
(15) 同右、第一四九二号（一九一八年一二月四日付）。大阪府保安課長よりの乗降事故防止励行についての訓達をあげておく。当局においても、違反者は処罰する方針であり、この点につき、軌道線各停留所および本線各駅につぎの掲示をした（同右、第一四一八号、一九一八年八月八日付）。

〔軌道線ノ分〕

謹　告

其筋より厳達有之左記各項御注意願上候若し違反せらるゝ時は御乗客様も乗務員と共に処罰せらるべきに付厳守被下度御願申上候

一、飛乗飛降をせられざる事
一、運転手台に立たれざる事
一、昇降段に立たれざる事

〔本線ノ分〕

一、飛乗飛降をせられざる事
一、昇降段に立たれざる事

一、車扉外に肢体を出されざる事
一、運転中に車扉を開かれざる事

(16) 同右、第一三三二号(一九一八年三月一日付)。
(17) 同右、前掲第一四一八号。
(18) 同右、第一六七五号(一九一九年一〇月九日付)。
(19) 同右、第一五一一号(一九一八年一二月二八日付)。
(20) 同右、第一八二七号(一九二〇年七月二九日付)。
(21) 同右、第二〇一四号(一九二二年六月一八日付)。

## 第四節　南海高野線の成立過程

### 一　高野鉄道の成立

南海高野線の第一歩は、いわゆる第二次鉄道熱期に産ぶ声をあげた高野鉄道に求められる。一八九三(明治二六)年、東西の高野街道に沿う二つの鉄道が計画されたが、堺から西高野街道沿いに長野・三日市を経て紀見峠を越え、紀ノ川にのぞむ河岸町橋本に至る路線が高野鉄道であり、大阪鉄道の柏原駅から東高野街道沿いに三日市までの鉄道を出願したのが河陽鉄道であった。高野鉄道は当初、堺橋鉄道の名称で願書を提出するが、実は堺から紀北地方へ至る二つの鉄道敷設計画が競合していた。

一つは堺・鍋谷峠・紀州笠田村、もう一つは堺・紀見峠・橋本町のルートであった。やがて、この計画は一本にまとまるが、この鉄道を熱望したのは予定線路付近の有力農民であった。一八九三(明治二六)年一〇月に堺の商業資本家北田豊三郎ほか七四名が資本金一五〇万円で堺橋鉄道を出願するに至ったが、これに先立ち同年八月、堺市議会において「本市より大鳥郡福田村、錦部郡長野村、紀見峠を経て橋本町に達する鉄道に関する調査委員」が置かれ、一〇月の市議会で「西高野街道に沿い、紀州にいたる鉄道の促進」が採択されたのである。建設理由は、「霊地高野山へ参拝のため登山する旅客の便にとどまらず、堺市より沿線農村や紀州方面に向けては、肥料・石油・大豆・縄俵・刃物・煙草・畳表・醤油・生魚・塩・酒など、紀州や沿線農村から堺市へは蜜柑・小豆・米麦・木綿織物・綿・茶・種油・煙草原料・砂糖・甘藷・菜種・材木・素麺・凍豆腐などがもたらされ、経済的効果が大きい」ことを強調したが、その企図を達成するまでには随分と曲折があった。(1)

北田豊三郎らの願書（「鉄道会社創立ノ儀ニ付願」）は、(一)毎年有名な霊場高野山へ登山するものは非常な数にのぼるが、西高野街道を往来する場合が多いので、ここに鉄道を敷設することは得策である、(二)堺・西高野街道沿道各駅および紀州間の商品輸送は相当活発であるから、これを鉄道に委ねれば物貨の輸送はより倍加するであろう、(三)さらに商人旅客の来往もまた常に多いことをあげ、その目論見の妥当性を主張しているのである。(2)

この敷設願に対して、鉄道会議では「河陽鉄道ト此堺橋鉄道之レガ一ツ立テバ一ツハ潰レル両立スル地方ノ鉄道デナイ」(3)との説や、その他紀和鉄道、南和鉄道、大阪鉄道などとの関係を指摘する意見も出たが、これらは少数派であった。その後同社は高野鉄道と改称し、一八九四（明治二七）年九月七日仮免許状を交付された。しかし、日清戦争勃発に伴い、事業の着手は延期を余儀なくされたのである。「高野鉄道仮免状効用期限延期ノ義ニ付副申」は、「抑本願発起人ハ該線路附近ノ農民其大部分ニ居リ候ニ付当時征清ノ役ノ如キ国家非常ノ事アルニ会ヒ、起業上其方向ヲ定メ難カリシハ勿論、殊ニ軍隊輜重ハ日夜間断ナク大阪ヲ経テ西行スルヲ目撃致候事故、起業ニ対シテハ実際殆ント手ヲ束ネテ為ス所ナキカ如キ情況アリシニ、此際軍事公債募集ノ命アリ、志気ノ激スル所競フテ之レニ応スル等各種ノ事情湊合シ竟ニコ、ニ至レリ」(4)と記している。

**第3-30表　高野鉄道株主の構成比率**
（1896年下半期）

| 株数 | 株主数 | 持株数 |
|---|---|---|
| 株 300以上 | 人 7 | 株 4,106 |
| 200 〃 | 11 | 2,450 |
| 100 〃 | 61 | 7,048 |
| 50 〃 | 84 | 5,010 |
| 50未満(c) | 1,464 | 11,386 |
| 計　(a) | 1,627 | 30,000 |
| 100 以 上　(b) | 79 | 13,604 |
| b/a | 4.9% | 45.3% |
| c/a | 90.0% | 38.0% |

（備考）「高野鉄道株式会社第２回報告書」より作成。

**第3-31表　高野鉄道株主の地域分布(1)**
（1896年下半期）

| 住所 | 人数 | 比率 |
|---|---|---|
| 大阪府 | 人 1,110 | % 68.2 |
| 和歌山県 | 266 | 16.4 |
| 京都府 | 98 | 6.0 |
| 奈良県 | 88 | 5.4 |
| 兵庫県 | 16 | 1.0 |
| 滋賀県 | 8 | 0.5 |
| 三重県 | 8 | 0.5 |
| 東京府 | 7 | 0.4 |
| その他 | 26 | 1.6 |
| 計 | 1,627 | 100.0 |

（備考）同前。

**第3-32表　高野鉄道株主の地域分布(2)**　（1896年下半期）

| 株数 | 大阪府 | 和歌山県 | 東京府 | 奈良県 | 京都府 | 兵庫県 | 計 |
|---|---|---|---|---|---|---|---|
| 株 300以上 | (6) 3,676 | (1) 430 | (—) — | (—) — | (—) — | (—) — | (7) 4,106 |
| 200 〃 | (10) 2,230 | (—) — | (1) 220 | (—) — | (—) — | (—) — | (11) 2,450 |
| 100 〃 | (45) 5,240 | (11) 1,233 | (—) — | (3) 375 | (1) 100 | (1) 100 | (61) 7,048 |
| 計 | (61) 11,146 | (12) 1,663 | (1) 220 | (3) 375 | (1) 100 | (1) 100 | (79) 13,604 |

（備考）同前。（　）内は，株主数を示す。

高野鉄道は、日清戦後の一八九五（明治二八）年一一月になって線路の予測ならびに株式募集に着手するに至るが、いわゆる企業ブームを反映して株式応募者は多数を数えた。このため分配法に苦慮し、「漸ク百株以下ノ申込ハ総テ一株、以上ノ申込ハ千分ノ九ノ割合ヲ以テ割当ヲ為シ、僅ニ整理ヲ決了スルノ止ムヲ得サルニ至レリ」[5]という状態であった。

一八九六（明治二九）年二月一日に創業総会を開き、創業費七二三七円余の支出の承認、定款の一部変更、役員の選挙などを行い、社長松方幸次郎、専務取締役北田豊三郎以下の役員を決定した。役員の報酬額は、社長一か月一〇〇円以内、専務取締役一か月八〇円以内、取締役一か月二五円以内、監査役一か月一五円以内と決め、この範囲内において取締役会議で最終決定することとした。[6] そして、同年四月三〇日に本免許状が下付された。経路こそ異なるが、ライヴァルの河陽鉄道も同年二月に本免許状を受けている。もっともその規模をみると、両鉄道にはかなりの懸隔があり、高野鉄道の資本金一五〇万円に対し、河陽鉄道の場合は三〇万円であった。

つぎに、初期の株主についてみることにしよう。一八九六（明治二九）年下半期における高野鉄道の株主総数は一六二七名、株式総数は三万株であった。株主の構成比率は、第3－30表のとおりである。同表によれば、一〇〇株以上の株主は七九名、持株数は一万三六〇四株であり、その全体に占める比率は、それぞれ四・九％、四五・三％となっている。少数大株主の優位が目立つ。反面五〇株未満の零細株主が多いことも同社の株主構成上の一特徴であり、株主数は実に一四六四名、九〇・〇％に達している。その持株数は一万一三八六株、三八・〇％であった。株主の分散化が目立っていたといえる。

第3－31・32表は、同資料によって、同社株主の地域分布をみようとしたものである。第3－31表によれば、沿線住民、つまり大阪府、和歌山県在住者が圧倒的多数を占めていることが判明する。その全体に占める比率は、大阪府が六八・二％、和歌山県が一六・四％であった。他府県では、東京在住者の存在が注目される。同じく第3－32表は、一〇〇株以上所有の株主七九名について表示したものであるが、やはり大阪・和歌山両府県在住者が優位である。

第3－33表は、同資料によって、同社の重要株主名を表示したものである。とくに備考欄の職業をみると、大阪府下の商業資本家が中心であったことがわかる。より詳しくいうと、同社は、堺・岸和田の商業資本家たちが、東京財界の支援でつくった鉄道会社ということになる。

ところで高野鉄道は、開業に先立って、同社鉄道線と南海鉄道堺停車場における連絡予定点を住吉停車場に変更の件および支線敷設を申請するなど、新たな動きをみせた。前者は、一八九六（明治二九）年九月のことであるが、その

### 第3-33表　高野鉄道の重要株主（1896年下半期）

| 株数 | 住所 | 氏名 | 備考 |
|---|---|---|---|
| 株<br>1,871 | 大阪 | 朝田藤太郎 | 毛織物商 |
| 430 | 和歌山 | △木下政助 | |
| 400 | 大阪 | ○太田平次 | 大地主，清酒醸造，堺株式取引所監査役，多額納税者 |
| 400 | 同 | △河盛利兵衛 | 木綿卸商，泉州紡取締役 |
| 350 | 同 | 前川迪徳 | 泉州紡社長 |
| 340 | 同 | 石川伊助 | |
| 315 | 同 | 五百井冬吉郎 | |
| 250 | 同 | 橋本伊兵衛 | 堂島米商会所仲買 |
| 250 | 同 | 河盛又三郎 | 醤油醸造 |
| 240 | 同 | 和田和八 | 大地主 |
| 240 | 同 | 日置善作 | |
| 230 | 同 | 河盛勘次郎 | 木綿卸商，堺紡取締役 |
| 220 | 東京 | 加藤安五郎 | 銅鉄物問屋，鉄業銀行取締役 |
| 220 | 大阪 | 三谷岩蔵 | 段通卸商 |
| 200 | 同 | ○吉年善作 | |
| 200 | 同 | ○藤本清七 | 米穀商 |
| 200 | 同 | ○北田豊三郎 | 酒類売買商 |
| 200 | 同 | 鹿喰善次郎 | 鹿喰銀行頭取 |
| 160 | 同 | ○岡文一郎 | |
| 150 | 同 | ○東尾平太郎 | 衆議院議員 |
| 100 | 兵庫 | ◎松方幸次郎 | 松方正義の三男，北浜銀行頭取，日本火災保険取締役 |

（備考）1　同前。
2　◎印は取締役社長，○印は取締役，△印は監査役を示す。職業については，前掲書等を参照。

効用を、つぎのように説いている。(7)

一、起業ノ効用

既定聯絡点タル大小路停車場ト南海線吾妻橋停車場トノ間ハ堺市ノ北方ヲ大ニ迂回セルヲ以テ、乗客貨物ノ輸送上其不便不利ナルハ言ヲ俟タサル所ナリ、然ルニ今出願ノ如ク住吉停車場ヲ聯絡起点トシ、之レヨリ直線ニ大小路停車場ニ達スルトキハ其便益ヲ得ルハ必然ナリ、然レトモ堺住吉間ハ阪界(堺)線ト恰モ駢行合体ナルヲ以テ其利害ノ関係如何ヲ考察スルニ、大阪ヨリ堺及和歌山地方ヘ趣(赴)クモノハ皆阪界線ニ依リ、自ラ区別アルニ因リ相互著シキ利害ノ衝突ナカルヘシト存候

(中略)

一、起業ノ公益上ノ関係

線路変更ノ為メ旧来ノ道路、河川等著シキ変換ヲ生スル廉ナシ、而シテ右変更及支線布設ノ為メ旅客貨物ノ運輸上大ニ便

益ヲ与フルニ依リ、地方人民ノ生計、営業、其他交通、経済上等良好ノ影響アルベシト相見込候

明治二十九年九月二十八日

後者は、一八九七（明治三〇）年九月「紀和産出木材、其他沿線貨物ノ運搬ヲ便ニシテ以テ其繁殖ヲ計リ、併セテ大阪市西部関係地方ノ交通ヲ増進スル」(8)目的で計画された南海鉄道住吉停車場・津守新田間の支線敷設であり、いわば日本鉄道における秋葉原線をめざしたものであったが、これらは項を改めて検討することにしよう。

さらに用地買収の一端についてみると、その買収価格は、「主トシテ各地ノ小作高ヲ精査シテ価格ヲ算出シ傍ハラ売買登記価格及目下ノ評価ヲ参酌シ」(9)、決定されたようである。こうして、まず第二区中の橋本停車場用地の買収を終え、また大小路・長野間の第一区買収に着手し、同年二月ごろまでに相当な成果を得たが、向井村・狭山村・長野村などでは、一部土地収用審査会の裁決に持ち込まれた(10)。引き続き同社は、地主と交渉を行い、一八九九（明治三二）年ごろにはほぼ買収の示談が成立したようであるが、当時の新聞は、その様子を、つぎのように報じている(11)。

高野鉄道対地主との土地収用審査会は既記の如く大阪府参事会に於て開会中なるが、更に聞く処に依れば其後同会社は地主に対して土地、作物其他買収を要する物件に付ては時価々格の三倍に買受けんとのことを申出で地主も弗弗其示談に応じ昨今諸否未定のもの八名あるも追っては泉北郡向井村の中一人位を除く外他は悉く示談調ふて円満に局を結ぶに至るべき模様なりといふ

さきに鉄道敷設の認可を受けた高野鉄道は、一八九七（明治三〇）年一二月、まず大小路（現堺東）・狭山間五哩五二鎖余の工事を完成させ、翌一八九八（明治三一）年一月三〇日から同区間の運輸営業を開始した。さらに、同年三月狭山・長野（現河内長野）間延長四哩六六鎖余の工事を完成させ、同年四月二日から運輸営業を開始した。

（1）前掲『堺市史』続編第一巻（一九七一年）一四一九―一四二〇頁。

（2）『第四回鉄道会議議事速記録』第一二号、一八九四年六月一九日付。

（3）同右。
（4）前掲『堺市史』続編第五巻、八一五頁（大阪府庁文書「明治廿八年八月廿四日起案高野鉄道ノ義ニ付逓信大臣へ副申按」）。
（5）同右、八一九頁（同右「高野鉄道株式会社第一回報告」一八九六年上半期）。
（6）南海電気鉄道株式会社所蔵文書「高野鉄道株式会社創業総会顚末」。
（7）前掲『堺市史』続編第五巻、八三一―八三二頁（前掲大阪府庁文書「第三二四六号高野鉄道株式会社社長松方幸次郎ヨリ線路聯絡点変更及支線布設并ニ停車場位置変更等ノ義、別紙願出候ニ付調査ヲ遂ケ左ニ意見ヲ附シ及進達候也」）。
（8）同右、八二二頁（同右「高野鉄道株式会社支線敷設認可申請書」）。
（9）「高野鉄道株式会社第二回報告書」（一八九六年下半期）。
（10）「高野鉄道株式会社第三回報告書」（一八九七年上半期）。
（11）紀伊毎日新聞、一八九九年一一月一四日付。

## 二　高野鉄道の経営状態

高野鉄道は、当初の計画路線のうち、ひとまず大小路・長野間の開業にこぎつけたわけであるが、開業を記念として、五日間全線乗車賃を半減するなどの運賃割引を行っている。しかし、営業成績は必ずしも良好とはいえなかった。第3-34表に示すように、開業当初の一八九八（明治三一）年上半期こそ、二万二三六円余の純益金を計上したが、それも雑収入に負うところが大きかったのである。表にはないが、同年下半期以降は運輸収入が主体となるが、同期の損益勘定をみると、早くも一七五二円余の欠損金を出している。[1] 一九〇〇（明治三三）年上半期には、後述する道頓堀（現汐見橋）・大小路間六哩七一鎖余が開通したこともあり、五六七七円の純益金を計上しているが、[2] 一九〇一（明治三四）年上半期には、再び九五四円余の欠損金を出すに至った。

ここで両年度の月別営業状況をみると、第3-35表のようである。客車収入と貨車収入の比率は、圧倒的に前者の方が優位にある。ただ貨車収入の比率が増加傾向にあるのは確かであろう。開業当初、とくに貨車輸送が少なかったのは、一般に荷主が未だ旧来の荷車に頼り、鉄道の利用の途が開けてなかったことによるという。そこで、こうした旧慣を打破するため、一八九八（明治三一）年「四月一日（大小路長野間開通当日）ヨリ一般貨物賃金ヲ低減シ殊ニ将来発達スベキ荷物及特産物ニ対シ賃金ヲ割引シ且運送問屋又ハ多数ノ荷物ヲ運送スルモノヘハ特別ニ奨励法ヲ設ケタ」(3)ため、同年四月以降は、やや増加したのである。客車収入は、両年度とも六月に減少しているのが目につくが、

**第3-34表　高野鉄道の損益勘定**

| 1898年上半期 | | 1901年上半期 | |
|---|---|---|---|
| 益の部（営業収入） | 円 | | 円 |
| 運輸収入 | 9,796.130 | | 44,734.600 |
| 雑収入 | 25,501.891 | | 3,357.674 |
| 合計 | 35,298.021 | | 48,092.274 |
| 損の部（営業費） | | | |
| 線路保存費 | 2,348.272 | | 4,874.219 |
| 汽車費 | 5,020.104 | | 17,228.988 |
| 運輸費 | 6,585.785 | | 11,466.681 |
| 総係費 | 1,107.204 | | 15,476.814 |
| 合計 | 15,061.365 | | 49,046.702 |
| 損益勘定（差引） | | | |
| 当期純益金 | 20,236.656 | 当期欠損金 | 954.428 |
| 創業費償却 | 7,237.241 | 前期当期支払未済社債利子 | 30,111.400 |
| 積立金 | 1,100 | 合計当期欠損金 | 31,065.828 |
| 合計 | 8,337.241 | | |
| 後期繰越金 | 11,899.415 | | |

（備考）「高野鉄道株式会社第５回報告書」「高野鉄道株式会社第11回報告書」より作成。

「農家繁忙ノ時期ニ由ル」(4)からであった。要するに、同社は高野山・滝谷不動尊など、神社仏閣への参詣者および観花遊客の誘引によって、経営の安定が期待できるという状態にあったのである。こうした沿線の農村状態は、同社の経営に暗いかげを投げかけるものであった。

ところで高野鉄道は、長野村以降の残部線路工事資金不足のため、一八九八（明治三一）年八月社債八〇万円の発行を申請し、同年一〇月認可を受けた。社債発行認可申請書の一部をみると、こうである。(5)

債券ノ発行ヲ要スル事由　本会社ノ株券ハ一株ノ金額五拾円ニシテ之ヲ十回ニ分チ、払込マシムル予定ニテ、已ニ一株ニ対シ金弐拾七円五拾銭ヲ払込ミ、以テ会社起業ニ係ル大阪府下東成郡粉浜村和歌山県下伊都郡橋本町間汽車鉄道線路中、大阪府下泉北郡向井村同

第3-35表　高野鉄道の営業概況

| 年　月 | 客車収入 | 貨車収入 | 合計 |
|---|---|---|---|
| | 円　% | 円　% | 円　% |
| 1898年1月 | 92.33 (95.5) | 0.50 ( 0.5) | 92.83 (100.0) |
| 2 | 1,057.17 (99.4) | 6.11 ( 0.6) | 1,063.28 (100.0) |
| 3 | 1,053.29 (98.5) | 15.52 ( 1.5) | 1,068.81 (100.0) |
| 4 | 3,221.41 (95.4) | 155.27 ( 4.6) | 3,376.68 (100.0) |
| 5 | 2,470.04 (93.0) | 184.71 ( 7.0) | 2,654.75 (100.0) |
| 6 | 1,366.35 (88.7) | 173.43 (11.3) | 1,539.78 (100.0) |
| 計 | 9,260.59 (94.5) | 535.54 ( 5.5) | 9,796.13 (100.0) |

| 年　月 | 客車収入 | 貨車収入 | 合計 |
|---|---|---|---|
| | 円　% | 円　% | 円　% |
| 1901年4月 | 7,057.71 (91.1) | 688.59 ( 8.9) | 7,746.30 (100.0) |
| 5 | 8,893.82 (93.1) | 656.51 ( 6.9) | 9,550.33 (100.0) |
| 6 | 5,361.60 (90.3) | 572.00 ( 9.7) | 5,933.60 (100.0) |
| 7 | 6,157.68 (90.0) | 686.93 (10.0) | 6,844.61 (100.0) |
| 8 | 6,380.65 (90.2) | 694.46 ( 9.8) | 7,075.11 (100.0) |
| 9 | 6,870.73 (90.6) | 711.76 ( 9.4) | 7,582.49 (100.0) |
| 計 | 40,722.19 (91.0) | 4,010.25 ( 9.0) | 44,732.44 (100.0) |

（備考）同前。（　）内は，%を示す。

府下南河内郡長野村間十哩四十鎖ノ工事竣功、其区間ノ営業ヲ本年一月ヨリ開始セリ、然ルニ残部線路工事ノ資金ニ於テモ現在資本金額ニテハ之ヲ支フルハ能ハズ、且ツ大阪府下西成郡津守新田マテノ延長線ニ対スル資金ハ到底増資セサルヲ得サルモ、現今ノ如キ世上経済ノ有様ニテハ遽カニ新株ヲ発シ又ハ現在株券ノ残額ヲ払込マシムル事ハ最モ困難ニシテ、或ハ為メニ起業ノ目的ヲ愆ルヿナキヲ保セス、故ニ寧ロ新株ヲ募リ、又ハ現在株残額ノ払込ミハ暫ク延期シ、世間経済ノ有様ト事業進捗ノ度合ヲ計リ、新株募集且残額払込マシムルノ得策ナル事ヲ信シ、茲ニ社債ヲ募リ、以テ会社事業ノ進捗ヲ期セントスルニアリ

前掲第3-34表にみえる「支払未済社債利子」とは、右の社債発行に基づくものであったが、さきに申請していた支線敷設の資金も、社債によってまかなうことが予定されたのである。住吉村・津守村間二哩六〇鎖余の支線敷設計画は、同年一〇月実地測量仮免許状を受け、さらに翌一八九九（明治三二）年七月本免許状を下付され、向う満三か年以内に敷設工事を竣工すべきこととされた

が、実はこの前年の一〇月には、右の支線敷設をなお六七鎖余延長して、大阪市難波（汐見橋附近）までとすることを申請しており、同時に免許状を下付されたのである。線路延長の目的は、「津守村ニ於ケル停車場ハ主トシテ貨物積卸ノ用ニ供シ、更ニ同所ヨリ六拾七鎖余ヲ延長シ、大阪市難波ニ於テ特ニ旅客昇降ノ為メ一停車場ヲ設置スルトキハ、大阪市西部ト本社線路関係地方トノ交通ヲ増進スルヤ、甚大ナルヘシト信ス」(6)というところにあった。同社は当初南海鉄道に接続して大阪と結ぶ予定であったが、自らの路線で大阪への連絡を計画したわけであり、延長に要する資金は二〇万円とし、一時借入金をもってこれにあて、他日増資のうえ償却する予定とした。(7)

なお一八九九（明治三二）年一月には、仮免許状下付により実地測量を開始したところ、粉浜村住吉停車場から、直ちに津守村に延長することは困難であることが認識されたため、大小路・住吉間二哩六二鎖余の線路変更願を提出した。その経緯をみると、「線路変更ヲ要スベキ理由ハ住吉停車場内ニ於テ南海鉄道ト聯絡セシニハ地位狭隘ニシテ危険多ク、且南海鉄道ニ於テハ貨物線ヲ拡張セントスルノ設計アリテ、到底此ニ聯絡スルヲ得ス、殊ニ住吉公園地内ヲ通過シ、且其一部ヲ停車場構地トスルハ風致ヲ害シ、危険ヲ増スト称シ、反対ヲ唱フルモノ有之候ノミナラズ、大阪府公園拡張ノ方針ト撞着スル恐レモ有之候、此ノ如キ形勢ナルヲ以テ曩ニ仮免許状ノ御下附ヲ受ケシ津守村ニ至ル延長線ハ、到底此処ヨリ延長スル能ハザル次第モ有之、然ルニ新線路ハ旧線路ヨリモ多数ノ村落ニ密接シ居ルヲ以テ、従ツテ公衆ノ便益ヲ増加シ、又新線路ハ旧線路ニ比シ多少ノ哩程ヲ短縮シ、従ツテ工費ヲ節減シ又其線路ノ位置ハ上流ノ高処ヲ経テ、水利上ニ於テ寧ロ好位置ヲ経過スル等公衆ノ歓迎スル処ニシテ、弊社ニ於テモ亦便益不尠候」(8)と記されている。

このような曲折をへたが、高野鉄道は、結局、一九〇〇（明治三三）年九月一日道頓堀・大小路間を開業して、大阪・長野間直通の目的を果たした。これに伴い、同年九月大小路駅を堺東駅と改称している。しかし、長野以南の区間については、同年一月計画を放棄し、(9)一九〇二（明治三五）年五月に免許路線の短縮をしてしまった。用地買収の困難さや日清戦後の経済界の不振が加わって、同年四月三〇日までの工事竣工期限には、到底その完成を期し難かったからである。ただし、この場合、「将来他鉄道ニ於テ長野橋本間線路ヲ敷設スル場合ニ当リ政府ニ於テ必要ト認ムルトキハ之ト合併ノ命令ヲ為スコトアルヘシ、此場合ニ於テハ会社ハ之カ指定ヲ阻拒スルコトヲ得ス」[10]とされた。

これと前後して、早くも高野鉄道の整理が協議されはじめた。同社重役および株主らによるこれらの議論は、しばしば当時の新聞を賑わしたが、たとえば一九〇一（明治三四）年当初の状況をみると、「日々の収入約二百五十円前後にて……自然日々幾分かの欠損を招き社債の利子を兎も角社員の俸給支払すら覚束なき現況なり」[11]とある。幾多の経緯をへて、一九〇二（明治三五）年二月同社重役と社債および手形債権代表者は、「㈠社債六十三万円手形其他の債権三十二万円計九十五万円（本年三月迄の利息をも計上）は一切優先株を発行して引替償却し、㈡優先株の利率は社債権者と手形債権者に交付する分との間に適当の開きを付し、㈢現在資本百五十万円の六割を減少し六十万円に切下ぐる」[12]の三項目を骨子とする整理案を協定するに至った。最終的には、同年七月資本金を六〇万円に減資するとともに、甲乙二種の優先株を発行し、甲種優先株四〇万円をもって手形債権ならびに社債利子の償還に振り替え、乙種優先株六〇万円をもって社債元金の償還に充当させたのである。したがって、資本金は一六〇万円となった。参考までに、その報告書控を掲げておこう。[13]

報告書

当会社債務整理ノ為メ資本金百五十万円之内九拾万円ヲ無償削減シ六拾万円トシ、従来発行ノ壱株五拾円株式ヲ弐拾円壱株式ニ変更シ仝時ニ甲種優先株四拾万円（弐拾円株式弐万株）ヲ発行シ手形債権并ニ社債利子ノ償還ニ振替充当シ乙種優先株六拾万円（弐拾円株式参万株）ヲ発行シ社債元金之償還ニ振替充当シ更ニ資本金ヲ壱百六拾万円ニ増加変更ノ件、曩キニ株主総会ノ決議ヲ経テ明治三十五年七月三十日主務大臣ノ認可ヲ受ケ、既ニ其実行完了仕候ニ付此段及報告候也

明治参拾五年九月

社長名

知事宛

一般に、鉄道投資には二つの型があるとみられている。一つは、鉱工業製品や原材料の輸送体系を改善し、自己の経営する工場や鉱山全体の運営を改善する目的で鉄道に投資しようとする産業資本家的な型であり、他の一つは、鉄道経営による利潤の追求を主目的とする鉄道資本家的な型である。とくに後者の考え方で、広く鉄道業界に進出してくるのは大都市の商業資本家たちであり、彼らの多くは大都市周辺の局地的鉄道に強い関心を示した(14)。高野鉄道は、明らかに後者の型といえようが、南海鉄道とは、かなり命運を分かつことになった。この点については、すでに青木栄一氏が、「南海鉄道と高野鉄道の経営成績の明暗は、一に沿線集落の発達による。南海沿線が綿糸・綿織物工業の発展がみられ、経済的にも豊かな地域となっていたのに対して、高野沿線はこと明治期に関しては純農村にとどまり、工業化には立ち遅れていたからである(15)」と指摘されている。いま試みに、一九〇三(明治三六)年度の両鉄道の貨物輸送状況をみると、第3-36表のようであり、改めて南海沿線の方が優位であることを確認できよう。

**第3-36表　南海・高野両鉄道の貨物輸送**（発着計）

（1903年）

| 南海鉄道(a) | | 高野鉄道(b) | | a/b |
|---|---|---|---|---|
| | 屯 | | 屯 | 倍 |
| 綿糸布 | 53,670 | 綿糸布 | 13,310 | 4.0 |
| 木綿 | 15,228 | 木綿 | 6,586 | 2.3 |
| 綿糸 | 20,590 | 綿糸 | 4,888 | 4.2 |
| 綿 | 9,260 | 繰綿 | 84 | 5.0 |
| | | 実綿 | 1,752 | |
| 綿ネル | 8,002 | — | | — |
| 織物 | 590 | — | | — |
| 雑品 | 102,568 | 雑品 | 3,284 | 31.2 |
| その他 | 119,868 | その他 | 84,614 | 1.4 |
| 計 | 276,106 | 計 | 101,208 | 2.7 |

（備考）1　山口和雄監修『近代日本商品流通史資料』第11巻（『明治36年度鉄道局年報』）39-40頁より作成。

2　両鉄道とも他線取扱分を含む。また南海鉄道は天下茶屋・天王寺間を含む。

3　その他とは，南海鉄道の場合，米・穀物・鮮魚・野菜・酒・砂糖・蜜柑・塩・石材・木材・瓦・肥料・薪炭・漆器，高野鉄道の場合，米・麦・豆・芋・瓜及大根・桃・蜜芋・魚類・酒・醤油・鉱泉及茶・砂糖・菓子・氷豆腐・肥料・種油・木材・菜種・薪炭・石・砂・土・石炭の小計である。

(1)「高野鉄道株式会社第六回報告書」(一八九八年下半期)。
(2)「高野鉄道株式会社第九回報告書」(一九〇〇年上半期)。
(3)「高野鉄道株式会社第五回報告書」(一八九八年上半期)。
(4) 同右。
(5) 前掲『堺市史』続編第五巻、八二七―八二八頁(前掲大阪府庁文書「社債々券発行認許申請書抄録」)。
(6) 同右、八三三頁(同右「高野鉄道株式会社延長線敷設認可申請書」)。
(7) 同右、八三四頁(同右「高野鉄道株式会社延長敷設ニ関スル臨時株主総会決議要領」)。
(8) 同右、八三〇頁(同右「大小路住吉間鉄道線路変更之儀ニ付稟申」)。
(9) 同右、八三五―八三六頁(同右「鉄道敷設免許状効用期限延期願ノ義ニ付申請」)。
(10) 南海電気鉄道株式会社所蔵文書「高野鉄道株式会社認可書綴」。
(11) 紀伊毎日新聞、一九〇一年一月二七日付。
(12) 同右、一九〇二年二月一一日付。
(13)「報告書」(前掲南海電気鉄道株式会社所蔵文書)。
(14) 原田勝正・青木栄一、前掲『日本の鉄道』五七―五八頁。
(15) 青木栄一、前掲論文「南海電気鉄道のあゆみ―その路線網の形成と地域開発―」八頁。

## 三　高野登山鉄道への改組

高野鉄道の営業成績は、開業以来甚だ振るわず、借入金も多く、さきの線路延長中止により一九〇二(明治三五)年七月、減資や優先株の発行といった財政整理を断行し、会社の再建をはかることにした。そして、たとえば「明治三十六年下半季ニ於テ大阪市大黒橋、戎橋、心斎橋ノ三箇所及堺市大小路、宿院ノ二箇所ニ市内出札所ヲ置キ人力車ヲ以テ連絡運輸ヲ開」いたりしている。だが、「成績良好ナラザル」状態で、一九〇四(明治三七)年三月には廃止され

た。(1)

こうした状況のもとで、同年夏には、南海鉄道社長の大塚惟明や同重役松山與兵衛ら阪神地方の名士の懇請を受けて、当時讃岐で汽船会社をおこしていた宇喜多秀穂が支配人として高野鉄道に入社することになった。これは旧友の懇請に応じたものといえるが、つぎの二点もからみあっていた。一つは、会社の名称が示しているように、同社は終点近くに高野の霊勝を控え、起点は都会の大阪であったから、経営いかんによってはものになると目論んだことである。彼は、以前に讃岐鉄道を経営した手腕もあり、何とか採算ベースに乗せたいと考え、鉄道を利用せず、単独で全線を歩行して線路と沿線の状況を観察したといわれる。他の一つは、大塚惟明が単に南海鉄道社長として甘んじるのではなく、大阪南部の交通機関を統一したいという構想を抱いていたことである。宇喜多もそれを察知し、他日を期して高野鉄道に入社したとみられる。(2)

彼が入社した当時の高野鉄道は、巡航船経営で有名であった伊藤喜十郎が社長で、東尾平太郎・辻本次・鈴鹿通高・松山與兵衛らが重役として名を連ねていた。宇喜多は支配人として、ある時期まで彼らと協力して経営の任にあたり、一九〇五（明治三八）年四月には大阪巡航合資会社と連帯して旅客運輸の便を開くなどした。しかし、現実は世間でいわれる以上に経営上の困難がつきまとったようである。

大塚惟明の仲介によって、高野鉄道に入った宇喜多も、仕事の上では南海の大塚と競争しなければならなかった。前掲伝記によると、とくに経営難の同社にとっては、南海の住吉・堺の乗客を高野に引きつけるため、帝塚山でホタル狩りなどを催したり、沿線の神社・仏閣や景勝地へ景品付きの乗客誘引法を講じたりした。また日露戦争時には、旅順陥落の報にわく市民感情に乗じて、全線二五銭の運賃を五銭、六銭という思いきった割引を実施するなどのアイディア商法を展開した。さらに、支配人としての宇喜多の日常的な業務監督の厳しさは、全社内に徹底し、たとえば、「各駅の掃除にしろ、客扱にしろ、駅長にまかしきりで、ノホホンでゐられない。本社の執務の隙を見ては各駅を巡視して、手落のないやうに鞭韃して廻った」[3]という。そして、「翁は又、本社の事務所から寓居に帰り寝るまでには必ず各駅からの概算収入を報告させ、同時に一日の事故の有無を聞くのを習慣とされていたそうである」[4]といわれる。しかし、彼の多面的な活動にもかかわらず、会社の業績は伸びず、苦難の道を歩まねばならなかった。

さらに一九〇五（明治三八）年三月には、その支配人として減資の実行を不可とする意見書を提出したことがある。資本金一六〇万円を八〇万円ないし一〇〇万円に減資し、社債を募集し、借入金を償還しようとした方針に反対の立場をとったわけである。差引すれば、わずか一〇万円ぐらいの減資額なので、この程度のことで、いろいろと支障を惹起する減資実行を不可としたのである。[5]ただ、この点はまもなく実行に移され、同社にとっては二回目の減資となり、資本金は一五〇万円となった。

高野鉄道の営業成績は、その後も改善の兆しがなく、「三十九年度ニ在リテハ営業収入十二万六千三百九十六円、営業費十三万八百十四円ニシテ再ヒ欠損ヲ生シタリ」[6]という状態であった。このため、ついに一九〇六（明治三九）年一〇月の臨時株主総会において、別に新会社高野登山鉄道をつくり、高野鉄道の事業一切を引き継がせる方針を決定した。すなわち、つぎに示す「当社鉄道財団其他一切ノ有体動産及不動産並営業権売渡ノ件」「当会社解散ノ件」の議案を、いずれも賛成多数で可決したのである。[7]

臨第一号案

当社鉄道財団其他一切ノ有体動産及不動産並営業権売渡ノ件

一当会社所有ニ係ル鉄道財団其他一切ノ有体動産及不動産並ニ営業権ヲ将来成立スベキ高野登山鉄道株式会社カ完全ニ成立シタル上ハ、金五拾壱万五千円ヲ以テ同会社へ其筋ノ認許ヲ得テ売渡ス事

但合名会社安田銀行ニ対スル当会社ノ担保附社債金弐拾万円ハ同銀行ノ承諾ヲ得タル上ハ、高野登山鉄道株式会社ニ於テ前金代金ノ内ヨリ控除シ該債務ノ完済ハ高野登山鉄道株式会社ニ引受ケ履行セシムル事

二当会社ノ株主ハ高野登山鉄道株式会社ニ於テ募集ノ同会社株式ヲ一般応募者ニ先チ引受ク可キ特権ヲ有スル条件ヲ付セシムル事

三前項ノ目的ヲ遂行スル為メ必要ナル契約ヲ高野登山鉄道株式会社発起人又ハ同会社取締役ト適宜締結スル事ヲ当会社取締役ニ一任スル事

理由

当会社ハ爾来時勢ノ進運ニ従ヒ漸次順境ニ向ヒツヽアルモ積年纏綿セル債務整理ニ汲々タリシ結果、営業上ノ企図常ニ足ラザルヲ憂フルモノアリ未タ完全ニ発達ノ域ニ達セズ継続自営シテ相当利益ヲ見ルヿ甚遠キ而已ナラズ種々画策ヲ為スモ進ンテ発展ノ望ミ難キニ因リ、此際高野登山鉄道株式会社発起人ノ申込ニ応シ将来ノ大成ヲ期セントス

臨第二号案

当会社解散ノ件

一当会社ハ高野登山鉄道株式会社発起人ノ創立中ニ係ル同会社ガ完全ニ成立シタル上、同会社ト当会社トノ間ニ当会社所有ノ鉄道財団其他一切ノ有体動産及不動産並ニ営業権ノ売買ガ完成シ其授受ガ終了シタル翌日ヲ以テ解散スルモノトス

二前項解散後ニ於ケル清算人ハ解散当時ノ現任取締役ヲ以テ之ニ充ツル事

理由

本案提出ノ理由ハ前記臨第一号案可決シ契約履行ノ暁ニ於テ当会社ノ解散ヲ要スルニ依ル

右にみえる「安田銀行ニ対スル当会社ノ担保附社債」とは、当時銀行が行っていた株式担保貸付けを高野鉄道が受けていたことを示すものである。銀行の株式担保貸付けは、鉄道株・海運株をはじめとする少数の大企業の株式に限ら

れていたが、中でも鉄道株は質量ともに中心的な地位を占めており、鉄道会社金融にとって重要な役割を果たしていたのである。とくに産業銀行的性格をもつ安田銀行は、株式担保貸付けにも積極的姿勢を示していたといえる。(8)

高野登山鉄道は、岸和田の酒造業者寺田甚與茂ほか、(9)一二名の発起によるもので、右の決議に先立って開かれた同社発起人会では、当然のことながらこの間の事情を確認する決議を行い、その後つぎのとおり、仮免許状下付の申請書を提出した。(10)

鉄道株式会社発起ニ付仮免許御下附申請書

鉄道株式会社発起ニ付仮免許御下附申請書私共儀高野鉄道株式会社ノ既成鉄道線路即チ大阪府大阪市南区難波桜川町三丁目ヨリ同府南河内郡長野村ニ至ル十七哩四十二鎖ヲ買収シ旅客貨物運輸ノ業ヲ営ミ度、尚将来ニ於テ時機ヲ図リ長野以南ヘ延長セシメ遂ニ社名ノ如ク高野山頂迄鉄道ヲ敷設シ交通機関ノ完備ヲ企図致度キ為メ、今般高野登山鉄道株式会社ノ創立ヲ発起致シ候間仮免許御下附被成下度、尤モ私設鉄道法第二条第三号以下ノ書類図面ハ前陳ノ如ク高野鉄道株式会社ノ営業線路ヲ買収ニ付該会社ヨリ、既ニ提出相成居リ候書類ト同様ニ有之候間該書類ノ提出ハ相省キ別紙目録（略）ノ書類相添ヘ発起人一同連署ヲ以テ此段奉申請候也

明治卅九年十一月九日

高野登山鉄道株式会社創立発起人

寺　田　甚　與　茂㊞

（以下一一名略）

逓信大臣山縣伊三郎殿

資本金は七〇万円で、一万四〇〇〇株に分かち、一株五〇円であった。当初発起人の引受株数は、第3-37表に示すように、二八〇〇株、その金額一四万円とされた。(11)資本金の使途は、高野鉄道買収費五一万五〇〇〇円、営業資金および予備費一八万五〇〇〇円である。なお、一九〇六（明治三九）年一二月発起人に東京の根津嘉一郎が追加された。

かくて、同年一二月三日その価格五一万五〇〇〇円で両社は売買契約書を締結し、高野鉄道の安田銀行に対する鉄道抵当権設定の担保付社債二〇万円の債務を含め、一切を新設の高野登山鉄道が引き継ぐことになった。(12) 株式の募集には困難を伴ったが、一九〇七（明治四〇）年九月には、株式総数一万四〇〇〇株、この引受人員三四二名を完了した。同社の創業当初の役員は、取締役が寺田甚與茂、松山與兵衛、寺田元吉、寺田利吉、鈴鹿通高、富永藤兵衛、宇喜多秀穂、監査役東尾平太郎であった。高野登山鉄道は、同年二月五日仮免許状を下付され、引き続き本免許状下付の申請書を提出し、同年一一月七日本免許状を下付された。いうまでもなく、この免許の効力は高野鉄道の解散に伴うものと指定された。ここに、高野鉄道の現状を引き継ぎ、運輸営業を開始することになる。一九〇九（明治四二）年上半期の営業状況を紹介しておく。(13)

本社鉄道営業ノ状況ハ従来汐見橋堺東間僅々七哩弱ノ乗客多数ヲ占メ居リシガ附近電車ノ開通以来多少其影響ヲ蒙リタルモ尚ホ頻繁ヲ極メ堺東長野間十哩余ハ常ニ乗客多カラズシテ之ヲ前者ニ比スレバ大ニ其趣ヲ異ニス、茲ニ於テカ本社ハ昨春終端地ニ長野遊園ヲ開設シ同園ノ風光ト観心寺天野山等ノ歴史的趣味及春季ニ在ツテハ桜花長野附近ノ蕨狩躑躅狩其他温泉入浴等ヲ世人ニ紹介シ、且諸般ノ設備方法ヲ立テ以テ長距離乗客ヲ増進スルノ方針ヲ執リ着々此目的ニ向ヒ進行シタルニ、漸次其功果(効)ヲ顕シ稍ヤ面目ヲ一新シ今後益々盛栄ニ向ハントスルノ兆アリ……本社ノ方針ハ年ト共ニ着々其功果ヲ

**第3-37表　高野登山鉄道発起人の引受株数**（1903年）

| 株数 | 金額 | 住所 | 氏名 |
|---|---|---|---|
| 200株 | 10,000円 | 泉南郡 | 寺田甚與茂 |
| 200 | 10,000 | 大阪市 | 伊藤喜十郎 |
| 200 | 10,000 | 泉南郡 | 寺田元吉 |
| 670 | 33,500 | 大阪市 | 松山與兵衛 |
| 200 | 10,000 | 同 | 森久兵衛 |
| 200 | 10,000 | 堺市 | 鈴鹿通高 |
| 200 | 10,000 | 南河内郡 | 東尾平太郎 |
| 200 | 10,000 | 大阪市 | 富永藤兵衛 |
| 200 | 10,000 | 泉北郡 | 上田儁三郎 |
| 200 | 10,000 | 和歌山市 | 山本隆太郎 |
| 200 | 10,000 | 堺市 | 三木伊三郎 |
| 130 | 6,500 | 大阪市 | 宇喜多秀穂 |
| 合計 2,800 | 140,000 | | |

（備考）1「高野登山鉄道創立総会決議録」（南海電気鉄道株式会社所蔵文書「大阪高野鉄道株式会社認可書綴」）より作成。
2　のち，根津嘉一郎の200株10,000円が追加された。

第3-38表　高野登山鉄道の営業概況

| 年　月 | 客車収入 | 貨車収入 | 合計 |
| --- | --- | --- | --- |
| | 円　% | 円　% | 円　% |
| 1909年4月 | 11,662.138 (86.2) | 1,872.745 (13.8) | 13,534.883 (100.0) |
| 5 | 13,770.527 (87.2) | 2,016.660 (12.8) | 15,787.187 (100.0) |
| 6 | 6,745.098 (81.7) | 1,511.550 (18.3) | 8,256.648 (100.0) |
| 7 | 9,255.578 (82.1) | 2,011.805 (17.9) | 11,267.383 (100.0) |
| 8 | 9,290.352 (82.2) | 2,010.475 (17.8) | 11,300.827 (100.0) |
| 9 | 9,714.040 (83.7) | 1,890.170 (16.3) | 11,604.210 (100.0) |
| 計 | 60,437.733 (84.2) | 11,313.405 (15.8) | 71,751.138 (100.0) |

（備考）1「高野登山鉄道株式会社第4回営業報告書」より作成。
2（ ）内は，%を示す。

顕シ開業以来未曽有ノ収入ヲ得ルニ至リタリ、之レ本年六月十日ヨリ実施シタル旅客運賃引上モ亦与テ力アルヘシト雖モ其重ナル原因ハ都市ノ人士ヲ終端迄即チ長距離乗車ヲ勧誘シタル結果ナリトス、又貨物収入ニ於テハ米作ノ豊饒金融ノ緩慢金利ノ低落等経済界ノ好調ニ連レ前年同期ニ比シ増収ヲ得タリ

当期間の営業日数は、一八三日であったが、汐見橋・堺東間に比較して、堺東・長野間の乗客は閑散としていたようである。高野登山鉄道の損益勘定をみると、営業収入は運賃収入が七万一七五一円余、雑収入が二一〇五円余で、計七万三八五六円余、営業費は線路保存費が四三三七円弱、汽車費が二万八二七円余、運輸費が一万二九七八円弱、総係費が四三八二円余、諸税が四二三六円余、諸利子が八〇三八円余で、計五万四七九八円余、差引当期純益金は一万九〇五八円弱であった。[14] さらに、月別の営業状況の事例を掲げると、第3－38表のようである。高野鉄道時代と比較すると、貨車収入の増加が目立つ。また貨幣価値の変動もあるが、総額では、一八九八（明治三一）年上半期に比較して七・三倍、一九〇一（明治三四）年上半期とでは一・六倍増加している。

高野鉄道から高野登山鉄道への編成替えは、同時期に免許を得たものの、やはり業績振るわず、新設の河南鉄道へ事業一切を引き継がせた河陽鉄道の興亡と似ている。高野鉄道の場合、前述のように、長野以南橋本までの未成線区の免許取り消しを願い出たことによって、橋本町を結節点とする高野山参詣ルートへの交通体系の整備は、いったん挫折してしまった。当初の計画は、「旧来の紀ノ川舟運

による物資流通を自社鉄道によって堺―大阪市場へ短絡する経済的メリットを吸収できること、および高野山という一大消費経済組織との直接的な商業取引関係の確保に力を加えること[15]」を意図した一面があり、また計画のみで終わったが、粉浜・津守間の支線延長計画なども、貨物輸送への積極的な取り組みがうかがえたのである。結果的には、これらの計画は本線に組み込まれたが、のちの南海高野線の生誕を想起するとき、興味深い点があろう。

一方、高野登山鉄道は、明確に高野山への鉄道交通ルートの達成を展望することになる。開業当時の同社のイニシアティヴは、寺田甚與茂以下、寺田一族の掌中にあったが、「社長寺田甚與茂は泉州岸和田の紡績業者で、鉄道に関しては造詣もなく、智識も欠乏して居ったので、万事消極的であり、鉄道畑の君（根津嘉一郎―筆者注）の『鉄道は延長しなければ、収益は挙がらぬ』と云ふ積極的の意見とは常に扞格して、一致を見ることが頗る困難であって、会社は殆ど破産状態に瀕してゐた[16]」という。また宇喜多秀穂は、新会社に移って取締役兼支配人として、引き続き社業の改革に尽力していたが、「改革すれば改革するほど会社の状態は行詰るばかりであった[17]」という。ここに、鉄道経営のベテラン根津嘉一郎の登場の機が熟しつつあったといわれる。

一九一〇（明治四三）年四月、高野登山鉄道は、さらに積極策を講じ、長野以降橋本町に至る一〇哩一六鎖の鉄道線路延長仮免許状下付の申請書を提出した。とくに既設鉄道線路に電車併用の計画を立てたことが注目される[18]。延長線路建設に要する資金一〇〇万円は、新株式を募集することにし、資本金は一七〇万円に増資された。同時に添付された調書は、同社延長線の効用を、つぎのように述べている。長文だが、高野山参詣ルートがよくわかるので、そのまま引用しよう[19]。

鉄道線路延長カ公共ノ利益タルコヲ証スル調書

高野山ハ往昔弘法大師ノ開起セル霊場ニシテ上皇室ノ尊儀宝塔ヲ始メトシ奉リ下衆庶ニ至ル迄石塔ヲ建立シ揮テ宗旨ヲ問ハス道俗ヲ択ハス天下ノ帰信一ニ革スル処タリ、殊ニ同山ハ蓊蔚タル森林ニシテ百幹老樹枝ヲ交ヘ幽邃高操ノ地ナリ故ニ各地ヨリ信者ノ参拝若クハ遊覧ニ登山スル者一ヶ年間数拾万ノ多キニ達ス、茲ニ参拝スルニ大阪ヨリスル者ハ堺ヲ経テ紀見峠ヲ越ヘ橋本町ニ出ツル高野街道ニ依ルヲ最近最便トス、又日本全国中ニ於ケル大郡ニシテ山林ニ富メル吉野郡ヨリ大阪ニ出テ又大阪ヨリ同郡五条及紀州川上方面等ニ至ルニモ捷路タルヲ以テ関西線及南海線敷設以前ニ有リテハ殆ント此道路ニ依レリ、此ニ於テ元高野鉄道会社ハ此沿線ニ鉄道ヲ敷設セハ公共ノ利益尠少ナラサルヿヲ確信シ其筋ニ於テモ亦之レヲ認メラレ現在ノ橋本停車場ニ達スル線路ノ敷設ヲ許容セラレ、明治弐拾九年之レカ工ヲ起シタルモ不運ニシテ経済界ノ悲境ニ遭遇シ折角起工シタル紀見峠ノ隧道ノ如キ五千拾六呎ノ内弐千余尺ヲ堀鑿スル迄ニ至リタシトモ事情已ムヲ得ス中止スルニ至リ、爾来整理ノ結果該鉄道及凡ノ財産ヲ弊社カ買収シタル以来、此鉄道線路ノ根源ノ唯一ノ目的タル長野橋本間線路延長敷設ヲ為サ、レハ首尾全カラサル為メ公共ノ利益ヲ計ルヿ少ナキヲ弊社当事者ニ於テモ憂慮スルト同時ニ一般公衆ノ早ク之レカ敷設セラル、ヲ期待スル者ニシテ、此延長線開通ノ暁ニハ旅客貨物ノ集散中心地タル大阪ヨリ距離著シク短縮セルニ伴ヒ時間ニ於テモ同様減縮シ、現在迂廻セル関西線又ハ南海線ニ比スレハ距離ト時間ノ点ニ於ケル其差違尠少ナラサル者トス、依テ高野山麓伊都那賀両郡地方及吉野郡等ヨリ直行大阪ニ至ル旅客貨物並ニ沿道ノ産物ハ本鉄道ニ依リ幾許ノ利益ヲ得ルヤ計リ知ル可カラサル者アラントス、別紙第一号表及第二号表（略）ヲ以テ現今ニ於ケル旅客貨物ノ数ニヨリ利益スル所ヲ示ス

しかし、右の計画に関連して、社内では寺田兄弟と根津の対立が激化した。最後は、会社を根津の手に渡すか、あるいは寺田によって経営するかといったドタン場が訪れ、結局、根津嘉一郎が寺田一門の持株を買い取ったため、寺田は同社から手を引くこととなった[20]。

高野登山鉄道の延長線路は、一九一〇（明治四三）年七月二〇日軽便鉄道としての仮免許状を下付され、引き続き本免許状下付の申請書を提出し、翌一九一一（明治四四）年二月一六日軽便鉄道の指定を受けた。同年五月汐見橋・長野間については、原動力として電気を併用する方針を打ち出したが、その理由は、「世運ノ発展ニ伴ヒ交通機関ノ改良ヲ企図スルハ今日ノ急務ナリト信ス当社鉄道汐見橋長野間ニ於ケル乗客ノ往来近時頓ニ繁多ヲ見ルニ至リ、就中長野

遊園設置以来都市人士ノ遊来スルモノ益々繁ヲ来スノ状況ヲ呈シツヽアル折柄、現今ノ如キ専ラ動力ヲ蒸気ニ而已藉リテハ到底世人ニ満足ヲ与フルコト能ハサルヲ以テ今般原動力ニ電気ヲ併用シ旅客ハ概ネ電車ニテ輸送シ貨物ハ在来ノ蒸気列車ニテ運送スルヿトシ以テ交通上ノ便益ニ計ラントス」(21)というところにあった。

この申請は認可され、電力供給は大阪電燈から受けることになった。こうして一九一二（大正元）年一〇月汐見橋・長野間を電化し、翌一九一三（大正二）年五月長野・橋本間の建設に着手し、一九一四（大正三）年一〇月長野・三日市間を、翌一九一五（大正四）年三月三日市・橋本間をそれぞれ電化開業して、国鉄和歌山線と連絡した。ここに高野登山鉄道は、橋本を中心とする地域を大阪に直結する役割を果たすことになり、不振だった業績も漸く好転した。これらの動きに伴い、同年四月には社名を大阪高野鉄道と改称した。

高野登山鉄道にとって電車併用は画期的なことであったが、日露戦争をはさむ十数年間は、京阪神地方では実は電気鉄道出願のブームが起こっていた。同社は電化に伴い、旅客賃金を従来の一・二・三等の三級制から、一等を廃止し、二等を特等に、三等を並等に改正し、併せて運賃値上げを実施した。

一九一三（大正二）年五月には資本金を二〇〇万円に増資しているが、当段階における高野登山鉄道の重要株主は、第3-39表のようである。同社の源流である高野鉄道時代と比較すると、相当顔ぶれが変わったことが察せられる。同社社長根津嘉一郎の持株

**第3-39表　高野登山鉄道の重要株主**（1913年上半期）

| 株数 | 氏名 | 株数 | 氏名 |
|---|---|---|---|
| 株 3,204 | ◎根津嘉一郎 | 株 600 | 根津啓吉 |
| 2,423 | ○松山與兵衛 | 600 | 白杉亀造 |
| 2,212 | 森田豊 | 500 | △森久兵衛 |
| 2,100 | 福島良 | 500 | △橋本半兵衛 |
| 2,000 | 須田宣 | 500 | 松山喬一郎 |
| 1,500 | ○佐竹作太郎 | 406 | ○宇喜多秀穂 |
| 1,243 | 上原勝 | 330 | 多井中林作 |
| 1,000 | 和田辰三郎 | 300 | 岩田光造 |
| 800 | 森沢鳳三郎 | 300 | 松山藤二郎 |
| 800 | 信夫喜代志 | 300 | 松山タネ |
| 800 | 鎭田泰甫 | 300 | 松山瑷次郎 |
| 600 | ○飯田精一 | 300 | 藤野亀之助 |

（備考）1「大阪高野鉄道株式会社臨時株主総会決議録」より作成。なお役職は，牧野元良編『日本全国諸会社役員録』（1913年版）による。
2 ◎印は社長，○印は取締役，△印は監査役を示す。

がズバ抜けて高くなっているが、東京および大阪の資本が中心であったといえよう。甲越系資本家の根津については改めて説明を要しないが、取締役の一人山梨県の佐竹作太郎は、東京電燈社長・第十銀行取締役などを歴任した人物である。いうまでもなく、その後、積極的経営のリーダーシップをとったのは根津嘉一郎であるが、その腹心として支配人に就任し、現地で直接の指導にあたったのは、のちの東京地下鉄道の専務取締役で、わが国「地下鉄の父」と呼ばれる早川徳次であった。

(1) 前掲『日本鉄道史』中篇、五九六頁。
(2) 麻生幸二郎編『産業界の先駆宇喜多翁伝』(同翁記念刊行会、一九三一年) 九九頁以下。
(3) 同右、一〇九—一一〇頁。
(4) 同右、一一一頁。
(5) この意見書の内容は、同右、一一八—一二四頁に収録されている。
(6) 前掲『日本鉄道史』中篇、五九七頁。
(7) 「高野鉄道株式会社定時及臨時株主総会決議録」(南海電気鉄道株式会社所蔵文書、前掲「大阪高野鉄道株式会社認可書綴」)。
(8) 野田正穂、前掲『日本証券市場成立史』二二五—二二九頁。本書第一章第二節二を参照のこと。
(9) 寺田甚與茂については、相沢正彦『寺田甚與茂翁小伝』(寺田万寿会創立五拾周年記念、一九二六年)、藤田貞一郎「地方財閥生成の条件——寺田財閥をめぐって——」(安岡重明編『財閥史研究』日本経済新聞社、一九七九年)、同「大正期における寺田財閥の成長と限界」(前掲『経営史学』第一五巻第二号、一九八〇年) を参照されたい。
(10) 「鉄道株式会社発起ニ付仮免許御下附申請書」(前掲南海電気鉄道株式会社所蔵文書)。
(11) 高野鉄道の売却については、七〇万円で南海鉄道へとの話もあったが、これは不調に終わった(紀伊毎日新聞、一九〇七年六月一四日付)。
(12) 「契約書」(前掲南海電気鉄道株式会社所蔵文書)。
(13) 「高野登山鉄道株式会社第四回営業報告書」(一九〇九年上半期)。
(14) 同右。
(15) 宇田正「南海鉄道高野線の歴史的形成」(前掲『南海道研究』No.七二、一九八三年) 一三頁。

(16) 根津翁伝記編纂会『根津翁伝』(一九六一年) 一〇六頁。
(17) 前掲『産業界の先駆宇喜多翁伝』一〇四頁。
(18)「鉄道線路延長仮免許状申請書」(鉄道省文書「南海鉄道（元高野登山鉄道)」)。
(19)「鉄道線路延長ヵ公共ノ利益タルヿヲ証スル調書」(同右)。
(20) 中沢米太郎『元朝寺田元吉』(寺田元吉翁銅像建設委員会、一九六一年) 一〇九頁。
(21)「列車運転原動力ニ電気ヲ併用スル為メ工事方法変更ノ儀認可申請」(前掲鉄道省文書)。

# 四　南海高野線の生誕

## 1　南海・大阪高野・高野大師鉄道の合併

大阪高野鉄道が橋本へ達したことによって、国鉄和歌山線と連絡し、従来橋本から紀見峠越えで直接長野まで出向いていた旅客は、鉄道の便を実感として味わうことができた。延長線開通後は、大阪市と紀和方面の交通が容易となり、漸次長距離乗客も増加傾向を示した。ただ、同社の「各期営業報告書」をみると、沿線の乗客数は、松茸狩り、神社仏閣への参詣客などに左右され、かなり季節的変動があったことがわかる。だから乗客誘致策として、京都御所拝観団体および高野山参詣団体等の募集をすることも少なくなかった。

さて、電鉄ブームの中で設立された各社は、単に電車を走らせて乗客を運んだだけでなく、電燈電力供給事業も営んでいた。前述のように、蒸気鉄道から変身した高野登山鉄道（大阪高野鉄道）も例外ではなかったのである。同社は、一九一四（大正三）年八月、認可を得た電力供給区域一八か村のうち、まず南河内郡金岡村ほか一四か村への電力供給事業を開始し[1]、その後、泉北郡、伊都郡へも電力供給区域を拡大した。さらに、一九一六（大正五）年三月には、

第3-40表　高野登山・大阪高野鉄道の営業成績

| 年度 | | 諸収入 | 諸支出 | 純益金 | 配当 | 備考 |
|---|---|---|---|---|---|---|
| | | 円 | 円 | 円 | | |
| 1907 | 下 | 51,911.729 | 37,675.715 | 14,236.014 | 年8朱 | |
| 08 | 上 | 70,998.217 | 49,197.157 | 21,801.060 | 8朱 | |
| 08 | 下 | 64,119.143 | 54,929.466 | 9,189.677 | 5朱7厘強 | |
| 09 | 上 | 73,856.259 | 54,798.604 | 19,057.655 | 6朱 | |
| 09 | 下 | ? | ? | ? | ? | |
| 1910 | 上 | 73,644.257 | 55,041.721 | 18,602.536 | 6朱 | |
| 10 | 下 | 71,258.336 | 55,764.952 | 15,493.384 | 6朱 | |
| 11 | 上 | 74,799.838 | 52,813.897 | 21,985.941 | 6朱強 | |
| 11 | 下 | 74,405.094 | 50,898.816 | 23,506.278 | 6朱 | |
| 12 | 上 | 73,560.418 | 50,341.710 | 23,218.708 | 5朱5厘 | |
| 12 | 下 | 89,338.871 | 67,343.160 | 21,995.711 | 5朱 | |
| 13 | 上 | 91,414.612 | 67,051.315 | 24,363.297 | 5朱 | |
| 13 | 下 | 94,288.862 | 67,553.089 | 26,735.773 | 5朱 | |
| 14 | 上 | 92,398.589 | 56,401.155 | 35,997.434 | 6朱 | 電燈兼営利益金あり |
| 14 | 下 | 101,033.465 | 64,423.653 | 36,609.812 | 6朱 | 同 |
| 15 | 上 | 176,628.421 | 136,811.494 | 39,816.927 | 5朱 | 同 |
| 15 | 下 | 157,695.725 | 132,016.142 | 25,679.583 | 5朱 | 同 |
| 16 | 上 | 177,175.076 | 134,122.756 | 43,052.320 | 5朱 | 電燈并に土砂販売兼営利益金あり |
| 16 | 下 | 192,736.862 | 141,763.025 | 50,973.837 | 5朱 | 同 |
| 17 | 上 | 254,993.337 | 160,846.857 | 94,146.480 | 7朱 | 同 |
| 17 | 下 | 282,435.855 | 192,568.258 | 89,867.597 | 7朱 | 同 |
| 18 | 上 | 362,469.041 | 245,850.319 | 116,618.722 | 8朱 | 同 |
| 18 | 下 | 386,032.584 | 257,344.750 | 128,687.834 | 8朱 | 同 |
| 19 | 上 | 471,419.674 | 349,996.357 | 121,423.317 | 8朱 | 電燈兼営利益金あり |
| 19 | 下 | 601,943.452 | 452,707.582 | 149,235.870 | 1割 | 電燈兼営収入多し |
| 1920 | 上 | 728,956.040 | 555,398.190 | 173,557.850 | 1割 | 同 |
| 20 | 下 | 758,567.487 | 569,227.437 | 189,340.050 | 1割1分 | 同 |
| 21 | 上 | 816,742.076 | 618,783.435 | 197,958.641 | 1割1分 | 同 |
| 21 | 下 | 840,989.435 | 635,547.230 | 205,442.205 | 1割2分 | 同 |

（備考）「高野登山鉄道株式会社各期営業報告書」「大阪高野鉄道株式会社各期営業報告書」より作成。

関西水力電気株式会社の譲渡を受け、伊都郡橋本町ほか四か村への電力供給を行うに至り[2]、一九一八（大正七）年二月には金剛水力電気株式会社を合併して、南河内郡八下村ほか二一か村、中河内郡天美村ほか四か村の電力供給事業を継承した[3]。こうして、同社の収益に占める電燈兼営事業の比率が高まった。

また、これより先、一九一六（大正五）年五月には堺東工場で国産電気機関車の第一号を完成したことや、同年一二月に「当会社使用不用電力ノ経済的利用ヲ兼ネ、茲ニ比較的有利ナル電気化学工業品ノ製造販売ヲ副業品トシテ経営セントス」との申請をしたことも注目される。(4) その他、同年上半期には、砂利採取兼営販売事業にも乗り出した。砂利需要の増加に対応した措置であり、同年下半期には、紀ノ川の砂利採取を行い、主として大阪市役所へ納入し、約三年間だが、ある程度の利益を得たようである（以上、第3-40表参照）。(5)

同社は、一九一八（大正七）年資本金を四〇〇万円に増資し、高野山の入口まで電車を直通する計画をたてた。まず橋本までの開通にあたり、「従来大阪より高野に参詣するに三日を要したるを、朝大阪を出れば、其の日の中に参詣を済まして帰れることにし、『昔は三日で、今は日帰り』といふ標語で宣伝し」たのである。(6) こうして、橋本界わいは、紀北の交通の要衝としての地位がいっそう高まったといえるが、根津嘉一郎らは、さらに、社名のとおり高野山に至る鉄道の早期建設を主張し、一九一七（大正六）年九月高野大師鉄道を創立した。

この鉄道は、橋本・高野山麓間の免許をもち、実質的には大阪高野鉄道の延長線である。いうまでもなく、根津が社長となる。「高野大師鉄道株式会社創立事項報告書」によると、資本金一五〇万円で、「此事業タルヤ紀ノ川以南ニ於テ高野山ニ達スル唯一ノ交通機関ニシテ、彼ノ全国各地ヨリ蝟集スル信者及逐年増加シ来タル避暑登山客ノ便益ヲ計ル上ニ於テ当時最モ必要ノ事業ニシテ又最モ利益アル事業ニ属シ、尚高野奥ヨリ搬出セラルベキ無限ノ木材其他ノ貨物ヲ吸収輸送スルニ於テハ将来亦最モ有益ノ事業タルヲ失ハズ」(7) と目論まれたのであった。高野山への鉄道建設計画は、すでにいくつかの試みがあったが、大阪高野鉄道の役員たる根津嘉一郎ほか六人の発起による高野大師鉄道は、和歌山水力電気からの免許譲渡によって具体化したものである。当初、発起人の引受株を一万三〇〇〇株と定め、株式募集に着手したが、株式暴落のため意のごとくならず、苦労して前述のとおり、会社創立にこぎつけた。

高野大師鉄道は、実質的には大阪高野鉄道の延長線であったが、「別会社にしたのは、山岳線で工費の嵩むことが予想され、大阪高野鉄道の経営を危険にさらさない配慮によるもので、阪堺鉄道と南海鉄道の関係に似ている」(8) といわれる。

さらに根津嘉一郎らは積極的経営に乗り出し、一九二〇（大正九）年一月には高野大師鉄道株式一万一三六八株（五〇円株）、紀和索道株式一〇〇〇株（五〇円株）、長野温泉株式五〇株（五〇円株）の取得申請をし、認可された。その理由をみると、「高野大師鉄道株式会社ニ付テハ当社ノ延長線トモ称スベク最モ利害関係深ク将来共ニ相提携セザルベカラザル立場ニアルヲ以テ仝会社ノ株式ヲ所有ス」「紀和索道株式会社ハ当社線橋本終点ヲ起点トシ奈良県吉野郡野迫川村字野川ニ達スル貨物運送並ニ倉庫業ヲ目的スル索道ナレハ該索道完成ノ暁ハ貨物輸送上当社ト密接ノ関係ヲ有シ候ニ付之レカ株式ヲ引受タリ」「長野温泉株式会社ハ沿線長野遊園ニ設立サレルニ付仝温泉設立ハ延イテ旅客ノ増収ヲ見ルベク之亦当社トノ関係少シトセズ仍而之レノ株式ヲ引受タリ」(9)とある。また一九二二（大正一一）年六月には千早索道株式五〇〇株（五〇円株）の取得申請をしているが、その理由は、「千早索道株式会社ハ当会社千早口駅ヲ起点トシ南河内郡千早村大字千早ニ達スル貨物輸送並ニ之ニ伴フ副業ヲ目的トシ該索道完成ノ暁ハ貨物輸送上密接ノ関係ヲ有シ候ニ付之レカ株式ヲ引受ルニ至レリ」(10)とされた。

以上のような動きを背景として、電燈電力兼営事業の利益金が多いものの、漸く大阪高野鉄道の業績は好転し、一九一九（大正八）年下半期以降一割以上の株主配当を持続した（第3-40表）。後述するように、同社は、一九二二（大正一一）年九月高野大師鉄道とともに南海鉄道へ合併されるが、合併前の同社の営業状況をみると、「本期運輸ノ業績ハ近年稀ニ見ル松茸ノ豊産ナリシト沿道市町村、就中大阪市近接地ノ近年急激ナル発展ニ伴フ近距離旅客ノ激増並ニ高野登山客ノ当社線ヲ利用スルモノ愈々多キヲ加ヘ、一方貨物ニ於テハ紀和索道及千早索道其他一般出貨良好ト一面輸送力ノ電化改善其効ヲ奏シ、一般財界不振ニモ不拘……好結果ヲ得タルハ欣幸トスル所ナリ」(11)と報ぜられている。

ところで、大阪高野鉄道が電化し、紀見峠を越えて橋本に達したことは、南海鉄道の関心を呼ぶのに十分であった。当時、すでに南海鉄道は、高野山を自社の勢力圏と考えていたようであり、青木栄一氏は、前掲論文の中で「南海鉄道は粉河寺や高野山参詣客の輸送を重視し、国鉄と協定して『難波、堺より途中住吉・堺・浜寺の名所下車、和歌山から粉河・高野口・壺阪・王寺廻り鉄道院天王寺・湊町・梅田どこへでも帰着』できる通用五日の高野参詣（大和）周遊連絡割引切符を発売していた」[12]と指摘されている。だから、南海鉄道が大阪高野鉄道との合併を考えたのは、当然の成り行きであったと思われる。かつて南海鉄道と高野鉄道との合併話がもちあがったことがあるが、南海側の評価の問題も重なって不調に終わっていたのである。今回の南海鉄道と大阪高野鉄道の合併問題は、いわば、かつて宇喜多秀穂が高野鉄道へ招かれたとき抱いた感慨が十数年後に具体化したものともいえようが、合併前の一九二二（大正一一）年五月大阪高野鉄道重役会は、つぎの諸点を決議している。[13]

一、南海鉄道株式会社ト当会社ト合併ノ件、契約条項一切ヲ社長ニ一任スル事
二、社長ト南海鉄道株式会社ト合併条件成立ノ上ハ、直チニ南海鉄道株式会社ト契約ヲ締結スルコトヲ社長ニ一任ス
三、合併契約締結ノ上ハ臨時株主総会ヲ招集シ、左ノ議案ヲ付議スル事
(イ)南海鉄道株式会社ト合併ニ付契約締結ノ件
(ロ)前項契約ニ基ク高野大師鉄道株式会社株式（当社所有ノ）壱万参百六拾八株処分ノ件
(ハ)前記合併契約ニ基ク解散手当分配ノ件
四、前条(ロ)(ハ)ノ二項ノ件ハ臨時株主総会ニ於テ決定セシ上ハ、其ノ処分方法ヲ一切社長及専務取締役ニ一任スル事
五、臨時株主総会ノ期日及場所ハ社長ニ一任ス

同年六月一二日、南海鉄道臨時株主総会が開かれた。席上、一株主が「此ノ合併ハ何ノ為メナルヤ大阪高野ハ数段劣等ナルニ拘ハラス対等ノ合併ヲ為ス上ニ三十余万円ノ手当ヲ与フルハ真意ノアル処ヲ知ラス、三十余万円ノ手当ハ多キニ過キスヤ」と問うたのに対し、片岡直輝社長は「合併ハ多年ノ懸案ナリ且ツ難波駅ノ改築ヲ行フニ当リ貨物線トシ

テ木津川線ヲ出願セシニ都市計画ノ関係上、未ダ許可ノ運ヒ至ラサルモ仮リニ其認可ヲ得ルトスルモ之ノミニテモ工費四百五十万円ヲ要スルニ付、高野ト合併シテ之ヲ代用スルハ頗ル有利ト信ス又三十余万円ノ手当モ高野ニ之レ丈ケノ繰越金ヲ存スレハ之ヲ与フルハ当然ナリト思惟ス」と回答している。[14] こうした経緯はあったものの、合併の件は賛成多数で承認された。いうまでもなく、大阪高野鉄道でも同様の手続きがとられ、「大阪高野鉄道ト南海鉄道トハ地勢上個々分立スルハ互ニ不利ナルニ想到シ両社ノ意見合致シ」との事由をもって、合併申請を行い、一九二二（大正一一）年九月六日付でその実現をみたのである。同時に、大阪高野鉄道の分身ともいうべき高野大師鉄道も南海鉄道へ合併された。合併条件は、南海株二に対して高野大師株三の割合、解散手当三万円というものであった。[15]

高野大師鉄道は、すでに建設工事に着手していたが、まだ開業には至っていなかった。根津嘉一郎の積極策は、一九二〇（大正九）年九月に大阪高野鉄道および高野大師鉄道両社の常務として、鉄道院の官吏大塚晃長を招聘して建設工事を急いだことにも反映されている。そして、『根津翁伝』は、「健脚を以って誇る君は、一ヶ月に一度は必ず来って踏査を為し、二里の山道を徒歩にて往復するを常とした」[16]という。なお大阪高野鉄道所有の高野大師鉄道株式一万三六八株は、合併前に入札をもって売却処分に付した。[17]

右の合併劇は最初、高野側にとって不利な合併条件であったようで、南海の企図は根津嘉一郎の率いる高野側の拒絶にあう。その後交渉の末、南海・大阪高野両鉄道は、対等合併することで意見が一致したわけであるが、根津嘉一郎は、その間の経緯を、伝記の中でつぎのように語っている。[18]

扨て、斯うなると、会社の前途に目を着けて、南海電車が合併談を持ち出して来た。併し、先方は高野鉄道を見くびって悪い条件で合併しようと云ふのであるから、私はそれを拒絶した。その後になって、今度は、紀州電気株式会社の専務木村平右衛門と云ふ人が、和田豊治君の紹介を持って、私を訪ね、高野鉄道の私の持株を買受けたいと申込んで来た。その時の高野鉄道の時価は、七十円から九十二円五十銭まで上ってゐたが、其値で買ひたいと云ふ話だった。……其話も断った。然う斯うしてゐる中に、初め交渉のあった南海電車がそれを聞き込んで、漸く高野鉄道を見直して、改めて合併を申込んで来たから、私は其時に適当する条件で、先方の申込に応じた。然も、先が南海電車ならば、会社は堅実だし、不足するところはないから、私は多数株主の利益のため、快く合併する事を承諾したのである。

以上は、一方の当事者の回顧談であり、額面どおり受けとめることができない部分があるかもしれない。南海鉄道としても、天下の鉄道王根津嘉一郎を相手とした交渉であるから、何かと悩まされたであろう。確かに、南海鉄道の企業史を顧みた場合、競争線の出現とその合併問題に悩まされた時期がある。大阪高野鉄道との関係も、堺までは純然たる並行線であったし、堺以南の区間も、いわゆる阪南交通機関の統一という立場からいえば、一種の脅威であったろう。だから、南海側は合併の機会をうかがっていたというべきであろうが、一方、「根津氏の肚裏は常に営業に拠って利益を挙げんよりは南海との合併に依って其の野望を遂げんと企てゝ居た」[19]という事情もあったらしい。当時の両社の業績からすれば、高野側に有利な合併条件であったようで、南海鉄道は大阪高野鉄道の将来性を買ったというべきであろうとみられる。いずれにせよ、この合併によって、いわゆる南海高野線が生誕したのである。

ここで、南海鉄道の沿革を表示しておくと、第3－41表のようになる。地方中小私鉄を吸収して、規模を拡大してきたことがわかる。どちらかといえば、営業路線が比較的長距離となった自信のあらわれか、逆に南海鉄道は、電燈電力供給事業は別として、同業他社と比較して兼営事業の立ち遅れは否み得ないものがあったといわねばならぬ。昭和初期の状況は、つぎのように報ぜられている。[20]

…更に右以外の直営事業としては、食堂、遊園地及土地経営であるが、然し之とて従来の浜寺及淡ノ輪両地の施設以外は往年阪堺との合併によって継承したる堺大浜公園の諸設備並に其後高野の合併と共に当社の経営に帰せる長野遊園地等であって、以上各地の規模の如き当社として格別に積極的経営を進めたるものなく、従って之に伴ふ附近

### 第3-41表　南海鉄道の沿革図

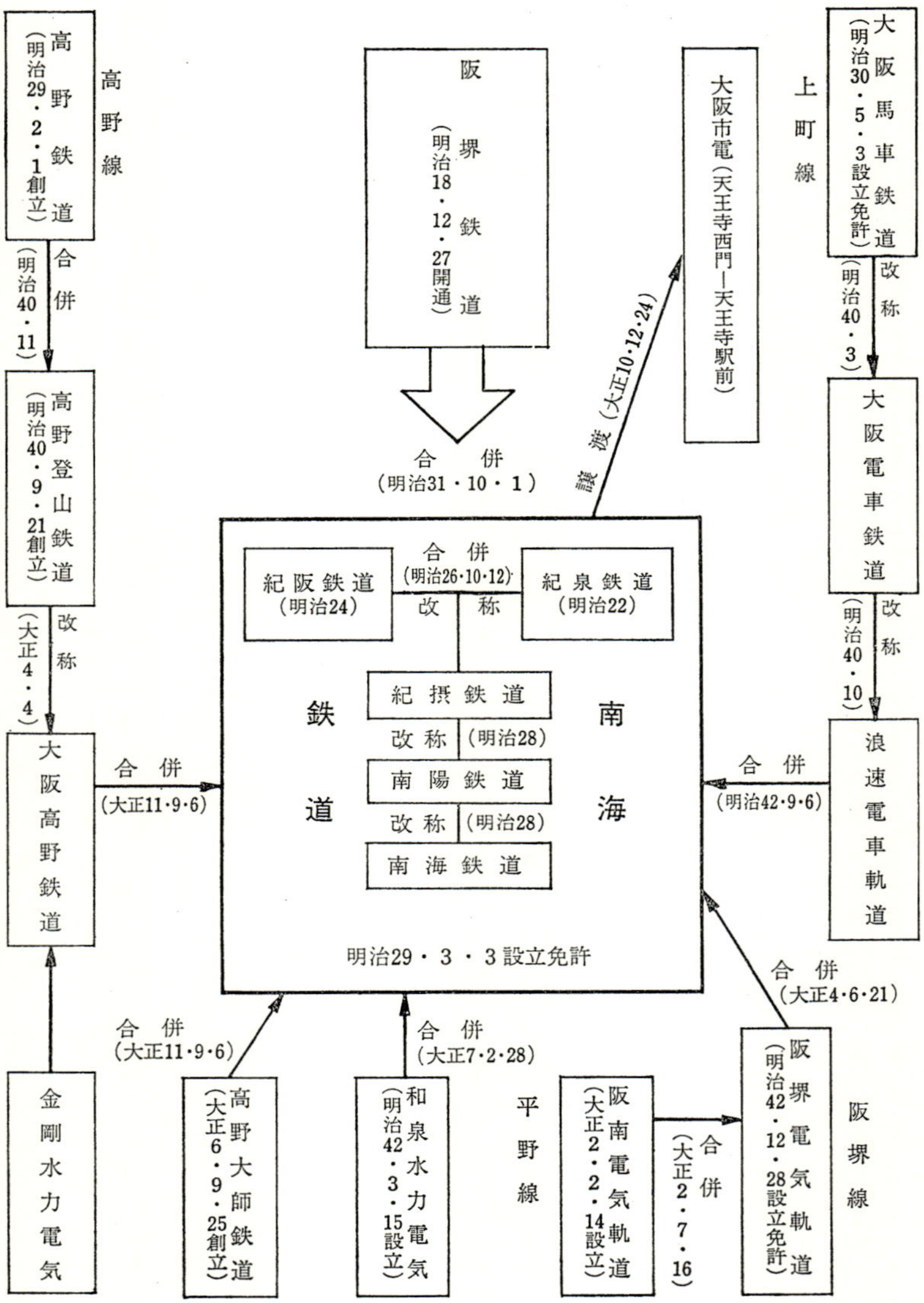


（備考）　中西健一，前掲『日本私有鉄道史研究』増補版，290頁。

の土地経営にありても概して他の同業会社の如く、巨大の土地を擁し思惑的手段を以て充分なる開発の方法を講ずる等の事なく、故に是等当社の遊園地及び土地経営が事業夫れ自体の収益を目的とせず、一に乗客吸収の一方法として維持経営に努めつつあるが、之を阪神、阪急の娯楽的諸施設に比較するとき果して現状を以って充分なりと謂ひ得らるゝや些か疑問であって、殊に土地経営と云ふも其所有地の内訳を見れば些か貧弱の感なきを得ないのである。

ただこうした状況は、南海の営業線が比較的長距離であり、かつ南大阪における交通の中心地域を起点としている事情も加わって、運輸施設の改善をはかって乗客収入の増加を期するという図式が強かったとみるのが無難なのかもしれない。既設鉄道ならびに沿線各所における乗合自動車、ハイヤーの営業権を買収し、これを会社直営とすること、さらに一九二九（昭和四）―一九三三（昭和八）年にわたって難波駅の大改築を行い、一大ビルディングを建設し、その大部分を百貨店経営（高島屋に委託）とするなどの方向に特徴があったのである。

## 2　南海高野線成立後の労務問題等一斑

つぎに、大阪高野鉄道合併前後の南海鉄道従業員の労務問題等について瞥見しよう。一九二二（大正一一）年三月、「○○夫」を「○○手」（たとえば「駅夫」を「駅手」）というように、鉄道係員職制の改正を行っている。[21] そして、同年八月には、一九一七（大正六）年一二月制定の精勤奨励手当を廃止し、乗務員乗務手当を改正実施することとした。すなわち、「雇以上、一哩ニ付金壱厘弐毛」を「一哩ニ付金壱厘五毛」、「課雇、一哩ニ付金九毛」を「一哩ニ付金壱厘壱毛」と。その他、大阪高野鉄道合併を前にして、車掌、電車掌、運転手、助手等の初任給、勤務方を同時に以下のように改正している。なお「精勤手当ヲ全廃セラレタルハ日給ニ加算シテ昇給セラル、タメナリ」という。[22]

運主第二二号　　課内一般

車掌、電車掌、運転手、助手初任給ヲ左記ノ通リ改正シ本月六日ヨリ実施ス

一、本　線　　改正給額　　前給額

電車掌車掌　壱円参拾銭　壱円五銭

運転手　壱円参拾五銭　壱円拾銭

一、軌道線

車掌　壱円参拾五銭　壱円拾銭

運転手　壱円参拾五銭　壱円拾銭

一、各駅

助手　壱円弐拾五銭　壱円

右何レモ爾後時期ヲ定メズ成績優良ノモノハ随時増給スルモノトス

運主第二三号　課内一般

課雇採用規則中初任給左記ノ通リ改正シ本月六日ヨリ実施ス

但婦人ノ採用ニ就テハ其都度適宜ニ定ムルモノトス

本線

一、駅手　年齢満十八年以上ニシテ高等小学卒業若クハ之レト同等ノ素養アルモノトス

但シ満十六年以上義務教育ヲ了ヘタルモノニシテ将来鉄道係員トシテ適当ト認ムルモノハ詮衡ノ上見習トシテ採用スル事ヲ得

| | 年齢資格 | 改正給額 試雇中 | 改正給額 初任給 | 現在給額 試雇中 | 現在給額 初任給 |
|---|---|---|---|---|---|
| 給料 | 満十八年以上 | 九二 | 一、一七 | 七〇 | 九五 |

| | | | | |
|---|---|---|---|---|
| 満十六年以上十八年未満 | 八二 | 一、〇七 | 六〇 | 八五 |

一、信号転轍手　駅手ニシテ満三ケ月以上ヲ経タルモノ若クハ之レト同等ノ経験ヲ有シ年齢満二十年以上ヲ本位トシ止ムヲ得ザルトキハ満十八年以上ニシテ相当資格アルモノハ特ニ任用ス

一、踏切看手及清掃手　年齢満二十年以上五十年以下ヲ本位トス身体強健視力聴力完全ニシテ其任ニ堪フルモノハ満五十三年迄採用スル事ヲ得

| | 職名 | 改正給額 試雇中 | 改正給額 初任給 | 現在給額 試雇中 | 現在給額 初任給 |
|---|---|---|---|---|---|
| 給料 | 信転 | ― | 壱、二三 | ― | 壱、〇〇 |
| | 踏切看手 | 九二 | 壱、一七 | 七〇 | 九五 |
| | 清掃手 | 九二 | 壱、一七 | 七〇 | 九五 |

## 軌道線

一、役夫、線路番人、信号転轍手　年齢満二十年以上五十年以下ヲ本位トシ役夫ニ限リ止ムヲ得ザルトキハ満十八年以上採用スル事ヲ得

| 職名 | | 改正給額 試雇中 | 改正給額 初任給 | 現在給額 試雇中 | 現在給額 初任給 |
|---|---|---|---|---|---|
| 役夫 | 丁年以上 | 九二 | 一、二七 | 七〇 | 一、〇五 |
| 役夫 | 丁年未満 | 九二 | 一、一七 | 七〇 | 九五 |
| 線路番人 | 満二十年以上五十年未満 | 九二 | 一、二七 | 七〇 | 一、〇五 |
| 信転 | | 九二 | 一、二七 | 七〇 | 一、〇五 |

運主第二四号　　課内一般

本線、軌道線、電車掌、車掌、運転手ノ勤務方左ノ通リ定メ本月六日ヨリ実施ス

一、電車掌、車掌、運転手ノ勤務方ハ二直制トス

各直交代及出勤、退出時刻ハ所属主任ニ於テ定メ届出ズベシ

二、六日間皆勤シタルモノニハ七日目ニ一日ノ公休ヲ与フ

三、公休日ニ出勤ヲ命ジタル場合ハ廃休手当トシテ別ニ日給一日分ヲ加給ス

（以下略）

さて南海鉄道では、大阪高野鉄道合併後における高野線運輸従事員の勤務方を徹底させるために、一九二二（大正一一）年八月「社報」号外を発行している。運輸課長よりの注意事項をみると、「合併後ニ於ケル高野線運輸従事員諸般ノ取扱方ハ別項諸達ノ通リデアルガ、大阪高野鉄道株式会社制定ノ規程ヲ其儘踏襲スルモノト南海鉄道株式会社ノ規程ニ依ルモノ」とからなっている。合併により旧大阪高野鉄道従事員の待遇は、南海本線並みに引き上げられる。その大要は、つぎのとおりであった。(23)

△列車運転信号保安ニ関スル事

大阪高野鉄道株式会社ニ於テ制定認可ヲ得タル規定ヲ其儘踏襲スルモノデ従来ト何等変リナイ之レハ何レ南海本線ノ諸規程ト対照研究シ各其長短ヲ取捨統一シタモノヲ制定認可ヲ得テ両線ニ実施スル事トナルノデアルガ、合併ト同時ニ之レヲ実行スルコトハ困難デアルカラ差当リ従前ノ通リ取扱フコトトシタノデアル

△列車運転時刻、列車取扱方、電車機関車並ニ客車緩急車ノ運用方

差当リ従来ノ通リ取扱ヘバヨイノデアルガ、今後改正ノ場合ハ其都度社報ニ依リ一般ニ通達スルカラ遺漏ノナイ様ニ注意シテ居ラネバナラヌ

△事故通報方、事故報告提出方並ニ事故処理方

之レハ全部南海本線ノ規程ニ依リ統一実施スルノデ其要領ハ別冊運輸課諸規則類集ニ詳細記載シテアル

△保完日誌、之レハ南海本線ト同様統一実施スルモノデ各駅保安諸設備ノ完備ヲ期スル目的デ制定シタ訳デアルカラ別冊運輸課諸規則類集記載ノ通リ即日実行セネバナラヌ

△運転従事員ノ勤務方

乗務員ハ合併当日ヨリ南海本線乗務員ト同様ニ改正実施スルノデ二直制度六日勤務七日目公休トナルノデアル

駅員ノ勤務方ハ南海本線デモ列車ノ閑繁ニ依リ区々ニナツテ居ルノデアルカラ差当リ従前ノ通リデ何等変リハナイ何レ精査研究ノ上統一シタイ考ヘデアル

△諸　給　与

給料手当其他諸給与ハ全然南海本線従事員ト同一ノ給与規程ニ依ルノデ旧高野線制定ノ給与規程ハ消滅スル訳デアル

ソレデ合併后新ニ採用スルモノニ対シテハ南海本線ノ採用規程ニ依ルコトトナルノデ旧高野線ノ給与ニ比シ若干高給トナル訳デアルカラ駅所ニ於ケル主宰者ハ採用ノ際人選上ニ就テモ大ニ考慮ヲ払ヒ優良ナルモノヲ選定スルコトニ心掛ケネバナラヌ

△旅客荷物運送規則並ニ貨物運賃及料金規則

之レハ何レ南海本線ト高野線ヲ統一シタ規程ヲ制程シ主務省ノ認可ヲ受ケテ発布スル予定デアルガ、差当リ大阪高野鉄道株式会社ニ於テ制定認可ヲ受ケタモノヲ其儘踏襲スルコトニシタノデ従来ト何等変ツタ所ハナイ

△南海本線ト高野線トノ連絡

新ニ南海本線各駅ト高野線各駅トノ間ニ岸の里阿倍野間陸路連絡ニ依リ連絡切符ヲ発売スルト共ニ手荷物及通常

小荷物ノ連絡扱ヲモ開始スルコト、シタノデアルガ、南海本線岸の里駅ハ直通列車（緩急車付ノモノ）ガ停車セナイコトニナツテ居ルタメ止ムヲ得ズ手小荷物丈ケハ天下茶屋駅ヲ中継トシタノデ、其他陸送上ニモ種々困難ナ点ガアルタメ取扱上ニ制限ヲ加ヘタ訳デアル、連絡線ノ設備ニ就テハ目下研究中デアルカラ之レガ完成ノ上ハ完全ナル連絡運輸ヲナスコトトナルノデアル

尚軌道阪堺線及上町線トノ連絡ハ別項（略）通達ノ通デアル

△手小荷物及急行便小口扱貨物ノ配達之レモ従来通リ請負店ヲシテ配達セシムレバヨイノデアル

△大阪高野鉄道株式会社承認運送店ハ南海鉄道株式会社所属貨物取扱人規程ニ依ル事ニ統一シタノデアル、又所属別運送店無賃乗車券発行規程ハ両線ヲ一括シタモノニ改正シテ別途発布スルカラ所属運送店ニ通知セラレタイ

南海高野線の生誕を期して、一九二二（大正一一）年九月八、九日の二日間にわたり、南海および旧大阪高野鉄道運輸課所属各掛員、各駅長、助役、車掌運転手取締、同補以上の全員を浜寺公会堂に集め、駅長会議を開催している。席上、運輸課長は「此機会ニ於テ旧高野鉄道所属各員ニ御挨拶ヲ兼ネ両社従業員ノ親睦、事務ノ疎通統一ヲ計ランガ為メ、些カ所感ヲ述ベ諸士ノ参考ニ資セントス」として、大要つぎのような訓示をした。興味深い点が多いので、長文をいとわず引用しよう。(24)

……今回ノ両社合併ニ当リテモ営業ノ根幹、綱領ヲ同フセル以上強ヒテ在来ノ南海式ノミヲ固執スルノ要ナク南海、高野各個特有ノ長所ハ飽迄之ヲ保持シテ各長短相補ヒ共ニ融合協力シテ新南海式トモ称スベキ方策ヲ樹立シ渾然統一アル制度ノ下ニ実績ヲ挙ゲント欲ス

唯、今後ニ於テモ依然我社ノ綱領トシテ是非保持セザル可カラザルハ、去ル明治三十八年大塚専務取締役殿御就任ノ当時垂示セラレタル顧客ニ対シ御客又ハ御客様ト敬称ヲ付スルノ一事ニシテ、斯ハ誠ニ些細事ノ如クナルモ其精神ハ一面大資本ヲ擁シツ、アル鉄道営業ノ根源ガ御乗客ニアル事ヲ了解セシメ他面設備ニ於テ日常ノ執務ニ於テ悉

ク御乗客ヲ本位トスル大精神ヲ涵養セシメ得ル捷逕ニシテ、従事員平素ノ雑談裡ニモ書面ヲ認ムル場合ニ於テモ常ニ敬称ヲ用ウルノ習慣ヲ馴致スルハ聴テ如何ナル新参ノ従事員ニモ尚克ク社是ノ一端ヲ窺知セシメ得ルノ良策ナリト信ズレバナリ

尚ホ旧高野鉄道所属員諸士ノ為メニ陳ジタキハ諸士ノ待遇ガ継子扱ニ流レザルヤノ疑念ヲ持タル、人ナシトセザレバニテ斯ハ合併当日大塚惟明専務取締役殿ガ声明セラレタル如ク、公平無視何等ノ差別ヲ設クル事ナク一ニ能率本位ニ依リ待遇ヲ為スモノナル事ヲ天地神明ニ契ヒ断言シテ憚カル所ナシ、故ニ各員ハ自己ノ栄達ハ唯々実力技能ノ如何ニ仍ルモノト覚悟シ南海本、軌両線従事員ト相提携シテ、此拡大サレシ我社ノ為メ層一層奮勉努力アランコトヲ切望シ予メ何等ノ情実ヲ挾マズ待遇ニ優劣等差ナキヲ声明シ置ク次第ナリ

高野線ニ対スル理想

営業直接ノ当事者トシテ高野線ニ対スル理想ノ一端ヲ述ベンニハ先ヅ本邦屈指ノ霊場高野山ガ有スル御乗客吸引力ニ就キ提議ヲ要セシ之高野鉄道敷設唯一ノ原動力タリシヲ以テナリ、乍併今的確ナル計数ヲ得難キガ故ニ種々ノ方面ヨリ考察シ今仮リニ春季三ケ月間全国ヨリ集ヒ来レル信仰的登山者ヲ五十万人トセンカ夏秋冬ハ殆ド皆無ト見ルモ之実ニ驚クベキ数ニシテ、而カモ大部分ハ高野線ノ顧客ト見做シ得ベシ、若シ近キ将来ニ於テ山巓近キ大門迄鉄道ノ開通ヲ見大阪ヨリ僅々二三時間ニテ到達シ得ル時代ヲ想到セバ海抜二千八百尺ノ深山、盛夏ノ温度八十度ニ達セザル此幽境ヲ避暑地トシテ、高尾箕面モ遠ク及バザル老楓、紅葉ヲ以テ満山ヲ染メナス秋ノ観賞地トシテ十一月下旬既ニ雄大ナル雪景ヲ現ジテ消ユル事無キ雪見或ハスケート又ハスキーニ遊戯場トシテ恐ラクハ四季ヲ通ジ都人士ニ見逃ス可カラザル雄大無比ノ勝地ナリト激賞セシムルニ足ラン、加フルニ目下大師線ノ敷設ト並ビテ画策サレツ、アル高野山有志家ノ主称タル森厳区域、俗化本位ノ自由区域、住宅区域等ノ山区改正区画ヲ実現シ旅館、料(ママ)其ノ他ノ店舗軒ヲ連ヌルニ到ラバ信仰者、遊覧者、保養者群居シテ驚ク可キ殷賑ヲ極メ延ヒテハ之等唯一ノ輸送機関

タル高野線ノ発展ハ必然ナリト云ヒツベク、此間ニ処シ我社ガ高野山並ニ沿道ノ発展ニ資シ全線復線(複)ノ建設、重連電車ノ日常運行ヲナス可ク新ニ客車貨車ヲ建造シ諸設備ノ改善ヲ加ヘ難波駅ヲ基点トシテ列車ノ発着ヲ開始シ、従来東方ニ偏セル南海三軌条ノ外ニ大阪ノ西方一帯ヲ扼スル汐見橋駅ヲ加ヘテ交互ニ従来ノ欠陥ヲ補フ等ノ結果ハ蓋シ高野沿線ノ面目一新ノ状ハ数年ヲ出ズシテ隔世ノ感アルニ到ル可シト信ズ

健実ナル鉄道業

今ヤ全国アラユル事業界ガ不景気風ノ襲来ニ遇ヒ日増シニ活気ヲ失ヒテ沈滞気分ノ旺溢セル時ニ当リ我社営業ノ状態ヲ見ルニ南海線、高野線共余リニ悲観スベキ現状ナラズ

由来鉄道ノ営業ハ他ノ事業ニ比シ健実ニシテ社会ノ好況時代ニ逐次発展セル沿道ノ人口稠密及殖産興業勃興ノ余波ヲ受ケ徐々相当ノ率ヲ以テ収入ヲ増加シ事業界ガ真ノ不況ニ陥ル前尚或期間ハ殆ド之ト逆行シテ好況ナルヲ常態トス、加フルニ鉄道事業ハ他ノ事業界ノ如ク時価会計ヲ許サズ法規上実支出ニ依ル特別資本勘定ナルガ故ニ財界直接ノ支配圏外ニ起立シ得ル強味ヲ有シ、茲ニ於ケル健実ナル事業ト目セラル、故ナシトセズ

目下大阪市ガ鋭意企図シツ、アル大都市計画ノ範囲内ニ於テハ市是トシテ今後ノ鉄道ハ悉ク高架若シクハ地下ニ建設ヲ余義ナクサル、ニ不拘、斯カル巨資ヲ投ゼズシテ路面既得権ヲ領有スル我社ノ健実サハ到底未設鉄道ノ追従ヲ許サザル所ニシテ南海高野線ノ如ク古キ歴史ヲ有スル鉄道ノ価値ハ推シテ知ル可キナリ、序上ノ事実ニ徴シ経営難ハ頗ル微ナリト雖モ一面又鉄道特有ノ苦脳(悩)ナキニ非ラズ、之則チ恐ル可キ鉄道保安上ノ事故ニシテ斯ハ諸士ト共ニ全力ヲ傾到シ防止ニ努メザル可カラザル重大ナル吾人ノ義務ナリ

事故防止

保安上ノ事故モ種々雑多ニシテ不可抗的ニ発生スル場合ハ如何共詮ナシ然レ共苟モ人為的ニ防止シ得ル事故ハ従事員交互ノ警戒ト深甚ノ注意ニヨリ絶対防止セザル可カラズ、殊ニ高野線ノ如キ単線ハ比較的事故ノ可能性多ク上局

ニ於テモ我々当事者間ニ於テモ共々憂慮禁ジ能ハザル所ナリ、之レ事故ノ発生ハ直接間接ニ営利営業ニ至大ノ損害ヲ与フノミナラズ鉄道本来ノ使命ニ悖リ国家社会ニ対シ実ニ申訳ナキ次第ナレバ仮令実害無ク素人ニハ表面安全ヲ無視セル行為ナラザルガ如ク見ユル共、平素正規ノ手続ヲ省略スル悪習ヲ馴致スルトキハ他日怖ル可キ事故ヲ惹起スルノ因トナルモノナレバ呉々此点ニ留意シ如何ナル場所場合ヲ問ハズ機械ノ動作ヲ過信スル事ナク飽迄正規ノ取扱ヲ励行シ部下統卒指導ニ当ラレン事ヲ嘱望ス

現業員教習所

多年ノ懸案タリシ従業員教養機関モ今回ノ合併ニ連レ運輸所属員約二千ニ及ビ業務ノ統一上痛切ニ必要ヲ感ジタルヲ以テ愈々上局ノ諒解ヲ得、近ク完備セル現業員教習所ヲ設置スル事トナレリ

其組織内容ハ目下研究中ニ属シ或ハ多少ノ変更ハ免レザル可キモ駅務科乗務科ノ両科ヲ設ケ入学試験合格者ヲ四五ケ月間専問(門)ニ教習シ卒業後ハ各線ニ配置シ従業員ノ向上発展ニ資セントス

労資問題

近時一般社会ノ趨勢トモ言ヒツ可キカ兎角労資間ノ調和ヲ欠キ各種団体ニ於テ物議ヲ醸シツヽアル所謂労働争議ハ其非理曲直及誘因ノ那辺ニアルカハ暫ク論外トスルモ、同業阪神ニ次ギ我社モ幾分其気配ヲ示セルガ如ク巷間取沙汰サレシハ諸士ノ記憶ニ新タナル可シ、サレド之真ノ風評ニ止マリ事実無根ノ虚報ナリシハ小職ノ主張ニ徴シ明瞭ナラン、今茲ニ其概念ヲ披瀝センカ運輸課長ハ法規ニ明示スル如ク純然タル鉄道係員ニシテ運輸課全員ノ代表者トシテ常ニ管下全般ノ事情ニ精通シ福利増進ノ為メニハ資本家代表タル上局ニ対シアラユル献策ヲナシ得ル機能ヲ有シ、且ツ比較的上局ノ意嚮ヲ窺知シ得ルノ地位ニアリサレバ平素専ラ社会ノ大勢ヨリ推シテ双互福利ノ融合点ヲ考慮シ最善ノ努力ヲ傾到シ献策接衝スルハ勿論時ニ多数部下ノ為メニハ自己ヲ犠牲ニ供スルモ尚厭ハザル底ノ覚悟ヲ抱持シ爾来此目標ノ下ニ終始シツヽアリ

之ヲシモ猶不満トシ不徹底ナリト観ジテ煽動者流ノ空論ニ惑ハサレ若クハ利己心急ニシテ経営上ノ苦衷ヲ図ラズ、徒ラニ妄動センカ自滅ノ侮ヲ残スノミカ同僚延ヒテハ社会ニ迷惑ヲ及ボスヤ必セリ、故ニ会社ノ待遇方法ニシテ不合理無法ナリト思惟スル点アラバ進ンデ運輸課長ニ親シク纏述シ諒解ヲ得ヨ尚ホ不満ナラバ潔ク職ヲ退クベシ、従事員間ノ輿論が運輸課長ヲ信頼スルニ足ラズト認ムル場合ハ宜シク先ヅ課長不信任案ヲ議決シ、而シテ後日自由行動ヲ執ルベシ之レ小職平素ノ素懐ナリトス

さらに、一〇日後の九月一九、二〇日の両日、運輸課長は高野線車掌運転手取締以下乗務員一同を堺東派出所に集め、合併後における方針を示し、運行保安、乗客取扱、服務規律、思想問題などについて訓示している。(25) 同年九月末片岡直輝社長は辞任し、翌一九二三（大正一二）年四月大塚惟明専務取締役が社長に就任する。片岡は相談役となる。なお一九二三（大正一二）年二月には、本線・高野線電車運転手採用年齢を一歳引き下げ、満二〇歳以上三五歳以下の男子に改正された。(26)

終わりに、当時の注目すべき二つの規程を紹介しておく。一つは、さきの訓示にみられるとおり、一九二二（大正一一）年一二月に運輸教習所規程が制定されたことである。すでに断片的にふれたように、南海鉄道現業員の勤務状態は何かと問題が多かったが、規程によると、同教習所は、「運輸従事員ノ徳性ヲ涵養シ鉄道業務ニ須要ナル学術及技能ヲ教授スル」ことを目的とした。同所は難波駅構内に置かれ、運輸課長が管理し、修業年限は四か月であった。入所資格は、「㈠年齢満十七歳以上三十歳以下ノ男子タル事、㈡四ケ月以上本社運輸従事員タリシ者ニシテ勤務ノ成績良好ナル事、㈢入学試験ニ合格シタル事但シ特別ノ事由アル時ハ入学試験ヲ行ハザル事ヲ得」ということであり、(27) 翌年一月第一回の募集（雇約一〇名、課雇約二〇名）を行った。(28) 試験科目は、読方、作文、算術であり、試験の結果、電車掌、駅手、助手など一九名が第一回生徒として入所した。(29)

もう一つは、一九二三（大正一二）年四月に養老退職手当支給内規および停年退職内規を制定したことである。い

まその実態を解明する余裕はないが、前者の内規制定により、さきに制定をみていた改正職員貯蓄および補給規則は廃止された。また後者の内規によると、原則として満五五歳が停年退職の年齢であることを知れよう。いずれも、第一次大戦後の労働運動の高揚を背景として制定されたものであろう。長文をいとわず、その全文を掲げておこう。(30)

養老退職手当支給内規

第壱条　養老退職手当ハ左記各号ノ一ニ該当スル従業員ニ支給スルモノトス

一、満三ヶ年以上誠実ニ勤続シタル者ニシテ在職中死亡シタル者

二、会社ノ都合ニヨリ退職セシメタル者

三、停年退職内規ニ依リ退職セシメタル者

四、満十五年以上誠実ニ勤続シテ退職シ又ハ年齢満五十歳以上ニ達シ且ツ満三ヶ年以上誠実ニ勤続シテ退職シタル者

五、満三ヶ年以上誠実ニ勤続シタル者ニシテ兵役ニ服スルタメ退職シタル者

六、満三ヶ年以上誠実ニ勤続シタル婦人ニシテ結婚又ハ分娩ノタメ退職シタル者

第弐条　養老退職手当ハ左記各号ノ一ニ該当スル従業員ニハ支給セサルモノトス

一、不都合ノ行為アリテ退職セシメタル者

二、前号ノ処分ヲ受クヘキ行為アリテ其処分前ニ死亡シタル者

三、第壱条第四号ニ該当セサルモノニシテ退職シタル者

但シ満参ヶ年以上誠実ニ勤続シタル者ニ対シテハ特ニ第壱条第四号該当者ニ支給スル養老退職手当ニ其勤続年数ヲ十五ニテ除シタル得数（但其最少値ヲ五分ノ二トス）ヲ乗シタル金額ヲ手当金トシテ支給スルモノトス、而シテ其退職ノ原因カ傷痍疾病ノタメニシテ且ツ会社カ必要ト認ムル期間ヲ経過スルモ猶ホ退職当時ノ傷痍疾病

ノタメ到底普通健康者ノ耐ヘ得ヘキ業務ニ従事スルコト能ハサルモノト確認シタル時ハ、更ラニ第壱条第壱号該当者ニ支給スル養老退職手当ノ全額迄手当金ヲ追加支給スルコトアルヘシ

第三条　第壱条第四号該当者並ニ第弐条第参号但書該当者ニ対シテハ退職ノ事情ニ依リ給与金額ヲ減額スルコトアルヘシ

第四条　養老退職手当ハ退職又ハ死亡当時ノ俸給月額ニ勤続年数、資格係数並ニ年功係数ヲ乗シテ算出スルモノトス

第五条　第四条ノ俸給月額トハ月俸者ニ在リテハ其月俸全額、日給者ニ在リテハ其日給全額ノ三十倍、年俸者ニ在リテハ其年俸金額ノ十二分ノ一ニ等シキモノニシテ総テ円位ニ止メ円位以下ハ切上クルモノトス

第六条　第四条ノ勤続年数トハ辞令交附ノ日ヨリ退職又ハ死亡ノ日迄ノ年数ニシテ一ケ年ノ十分ノ一迄計算シ同以下ハ切上クルモノトス但休職、臨時雇及試雇中ノ期間並ニ一旦退職シテ再ヒ採用サレタル者ノ前任職期間ハ之レヲ通算セサルモノトス

第七条　第四条ノ資格係数ハ左記ノ通リニシテ在職中係数ヲ異ニスル二又ハ二以上ノ資格ヲ歴有セシ者ニ対シテハ各相当係数ニ其資格ノ勤続年数ヲ乗シタルモノノ総和ヲ以テ第四条ノ勤続年数資格係数トノ相乗積ト見做スモノトス

| 資格 | 係数 |
|---|---|
| 課雇 | 〇、四五 |
| 社雇 | 〇、六〇 |
| 日給職員 | 〇、八〇 |
| 月俸年俸職員 | 一、〇〇 |

但シ課雇タリシ経歴ヲ有スル職員ニ対シテハ其課雇時代ノ資格係数ヲ特ニ〇、五トナスコトヲ得

第八条　第四条ノ年功係数ハ左記ノ通リニシテ第六条ノ勤続年数ニ応シ之レヲ定ムルモノトス

一、職員ニ対スル係数

| 勤続年数 | 年功係数 |
|---|---|
| 満三ケ年未満 | 一、五 |
| 満三ケ年以上 | 一、八 |
| 満三ケ年以上一ケ年ヲ増ス毎ニ | 〇、二宛増 |
| 満六ケ年以上 | 二、三 |
| 満八ケ年以上 | 二、四 |
| 満八ケ年以上一ケ年ヲ増ス毎ニ | 〇、一宛増 |
| 満十二ケ年以上 | 二、九 |
| 満十二ケ年以上一ケ年ヲ増ス毎ニ | 〇、一宛増 |
| 満十六ケ年以上 | 三、四 |
| 満十六ケ年以上一ケ年ヲ増ス毎ニ | 〇、二宛増 |
| 満十九ケ年以上 | 三、九 |
| 満二十ケ年以上 | 四、〇 |

二、社雇及課雇ニ対スル係数

| 勤続年数 | 年功係数 |
|---|---|
| 満三ケ年未満 | 一、三五 |

| | |
|---|---|
| 満三ヶ年以上 | 一、六七 |
| 満四ヶ年以上 | 二、一七 |
| 満七ヶ年以上 | 二、二五 |
| 満八ヶ年以上 | 二、三三 |
| 満九ヶ年以上 | 二、四一 |
| 満拾箇年以上 | 弐、五〇 |
| 満拾壱箇年以上 | 弐、五八 |
| 満拾弐箇年以上 | 弐、六七 |

第九条　在職中特ニ功労アリタル者又ハ重要ノ職責ニ任シタル者ニ対シテハ前各条ニ依ルノ外相当ノ金額ヲ増給スルコトアルヘシ

第拾条　満弐箇年以上誠実ニ勤続シタル者ニシテ在職中死亡シタル時ハ勤続年数満参箇年ニ達セサル場合ト雖モ満参箇年勤続者ニ対スル手当金ノ半額ヲ支給スルモノトス

在職中死亡シタル者ニハ弔祭料トシテ俸給月額ニ相当スル金額ヲ給与ス

第拾壱条　養老退職手当ハ日給者ニ対シテハ計算上生シタル金拾円未満ノ端数ヲ金拾円ニ切上ケ、月俸者ニ対シテハ金五拾円未満ノ端数ヲ金五拾円ニ切上ケ年俸者ニ対シテハ金壱百円未満ノ端数ヲ金壱百円ニ切上ケ支給スルモノトス

第拾弐条　死亡者ニ対スル退職手当金及弔祭料ハ当会社ノ認ムル遺族ニ之レヲ給与ス遺族ナキ時ハ之ヲ近親ニ給与スルモノトス但シ弔祭料ニ限リ営葬者ニ給与スルコトアルベシ

附　則

第拾参条　大正三年十一月規第十七号改正職員貯蓄及補給規則ハ之レヲ廃止ス
第拾四条　国有、被合併又ハ其ノ他ノ理由ニ依リ会社解散ノ場合ニハ本内規ヲ適用セサルモノトス
第拾五条　本内規ハ大正十二年四月一日ヨリ之レヲ施行ス

停年退職内規

第壱条　当社従業員ニシテ満五拾五歳ニ達シタル時ハ本内規ニ依リ退職セシムルモノトス
但シ当社ニ於テ必要ヲ認ムルモノニ対シテハ特ニ満六拾歳ヲ最大限度トシテ前項ノ退職ヲ延期スルコトアルベシ
第弐条　本内規実施ノ際既ニ満五拾弐歳以上ニ達シタル従業員ニ対シテハ特ニ前条第壱項ニ依ラズ本内規実施後満参ケ年ニ達シタル際退職セシムルコトヲ得
但シ満六拾歳ニ達シタル時ハ此限ニ非ラズ
以上大正十二年四月一日ヨリ実施ノ事

(1)　「高野登山鉄道株式会社第十四回営業報告書」(一九一四年九月)。
(2)　「大阪高野鉄道株式会社第拾八回営業報告書」(一九一六年九月)。
(3)　「大阪高野鉄道株式会社第弐拾壱回営業報告書」(一九一八年三月)。
(4)　「副業兼営認可申請書」(前掲鉄道省文書「南海鉄道〈元高野登山鉄道〉」)。
(5)　「大阪高野鉄道株式会社第弐拾回営業報告書」(一九一七年九月)。
(6)　前掲『根津翁伝』一〇七頁。
(7)　南海電気鉄道株式会社所蔵文書「高野大師鉄道株式会社創立事項報告書」。
(8)　青木栄一、前掲論文「南海電気鉄道のあゆみ――その路線網の形成と地域開発――」九頁。
(9)　「他会社株式所有ニ付許可申請」(前掲鉄道省文書)。高野大師株の取得は、実際にはこの申請時より早いようである。
(10)　同右。一連の積極策との関連からか、一九一九年九月三〇日の大阪高野鉄道臨時株主総会において、つぎの諸点を可決している(「同社第二十四回営業報告書」)。

一当社鉄道財団ヲ担保トシ日本勧業銀行ヨリ金参拾万円借入ノ件（原案可決）
前借入金壱百五拾万円ノ処同担保ニテ二番抵当トシ金参拾万円追加借入ノ事
二有価証券購入ノ件（原案可決）
本項有価証券ノ購入金額並種類、時期及購入方法ニ付テハ取締役ニ一任スル事
(11)「大阪高野鉄道株式会社第二十九回営業報告書」（一九二二年三月）。
(12)青木栄一、前掲論文、九頁。
(13)「大阪高野鉄道株式会社重役会決議録」（南海電気鉄道株式会社所蔵文書「南海・大阪高野・高野大師三社合併参考綴」）。
(14)「(南海鉄道株式会社) 臨時株主総会議事録」（同右）。
(15)「会社合併之義ニ付申請」（同右）。「契約書」（「南海鉄道株式会社第五十四回報告書」一九二二年一〇月）。
(16)前掲『根津翁伝』一〇七頁。
(17)「株式処分ニ付株主ニ通知案」（前掲南海電気鉄道株式会社所蔵文書）。当初取得株中一〇〇〇〇株は、さきに売却されている。
(18)前掲『根津翁伝』一〇七―一〇八頁。
(19)前掲『株主協会時報』臨時増刊、近畿電鉄号第一輯、一〇二―一〇三頁。
(20)前掲『大阪郊外電鉄業観』二三頁。
(21)「社報」第二二四一号（一九二三年一月六日付）。
(22)同右、第二二七四号（一九二二年八月四日付）。このとき見習中の本線運転手は一日七五銭が九七銭に、軌道線車掌運転手は一日七〇銭が九二銭に引き上げられた。
(23)同右、号外（一九二二年八月二六日付）。
(24)同右、第二三〇六号（一九二二年九月一五日付）。
(25)同右、第二三一一号（一九二二年九月二一日付）。
(26)同右、第二四一二号（一九二三年二月二一日付）。
(27)同右、第二三七五号（一九二二年一二月一六日付）。
(28)同右、第二三八八号（一九二三年一月一一日付）。
(29)同右、第二四二一号（一九二三年三月九日付）。

(30) 同右、第二四三四号(一九二三年四月五日付)。
同年四月一二日付で、従業員貯蓄規則が制定された。第一条で、「当会社従業員各自ノ将来ノ安全ヲ保証其信認ヲ厚カラシメンカ左ノ貯蓄法ヲ設ク」とうたい、「職員ハ毎月俸給ノ百分ノ五、社雇及課雇ハ同百分ノ四ヲ貯蓄スル事」とされた。そして、「大正三年十一月規第十七号改正職員貯蓄及ヒ補給規則(大正十二年四月一日廃止)ニヨリ既ニ積立テアル貯蓄金ハ其儘存置シ本貯蓄金ニ繰入ルルモノトス」(第八条)、「本規則ハ工場法ノ支配ヲ受クル従業員ニハ之レヲ適用セサルモノトス」(第九条)とした(同右、第二四三九号、一九二三年四月一二日付)。

# 五　若干の展望
――高野山乗り入れをめぐる諸動向――

## 1　高野山をめぐる交通事情等一斑

高野山への乗り入れは、魅力あるルートであり、それだけその免許をめぐってかなりの曲折があった。この点は、後述するとして、まず「索道」についてみておこう。

斉藤達男氏によると、高野山林業などの発展に貢献した「索道」が輸送力増強策として計画されたのは、明治四〇年代に入ってからのことであった。その実現の過程は、必ずしも明らかでないが、高野山上には多数の寺院・宿坊・民家があり、定住する僧、修業者、村民、信者、参詣客などの生活物質の輸送を、「人の肩」や「馬の背」から「機械力」に替えようとするものであった。一九一〇(明治四三)年三月、発起人尾上月造によって資本金二〇万円の高野索道株式会社が設立され、翌年六月に開通した。椎出から大門まで、六・四キロメートルを一時間二〇分で運転した。従来、高野山参詣客などの荷物託送は五〇頭の馬と二〇〇人を越える「人夫」が絶え間なく高野山を上下し、輸送が行われていたが、この架空索道の開通で新たに山麓に向かって木材、高野豆腐、木炭等を、山上へは高野山上の集落に必要とする食糧をはじめ、生活物資と高野豆腐の原料を運搬するようになったという。その他、高野索道は高野山霊宝館、金堂、根本大塔の建立に際しても多くの資材を運び上げた。高野索道による輸送物資の中では高野豆腐の搬出入がかなりの比重を占めているが、これは高野山の物産である加工食品であり、弘法大師が教えたと伝えられる。その後、高野豆腐は次第に産業化し、一般に販売されるようになったが、高野索道の開通によって隣接する野迫川村（奈良県吉野郡）の高野豆腐産業をも改善され、一九一八（大正七）年には十津川索道を登場させた。野迫川村の主産物である高野豆腐の原料は、大正末ごろ一石二三円ぐらいで、高野口駅から高野索道をへて高野山までの運賃が二円四五銭、十津川索道の運賃が二円一五銭であったという。ただ、十津川索道は、一九一二（明治四五）年に五条市の二見から富貴までを開通させた大和索道とともに、昭和初期にトラックの影響を受けて廃止された。高野索道の方は、いったん一九三四（昭和九）年の玉川林道（現在の国道371号）の完成によって輸送需要が激減し、南海鉄道の傍系会社となり命脈を保つ状態が続いたが、戦時中、高野山に二〇〇〇人の軍隊が駐在していたので、その補給、軍需品の輸送にあたるなど、やがて息をふき返すことになる。(1)

つぎに、高野山のふもとの宿場町などの状況をみると、とくに大正期に入り、九度山村の交通量は日を追って増加したが、当時それは木橋であったため、洪水のたびに流されて通行が途絶えてしまうので、地元では鉄橋架設の運動を展開したことが注目される。すなわち、一九一九（大正八）年の県知事宛の請願書は、「高野登山者ハ内外人五十万以上通行シ、物貨ノ運搬モ年々増加ノ一途ヲタドリ高野官林ノ木材モホトンド高野口駅ヘ送ラレルタメ、牛馬車、人力車ナドガ絶エマナク通リマス。ソノ情況ヲ、直接ゴ調査下サッタナラバ、コノ道路ハ、我々ガ申シ上ゲル以上ニ価値アルコトガ解リマショウ。ソレデ、コノ要路ノ仮橋ガ、イッタン洪水ノタメニ流失シタナラバ、岩出橋ヨリ上流ノ南北交通ハトダエ、……ソノタビニ高野登山者ノ多クハ川止メニ会イ、中ニハ急グタメニ金銭ヲイトワズ、危険モカエリミズ、舟デ渡シテホシイトイウモノガアリアス。マタ日本ノ霊山デアル高野山ノ要路ニ、コノ不設備ハ何ダ、ト小言ヲイウモノガアリマス。コレデハ県ノ体面ニモカカワリマス」と述べ、鉄橋工費の増額を悲願としたことを伝えている。(2) やがて、一連の鉄橋架設運動は実を結び、一九二二（大正一一）年三月、待望久しかった鉄橋（旧鉄橋）―夢の大橋がかけられた。そして、翌月には付属工事として高野口から九度山の鉄橋まで、新道路が一直線に開かれた。高野街道は鉄橋とともに面目を一新した。

さて、紀和鉄道が開通してから、一九二九（昭和四）年に電車が極楽橋へ通じるまで、およそ三〇年の間、宿場町として河根に替わって繁昌したのは椎出である。これまでの戸数八〇戸が、一足とびに三〇〇戸、人口二五〇〇人になったのもこの期間である。山に狭まれた谷あいに金光館、四方館、大和屋、四海波、信濃屋、松栄館東、洋館、八千代館など十数軒の旅館や、五〇軒あまりの茶店、飲食店が軒をならべ、土産物屋は高野山にちなんだ杓子・箸・石竜丸親子の人形などを飾り、杖屋は一本一銭の皮をはいだ楮の杖から一〇銭ぐらいの桜の杖まで、いろいろ店先にならべて人目をひき、さい銭の両替屋も出る賑やかさであったという。(3)

また高野参りの人々が、道にあふれ、「日がのぼると銭がわく」といわれた神谷の全盛期も、明治中ごろから大正末までの、およそ四〇年間であった。(4) さらに、一九二二（大正一一）年刊の『高野山と其附近案内記』によると、「高野口筋は椎出迄俥と自動車が通ふ」として、当時の状況を「全国から参詣する人々の多くは院線の高野口駅に下車して女人堂まで三里十八町を登る。高野口町には主なる旅館として葛城、東雲、水野館、大阪屋、九重館などがあり、宿泊料は二円乃至三円位である。高野口から椎出まで一里八町の間は平坦で自動車と俥が通ふ。自動車なら二十分（賃銭一人一円雨天二割増）俥でも四十分（八十五銭雨天割増）で着く。椎出から道は漸く急となって、女人堂まで二里十町を登るのである。路傍到る所に茶店があり、急がずに憩ひつゝ行けば女子でも四時間、健脚の人ならば二時間で行ける」と述べている。そして、このルートは「駕で行く人も多い、俥なら三人懸りで」とある。すなわち、「昔は嶮峻であったが、今は道路も改修されて、駕は無論、俥でも登り下りが出来る。俥は椎出から七円二十銭（先挽後押をつける）。駕は五円（二人）と言ふ規定であるけれど、道は狭し、登り下りの人も多し、それに牛車、駄馬が行き通ふので、俥は殆んど用ゐられぬ。尚ほ登山者の腰を押すのを営業として居る者があって、上手に腰に手を掛けて押し上げて呉れる。賃銀は椎出から女人堂まで一円二、三十銭、荷持も同じ位、何れも婦人である」と。(5)

この案内記にあるように、高野街道は、椎出からすぐ急な長坂にかかるので、参詣客はみな軽い服装にかえて杖をつき、足の弱い人や老人は山かごに乗るか、「あと押し」（登山補助者）に荷物を持たせて、腰を押し上げてもらったものであるという。

## 2 高野山電気鉄道の成立過程

つぎに、高野山延長をめぐる鉄道の動きについて瞥見しよう。橋本・高野下間の免許をもつ大阪高野鉄道は工事半ばで南海鉄道に合併されたが、その後工事は順調にすすみ、一九二四（大正一三）年一一月一日橋本・学文路、同年一二月二五日学文路・九度山、一九二五（大正一四）年七月三〇日九度山・高野下間をそれぞれ開業した。当時の新聞報道によると、この結果、省線高野口駅の乗降客は半減したという。さらに九度山駅の貨物取り扱いに伴い、九度山貯水場の木材は、九度山駅と高野口駅とに二分されるであろうと報じた。(6) また一九二五（大正一四）年三月には、南海本線と高野線との間の岸の里駅連絡線が完成し、一部の高野山列車は難波から橋本・高野下に直通運転されるようになった。

ところで高野山への乗り入れは、魅力あるルートであり、それだけにその免許をめぐってかなりの曲折があった。すでに明治期に免許を得た路線もあったが、一九二一（大正一〇）年九月以来、高野登山鋼索鉄道による「和歌山県伊都郡高野村大字高野山第九林班ヨリ仝村仝字第八林班ニ至ル間」「和歌山県伊都郡九度山町大字椎出字河合垣ヨリ仝町大字椎出字井出谷ニ至ル間」の鋼索鉄道の出願があり、さらに一九二二（大正一一）年八月には、二鋼索鉄道を連絡すべきものとして、「起点和歌山県伊都郡九度山町大字椎出字井出谷、終点仝県仝郡高野村大字高野山第九林班」間の電気鉄道が出願されている。(7) そしてこの免許に関連し、数か月後には高野口より椎出女人堂に至る高野登山鋼索鉄道の早期認可の陳情書が提出された。長文ではあるが、当時の高野山参詣の事情が記されており、興味深いので、つぎに掲げておこう。(8)

陳　情　書

曩ニ免許出願仕候和歌山県高野口ヨリ椎出、女人堂ニ達スル高野登山鋼索鉄道ニ対シ至急御認可被成下度別紙理由書相添ヘ此段陳情候也

大正十一年十二月　日

高野登山鋼索鉄道株式会社発起人総代
東京市京橋区青山南町五丁目八十一番地
子爵　板倉勝憲
東京市京橋区青山南町六丁目百四十七番地
子爵　五辻治仲

鉄道大臣伯爵　大木遠吉殿

理　由　書

高野山ニ参詣スル交通量ヲ調査スルニ大阪市方面ヨリ登山スルモノ、其他ノ地方ヨリノモノ各々其系統ヲ異ニシ地方ノ参詣者ハ農事ノ閑散ナル時季ニ多ク大阪市方面ヨリノモノハ時候ノ関係多キガ如シ

今別紙高野登山者数量調書ニ依リ大正八、九、一〇、三ケ年間ノ平均登山者数ヲ調査スルニ

三ヶ年平均登山者数

| | |
|---|---|
| 年 | 六二五、四六五人 |
| 月 | 五二、一二二人 |

之ヲ地方別ニスレバ

| | |
|---|---|
| 大阪市及其附近ヨリ登山スルモノ | 二六三、七五三人 |
| 地方ヨリ登山スルモノ | 三六一、七一〇人 |

ヲ算出ス、而シテ京阪電気鉄道株式会社ノ有スル椎出、鏡石間ノ免許線ハ土地ノ状況其他ヨリ考察シテ其乗客数量ハ年約三十万人、月二万五千人以上ノ輸送ヲ至難トスルモノト推定ス、之ヨリ見ルトキハ既免許線路ハ主トシテ大阪附近ヨリ南海鉄道ヲ利用シテ橋本ニ下車スル登山者数ヲ算定シテ出願シタルモノト認メラレ、之ヲ総登山者数ヨリ見レバ其輸送容量極メテ僅少ナリ、而シテ登山交通機関完成二ヶ年後ニ於テハ少クトモ左記ニ依ル増加ヲ見ルヘキニ付既免許線ノミニテハ其一部ヲ輸送シ得ルニ過ギザルベク、尚充分交通機関増設ノ余裕アルモノト認ム

| | |
|---|---|
| 大阪方面ヨリノモノヲ五割増加ト見 | 三九五、六二九人 |
| 地方ヨリノモノヲ二割増加ト見テ | 四三四、〇五四人 |
| 計 | 八二九、六八三人 |

而シテ大阪附近ヨリ南海線ニ依ル参詣者ハ橋本ヨリ連絡スル交通機関ヲ便トスルモ鉄道幹線ニ依ルモノハ之ヲ橋本駅ニ撰フモ高野口駅ニ採ルモ差シタル不便ヲ感ゼズ、寧ロ女人堂椎出ヲ連絡スル高野口線ニ依ルモノ多キヲ認ムルニ難カラザルナリ

故ニ現在ニ於テ既免許線以外ニ増設ノ必要ヲ認ムベク、尚且年々増加シツヽ、アル参詣者ヲ運輸スルニハ独立シテ高野口ヨリ女人堂ニ達スル登山者運輸交通機関ノ設置ヲ必要トシ至急免許ノ御詮議ヲ希望スルモノナリ

高野登山鋼索鉄道は、貴族院議員板倉勝憲子爵一派による計画であり、政友本党のときに免許を得たが、出資者は

南海鉄道の系統で固められた。一九二五（大正一四）年三月、資本金一五〇万円の高野山電気鉄道（商号変更）として設立の運びとなる。初代社長には鉄道省監督局長から南海へ迎えられた岡田意一が就任している。先年、京阪電鉄に和歌山水力電気を奪われた南海は、和歌山付近の電鉄、電燈供給事業を断念し、高野山参詣ルートの開発にいっそう力を注ぐことになったのであろう。ここで、この地方の動きを、当時の記録によってふりかえっておくと、その免許関係はめまぐるしく変遷していることがわかる。これは難工事が予想され、工費が嵩む問題がつきまとったからであろう。(9)

橋本、大門間鉄道経過

一、高野電気鉄道（島村安治郎外二十二名）　免許四四、七、一八

二、和歌山水力電気会社（社長島村安治郎）ニ譲渡　一、一二、二六

全線工事施行認可　四、一、二七

三、高野大師鉄道（根津嘉一郎外六名）ニ譲渡　五、一、二九

四、椎出、大門間ヲ和歌山水力電気会社ニ譲渡　一一、六、九

（理由）第三項ニ於テ和水ヨリ譲受タルトキハ、一万五千円ノ補償金ヲ和水ニ渡スコトニナツテイタノダガ椎出、大門間ノ権利ヲ再ヒ和水ニ譲渡シテ其代償トシテ一万五千円ヲ和水ニヤルトイフ補償ヲ免除サレルコト、ナリ且和水ヨリハ全線ノ買戻ヲスルトイフ買戻権ヲ放棄スルトノ申出モアリ、コノ和水ノ申出ヲ容ル、ガ高野大師ノ利益ナリトシタルカ為ナリ

五、高野大師鉄道（橋本、椎出間）ハ南海鉄道ニ合併　一一、七、二五

（理由）高野大師鉄道ハ大阪高野鉄道（当時汐見橋、橋本間ヲ有シテ居タガ一一、七、二五即同時ニ南海ニ合併ヲ認可セラレタ）ノ終点（即橋本）ヲ起点トスルモノデアッテ、前者ハ後者ノ延長線ニ外ナラヌ且後者ハ南海ト合併シ

タルカ故ニ当然前者ヲモ南海ニ合併スヘキモノトシテ両社ノ意思合致シタニ因ル

六、和歌山水力（椎出、大門間）電気会社ハ京阪電気鉄道ニ合併　（認可月日不明―大正一一、七、一―筆者注）

和水ハ和歌山市内軌道ヲ有シテイタガ京阪ト合併シタ、仍テ当然本鉄道モ京阪ノモノトナル

七、京阪電気鉄道ヨリ右区間ヲ高野山電気鉄道ニ譲渡　一四、七、一五

椎出、高野山上間経過

一、高野登山鋼索鉄道（発起人板倉勝憲外二十三名）免許一三、四、八

一、社名ヲ高野山電気鉄道株式会社ト変更　一四、三、二八登記

一、会社設立（社長岡田意一）　一四、三、二八登記

一、椎出、極楽橋間工事施行　一三、四、　八認可

右工事竣功期限　二、一一、二七

一、極楽橋、高野山上間工事施行　二、四、一二認可

右工事竣功期限　四、四、一二

橋本・高野間の電気鉄道敷設問題は多年の懸案であり、さきに和歌山水力電気が敷設権を獲得していたが、財界不況や会社の事情で延期していたところ、前述のように、一九一六（大正五）年一月根津嘉一郎を発起人とする高野大師鉄道から要請があり、これに権利を譲渡した。しかし、条件に「竣成後三年以内にて原価を以て何時でも和歌山水電へ譲り渡す」という条項があったため、高野大師側は会社創設後も着工を躊躇して時が経過し、その後一九二一（大正一〇）年四月に橋本・椎出間は高野大師で敷設し、椎出・高野間は和水で敷設することで両社間は合意に達したらしい。(10)

右の動きには、電力事業の拡大をめざす京阪が、一九二二（大正一一）年七月和水を合併することになり、この合併

交渉の過程で、京阪は和水に高野大師の未着工区間の返還買収の申し出をさせたという背景があった。京阪は権利譲渡の条件として高野大師の計画であった橋本・高野間のうち、橋本・椎出間は高野大師で敷設し、椎出・鏡石間は自らの手で敷設し、相互に連絡することを意図したのである。いずれにせよ椎出・高野大門間の軽便鉄道敷設権は京阪の所属するところとなり、同社では、別個の新会社を設立して、これに敷設権を譲渡し、高野山登山のための電鉄を経営させる計画を立てた。一九二四（大正一三）年五月には高野山線事務所を九度山町に設け、測量・設計に着手した。そして翌年早々には用地買収も完了し、建設直前の段階となったが、このとき南海から、この敷設権譲渡の要請が出されたのである。南海は、すでに汐見橋・橋本間（大阪高野鉄道）、橋本・椎出間（高野大師鉄道）を手に入れていたので、京阪の所有する椎出・大門間の敷設権を譲り受けると、大阪と高野山上とを一貫輸送できるからであった。この敷設権は、京阪としても将来に期するところがあり、合併直前の和水に、さきの譲渡先から返還を受けさせたほどの路線であったが、検討の結果、南海の申し出に応じることにした。もっとも、この間いろいろと錯綜したことは否めず、一方で南海は「板倉御前様」をかつぎて、前記高野登山鋼索鉄道の特許を出願し、高野山の僧侶を味方に引き込んで免許を受けていた。こうした経緯があったが、京阪の同意を得た南海は、新しく高野山電気鉄道を設立し、そして一九二五（大正一四）年四月一日京阪と高野山電気鉄道は、譲渡の仮契約を結んで、まもなくその譲渡を完了したのである。(11)

高野山電気鉄道の路線はほとんど全線にわたって、五%の連続こう配と半径一〇〇メートルの急曲線がある。南海高野線の延長線としての同区間を別会社にしたのは、免許関係の問題のほか、やはり山岳鉄道のため工費が嵩むことが予想されたからであろう。事実、同区間の建設は「岩質堅硬ニシテ工事困難ナリ」(12)などの理由で、予定が相当遅れたし、開業後の運賃も建設工事に多額の費用を要したため、かなり割高だったという。

この登山電車の工事には、営林署の森林鉄道が協力し、一九二六（大正一五）年に資本金を二五〇〇万円に増資してい

第3-42表　高野山電気鉄道の重要株主（1926年4月末）

| 旧株 | 新株 | 計 | 住所 | 氏名 | 備考 |
|---|---|---|---|---|---|
| 株 4,000 | 株 2,000 | 株 6,000 | 大阪 | 南海鉄道取締役 岡田意一 | 元鉄道省監督局長 |
| 2,500 | 1,250 | 3,750 | 東京 | 原繁造 | 多額納税者 |
| 1,000 | 1,000 | 2,000 | 大阪 | 寺田甚與茂 | 会社重役 |
| 690 | 1,270 | 1,960 | 和歌山 | 神保長四郎 | |
| 1,000 | 550 | 1,550 | 大阪 | 小林轍 | |
| 1,000 | 500 | 1,500 | 京都 | 馬場斎吉 | |
| 1,000 | 500 | 1,500 | 愛知 | 神野金之助 | 会社重役 |
| 1,000 | 500 | 1,500 | 和歌山 | 金剛峯寺代表者 泉智等 | |
| 1,000 | 500 | 1,500 | 東京 | 箕田長三郎 | |
| 800 | 400 | 1,200 | 和歌山 | 西本健次郎 | 請負業 |
| 700 | 350 | 1,050 | 大阪 | 白荘司芳之助 | |

（備考）1「高野山電気鉄道株式会社第3回営業報告書」より作成。
2 職業については，前掲『大正昭和日本全国資産家地主資料集成』Ⅰ，Ⅳ等を参照。

る。この段階の重要株主は、第3－42表のとおりである。一九二八（昭和三）年六月一八日高野下・紀伊神谷間、一九二九（昭和四）年二月二一日紀伊神谷・極楽橋間の電気鉄道を、そして一九三〇（昭和五）年六月二九日極楽橋・高野山間のケーブルカーを開業して、ここに高野鉄道以来の目標を完成させた。開業当初は、南海鉄道の列車と高野下駅で接続して運転されていたが、一九三二（昭和七）年から直通運転が行われるようになり、難波・極楽橋間を二時間五分で結んだ。

一方、当時高野山電気鉄道と競争線となる高野登山索道が創設されたことも注目される。大正末から昭和初期には、各地で旅客索道架設の計画が起こったが、その多くは神社仏閣などに関連していた。高野登山索道株式会社は、どういう資本関係だったのかよくわからないし、また高野山電気鉄道と競争線となるこのようなものが、なぜ許可を得たのか不可解であるが、本社は大阪市西区京町堀に置かれたという。同社は、高野口駅・高野山上約一〇・七キロメートルの旅客索道の架設を予定し、一九二九（昭和四）にはさきに許可を得た極楽橋・女人堂間をまず着工した。同年七月には、高野口・名古曽・九度山・河根・尾細・西郷・極楽橋間の許可も入手したという。最初は、極楽橋で電車、乗合自動車の客を受けて山上に運びながら高野口への架設を行い、途中村落との連絡も含め、高野口・高野山上間で長大な旅客索道とする予定であった。このように、高野登山索道はペーパーカンパニーではなく、工事中の極楽橋駅舎の写真が、一九三〇(昭和五)年刊の『高野山大観』に掲載されているようだが、事業は挫折し、ついに完成に至らなかった。折からの経済恐慌は多くの事業に打撃を与えたが、高野登山索道の挫折もこのためだと思われる。(13)

さて、高野山電鉄の開業は地域社会にどのような影響を及ぼしたかといえば、何よりも高野山直結ルートの実現に伴う交通体系の変化があげられる。一九二九(昭和四)年前半期の「営業報告書」は、「極楽橋開通ニヨリ交通至便トナリ徒歩者数漸減シ乗客モ逐次増加シ(14)」と報じ、一九三〇年度後半期の「報告書」は、「ケーブル線開通ニ伴ヒ登山客逐次増加シ……前年同期ニ比シ乗客人員ニ於テ三割九分同収入ニ於テ二割、又前期ニ比シ乗客人員ニ於テ七割三分同収入ニ於テ四割九分ノ増加ヲ見タ(15)」と伝えている。ただし、建設工事の赤字に加えて財界不況の折、第3-43表に示すように、会社の業績は開業以来振るわぬ状態が続いた。「弘法大師壱千百年御遠忌大法要」の一九三四(昭和九)年度には、当然大量の旅客を輸送し、純益金を計上するに至ったが、その後は再びもとに戻り、一九三五(昭和一〇)年度以降の数年間は政府補助金を仰ぐ状態だったのである。

前掲『開通五拾年』によれば、電車の全通によって、高野登山客を直接山上へ運ぶようになったから、「牛の牽引や名物の山駕籠・後押女なども漸次その影を潜めるに至った(16)」といわれる。こうして街道筋はさびれていったが、とくに打撃の大きかったのは椎出、神谷である。電車、ケーブルカーの開通当初は、電車に乗らず、高野下から歩く人もいたが、次第にその数は減り、神谷の旅館や茶店は次々とつぶれ、一九三五(昭和一〇)年ごろには、一軒の宿もなくなったという。

高野街道でくらしをたてていた家庭の青壮年は、交通業務その他に転換するものが相つぎ、この地区の人々の生活を大きく変えた。大阪への通勤者も年々増加し、中には一家をあげて移住する場合があった。このような変貌は、

## 第3-43表　高野山電気鉄道の営業成績

| 年度 | 諸収入 | 諸支出 | 純益金 | 配当 | 政府補助金 |
|---|---|---|---|---|---|
| | 円 | 円 | 円 | | 円 |
| 1928 後 | 68,996.080 | 73,986.395 | △ 4,990.315 | ― | |
| 29 前 | 200,870.370 | 195,803.199 | 5,067.171 | ― | |
| 29 後 | 195,644.330 | 245,876.021 | △50,231.691 | ― | |
| 1930 前 | 151,830.890 | 204,308.940 | △52,478.050 | ― | |
| 30 後 | 225,222.370 | 246,807.397 | △21,585.027 | ― | |
| 31 前 | 140,497.650 | 221,180.817 | △80,683.167 | ― | |
| 31 後 | 203,421.700 | 207,533.230 | △ 4,111.530 | ― | |
| 32 前 | 134,146.100 | 220,759.438 | △86,613.338 | ― | |
| 32 後 | 206,667.220 | 203,238.196 | 3,429.024 | ― | |
| 33 前 | 170,964.090 | 207,420.170 | △36,456.080 | ― | |
| 33 後 | 205,275.080 | 204,520.190 | 754.890 | ― | |
| 34 前 | 280,443.350 | 252,314.962 | 28,128.388 | ― | |
| 34 後 | 389,687.180 | 389,687.180 | 0 | ― | |
| 35 前 | 121,486.010 | 146,041.959 | △24,555.949 | ― | |
| 35 後 | 324,935.380 | 324,935.380 | 0 | ― | 71,340.800 |
| 36 前 | 230,541.650 | 230,541.650 | 0 | ― | 58,088.600 |
| 36 後 | 287,895.710 | 287,895.710 | 0 | ― | 58,514.640 |
| 37 前 | 288,398.040 | 257,040.540 | 31,357.500 | ― | 68,062.580 |
| 37 後 | 264,220.070 | 184,553.319 | 79,666.651 | ― | 60,457.260 |
| 38 前 | 436,646.360 | 429,733.674 | 6,912.686 | ― | 63,446.240 |
| 38 後 | 306,177.380 | 277,820.959 | 28,356.421 | 年 2分 | 86,839.710 |
| 39 前 | 236,246.589 | 193,142.743 | 43,103.846 | 3分 | 9,852.670 |
| 39 後 | 333,850.420 | 266,679.348 | 67,171.072 | 4分 | |
| 1940 前 | 363,899.150 | 270,909.225 | 92,989.925 | 6分 | |
| 40 後 | 467,438.850 | 337,989.351 | 129,449.499 | 7分 | |
| 41 前 | 401,700.970 | 255,598.327 | 146,102.643 | 8分 | |
| 41 後 | 410,455.690 | 275,620.050 | 134,835.640 | 8分 | |
| 42 前 | 357,389.370 | 236,082.310 | 121,307.060 | 8分 | |
| 42 後 | 487,243.250 | 360,799.570 | 126,443.680 | 8分 | |
| 43 前 | 403,841.900 | 282,667.070 | 121,174.830 | 8分 | |
| 43 後 | 545,268.010 | 405,833.020 | 139,434.990 | 8分 | |
| 44 前 | 456,278.820 | 302,975.100 | 153,303.720 | 8分 | |
| 44 後 | 361,563.860 | 333,664.900 | 27,898.960 | ― | |
| 45 前 | 223,503.580 | 320,456.350 | △ 96,952.770 | ― | |
| 45 後 | 371,662.740 | 924,265.450 | △552,602.710 | ― | |

（備考）「高野山電気鉄道株式会社各期営業報告書」「同報告書」より作成。△印は，欠損を示す。

たとえば鉄道開通までは登山客の休憩所として賑わった作水などの周辺部にも波及した。朝早くから新鮮な野菜を高野山へ運んだりしていたが、山仕事や農業をするものは減少したのである。

他方、一九二三（大正一二）年に高野山参詣者のための交通機関として設立された高野山参詣自動車会社は、高野山電気鉄道の系列で、いわば鉄道培養線としての性格が強かったが、この会社の出現に対し、一時高野口で何百人かの人力車を引いていた「車夫」たちが猛烈に反対して対抗する一齣がみられた[17]。当初乗客も多く、営業成績はよかったが、高野山電気鉄道の椎出延長の影響をモロに受け、やがて苦況に陥った。一九二八（昭和三）－一九二九（昭和四）年の高野下・極楽橋間開業による影響を、「同社営業報告書」によってみると、こうである。

(一)[18]当期ノ乗車収入ハ前年下半期ニ比シ弐割五分弱ノ減少ナリ、之ハ前期ニ於テ既報ノ通リ高野山電気鉄道株式会社施設ノ電車ガ本年六月十八日ヨリ高野下、神谷間開通ノ為影響シタルモノト認ム、又支出ニ於テ壱割弐分ノ減少ニ過ギサリシハ車輛ガ年ヲ追フテ廃損ノ度著シキガ為修繕費ノ増加ト並ニ新設事業費ノ増加ニ因ル

(二)[19]当社営業成績ヲ前年同期ト比較スルトキハ、下表ノ通リ乗車人員ニ於テ参割五分収入ニ於テ五割参分ノ減ゼルハ高野山電車ガ同参年六月拾八日高野下駅、神谷間開通シ更ニ本年弐月弐拾壱日神谷、極楽橋間開通シタル結果ニシテ止ムヲ得ザルモノトス

| 種別 | 本線乗車延人員（人） | 収入金（円） |
|---|---|---|
| 昭和四年上半期 | 四三、五四二・〇〇 | 四九、九〇五・二六 |
| 昭和三年上半期 | 六七、三四七・〇五 | 一〇六、九九七・七五 |
| 差引 | 二三、八〇五・〇五 | 五七、〇九二・四九 |
| 減 | 約三割五分減 | 約五割参分減 |

この間、一九二八（昭和三）年五月に高野山参詣自動車は、高野口・極楽橋間の貨物自動車運輸営業を出願し、同年

七月許可を得るなどの転換策を講じている。また翌年二月二一日には、高野山電気鉄道極楽橋駅開通後の情勢にかんがみ、「自動車賃金ヲ電車賃ト略々同額ニ変更方」[20]を願い出て許可を受けた。しかし、電車による打撃は大きく、漸次事業を縮小せざるを得なかった。さきの「営業報告書」は、一九二九(昭和四)年五月に自動車四輛の営業廃車届を提出したことを伝えており、さらに八月には乗客用三輛、一〇月には同一輛の営業廃車届をなし、乗客用一〇輛、貨物用二輛の計一二輛を所有するにとどまったのである。これらに伴い、同年下半期には、役員および職員一四人の整理が行われた。なお、さきに許可を受けた貨物自動車運輸営業は、利害関係者の了解が得られず、直ちに営業に至らなかったが、一九二九(昭和四)年七月九日から開始することとなり、相当の収入を得ることができた。しかし、乗合本線の減収は大きくなる一方で、同年下半期には、ついに一〇二九円余の欠損を出すに至ったのである。[21]同時期に、高野山電気鉄道は、高野山参詣自動車株式二六万円余分を取得している。[22]

前掲第3-43表から明らかなように、高野山電気鉄道は、一九三五(昭和一〇)年後半期以降、ほぼ政府補助金を得て収支均衡の状態が続いたが、一九三八(昭和一三)年一月には資本金を二一〇万円に減資している。減資差益金もあって、同年後半期に始めて年二分の株主配当を行った。このあと、終戦まで業績は好転しているが、やはり高野山との結びつきがきわめて強く、たとえば、開業以来の大幅な伸びで、一二万九四四九円余の純益金を計上した一九四〇(昭和一五)年後半期の営業概況は、「本期ハ前期ト同様、紀元二千六百年ニ当リ聖地巡拝ヲ兼ネタル高野参詣客頗ル多キニ加へ、時局ヲ反映シテ一般ニ社寺詣旅客増加ノ影響ニ依リ……前年同期ニ比シ乗客人員ニ於テ三割六分、運輸収入ニ於テ四割一分ノ増加トナリ、人員収入共開業以来ノ記録ヲ示セリ」[23]と報じている。第二次大戦勃発後は、一時夏季林間学舎を中止したりするが、戦争拡大に伴い、高野山参詣者は増加した。だが、戦争末期には、「国有鉄道ノ旅客輸送決戦非常措置ノ影響ヲ蒙リ」[24]乗客人員、収入とも減少した。一九四四(昭和一九)年八月一四日から、一般貨物の営業を開始したが、戦局緊迫に伴う全国的貨物輸送制限のもとでは大した成果をあげ得なかった。むしろ、翌月三日の紀伊細川駅付近における電車脱線転覆事故によって多数の死傷者を出したこと、ならびに一九四五（昭和二〇）年春の全国的空襲激化の影響による打撃が大きく、再び欠損となる。一九四五（昭和二〇）年後半期の大幅欠損は、さきの細川列車事故費および賠償金によるものであった。[25]

終わりに、高野山電気鉄道開業以来の人員構成を示すと、第3-44表のようになる。いうまでもなく、「雇員」「傭員」という運輸従事員が圧倒的多数を占めている。業績が振るわなかったためか、従業員数は開業時がピークであり、以後減少した。第二次大戦勃発により、休職者が増加したことも注目されよう。[26]

**第3-44表　高野山電気鉄道の人員構成**

| | | | | | | | | | | | | | | |
|---|---|---|---|---|---|---|---|---|---|---|---|---|---|---|
| 1928年度 | 取締役 | 監査役 | 技師長 | 主事 | 技師 | 主事補 | 技師補 | 書記 | 技士 | 書記補 | 技士補 | 雇員 | 傭員 | 合計 |
| | 8 | 2 | 1 | 2 | 3 | 6 | 1 | 11 | 13 | 5 | 5 | 52 | 64 | 173人 |
| 1935 | 取締役 | 監査役 | 支配人 | 主事補 | 書記 | 技士 | 書記補 | 技士補 | 雇員 | 傭員 | 合計 | | | |
| | 8 | 2 | 兼(1) | 1 | 4 | 1 | 4 | 2 | 48 | 46 | 116人 | | | |
| 1941 | 取締役 | 監査役 | 相談役 | 支配人 | 主事補 | 技師補 | 書記 | 技士 | 書記補 | 技士補 | 雇員 | 傭員 | 休職者 | 合計 |
| | 5 | 1 | 1 | 1 | 1 | 1 | 5 | 1 | 7 | 2 | 43 | 41 | 13 | 122人 |
| 1946 | 取締役 | 監査役 | 支配人 | 主事補 | 技師補 | 書記 | 技士 | 書記補 | 技師補 | 雇 | 傭 | 休職者 | 合計 | |
| | 4 | 1 | 1 | 2 | 1 | 6 | 3 | 7 | 14 | 36 | 47 | 26 | 148人 | |

（備考）同前。

（1）斎藤達男「高野山をめぐる山岳交通史――近代化に貢献した索道群――」（『鉄道ピクトリアル』№.四二一、一九八三年）五九―六一頁。なお高野索道は、一九六〇年の高野山有料道路の開通とともに、四九年にわたるその使命を終えた。

（2）九度山町史編纂委員会『九度山町史』（一九六五年）二一一―二一二頁。

（3）同右、二一三頁。
（4）高野町教育委員会・高野町教育研究会『わたしたちの高野町』（一九七八年）五〇頁。
（5）今井金陵『高野山と其附近案内記』（一九二二年）一―三頁。
（6）大阪朝日新聞、一九二五年一月二四日付紀伊版。
（7）鉄道省文書「高野山電気鉄道（元高野登山鋼索鉄道）」。
（8）「陳情書」（同右）。
（9）同右。
（10）大阪朝日新聞、一九二二年四月二〇日付紀伊版。
（11）同右、一九二四年六月二二日付紀伊版。京阪電気鉄道株式会社『鉄路五十年』（一九六〇年）一三〇―一三五頁参照。
（12）「工事竣工延期認可申請書」（前掲鉄道省文書）。
（13）斎藤達男、前掲論文、六一―六二頁。以上、「索道」については、茨城大学の中川浩一氏から有益な御教示を賜わったことを記し、謝意を表する。
（14）「高野山電気鉄道株式会社第九回営業報告書」（一九二九年六月）。
（15）「高野山電気鉄道株式会社第十二回報告書」（一九三〇年一二月）。
（16）前掲『開通五拾年』四六頁。

なお一九三四年の弘法大師「一千百年御遠忌」に照準を合わせ、高野山にホテルを建設しようとする動きがあり、一時町はホテル問題で大きくゆれたことを付記しておく。

地元の『高野山新報』などによると、ホテル建設問題は一九二八年六月ごろから起きたが、寺院側は、山内住民の支援を得ようとしながら、「高野山は昔しから幾百年来、伝統的なる信仰の地である、今ホテルが出来れば皆其のホテルに宿泊するなれば信仰を阻害し高野山の死活問題である」（一九二九年一月二九日付）と反対運動を展開した。信仰の問題はあるが、一方、高野山には旅館がなく、寺院が宿泊所になっていたから、ホテルの建設は大問題だったのだろう。当初、必ずしも寺院側の足並みが揃っていたわけではなく、住民の中にも「交通が便利になりホテルが建ち遊園地が出来、色々なる新らしい物が出来れば出来るだけ高野山は発達して行くものである」（同右）という考えもあったらしい。ホテル建設問題が進行していく中で、一九三一年一一月、高野一山寺院の名で「建設反対の声明」が発表された。その一節をみると、「高野山は世のいはゆる観光遊覧地と違ひ、山そのものが一つの理想を有し……山上に外国流のホテルを建設せんとするは千百年の歴史を有する山そのもの丶価値を冒瀆するものなり、ことに外人の来遊は日本の古美術、固有の趣味を味はんがためにて、高野山の復古主義は外国人誘致宣伝の一大資料なり」（大阪朝日新聞、一九三一年一一月八日付和歌山版）とある。結局ホテルは、建設されなかった。

(17)　これより先、一九一九年高野登山自動車株式会社の創設をめぐっても、同様の紛議がみられたことを付記しておく。以下、和歌山県史編さん委員会『和歌山県史』近現代史料六（一九八二年）七三九―七四四頁（大阪朝日新聞、一九一九年一〇月一七日付紀伊版～同一一月六日付紀伊版）。

問題の発端は、高野口・椎出間を三台の自動車で営業をしていた業者が、その事業を会社組織に改め、自動車を一〇台にして、区域をさらに拡大しようとしたことにある。人力車を引いている「車夫」たちは、三台の自動車にさえ、相当な打撃を受けていたので、高野登山自動車の企図は、まさに「糊口の途に窮す」という事態が予想されたのであり、有志の斡旋運動が展開される中で、労働者側は、郡会議員岡本弥を中心に、伊都郡労働協会を設立し、反抗の気勢をあげた。同協会は、「労働者相互の間相救ひ相援くるを目的とするも一面自衛策として、他方面に向って対抗するの趣意を含める如き感あり」といわれ、自動車会社発起人との交渉を進めることになったが、最初は「会社側にては未だ何等聞く処なく、却て駕人力車組合取締に対して談合をなさんとする」動きがみられたようである。しかし、これらは功を奏さず、むしろ一九一九年四月、自動車運転を開始して以来の事故の多発が目立ったという。

これに関連し、岡本弥は「高野街道は僅に九尺幅の道路なるに七尺幅の自動車をして疾走せしむればなり、斯くの如くにして捨て置かんか高野登山者をして将来高野山に登るには危険の甚しきものなりと思はしむるに至るのみならず、車夫駕舁の通行に多大の危険を感ぜしめ、将来之によって登山するもの殆んど皆無となり其の職を失はしむるに至る恐れあり」と述べている。

労働協会側は、県当局へ自動車運転の禁止を請願するとともに、自動車会社に対し、道路改修費を要求したりした。会社側は、「労働者側が自動車運転に妨害を与へ事故を頻出せしむる嫌ひあるを挙げ、尚一度認可を得たる既得権利を取消すは不法なり」と同じく県当局へ陳情した。

以上の経過の中で、会社側は譲歩し、一九一九年一〇月の会社創立総会では、資本金二〇万円に減額、区域制定、車輌限定などの措置を講じた。かくて、翌一一月両者は、県保安課長、橋本警察署長立ち会いのもとに、つぎのような協定を行い、問題は解決した。

覚書

伊都郡労働協会と高野登山自動車株式会社と自動車問題に付条約を締結する事左の如し

一、高野登山自動車株式会社の営業区域は現在の高野口椎出間として車体を三輛となす事

一、高野口駅に於ける自動車停留所は同停車場便所の西角以西とす

一、高野口停留所に於ける自動車の車輛存置数を左の通りとす、三月より六月に至る期間は二輛とし七月より翌年二月に至る期間は一輛とす

右覚書二通を作製し相互に所持す

この覚書のほか、同時に県当局に対して「自動車の運賃を値上し人力車、駕籠賃との権衡を保たしむる事、及び現在の通路は狭隘なるを以て相当の改修を加ふる事」が要望された。覚書協定後の労働協会側と会社側の談話をみても、文明の利器を用いて登山者の便をはかろうというのは時勢の要求であろうが、これに伴う失業問題、道路改修問題等が政策的課題であったことがわかる。だから、当時の過渡期の諸事情が、両者の歩み寄りを可能にし、覚書を締結するに至ったといえよう。

(18) 「高野山参詣自動車株式会社第九回営業報告書」(一九二八年下半期)。

(19) 「高野山参詣自動車株式会社第拾回営業報告書」(一九二九年上半期)。

(20) 同右。

(21) 「高野山参詣自動車株式会社第十一回営業報告書」(一九二九年下半期)。

(22) 「高野山電気鉄道株式会社第拾回営業報告書」(一九二九年一二月)。

(23) 「高野山電気鉄道株式会社第三十二回報告書」(一九四〇年一二月)。

(24) 「高野山電気鉄道株式会社第三十九回報告書」(一九四四年六月)。

(25) 「高野山電気鉄道株式会社第四十二回報告書」(一九四五年一二月)。

(26) 高野山電気鉄道のその後の展開をみておくと、終戦後の社会的混乱時には、旅客乗車制限で高野山参詣客も減り、同社の経営は停滞したが、やがて乗車制限は解除され、一九四六年三月の旅客貨物の運賃値上げで息をふき返しはじめる。同年九月には、占領軍の物資輸送を開始するなど貨物収入も増加した。同年度後半期の運輸概況は、「……終戦直後ノ交通事情稍々好転セルト本年三月運賃改正ニ因リ、前年同期ニ比シ乗客人員ニ於テ三割、乗客収入ニ於テ十七割ノ増収ヲ得タリ、貨物収入ニ於テハ、本年九月ヨリ進駐軍用木材ノ輸送ヲ開始セラレタル為二十七割一分ノ増収トナレリ、尚沿線ニ於ケル木材ノ動キ活潑ニ

シテ来期ニ於テモ相当ノ収入ヲ期待シウベシ」と記している。

一方、第二次大戦は南海鉄道にとっても、大きな試練となった。一九四二年に、うまみのある収入源であった電燈電力供給事業を新設の国策会社である関西配電に手渡すことになり、一九四四年五月には、戦時強制買収政策により旧阪和電気鉄道の南海山手線を国有化され、さらに翌月には、同じく政府の勧奨で関西急行鉄道と合併して、近畿日本鉄道を名乗ることになった。さて戦後の分離の方法は、高野下・極楽橋間とケーブルカーを経営していた高野山電気鉄道が近畿日本鉄道から事業を譲り受ける形をとり、一九四七年二月一五日両社は仮調印、三月一五日にそれぞれ株主総会で承認された。同日社名を、南海電気鉄道株式会社と改称し、六月一日社長に吉村茂が就任した。伝統の「はぐるま」の社章が復活したのである。旧高野山電気鉄道の最後の「報告書」(「南海電気鉄道株式会社第四十五回報告書」、一九四六年下半期)によると、決算期変更のため四か月分の計上だが、「乗客人員ハ前年三月迄ノ累計二〇三、九五五人ニ対シ約二割ノ増、乗客収入ハ同ジク一五二、三六七円六九銭ニ対シテ運賃値上ノ影響ニテ約十一割ノ増収ヲ得タリ、又貨物ハ所期ノ如ク木材其他林産物ノ発送著シク増加シ」たという。新発足の南海は、インフレの高進に悩まされながらも、一九四七年七月初旬、大幅な運賃値上げをする一方、社をあげて車輌の復旧・諸施設の改善に努め、輸送成績を改善させていった。一九五一年上半期に、ほぼ復旧を終え、輸送の質と量の向上、地域開発をめざして前進していく。

## 第五節　地方中小私鉄建設の一類型

### 一　河陽鉄道の成立

日清戦争期以降における大阪を中心とする鉄道網の拡張は目を瞠るものがあったが、南河内地方の交通事情はまだ決してよくはなく、たとえば富田林・長野付近の人々が大阪へ出かけようとすれば、半日仕事であった。すなわち

「朝未き仄暗いランプの光の下で朝食を済ませ、四、五里の道を歩いて柏原停車場に着く。家を出る時道は未だ朝露に濡れてゐたであろうが、柏原駅に行き着く頃は既に正午に近く、路上には白く乾いた砂埃が舞ふてゐたであろう。一息入れて待つこと又三十分あまり、亀の瀬トンネルを出て来て停車した旧式の列車に漸く乗込んで、湊町停車場に着くのは午後一時頃となる」(1)と。このような交通事情を是正するため、南河内地方にも鉄道を開通させようという機運が地元有志の間から起こってくるが、これが河陽鉄道創立の第一歩であった。その具体化にあたっては南河内郡平尾村の豪農の出身で、当時同郡役所の首席書記を勤めていた出水弥太郎の郷土愛に負うところが大きい。彼は一八九二(明治二五)年第二回帝国議会解散後の衆議院議員選挙に際し、時の内相品川弥二郎の意を得て立候補し、見事に当選し、中央政界に進出することになり、ここに懸案の鉄道敷設計画が具体化する。

出水弥太郎らは、実は一八九一(明治二四)年ごろ石川郡富田林村付近に馬車鉄道の敷設を企画したり、また大阪・和歌山間の鉄道官設構想にあたっては、河内を縦貫する高野街道をその比較線とされんことを請願したが、受け入れられなかった。そこで、一八九三(明治二六)年七月志紀郡柏原村から錦部郡長野村に至る延長一二哩余の河陽鉄道の設立を目論んで、つぎの願書を提出したのである。(2)

河陽鉄道株式会社創立願

今般私共申合私設鉄道条例ヲ遵奉シ旅客及荷物運輸営業ノ目的ヲ以テ鉄道会社ヲ創立シ、大阪府下志紀郡柏原村ヨリ同府下錦部郡長野村ニ至ル拾弐哩間ニ軽便鉄道布設仕度、抑モ長野村ハ一小村落ニ有之候得共、東西高野街道合線ノ要地ニシテ西高野街道ハ大阪ヨリ和泉国堺市ヲ経テ紀州高野山ニ至ルノ道路ニシテ堺市ヲ距ル四里余ナリ、亦東高野街道ハ河城国境交野郡招提村ニ起リ柏原道明寺富田林等ヲ経テ高野山ニ至ルノ道路ニシテ柏原ヲ距ル五里余ナリ、何レモ府道ナルヲ以テ交通頻繁加フルニ柏原長野間ニハ道明寺天満宮、玉手山安福寺、誉田八幡宮応神天皇御陵上ノ太子、滝谷不動、観心寺観世音及楠公首墓後村上天皇御陵壺井八幡大黒(ヲグロ)大黒等ノ霊勝地アリ、亦沿道著名ノ宿駅ニハ柏原古市富田林等アリ、其他近傍ニハ天野山、金剛山、千窟赤坂等ノ城址水分神社楠公誕生地等凡河内国有名ナル個所ノ大半ハ南部ニアリテ春秋笻ヲ曳クノ旅客不少、亦貨物ハ薪炭木材ヲ始トシ木綿、米穀、氷豆腐等ノ大坂ニ搬出スルモノ夥敷、殊ニ石川錦部ノ両郡ハ東大和南紀伊ヲ境トシ二上嶽、葛城山、金剛山、紀伊見嶺等連亘タル山豚ヲ分シ、其間三里余ノ山間原野ニ散在スル新村二十五ケ村ノ大字百余部落ノ人民ト貨物ハ皆東西高野街道ノ便ヲ取リ大坂ニ出ルモノナレハ其不便少カラサルヲ以テ、一昨二十四年中鉄道馬車ヲ敷設シ是レカ便利ヲ助ケント当発起者ニ於テ已ニ予測ヲ為シ結社出願ノ運ニ至リ候処、聊事故ノ為メニ姑ク中止致居候折柄大坂和歌山間鉄道官設ノ議起リタルヲ以テ、目的ヲ変シ之レカ比較線トセラレンコトヲ上願スルニ至レリ、然ルニ線路中紀伊見嶺ノ難所アルヲ以テ斥ケラル、コト、ナリタレトモ実ニ本線ノ必要ハ前陳ノ如クニシテ、仮令和歌山ニ連絡ヲ通セサルモ河内南部ト紀州橋本、高野、妙寺等ト大坂間ノ交通ハ東西高野街道ノ二線ニ頼ルノ外無之ニ付、今本鉄道ニシテ成功スルノ暁ニ至レハ其便益実ニ尠少ニアラサルナリ、尤本線敷設目的ノ要旨ハ南河(内)一部ノ便ヲ開カントスルニ基キタルモノニシテ柏原以南紀伊見嶺迄ノ交通ニ止マリ、他ノ幹線ニ接続スルノ目的ニアラス、軽便鉄道ヲ以テ適当ト考定候ニ付、別紙起業目論見書并ニ略図相添連署出願仕候間地方ノ実況深ク御酌察至急御允許仮免状御下付相成度此段奉懇願候也

河内国丹南郡平尾村大字平尾

三十八番屋敷平民

発起人　出水弥太郎

外十九名

明治二十六年七月二十一日

追テ幅員ハ二呎九吋ノモノヲ布設ノ見込ニ候

逓信大臣伯爵黒田清隆殿

その後同年九月八日には、三日市までの延長を追願している。さきの願書では、長野・三日市間の西条川架橋の困

難さから、一応長野を終点としていたようであるが、踏査の結果、案外容易に実現できる見通しがついたので、衆望にそむかぬ三日市までの延長を発起人一同も貫こうとしたわけである。これに伴い、資本金も二五万円から三〇万円に改められた。

河陽鉄道は、一八九五（明治二八）年一〇月仮免状を下付され、翌一八九六（明治二九）年二月四日付で、待望の柏原・三日市間一一哩二二鎖の本免許状を得た。出水弥太郎が社長の椅子につき、軌道幅員は当初軽便鉄道の二呎九吋を予定していたが、同年五月二九日普通鉄道の三呎六吋に改められた。

当時は第二次鉄道熱期で鉄道敷設の出願は多数を数えたが、認可基準はかえって厳しくなっていたから、河陽鉄道の具体化は地元にとって大きな喜びであった。すなわち、当時「幻の鉄道」計画が実に多く、京阪付近における鉄道敷設願書却下数は四七社にものぼっており、このうち吉野鉄道、狭山鉄道の発起人に出水弥太郎の名前がみえることは注目される。(3) 吉野鉄道はその後設立認可を得たが、当時会社企業の発達はまだ十分ではなく、株式に関する知識もまた一般に浸透していなかったために、資本調達にあたっては発起人の信用が大きくものをいい、社会的信用の高い人物が発起人に推される場合が多かった。河陽鉄道の場合も例外ではなく、株主の一人は「出水氏の好意により十株を引受くる事になったが、此の払込金五百円は全く寄附でもする気持であった」(4) という。

ところで鉄道業は一般事業とは異なり、会社設立後実際に開業に至るまで相当な建設期間を要するものであるが、このことは株式の分割払込制度という独特の金融メカニズムをうむ結果となった。「鉄道業についていえば、創立と同時に株式資本金の全額を徴収することは必ずしも必要ではなく、むしろ用地の買収、資材の購入、工事の進行に応じて払込を逐次徴収することの方が、事業の性格からいって適していた」(5) からである。河陽鉄道は一株五〇円、六〇〇〇株、三〇万円の資本金であったが、株金の払込は一回五円ないし七円五〇銭というのが普通であった。

つぎに、河陽鉄道の発起人・初期の株主構成などについてみておこう。第3－45表によると、変更時点の発起人は

**第3-45表　河陽鉄道発起人の性格**（1894年12月）

| 住所 | 氏　　名 | 職　　業 | 住所 | 氏　　名 | 職　　業 |
|---|---|---|---|---|---|
| 丹南郡 | 出水　弥太郎 | 地主，河内煉瓦社長，黒山銀行頭取 | 同 | 辻　米造 | |
| 大　阪 | 石田　庄兵衛 | 砂糖卸商 | 同 | 奥谷　貞三 | |
| 古市郡 | 本所　又寿郎 | 地主 | 大　阪 | 越井　弥太郎 | |
| 志紀郡 | 松永　森太郎 | | 古市郡 | 矢野　佐太郎 | |
| 東成郡 | 橋本善右衛門 | | 大　阪 | 石田　宇兵衛 | 大阪株式取引所仲買人 |
| 石川郡 | 青谷　亀次 | | 同 | 阿部　彦太郎 | 地主，米穀問屋 |
| 同 | 杉山　知三郎 | | 同 | 岡崎　栄次郎 | 木綿紐糸商，和綿糸商 |
| 同 | 木下　直治 | | 同 | 今西　彦三郎 | 木綿太物卸商 |
| 志紀郡 | 小山　玄松 | | 同 | 山田市郎兵衛 | 絵具染料卸商 |
| 丹南郡 | 杉田　良蔵 | | 同 | 伊藤　九兵衛 | |
| 東成郡 | 橋本　尚四郎 | | 丹南郡 | 糸若　緑 | |
| 高安郡 | 久保田　真吾 | 地主，八尾銀行頭取，多額納税者 | 同 | 山上　八郎 | |
| 大鳥郡 | 川端　三郎平 | 綿油商，地主 | 大　阪 | 小泉　国松 | |
| 丹南郡 | 太田　平治 | 地主，清酒醸造，堺銀行頭取，多額納税者 | 同 | 谷沢　治郎平 | |
| 大　阪 | 泉　清助 | 日本生命取締役，日本共同銀行取締役 | 八上郡 | 檀野　藤吾 | |
| 丹南郡 | 日置　善作 | | 石川郡 | 仲村　一郎 | |
| 同 | 吉村　杢三郎 | | 同 | 高橋　蕉 | |
| 大　阪 | 山口　善五郎 | | 同 | 長沢　頼三 | |
| 同 | 渡辺　庄助 | 両替商，積善同盟銀行頭取 | 嶋下郡 | 馬場三右衛門 | 地主，茨木銀行頭取 |
| 同 | 藤本　清七 | 米穀問屋，堺株式米穀取引所理事 | 嶋上郡 | 高井　幸三 | 茨木銀行取締役 |
| 同 | 下倉　仲 | 大阪株式取引所仲買人 | 高安郡 | 森田　米蔵 | |
| 志紀郡 | 松本　勝三郎 | | 若江郡 | 山沢　保太郎 | 地主 |
| 石川郡 | 田守　三郎平 | 地主，富田林銀行頭取 | 東成郡 | 山下　秀実 | |
| 同 | 佐藤　武治郎 | 地主，清酒醸造 | 若江郡 | 植田　重太郎 | |
| 同 | 武部　三朗 | | 大　阪 | 高橋　康太郎 | |
| 同 | 越井　醇三 | 材木商，地主 | | | |

（備考）1 「河陽鉄道株式会社目論見書」より作成。
2 職業については，前掲書等を参照。

**第3-46表　河陽鉄道株主の構成比率**

(1896年下半期)

| 株　　数 | 株主数 | 持株数 |
|---|---|---|
| 株 300以上 | 人 1 | 株 352 |
| 200 〃 | 1 | 200 |
| 100 〃 | 17 | 1,892 |
| 50 〃 | 30 | 1,890 |
| 30 〃 | 19 | 690 |
| 10 〃 | 68 | 910 |
| 10未満 | 15 | 66 |
| 計　(a) | 151 | 6,000 |
| 100以上 (b) | 19 | 2,444 |
| 30未満 (c) | 83 | 976 |
| b/a | 12.6% | 40.7% |
| c/a | 55.0% | 16.3% |

(備考)「河陽鉄道株式会社第3回報告」より作成。

すべて大阪府の在住者で、その内訳は、河内国が二九名、大阪市が一六名、摂津国が五名、和泉国が一名である。河内国の中では、石川・丹南の両郡在住者が多くなっている。沿線地域社会の地主・商業資本家による発起であることがわかる。

第3-46表は、一八九六(明治二九)年下半期における河陽鉄道株主の構成比率を示したものである。同表によれば、株主総数一五一名のうち一〇〇株以上の株主は一九名、持株数は二四四四株であり、その全体に占める比率は、それぞれ一二・六%、四〇・七%となっている。少数大株主の優位が指摘される。反面三〇株以下の零細株主が多いことも同社の株主構成上の一特徴であり、株主数は八三名、五五・〇%に達している。その持株数は九七六株、一六・三%であった。表には出ていないが、その後大株主数およびその持株数は、次第に減少している。

さらに、同社株主の地域分布をみると、株主数では全体の九一・四%、持株数では九二・三%が大阪府の在住者によって占められており、地元株主の比率がきわめて高いことが目立つ(第3-47表)。大阪府の中では、とくに大阪市、河内在住者の持株比率が高く、両者で七八・三%を占めているが、河陽鉄道が南河内地方から大阪への交通の便を考慮して設立された一地方鉄道であることを思えば、以上のような株主構成、株主の地域分布にみられる諸特徴、すなわち多数零細株主の存在、地元株主の優位という現象は、ある意味では当然のことといえるであろう。こうした点は、当時の地方鉄道の株主構成に共通する特徴である。

さらに、同社の重要株主の性格を再確認しておこう。前掲第3-45表および第3-48表記載の職業によると、商人・

**第3-47表　河陽鉄道株主の地域分布**（1896年下半期）

| 株数 | 大阪府(a) | | | | | 他府県(b) | 計(c) | c/d | a/d | b/d |
|---|---|---|---|---|---|---|---|---|---|---|
| | 大阪市 | 河内 | 摂津 | 堺市 | 和泉 | | | | | |
| 株<br>100以上 | (8)<br>1,040 | (7)<br>710 | (—)<br>— | (3)<br>594 | (—)<br>— | (1)<br>100 | (19)<br>2,444 | (12.6)%<br>40.7 | (11.9)%<br>39.1 | (0.7%)<br>1.7 |
| 50〃 | (13)<br>830 | (12)<br>750 | (2)<br>120 | (—)<br>— | (—)<br>— | (3)<br>190 | (30)<br>1,890 | (19.9)<br>31.5 | (17.9)<br>28.3 | (2.0)<br>3.2 |
| 10〃 | (46)<br>805 | (24)<br>495 | (4)<br>80 | (2)<br>20 | (2)<br>30 | (9)<br>170 | (87)<br>1,600 | (57.6)<br>26.7 | (51.7)<br>23.8 | (6.0)<br>2.8 |
| 10未満 | (12)<br>53 | (3)<br>13 | (—)<br>— | (—)<br>— | (—)<br>— | (—)<br>— | (15)<br>66 | (9.9)<br>1.1 | (9.9)<br>1.1 | (0)<br>0 |
| 計(d) | (79)<br>2,728 | (46)<br>1,968 | (6)<br>200 | (5)<br>614 | (2)<br>30 | (13)<br>460 | (151)<br>6,000 | (—)<br>— | (91.4)<br>92.3 | (8.6)<br>7.7 |

（備考）同前。　各地域の上段（　）は株主数，下段は株数を示す。構成比も同じ。

**第3-48表　河陽鉄道の重要株主**（1896年下半期）

| 株　数 | 住　所 | 氏　名 | 備　考 |
|---|---|---|---|
| 株<br>352 | 堺 | 柴虎次郎 | 堺株式米穀取引所仲買人 |
| 200 | 大阪市 | 池田恒太 | 大阪電燈監査役 |
| 190 | 同 | 阪上新治郎 | 魚問屋，大阪株式取引所理事 |
| 142 | 堺 | 紀谷増次郎 | |
| 135 | 大阪市 | 山内直次郎 | 陶器卸商 |
| 110 | 河内 | ○本所又寿郎 | 地主 |
| 110 | 大阪市 | 川上猫治郎 | |
| 105 | 同 | 入江伊助 | |
| 100 | 河内 | ◎出水弥太郎 | 地主 |
| 100 | 同 | 杉山知三郎 | |
| 100 | 大阪市 | ○泉　清助 | 日本生命保険取締役 |
| 100 | 河内 | 久保田真吾 | 地主 |
| 100 | 同 | △田守三郎平 | 地主，富田林銀行専務取締役 |
| 100 | 同 | 越井醇三 | 材木商，地主 |
| 100 | 大阪市 | △阿部彦太郎 | 内外綿社長，荷受問屋，地主 |
| 100 | 河内 | 檀野藤吾 | |
| 100 | 大阪市 | △岡橋治助 | 太物染地金巾卸商，第三十四国立銀行頭取，天満紡績社長，地主 |
| 100 | 堺 | 大塚和三郎 | 清酒醸造 |
| 100 | 美濃 | 谷　九太夫 | 運送業 |
| 60 | 河内 | ○太田平次 | 清酒醸造，地主 |
| 60 | 大阪市 | ○菅野元吉 | 大阪鉄道支配人 |

（備考）同前。◎印は社長，○印は取締役，△印は監査役を示す。

地主層の割合が高いことがわかる。彼らの多くは、当時一般に銀行その他の事業に活発な投資活動を行っていたのであるが、とくに岡崎栄治郎・岡橋治助・阿部彦太郎らは、各社の役員に名を連ねている人物である。『商業資料』所載の役職名をみると、岡崎栄治郎は洋反物商のほか、大阪融通社長・大阪割引社長・内国生命病災保険大阪支社長・日清貿易社長・日本紡績取締役・山城紡績取締役・摂津紡績監査役・松山紡績監査役・大阪土木監査役・大阪商工協会委員・大阪雑穀取引所理事・大阪商業会議所会員であり、岡橋治助は木綿商のほか、第三十四国立銀行頭取・日本海陸保険監査役・日本生命監査役・天満紡績監査役・日本紡績監査役・大阪鉄道監査役であり、阿部彦太郎は米穀商のほか、内外綿社長・大阪露油社長・日本米穀輸出取締役・大阪商船取締役・浪花紡績監査役・第一絹紡監査役となっているのである。(6)

当時有力資本家による多角的出資と役員兼任が進展していたが、河陽鉄道の場合も、大阪財界におけるこれら資本グループの一人、岡橋治助が一枚かんでいることは象徴的であろう。また監査役の一人菅野元吉は大阪鉄道支配人であるが、これは河陽鉄道が柏原駅において大阪鉄道と相互乗り入れとなっていたことと関連があるものと思われる。なお岡橋治助もまた大阪鉄道の監査役であった。

(1) 佐竹三吾監修『大鉄全史』(近畿日本鉄道株式会社、一九五二年)二八頁。
(2) 『第四回鉄道会議議事速記録』第一二号、一八九四年六月一九日付。
(3) 『第八回鉄道会議議事速記録』第一一号、一八九七年四月五日付。
(4) 前掲『大鉄全史』三〇頁。
(5) 野田正穂「明治期における私有鉄道の発達と株式発行市場の展開」(法政大学『経済志林』第三二巻第一号、一九六四年)一五〇頁。
(6) 前掲『商業資料』第壱巻第七号、一八九四年五月一〇日付。

## 二 河陽鉄道の経営状態

河陽鉄道は、会社設立と同時に柏原・古市間を第一期、古市・富田林間を第二期、富田林・長野間を第三期とする建設計画を立て、直ちに第一期工事に着手した。他方機関車、車輛等の発注をはじめ、着々と開業準備を進めていった。(1)一八九六（明治二九）年度下半期の「同社事業報告」から、その概要をうかがってみよう。(2)

枕木売買契約　明治廿九年十月三十一日本社用枕木売買契約ヲ日本貿易株式会社神戸支店ト締結シタリ
大和川橋脚受負契約　明治廿九年十二月三日大和川橋脚丁戊ノ二種受負契約ヲ岡崎鉄工所ト締結シタリ
仝　明治廿九年十二月六日大和川橋脚甲乙丙ノ三種受負契約ヲ大阪衡器合資会社ト締結シタリ
「スプリング」外三品受負契約　明治廿九年十二月十三日「スプリング」外三品受負契約ヲ三井物産合名会社大阪支店ト締結シタリ
車輪車軸「バッファー」受負契約　明治廿九年十二月廿二日車輪車軸「バッファー」受負契約ヲ三井物産合名会社大阪支店ト締結シタリ
土管売買契約　明治廿九年十二月廿八日土管三種売買契約ヲ浅野久次郎ト締結シタリ
仝　明治三十年一月十一日土管四種売買契約ヲ木口庄三郎及常滑商会伊藤重平ト締結シタリ
橋桁受負契約　明治三十年一月二十日大和川橋桁受負契約ヲ神戸居留地八十八番日支テレヂング商会ト締結シタリ
軌条及付属品受負契約　明治三十年二月十日軌条及付属品受負契約ヲ三井物産合名会社大阪支店ト締結シタリ
鉄道用品運搬受負契約　明治三十年二月廿六日本社鉄道用品運搬受負契約ヲ鉄道運輸組ト締結シタリ
機関車及付属品受負契約　明治卅年二月廿四日機関車及付属品受負契約ヲ合名会社大倉組大阪支店外国掛ト締結シタリ
煉化石受負契約　明治三十年三月十九日煉化石受負契約ヲ河内煉化株式会社ト締結シタリ
車輛受負契約　明治三十年三月二十日車輛受負契約ヲ東京月島井上工場ト締結シタリ
橋脚仕上及クロスガーダー受負契約　明治三十年三月廿四日橋脚仕上及クロスガーダー受負契約ヲ岡崎鉄工所ト締

このほか同年度の事業報告には多くの出願および届出事項がみられるが、とくに注目されるのは、一八九七(明治三〇)年一月二二日株式定期売買を大阪、堺両株式取引所に請求し、同年四月一日からその開始をみるようになったことである。かくて、一八九六(明治二九)年下半期には一八万三七二七円五〇銭もあった払込未済資本金が、一八九七(明治三〇)年上半期には一〇万四三二五円となり、同年下半期には全額三〇万円の払込みを完了した。そして会社設立満二年の一八九八(明治三一)年三月二一日に第一期工事を完成、監督官庁の線路監査をへて、三日後の三月二四日から柏原・古市間二哩五五鎖の運輸営業を開始するに至った。ついで第二期工事たる古市・富田林間三哩三一鎖の延長線もほどなく竣工し、同年四月一日から列車が運転されることになったのである。(3)

なお河陽鉄道は、これより先、一八九六(明治二九)年六月一九日に柏原・住道間の線路延長願を提出している。この計画は、大阪府河内郡西村作治郎らの発起による河内鉄道、大阪市西区京町山内直次郎らの発起による中河内鉄道の新設計画と競合するものであった。山内直次郎は河陽鉄道の重要株主でもあり、その後河陽・中河内両鉄道発起人の交渉の結果、中河内鉄道は願書を取り消している。しかるに河内鉄道は、当初住道・八尾間の予定であったのを対抗上住道・柏原間に改め、一八九七(明治三〇)年六月に仮免許状を受けるに至った。このため河陽鉄道の願書は却下され、(4)前述の路線で開業することになったのである。開業当時の様子は、「柏原駅ハ午前六時五十分ヨリ午后九時五十分迄壱時間毎発車、古市駅ハ午前六時二十分ヨリ午后九時二十分迄壱時間毎発車、何レモ大阪鉄道列車ニ聯絡ス、此外柏原午前六時古市午后十時十分発直行列車アリ」(5)という。

乗車券は、大阪鉄道および鉄道局大阪(梅田)駅と相互通し切符を発売し、かつ連帯荷物取扱が行われた。乗車賃金は一、二、三等の区別があり、二等は三等の五割増、一等は三等の二倍半とし、いずれも厘位は一銭に切り上げることとされた。三等旅客運賃は柏原・道明寺間、道明寺・古市間が三銭、柏原・古市間は四銭であった。その後の乗車状況

**第3-49表　河陽鉄道の株価推移**

| 年　度 | 払込金額 | 最高価格 | 最低価格 | 平均価格 |
|---|---|---|---|---|
| 1896下 | 12円50銭 | 17円50銭 | 7円　銭 | 12円25銭 |
| | 20 | 33 | 23　50 | 28　25 |
| 1897上 | 20 | 30　80 | 21　50 | 27　15 |
| | 25 | 27　10 | 15 | 21　5 |
| | 30 | 21 | 10 | 15　50 |
| | 35 | 19　50 | 18　60 | 19　5 |
| 1897下 | 35 | 18　60 | 17 | 17　80 |
| | 40 | 23　50 | 21　50 | 22　50 |
| | 45 | 26 | 22　50 | 24　25 |
| | 50 | 33 | 23 | 28 |

（備考）「河陽鉄道株式会社各期報告」より作成。

をみると、ほとんどが三等に乗車している。このほか道明寺天満宮祭、開業祝などの名目で、大阪鉄道と提携して、一定期間河陽鉄道全線路各駅間乗車賃半減、大阪鉄道各駅（梅田を除く）より河陽線往復乗車賃二割引などのサービスを行っている。また株主に対して、開業日から一週間分乗車券を贈呈した。停車場は当初二か所であったが、富田林まで延長されてからは四か所となった。一八九八（明治三一）年度には機関車二、客車八、貨車二〇を所有していた。

開業当初の経営状態は、「本季（一八九七年下半期―筆者注）間営業線路ハ柏原古市間弐哩五拾五鎖営業日数八日ニシテ収入額金六百五拾弐円〇六銭一日平均金八拾壱円五拾銭八厘弱一日一哩平均金参拾円参拾弐銭八厘強ナリ」(6)という状態であった。開業早々にしては比較的好成績であるが、これには開業当日の三月二四日から二六日までが道明寺天満宮祭にあたり、とくに二五日は菜種御供祭であったので、大阪鉄道と提携して参拝客のために湊町発の列車を古市までの直通便とし、また湊町・道明寺間に往復二〇回の臨時列車を運行するという一面があった。天気のよいのも手伝って一日の乗客七〇〇〇余人、収入金五〇〇円余にもなったと伝えられる。(7)

つぎに、同社の株価についてみよう。鉄道熱には鉄道株投機という一面があったが、そうした事情を反映してか、河陽鉄道の場合も、第3-49表から明らかなように、当初払込金額を相当上回る価格で株式は売買された。しかし、開業が近づくにつれて、それはあやしくなった。すなわち一八九七（明治三〇）年上半期において三〇円、三五円払込の株式の売買価格は、最高でも払込価格を下回るようになり、実際に開業に至った同年下半期以降、株価の低落はいっそう顕著となった。この段階になると、売買価格はいずれも最高でも払込価格を大きく下回り、平均価格は払込金額の五

第3-50表　河陽鉄道の職員数およびその賃金

（単位：人，円）

| 年度 | 重役 | | 庶務課 | | 技術課 | | 運輸課 | | 会計課 | | 計 | |
|---|---|---|---|---|---|---|---|---|---|---|---|---|
| | 人員 | 給料 | 人員 | 給料 | 人員 | 給料 | 人員 | 給料 | 人員 | 給料 | 人員 | 給料 |
| 1897 | 8 | 114 | 8 | 89 | 51 | 596 | 22 | 206 | 12 | 110 | 101 | 1,115 |
| | 重役 | | 総務課 | | | | 営業課 | | | | 計 | |
| 1898 | 7 | 54 | 10人 | | 111円 | | 35人 | | 315円 | | 52 | 480 |

（備考）1　『明治30,31年度鉄道局年報』（明治文献資料刊行会編　『明治前期産業発達史資料』別冊(36)-Ⅲ，123，204頁より作成。

2　給料は月額分を示す。1898年重役給料のうち，6名は無給。

〇・八〜五六・三％という状態であった。一八九八（明治三一）年上半期については、売買株式数が二二七〇株で、その売渡人が六三人、買受人が六一人という報告しかなされていないが、前期に比して売買株式数が倍増しており、先行き不安のため株式を手ばなした場合が多かったのではないかと思われる。ちょうど一八九八、九九（明治三一、三二）年は、わが国の経済界が日清戦後の反動的不況にあえいでいた時期であり、このときに開業した不運も重なり、早くも先行き不安はつのるばかりであった。

その後の同社の経営状態をみると、一八九八（明治三一）年四月の通常株主総会で、資本金を倍額増資し、六〇万円とすることを可決している。増資の件は、同年六月に正式に認可を得たが、その主な理由は、「設計変更借入金償却及物価騰貴ノ為メ建設費予算ニ不足ヲ生ジタ」(8)からであった。河陽鉄道にとって建設費の高騰は大きな障害となり、富田林以南の工事を遂行することができなかったため(9)、増資によってこの問題を解決しようとしたのである。しかし、「同社第六回報告」が「此区間ノ開業タル世上一般不景気ノ極ニ陥リ、殊ニ地方農家ハ凶作打続キ稀有ノ疲憊ヲ訴フルノ時ニ際シ左ナキダニ開業ノ初期ニシテ旅客貨物共ニ之ヲ利用スルニ親マザルト二者各其因トナリ、営業上頗ル困難ヲ感シタリ加フルニ道明寺天満宮祭ノ当日雨天多ク為メニ収入ヲ欠損シタルモノ亦実ニ尠少ナラサルヘシ」(10)と報じたように、営業成績はあがらず、同年六月には、つぎのような営業改革を断行した(11)。

明治三十一年六月三十日経費節減ヲ図リ重役（専務取締役社長ヲ除クノ外）ハ無報酬其他諸規定ヲ改正シ従来庶務、運輸、技術、会計ノ四課ヲ総務、営業ノ二課ニ廃合シ冗員ヲ淘汰シ凡ソ三分ノ二ヲ減シタリ

これに関連して、本社事務所が大阪市南区炭屋町から、同年七月三日大阪府南河内郡富田林町に移転された。第3-50表は、一八九七、九八（明治三〇、三一）両年度における同社の人員およびその給料を示したものであるが、右に述べた営業改革によって、従来の四課が総務、営業の二課に統廃合され、また取締役社長を除く他の六人の重役は無給となったことにより、人員は半減され、また人件費も半減したことが判明する。もっともこうした対策を講じたが、その前途は容易ではなかったのである。

第3-51表は、同社の輸送量および営業成績を表示したものであるが、開業二年目には大幅な欠損を出している。開業早々に経済界の不況に直面するという不運もあったが、幼弱な資本力に加えて、同社の企業的基礎の弱さが、こうした結果を招いたものといえそうである。

**第3-51表　河陽鉄道の輸送量および営業成績**

| 年別 | 開業線路 | 取扱数量 | | 運輸延マイル程 | | 収入 | | | | 営業費 | 差引 | 建設費 |
|---|---|---|---|---|---|---|---|---|---|---|---|---|
| | | 旅客 | 貨物 | 旅客 | 貨物 | 旅客 | 貨物 | 雑収入 | 計 | | | |
| 1897 | マイル 2 チェーン 55 | 人 18,263 | トン 6 | 人マイル 28,647 | トンマイル 18 | 円 645 | 円 1 | 円 1,360 | 円 2,006 | 円 482 | 円 1,524 | 円 244,815 |
| 1898 | 6 06 | 302,747 | 8,288 | 1,226,893 | 41,483 | 17,688 | 1,216 | 587 | 19,491 | 29,847 | △10,356 | 435,697 |

（備考）同前。△印は、欠損を示す。

（1）前掲『大鉄全史』三一頁。
（2）「河陽鉄道株式会社第三回報告」（一八九七年三月）。
（3）前掲『大鉄全史』三一頁。日本工学会『明治工業史』鉄道篇（一九二六年）三一一、三一五頁。前掲『日本鉄道史』中篇、五四四―五四五頁。

（4）前掲『日本鉄道史』中篇、五四五頁。なお河内鉄道も開業に至らなかった。詳しくは、東大阪市史編纂委員会『東大阪市史』近代Ⅰ（一九七三年）八三〇頁以下を参照されたい。
（5）前掲『大鉄全史』折込（大阪毎日新聞、一八九八年三月二七日付）。以下同じ。
（6）「河陽鉄道株式会社第五回報告」（一八九八年三月）。
（7）柏原市史編纂委員会『柏原市史』第三巻本編Ⅱ（一九七二年）二五一頁。「河陽鉄道株式会社第六回報告」（一八九九年九月）。
（8）『明治三一年度鉄道局年報』（明治文献資料刊行会編『明治前期産業発達史資料』別冊(36)―Ⅲ、一九六八年）五五頁。
（9）鉄道建設業協会編『日本鉄道請負業史』明治篇（一九六七年）二五三頁。
（10）前掲「河陽鉄道株式会社第六回報告」。
（11）同右。なお営業課は、「課長、書記、書記補、技士、駅長、駅長心得、駅務取扱、助役、車掌、ヤードメン、指示兼合図方、駅夫、機関士、火夫兼機関士補、掃除番兼火夫見習、検査番、給水夫、線路工夫」（同右）からなる。

## 三　河南鉄道への改組

河陽鉄道は開業早々、営業不振、経営困難に直面し、破産の危機に頻したため、一八九八（明治三一）年一〇月一八日臨時株主総会を開き、当時大阪財界の有力者であった片岡直温らの力添えを得て、新会社をつくり危機を切り抜けることを決議するに至った。このとき相談役として、株主および債権者の中から岡橋治助ほか二名が選ばれた。『日本鉄道史』は、この間の事情を、つぎのように伝えている。(1)

会社ノ財政ハ益々困憊ニ陥リ維持ノ方法ナキニ至リ之カ整理救済ヲ片岡直温等ノ有志者ニ諮リタルニ有志者等ハ尋常ノ手段ヲ以テ恢復スヘキニ非ザレハ宜シク新ニ一会社ヲ起シ、其線路等一切ノ設計ヲ河陽鉄道ト同一ニシ発起人ヲ募リ、新会社設立ノ上河陽鉄道株式会社ハ解散スル旨両会社連署ヲ以テ請願シ、其許可ヲ経ルニ至ラハ現在ノ負債ヲ弁償シ得ヘキ限度ヲ以テ新設会社ニ譲渡スヘシトノ説ニ一致シタリシカハ河陽鉄道ノ株主等ハ遂ニ議ヲ決シテ有志者等ノ説ニ遵ヒ、新ニ河南鉄道株式会社ノ設立ヲ見ルニ至リより詳しくいうと、河陽鉄道社長出水弥太郎は、同社の再建を意図し、再び一〇名の発起人の代表となり、片岡直温、太田平次、越井醇三、弘世助三郎、松永長三郎の五名の援助を得て、資本金三〇万円で新会社河南鉄道を設立しようとしたのであった。「会社創立発起認可申請書」が河陽鉄道側の「副申書」とともに提出されたのは、一八九八（明治三一）年一一月五日のことであった。(2)

河南鉄道株式会社創立発起認可申請書

私共儀今般河南鉄道株式会社創立ヲ発起シ大阪府下南河内郡柏原村大阪鉄道停車場ニ分岐シ同郡富田林町ヲ経テ同府下同郡長野村ニ至ル拾哩十八鎖別紙図面ノ通軽便鉄道ヲ敷設シ旅客及貨物運輸ノ業ヲ営ミ度乃チ明治二十年勅令第十二号私設鉄道条例ニ遵ヒ別紙書類相添ヘ出願仕候間御認可被成下度発起人一同連署ヲ以テ此段申請仕候也

明治三十一年十一月五日

河南鉄道株式会社創立発起人

大阪市東区船越町二丁目百四番屋敷
岡　橋　治　助

同市同区道修町五丁目二十一番屋敷
村　上　嘉　兵　衛

同市西区京町堀上通五丁目九十二番屋敷
阪　上　新　治　郎

同市同区土佐堀一丁目二十番屋敷
阿　部　市　蔵

同市東区平野町三丁目七番屋敷
越井弥太郎
同市同区北浜四丁目五十七番屋敷
泉　清助
同市同区平野町一丁目四十一番屋敷
菅野元吉
河内国南河内郡柏原村大字柏原百五十三番屋敷
小山玄松
同国同郡西浦村大字西浦一番屋敷
本所又寿郎
代理人　出水弥太郎
同国同郡平尾村大字平尾三十八番屋敷
出水弥太郎

逓信大臣　林　有造殿

副申書

今般岡橋治助外九名ヨリ願出候河南鉄道株式会社創立ノ儀政府ニ於テ御許可相成候上ハ当会社ノ財産ヲ挙ゲテ同社ヘ譲渡ノ儀株主総会ニ於テ決議仕候ニ付此段副申仕候也

明治三十一年十一月五日

河陽鉄道株式会社

社長　出水弥太郎

逓信大臣　林　有造殿

開通路線は富田林以南の延長が予定されたが、これは河陽鉄道時代の第三期計画を継承するものであった。また会社設立発起人の顔ぶれにも同様の傾向がみられたが、このことは河陽鉄道を買収して、新たに河南鉄道を設立しようとするところからきた当然の帰結といえる。一八九八（明治三一）年一二月一日付をもって仮免許状の下付を受けた後、資本金三〇万円、この株式六〇〇〇株のうち九五〇株は発起人で引き受けることにし、残り五〇五〇株は河陽鉄道の株主とその関係者に依頼する一方、河陽鉄道との間に折衝を重ね、翌一八九九（明治三二）年一月二一日には同社の全資産と負債を新設の河南鉄道が引き継ぐことに話がまとまった。河陽鉄道の臨時株主総会の議をへて、売主出水弥太郎と買主岡橋治助以下との間に、「鉄道会社財産売買契約書」を交わしたのである。(3)

こうして二日後の一月二三日には、新会社の創立総会を開く運びとなり、席上役員として、小山玄松・阪

**第3-52表　河南鉄道創　当初の重要株主**（1898年）

| 株数 | 住所 | 氏名 | 備考 |
|---|---|---|---|
| 株<br>1,000 | 大阪 | 三十四銀行<br>小山健三 | |
| 400 | 同 | 日本共同銀行<br>岡橋治助 | |
| 200 | 同 | 有魚銀行<br>石井守 | |
| 200 | 同 | 岡橋治助 | 前出 |
| 200 | 同 | 阪上新治郎 | 前出 |
| 200 | 同 | 石蔵卯之吉 | |
| 150 | 同 | 岸田杢 | |
| 140 | 同 | 入江伊助 | 前出 |
| 103 | 同 | 吉田新三郎 | 日本紡株主 |
| 100 | 同 | 丹波源之助 | |
| 100 | 同 | 松村辰次郎 | |
| 100 | 同 | 大島甚三 | |
| 100 | 同 | 杉山健二 | |
| 100 | 同 | 片岡直温 | 日本海陸保険社長，片岡直輝の弟 |
| 100 | 同 | 菅野元吉 | 前出 |
| 100 | 同 | 菅野仙左ヱ門 | |
| 100 | 同 | 泉清助 | 前出 |
| 100 | 同 | 村上嘉兵衛 | 四十三銀行取締役 |
| 100 | 同 | 越井弥太郎 | 前出 |
| 100 | 同 | 越井喜代蔵 | |
| 100 | 同 | 加賀知蔵 | |
| 100 | 同 | 小西米三郎 | |
| 100 | 同 | 越井醇三 | 前出 |
| 100 | 同 | 木原忠兵衛 | 木原銀行頭取 |
| 100 | 同 | 阿部市蔵 | 福島紡監査役 |

（備考）1　佐竹三吾監修『大鉄全史』389—390頁より作成。
2　職業については，前掲『明治期日本全国資産家地主資料集成』等を参照。

上新治郎・泉清助・出水弥太郎・村上嘉兵衛・越井喜代蔵・本所又寿郎・越井醇三・香川鋭太郎の九名が取締役に、岡橋治助・菅野元吉・阿部市蔵の三名が監査役に推薦された。さらに取締役による互選の結果、小山玄松が社長に就任した。相談役として、片岡直温・弘世助三郎の二名が選出された。[4]

河南鉄道創立当初の重要株主は、第3－52表に示すとおりである。表にはないが、六〇〇〇株の株式を九一名の株主が引き受けており、一〇〇株以上の株主数の比率は全体の七・四%、その持株数は七〇・〇%であった。なお発起人のうち、小山玄松、本所又寿郎、出水弥太郎の持株数は五〇株であった。以上、上位株主層の占める比重が河陽鉄道の場合よりもはるかに高くなっていること、および三十四銀行頭取の小山健三をはじめ、上位株主に金融銀行業関係者の名前がみえることなどは注目に値するが、河陽鉄道の再建策としての河南鉄道の創立には大阪財界人の後だてがあったことを示すものにほかならないであろう。

新会社設立の基本となる契約を終えた河南鉄道は、一八九九（明治三二）年二月会社設立および鉄道敷設免許申請を行った。本社は、南河内郡富田林町毛人谷に置かれた。この申請にあたっても、出水弥太郎は、引き続き尽力を重ね、同年四月七日待望の本免許状を下付された。かくて河陽鉄道は会社設立以来一年有余の短命をもって解散し、同年五月一〇日河南鉄道株式会社として再出発することとなったのである。その代価は「建設費二十二万八千百九十円二十三銭三厘ニシテ外ニ貯蔵物品代二万九千六百七十一円三十五銭二厘ヲ加ヘ合計二十五万七千八百六十一円五十八銭五厘ナリ」[5]と伝えられる。河陽鉄道の債務として、実際にどれくらい支払われたかはよくわからない面もあるが、ただ河南鉄道は河陽鉄道の債権者との交渉の結果、分割支払の契約を結び、漸次払込を徴するにしたがって返済することとなったのは確かである。

河南鉄道は、一八九九（明治三二）年五月一一日、旧河陽鉄道の路線の運輸営業を開始した。ところが、起点の柏原駅は大阪鉄道の社線を一部利用していた関係上、ややもすれば河南鉄道は大阪鉄道の子会社の観を一般に与えがちであり、また新たな発展を期そうとする場合、大阪鉄道との旧来の関係を是正する必要があった。当時この問題の解決策として、会社当局で考えられたことは、「㈠大阪鉄道と競争する意味に於て河南鉄道自身大阪に進出すること、㈡河内地方が従来経済的に最も深き関係を有する堺との間に鉄道を敷設すること、㈢富田林―長野間に鉄道延長を行ふこと」[6]の三つの方法である。

右のうち、河南鉄道は、当面の作業として第三の方法たる富田林・長野間の路線延長計画に着手するとともに第一の方法を具体化していく。後者についてみれば、一八九九（明治三二）年一〇月の株主総会において、柏原より大阪市東区上本町に至る線路延長を可決し、これに要する資金調達のため、資本金を六〇万円に増資することを承認した。そして、同年一一月二日、つぎのような「河南鉄道株式会社線路延長願」を提出した。[7]

河南鉄道株式会社線路延長願

今般本会社株主総会ノ決議ヲ経テ線路ヲ延長シ、大阪府下南河内郡柏原村柏原停車場ヨリ中河内郡八尾村長瀬村東成郡中本村及大阪市玉造町等ヲ経テ同市上本町附近ニ達スル九哩ニ鉄道敷設仕度、抑モ河内国中部ハ東南金剛葛城ノ二山ヨリ蜿蜒シテ北ニ馳スル信貴生駒山麓ノ勝地ニ富ミ西方ハ豊饒肥沃ノ原野ヲ以テ満タサレ木村重成墓瓢簞山牧岡神社小楠公墓祠等ノ霊勝地アリテ四季旅客ノ交通物貨ノ出入夥シク、加之南ハ本社線高野紀和等各線達通ノ暁一層旅客貨物ノ集散又尠シトセス、然ルニ柏原以北河内中部ヨリ大阪ニ達スル運輸ニ至ツテハ南方大阪鉄道アリト雖モ大阪南端ヨリ東南ニ馳セ北方関西鉄道ハ大阪ノ北隅ニ起リテ北東ニ走リ、恰当其中間ニ位シ普ク其利便ヲ得ル能ハサレハ未タ之ヲ以テ足レリト云フヘカラス、茲ヲ以テ本会社ハ柏原ヨリ斜ニ八尾東北ヲ繞リ長瀬村中本村玉造町等ヲ経テ大阪市上本村附近ニ出テ、他日市区改正セラル、暁道幅拡張ニ伴ヒ市内縦横ニ布設セントスル馬車鉄道ニ連絡スルヲ得セシメンカ哩程短捷ニシテ相須テ交通運輸上容易ナラサル利便ヲ得ル義ト確信仕候間、別紙起業目論見書並ニ略図相添ヘ出願致候何卒地方ノ実況深ク御裁酌至急御免許仮免状御下附相成度此段奉懇願候也

大阪府南河内郡富田林町
河南鉄道株式会社
社長　小　山　玄　松

明治三十二年十一月二日

逓信大臣子爵芳川顕正殿

しかし、「本願線路ハ地方ノ状況現今鉄道敷設ノ必要ヲ認メサル」(8)と却下されてしまう。これは、別に存在した河内鉄道がその免許権をもっていたからといわれる。そこで河南鉄道は改めて河内鉄道を買収して免許権を獲得しようとしたが、これまた失敗に終わった。(9)ここに至って同社は、大阪進出を一時中止し、河陽鉄道時代に免許権を得た長野延長線の完成を期することにした。この延長線に対する一般の要望は大きく、また高野鉄道と長野において連絡すれば、運輸収入の増加も必至と見込まれたからである。延長線に必要な資金は借入金で賄い、一九〇二（明治三五）年三月二五日富田林・滝谷不動間一哩六八鎖、同年一二月一二日には滝谷不動・長野間二哩二八鎖を開通させ、ここに柏原・長野間の線路が全部開通した。以後河南鉄道の経営状態は比較的順調であったといわれるが、同社は南河内地方の農村をつなぐ一地方鉄道に過ぎなかったのであるから、急激な乗客の伸びは期待できなかった。『日本鉄道史』は、その営業状態をこう記している。(10)

会社（河南鉄道―筆者注）ノ資本金ハ三十万円ニシテ其払込額ハ明治三十五年度ニ於テ全額ニ達シ三十九年度ニ於テ借入金四万二千円ヲ有シタリ、開業線路ハ十哩二十二鎖ニシテ三十九年度ニ於テ機関車二輛、客車十四輛、貨車二十五輛ヲ有シ建設費ハ三十五万八千百二円ヲ要シ運輸数量ハ旅客三十八万七千五百五十八人、貨物二万三千四百二噸トス、其営業収入ハ三万七千九百五円、営業費ハ二万五千二百四十八円ニシテ益金ハ建設費ノ三分五厘ニ相当セリ、会社ハ開業以来払込株金ニ対シ配当ヲ為サズもっとも明治末期になると、こうした状況も相当変化し、旅客・貨物輸送とも徐々に増加してきた。一九一〇（明治四三）年度の営業状態をみると、旅客六四万四六七八人、貨物四万六一六三トンを輸送しており、「営業収入ハ六万四百六十二円、営業費ハ三万六千八百十九円ニシテ益金ハ建設費ノ六分三厘ニ相当シ株金ニ対シ上半季三分、下半季四分ヲ配当セリ」というまでになった。(11)

この間、㈠一九〇八（明治四一）年八月乗客誘致の目的で道明寺駅東方の丘陵に玉手山遊園地を開設、㈡一九〇九（明治四二）年四月には自動客車の運転を開始、㈢一九一一（明治四四）年三月には区間回数乗車券の発売を開始、㈣一九一三（大正二）年四月には、従来高野登山鉄道と共有していた長野停車場を分離して、専用の停車場を設置、使用するなどの動きをみせた。(12)また軽便鉄道法の公布により、一九一一（明治四四）年二月軽便鉄道への指定変更を受けている。翌年一〇月には、「近時木材ノ輸送多キヲ加ヘタルニ拠リ其ノ必要ニ迫リ」、木材運搬車（六噸積二輛）の増設認可を申請している。(13)

ここで、当時の同社鉄道係員職制などについて少しふれておきたい。一九一四（大正三）年には、鉄道係員職制を、「営業長」「駅長」「車掌」「貨物係」「駅務掛」「機関庫主任」「運転手」「検車手」「保線手」「線路工夫」「踏切番」の一一種に分けており（第壱条）、第二条以下でその分担を記し、さらに鉄道係員服務規程を制定している。後者は、第一章総則にはじまり、第二章以下で各鉄道係員の服務規程を詳細に記している。職制および服務規程の一部を抄録すると、つぎのとおりである。(14)

河南鉄道株式会社鉄道係員職制

第二条　営業長ハ鉄道営業ニ関スル一切ノ事務ヲ掌理シ所務ノ係員ヲ監督ス

第三条　駅長ハ営業長ノ指揮ヲ受ケ駅務ヲ処理ス

第四条　車掌ハ営業長ノ指揮ヲ承ケ列車ノ運転及輸送ノ事務ニ従事ス

車掌ハ列車カ停車場内ニ在ルトキハ駅長ノ指示ヲ承ケテ其事務ヲ執行ス
車掌ハ車内ノ秩序ヲ保持ス之レガ為メ必要アルトキハ旅客ニ対シ相当ノ指図及処分ヲ為スコトヲ得
第五条　貨物掛ハ駅長ノ指揮ヲ承ケ運送貨物ノ受授保管ノ事務ニ従事ス
第六条　駅務掛ハ駅長ノ命ヲ承ケ諸般ノ駅務ニ従事ス
第七条　機関庫主任ハ営業長ノ指揮ヲ承ケ機関庫ニ関スル事務ヲ処理シ所属ノ係員ヲ監督ス
第八条　運転手ハ機関庫主任ノ指揮ヲ承ケ運転事務ニ従事ス
運転手ハ列車運転中ニ在リテハ車掌、列車カ停車場内ニ在ルトキハ駅長ノ指示ヲ承ケ其事務ヲ執行ス
第九条　検車手ハ機関庫主任ノ指揮ヲ受ケ車輛ノ検査及注油ニ従事ス
第十条　保線手ハ営業長ノ指揮ヲ承ケ線路ノ修理及保存ニ関スル事務ニ従事ス
第十一条　線路工夫ハ保線手ノ指揮ヲ承ケ軌道工事ニ従事シ線路ノ安全ヲ保持ス
第十二条　踏切番ハ保線手ノ指揮ヲ受ケ其受持踏切道ニ於テ列車及往来ノ安全ヲ看守スルモノトス

## 河南鉄道株式会社鉄道係員服務規程

### 第一章　総　則

第一条　鉄道係員ハ常ニ自己ノ執務ニ関スル法規令達及所属上長ノ命令ヲ遵守シ誠実ニ職務ニ従事スヘキモノトス
第二条　鉄道係員ハ妄ニ欠勤シ執務ノ場所ヲ離レ其時間ヲ変更シ又ハ他係員ト職務ヲ交換スヘカラズ
第三条　鉄道係員ニシテ制服アルモノハ執務中必ス之ヲ著用シ其整装ニ注意スヘシ
第四条　鉄道係員ハ器具機械ヲ大切ニ使用シ消耗品ヲ濫費スヘカラズ
第五条　鉄道係員ハ所属上長ノ許可アル場合ノ外ハ職務ニ関シ報酬其他何等ノ名義ニ拘ラス贈遣ヲ受クヘカラズ
第六条　鉄道係員ハ妄ニ他人ヲシテ詰所内ニ立入ラシムヘカラズ

第七条　鉄道係員ハ執務ニ必要ナル書類及用品等ヲ携帯スヘシ
第八条　執務上時計ヲ携帯スヘキ係員ハ常ニ遅速ヲ生セサル様之ヲ斎正スベシ
第九条　鉄道係員勤務交代ノ場合ハ成規ノ簿冊ニ引継ノ事項ヲ詳記シ尚口頭ヲ以テ其要領ヲ述フヘシ
第十条　鉄道係員ハ職務執行スルニ当リ主トシテ公衆安全ノ保持ニ注意シ措置敏捷ニシテ職務ニ渋滞ナク応答ヲ著実ニシ、苟モ粗慕不遜ノ言語ヲナシ又ハ喫烟其他姿勢ヲ乱シ懇切ヲ欠ク等ノ挙動アルヘカラズ
第十一条　鉄道係員ニ於テ遺失物ヲ拾得スルカ又ハ旅客及公衆ヨリ拾得ノ申出アリタルトキハ規定ノ手続ヲナスヘシ

鉄道係員の実態や問題点は、この規程だけでは十分に把握できないが、規程そのものも興味深い点が多いと思われる。さて、河南鉄道の営業路線は、北は柏原駅で大阪鉄道（初代、のち国鉄関西線）に連絡し、南は長野駅で高野鉄道（高野登山鉄道、のち南海高野線）に接続しており、いわば大阪、高野両鉄道に狭まれた農村部を結ぶ地方中小鉄道であったから、何かと現状打開策を講じなければならなかった。確かに、運輸収入には自ら限界があったため、さきの柏原・上本町間に続いて、一九一一（明治四四）年一〇月には柏原・玉造間、一九一五（大正四）年六月には再び同路線延長敷設を申請している。しかし、二度とも監督官庁の諭示により願書取り下げを余儀なくされた。一方、これとの関連で、一九一五（大正四）年八月院線および他社との連帯運輸の旅客貨物運賃の割引を申請している。同申請書の一部分は、当時の河南鉄道を取り巻く鉄道網の状況や同社の営業方針の一端が記されているので、長文をいとわず引用しておこう。(15)

（前略）以上割引逓減ヲ要スル理由ハ、近来大阪市ノ周囲ニ於ケル各私設鉄道線ノ経営等ニ係ル遊覧地ニ対シ総シテ市内駅ヨリ往復三拾銭内外ノ区域ニ逓減シ、以テ大イニ遊覧客ノ歓心ヲ求メツ、アリテ又何レモ其効果ヲ獲得シツヽアリ、例セバ南海線ノ堺、浜寺、淡ノ輪ニ於ケル大阪軌道線ノ生駒、奈良ニ於ケル或ハ箕面有馬線ノ箕面行ニ京

阪線ノ枚方及桃山行等ニ於ケル大阪高野線ノ長野、三日市ニ対シテモ総テ上述ノ逓減賃金ニ若クハ機宜ニ依リ以上破格ノ割引ヲ施シ、何レモ極力自線ニ吸集ヲ努メ或ハ甲乙両線ニ遊覧客ヲ誘致スヘク相互突飛ノ割引ヲナセルアリ、例セバ大阪高野線ニ於ケル大阪軌道線ニ依リ奈良遊覧客ヲ及ヒ京阪線ニ依リ桃山御陵参拝客并ニ京都行旅客ノ吸集ヲナセル等ハ、当社線勢力範囲ニ属スル区域ヲ蚕食セラル、ノ実例アリテ弊社ノ打撃ヲ蒙ル処又甚大ニシテ殊ニ遺憾トスル次第ニ有之候

右ニ対抗上弊社ニ於テモ座視スルニ忍ヒス春秋両季ニ於テ社員ヲ特派シ大阪市内各学校ニ対シ郊外教授ノ適地ヲ紹介シ誘致スルト秋季茸狩遊山客ノ勧誘ニ努メ、将タ弊社沿道地方ヨリ大阪市ニ及ヒ桃山御陵参拝ニ奈良、京都遊覧等ニ対シテモ社員ヲ特励シ極力誘致ノ策ヲ講セシムルモ如何セン前述ノ如ク他会社線ニ於テハ規程ノ割引以外尚機宜ニ適セル割引ヲ為セルニ反シ、強イテ弊社線ニ依ラシメントスルモ院社連帯割引ハ現行ノ如キ他線ニ比シ稍々高率ナル二三ノ割引ニ止マリ吸集上他ニ何等適切ナル割引ヲ施シ得ザルヲ以テ、自然是等ノ旅客ハ全部他会社線ニ吸集セラル、ノ状態ニ陥リ、只自然的ニ来往スル旅客ニ甘スルノ外無之次第ニ付、茲ニ前記ノ通リ割引施行致度所以ニ御座候

右の一文からも、河南鉄道の置かれた状況はよくわかるが、貨物輸送に関連して、これより先、一九一四（大正三）年一月無蓋貨車一〇輛の増設を申請している。その理由は、「従来所属無蓋貨車少数ニシテ近来当社各駅ヨリ搬出之砂利、栗石、土等之貨物頓ニ遽増致シ、到底現在所属車輛ニテハ輸送上支障不尠候」(16)とある。そして、一九一六（大正五）年六月「砂利硅砂土石類ノ採取運搬ノ請負及其ノ売買等ニ関スル業ヲ兼営仕度候」と申請し、副業兼営の認可を得たのであった。

他方、懸案の大阪市内への乗り入れ計画については、路線を変更し、同年一一月さらに道明寺・天王寺間九哩六〇鎖の延長線の申請をした。これまたいったん願書取り下げの憂き目にあうが、一九一八（大正七）年三月再び同路線延長

敷設を申請している。その実現までには、かなりの曲折があったが、願書ならびに添付書類には、これまでの経緯や延長線の沿道状況を克明に記しているので、つぎに長文をいとわずその一部を引用しておこう。

理由書[17]

当会社ノ既往ハ元河陽鉄道会社ガ柏原長野間拾哩ノ短区間ニ経営セル鉄道線路ニシテ同社ハ柏原富田林間六哩ノ一部ヲ開業セル際、既ニ資本ヲ消尽シ残部四哩ノ工事ニ着手シ得サル窮境ニ陥リ不得止会社ヲ解散シテ、更ニ河南鉄道会社ヲ起シテ元河陽鉄道ノ意思ヲ継承シ猶進ンデ長野三日市間ノ線路ヲ延長シ素志ヲ貫徹シ、以テ南河内及泉州竝ニ和歌山県一部ノ貨客ヲ吸集シ、当時ノ関西鉄道ト連絡シテ大阪市トノ交通ノ便ヲ図リ、専ラ輸送ヲ計画シツヽアル折柄、明治三十三年高野鉄道ハ長野橋本間ノ鉄道敷設計画ヲ止メ堺大阪間ノ延長線出願セルニ政府ハ之レヲ免許セラレ、之レガ為メ当社ノ目的ニ齟齬ヲ来シタリ、当社ハ辛フジテ富田林長野間開業ヲナシタルモ爾来収支相償ハザル事拾数年、漸ク近年ニ至リ惰力的進歩ニ伴ヒ僅少ノ利益ヲ得ルニ至リタルニ際シ又高野鉄道ハ長野橋本間延長出願セルニ政府ハ直ニ之ヲ免許セラレ、既ニ大阪橋本間営業セルヲ以テ当社ノ目的タル輸送系統ヲ根底ヨリ破壊セラレ貨客ノ大部分ハ高野線ニ吸集セラレ経営頗ル困難ヲ来シ、加フルニ費用年々相嵩ミ営業ノ成績ハ依然トシテ挙ラズ、為メニ此間諸種ノ尽策為スト雖モ当社線ノ状態ハ首尾両端他線ニ扼セラレ連帯輸送上種々圧迫ヲ蒙リ如何ニ奮励努力スルモ現在ノ鉄道ニテハ到底発展ノ余地ナキヲ覚知シ線路ヲ大阪ニ延長シテ堅実経営ノ方針ヲ立テ、大正四年六月柏原駅ヲ起点トシ大阪玉造ニ至ル九哩七拾鎖ノ線路延長ヲ申請セリ、然ルニ当時西部鉄道管理局長ノ御抗議アリタルヤニ承知仕リ候ニ付一先該申請書ヲ取下ケ再ビ線路ヲ変更シ、大正五年十一月更ニ道明寺駅ヨリ分岐シ交通最モ不便ナル町村ヲ縫フテ天王寺ニ至ル九哩六拾鎖ノ延長線路ノ申請ヲ為シタルモ、院線天王寺駅ニ連絡複雑ナルヲ認メ変更ノ必要ヲ来シ、乍遺憾再ビ願書ノ取下ケヲ為シタル次第ニ有之候

現在当社線ハ高野電車ト院線トノ中間ニ介在シ両線ノ発展ニ促サレ是レニ追随シテ営業上改良ヲ要スルト列車運転

ハ両端鉄道ノ連絡関係上頻繁ノ運転ヲナシ接続ヲ計ラザルヲ得サル立場ニシテ、他私設鉄道ノ如キ運転回数減少シテ営業費ヲ節減シ単独自重ノ営業ヲナシ能ハズ、故ニ経済ヲ顧ミルノ余地無之強イテ運転回数ヲ減セバ古市道明寺両駅ニ乗降スル旅客ハ柏原駅ニ徒歩シ、富田林滝谷不動両駅ノ旅客ハ高野線長野滝谷両駅ニ徒歩シ両端全ク廃線同様ノ現象ヲ来シ窮状言語ニ絶シ、且又営業上甚大ノ不便不利ヲ感スル為メ連帯輸送ノ本義ニ依リ両端駅ノ連絡ニ努力シ、専ラ連絡線ヲ信頼シテ営業ノ方針ヲ確立スルモノナルニ柏原長野両端駅ニ於テ旅客ノ乗換又列車ノ接続ヲ欠キ旅客ヲ空シク待合シムル等日々旅客ノ迷惑不尠、又団体輸送ハ春秋二季ニ最モ多キハ各鉄道共ニ経験スル所ナリ、其ノ季ニ於テ当社線ニ発着スル団体輸送ヲ関係駅ニ申込ムモ満員其他ノ事由ニヨリ拒絶セラレ或ハ日時変更等ノ為メ遂ニ団体輸送ヲ拒絶セラル、又貨物輸送盛時ニ際シ連帯線ニ於テハ貨物ノ発送ヲ停止シ或ハ車輛ヲ制限シ取扱貨物ノ品目ヲ制限スル等事々物々束縛ヲ受クルヿ常ニ多ク、小会社ノ誠ニ忍ヒ得サル苦痛ニシテ延イテ地方ノ発展ヲ阻碍スルヿ鮮少ナラズ

以上ノ事情ナルヲ以テ、此際御認可ヲ蒙リ地方并ニ当社十数年間ノ宿望タル線路延長ノ暁ハ輸送上各種ノ不便ヲ全ク一掃シ得ルハ勿論摂河交通上重要ナル主脳線トナリ将ニ勃興セントスル地方ノ開発ヲ促進セシムルニ貢献スル処甚大ニシテ国家ノ裨益モ亦尠少ナラザルベシト確信仕候間、右事情篤ト御賢察被成下度理由上申仕候也

延長線ニ関スル沿道ノ状況取調書(18)

一、市街ノ位置関係

延長線終点ハ大阪市天王寺ニシテ 天王寺駅構内附近阿倍野街道（関西線天王寺湊町間ノ陸橋）陸橋ノ南詰ニ当リ仝陸橋北詰ヘ大阪市営電車線（霞町ヨリ玉造ニ到ル線路）天王寺停留所ニ連絡ス

一、他線営業上ノ利害関係

延長線更池ヨリ堺市ニ至ル距離約三哩トス沿道中相当ナル町村ハ長野町、富田林町、古市町、柏原町、田辺町

南河内郡ノ商工業ニ関スル交通ノ必要ハ凡テ本郡ノ北西ニ当ル大阪市ニアリ、尤モ本延長線ノ沿道ハ其勢力範囲ニシテ院線ニ幾分ノ害アリト雖トモ他ニ害ナシ

其事実ハ一般交通ノ必要大阪市ニアリトスレバ大阪高野線ハ河泉ノ国境南端ニアリテ出願ハ延長線ハ中央ニアリ、院線ハ地方ノ北端ニアリ

叙上ノ状態ナレバ鉄道ニ依ル事甚ダ不便ナル土地ニ布設セントスルモノニ付、単ニ其沿道勢力範囲ノ貨客ヲ吸集スルニ止マルヲ以テ他線ニ害ヲ及ホスノ虞ナシト雖モ北端ノ院線ニ幾部分影響ヲ及ホスモ南端ニ位スル高野線ニハ何等害ナシ

一、沿道人口

| | |
|---|---|
| 現在線沿道 | 七万八千五百弐拾四人 |
| 延長線沿道 | 拾弐万二千三百二拾七人 |
| 合　計 | 弐拾万壱千八百五拾一人（ママ） |

一、沿道物資ノ数量

拾弐万四千弐百拾弐噸

右ハ現在営業全線中ノ生産物中主要ナル貨物ニシテ現在営業線輸送数量

但品目ハ諸種ノバラス、諸工場鋳形用土、製瓶材料硅砂、粘土、木材、金剛砂、敷物等ニシテ其他ハ省略ス、現在営業線十哩間ハ南河内郡石川流域ニ併行シ、一方金剛山、葛城山、二上山ニ併行セリ為メニ土砂、木材ハ無尽蔵ナリ

拾六万四千四百拾六噸

右ハ延長線沿道ノ発着貨物ニシテ生産物ハ前同様ニテ敷物ノミハ第三、四ノ位置ヲ占ム他ハ省略ス

一、全線中御陵及神社仏閣并ニ名所旧蹟
（略）
一、遊覧季節
四季遊覧地ハ全線到ル所ニ連亘シテ充満セルハ他ニ比類ナシ、就中梅林、桃林、桜、紫躑躅、紅葉等豊富ニシテ其ハ納涼ニ適スル滝及ヒ温泉場アリ、秋ハ全線ニ併行セル各山地悉ク松茸ノ産出莫大ニシテ其質全国ニ比ヲ見ザル佳良ナリ、又玉手遊園ハ尾張公ノ御菩提所ニシテ三百年以上ノ星霜ヲ経タル満山ノ大庭園ニシテ現在大阪府下各所ノ公園ヨリ遙カニ優ル一大遊園地ナリ
以上ノ如ク、各御陵墓神社仏閣名所旧蹟并ニ遊山場夥多ナルハ他ニ其ノ比ヲ見ザルニ不拘交通不便即チ院社乗換ヘ容易ナラザル不便ニ付、参詣者及来遊者甚ダ少ナク絶テナシト云フモ敢テ憚ラズ

河南鉄道は、一九一七（大正六）年四月越井醇三が社長に就任するや、本格的に大阪進出計画に乗り出していたのであり、右の道明寺・天王寺間の延長線敷設の免許は、一九一八（大正七）年六月に得るところとなる。そして、翌一九一九（大正八）年三月社名を大阪鉄道株式会社（二代）と改称し、新たな段階に入っていくが、この点は項を改めて述べることにしよう。

（1）前掲『日本鉄道史』中篇、五四六頁。
（2）前掲『大鉄全史』三四—三五頁。
（3）同右、三六—三八頁。
（4）同右、三九頁。
（5）前掲『日本鉄道史』中篇、五四七頁。
（6）前掲『大鉄全史』四四頁。
（7）『第十二回鉄道会議議事速記録』第六号、一九〇〇年五月二四日付。
（8）同右。

（9）　前掲『大鉄全史』四五頁。また、河南鉄道の大阪市内乗り入れ計画は、大阪鉄道がその利権を侵害されると警戒したのである。本書第三章第一節三を参照のこと。
（10）　前掲『日本鉄道史』中篇、六三七―六三八頁。
（11）　前掲『日本鉄道史』下篇、五七一―五七二頁。
（12）　前掲『大鉄全史』四七―四八頁。
（13）　「木材運搬車増設認可申請書」（鉄道院文書「大阪鉄道〈元河南鉄道〉」）。
（14）　「河南鉄道株式会社鉄道係員職制」「河南鉄道株式会社鉄道係員服務規程」（同右）。
（15）　「河第一七七号、申請書」（同右）。
（16）　「無蓋貨車増設認可申請書」（同右）。
（17）　「河南鉄道株式会社鉄道延長免許申請書」（同右）。
（18）　「延長線ニ関スル沿道ノ状況取調書」（同右）。

## 四　大阪鉄道としての新展開

### 1　大阪鉄道時代の諸動向

旧河南鉄道は、大阪鉄道と改称後、当初の単線計画を複線電化に変更し、資本金も五〇〇万円に増加した。延長線工事に関連して、一九一九（大正八）年九月「大阪鉄道株式会社既設免許線道明寺天王寺間鉄道敷設線路ト既設南海鉄道株式会社平野線トノ交叉ニ関シ」(1)、協定を結んでいる。かくて、一九二二（大正一一）年四月まず道明寺・布忍間の運輸営業を開始し、翌年四月道明寺・大阪天王寺間一〇哩余を開通させた。これに呼応して、同年一〇月旧線路の道明寺・長野間も電化され、続いて一九二四（大正一三）年六月には柏原・道明寺間にも電車の運転が開始された。電力

**第3-53表　大阪鉄道の重要株主**

（1927年3月末）

| 株　数 | 氏　名 |
|---|---|
| 株 9,256 | 越井醇三 |
| 6,800 | 虎屋株式会社 |
| 6,800 | 肥田誠三 |
| 6,609 | 株式会社　野田同族会 |
| 5,801 | 阿部彦太郎 |
| 5,338 | 阿部一二郎 |
| 5,250 | 美章土地株式会社　専務　高橋武吉 |
| 3,600 | 美章土地株式会社　社長　山岡順太郎 |
| 3,200 | 森　平蔵 |
| 3,000 | 広海二三郎 |
| 2,899 | 内藤為三郎 |
| 2,709 | 野田広三郎 |
| 2,450 | 河盛勘次郎 |
| 2,350 | 辰　熊雄 |
| 2,340 | 阪上新治郎 |
| 1,981 | 野田清三 |
| 1,910 | 南大阪田園土地株式会社 |
| 1,800 | 橋本亀三郎 |
| 1,800 | 大阪住宅経営株式会社 |
| 1,800 | 亀岡徳太郎 |
| 1,800 | 塩野義三郎 |
| 1,600 | 野田吉兵衛 |
| 1,500 | 株式会社　米子銀行 |
| 1,500 | 吉田栄二 |

（備考）株主協会編『近畿電鉄号』第1輯（『株主協会時報』臨時増刊）271頁。

供給については、宇治川電気と契約を結んだ。(2) ここに、同社の全営業路線二〇哩余の電化が完成し、「大阪郊外六大電鉄」(3)の一つに数えられるに至った。

大阪進出によって、大阪鉄道の業績は向上したが、同社の営業区域は、南は長野で南海鉄道に制せられ、北は大阪電気軌道のために発展を阻まれるという状態で、いわば両社の中間にあり、その牽制を受けていたから、新たな発展策として、奈良盆地への進出を意図する。まず堺・橿原・桜井間の免許を保有していた南大阪電鉄を一九二六（大正一五）年一一月に合併し、(4) 一九二九（昭和四）年三月古市・久米寺間を開業した。つぎに、吉野鉄道との連絡をめぐって、大阪電気軌道と激しく対立することになる。大阪鉄道と吉野鉄道は、資本系列のうえで密接な関係があり、重役交換を行う一齣もあり、吉野線乗入契約をなしたが、一方、同じく畝傍線を敷設し、橿原神宮前で吉野鉄道と接続する関係にあった大阪電気軌道が最短距離を選んで延長線敷設免許を得たからである。一九二八（昭和三）年一〇月のことである。かなり曲折はあったものの、大阪電気軌道は、「ひそかに吉野鉄道と大阪鉄道の株式買入れを進め、昭和四年八月一日付で吉野鉄道を合併してしまった。大阪鉄道は奈良盆地への進出のため多額の負債を生じ、その経営の悪化に苦しんでいたが、これに乗じた大軌は、これをも系列下におさめてしまった」(5)のである。なおこれより先、大阪鉄道は、系列の南和電気鉄道（磐城・五条間および五条・学文路間）を具体化させていたが、このうちの一部尺土・御所町間を一九三〇（昭和五）年一二月に開業している。

大阪鉄道の大軌系列下に伴い、南和電気鉄道も大軌系列の一翼となったといわれる。

河陽鉄道から大阪鉄道まで、随分と変遷があったが、ここで当時の大株主をみると、第3－53表のとおりである。金融、住宅会社をはじめ、かなり法人の持株が多くなっており、また関西財界人が上位に名を連ねている。社長の越井醇三は、材木および建築材料商を営む素封家として知られ、大阪鉄道と関係が深い白鳥園住宅取締役でもあった。専務取締役の野田広三郎は、元社長先代野田吉兵衛の養子となり、当時野田同族会、白鳥園住宅の各取締役であった。その他、大阪鉄道の首脳部には、「鉄道畑の出身が多い」[6]ことが目立つ。

さて、同社の営業成績等は第3－54表のようである。一見して明らかなように、同社は大正後期は別として、昭和恐慌期以後の不振が目立っている。大阪延長および新線建設、さらに兼営事業への進出などによって資産内容を膨張させたが、反面社債、借入金の対外負債は著しく増大し、その利払だけでも容易ではなく、その収益はこれに伴わず業績は勢い低下を免れなかったのである。社史によると、資本金は、一九二六（大正一五）年三月一〇〇〇万円、同年一一月には南大阪電鉄買収により一〇三〇万円、さらに一九二七（昭和二）年六月には倍額増資して二〇六〇万円となっているが、前述の拡大政策は、一方で外部負債に仰がねばならなかった。[7]一九二〇（大正九）年二月および一九二二（大正一一）年五月日本興業銀行から各五〇万円を借り入れたのをはじめ、[8]社債の方は、一九二四（大正一三）年六月の二〇〇万円を皮切りに、一九二七（昭和二）年四月の五〇〇万円、一九二九（昭和四）年九月の四八〇万円と三回に達した。いずれも三井銀行引き受けである。[9]

業績不振、財務上の行き詰りから、一九三〇（昭和五）年一〇月越井醇三社長は退任する。彼は、その間の経緯を、「多少時期尚早の感はあったが、自分の余命も長しとは思はれず、越井亡き後何人が大鉄の為めに此積極方針を継承するであらうかと考へたので、周囲の反対を排して断行することに決心した」[10]と語っている。試みに、一九三一（昭和六）年度鉄道省監督局調査による大阪近郊の電鉄会社の一日一キロ当り収入と同建設費をみると、大阪鉄道は建設

第3-54表　大阪鉄道の利益率・配当率および株価変動表

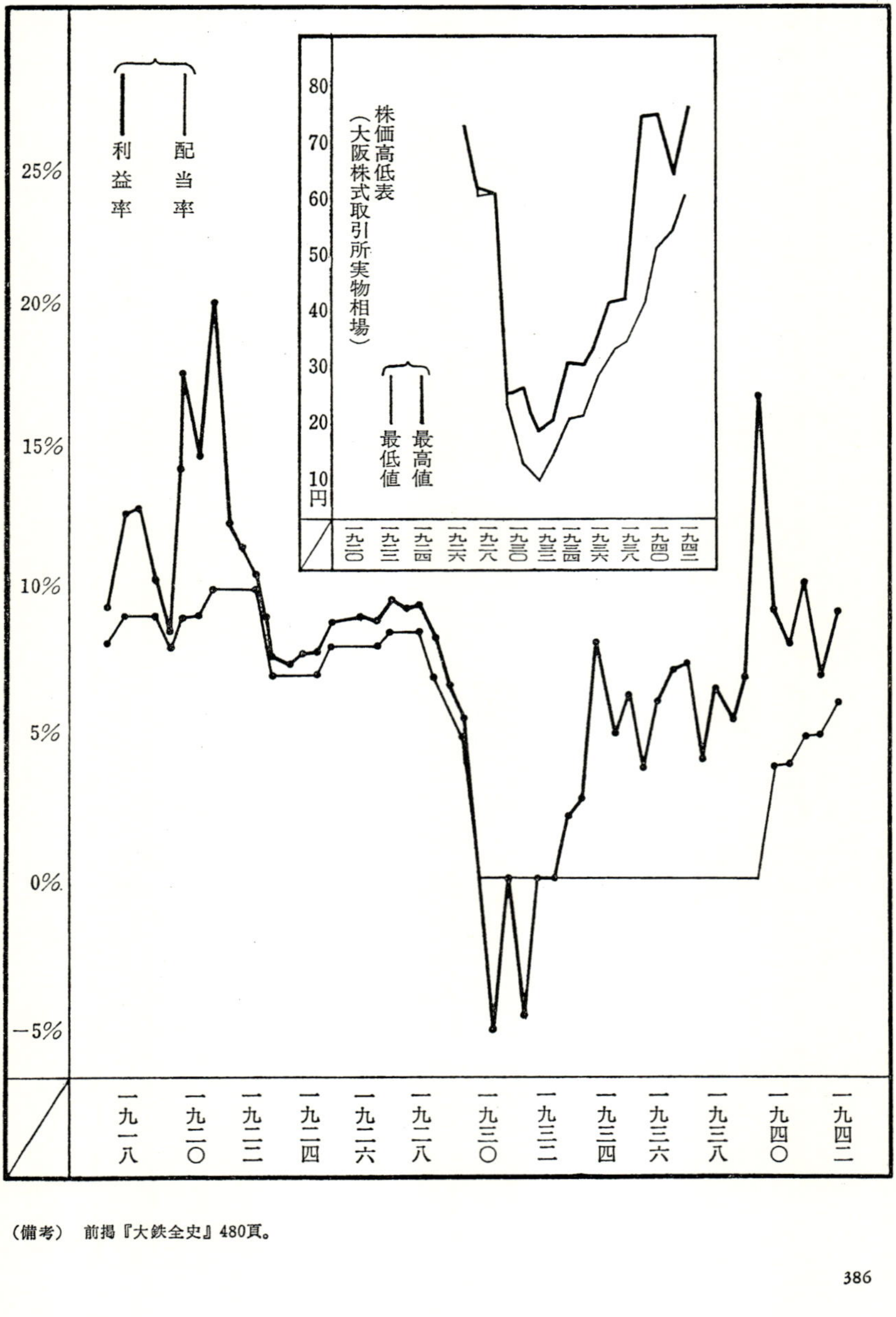


（備考）　前掲『大鉄全史』480頁。

費においては他の電鉄と大差はないものの、収入の面では、阪和電鉄を除く他社の三分の一ないし二分の一に過ぎなかったのである(第3-55表)。さらに、同社の同年前半期の運輸状況をみると、こうである。[11]

当期間ノ営業成績ハ経済界ノ不況ニ直面シ沿線ノ各種工場ハ閉鎖セラレ銀行ノ破綻未ダ常態ニ復セズ、特ニ農村ノ不景気ハ深刻ヲ極メ居リ之等ノ影響ヲ蒙リ貨客移動ノ減退ヲ見タリ、営業収入ニ於テ前年同期ニ比シ六分七厘ノ減少ヲ示シ比較的軽微ナルヲ得タルハ野球試合其ノ他ノ催物等ノ良績ニ依ルモノナリ、又貨車収入ニ於テ五割四分九厘ノ激減ヲ見タルハ前記経済界ノ不況ニ加ヘ貨物自動車ノ急激ナル進出ニ伴ヒ貨物ノ減退ヲ来タシタルニ依ルモノナリ

この後、森平蔵社長の下で負債整理に手をつけられ、さらに一九三二(昭和七)年一〇月元鉄道官僚、大阪市電気局長等を歴任した佐竹三吾が社長に迎えられ、㈠負債の整理、㈡事務の刷新、㈢サーヴィスの改善、㈣運賃の低減、㈤沿線の開発の五重要項目を掲げ、大鉄更生の道が模索されることになる。[12] その後の推移は、本書の課題を越えるものであるし、また『大鉄全史』に詳しいので省略し、ここでは戦時陸運統制の立場から、一九四三(昭和一八)年二月一日同社と関係の深かった関西急行鉄道に合併され、解散した事実を指摘するにとどめておきたい。当期の大軌の営業状況は、「前期ニ引続キ一般旅客ノ利用増加ト運賃改正ノ影響ヲ受ケ相当良好ナル成績ヲ挙ゲ得タリ、即チ乗車人員総数九千五十五万三千余人、此ノ収入総額金弐千四拾四万五千余円ニシテ之ヲ前年同期(昭和十七年二月一日以降ノ大阪鉄道ノ実績ヲ加算シタルモノ)ニ比スレバ人員ニ於テ約二割、収入ニ於テ約三割八分ヲ増加セリ」[13]と報ぜられた。

**第3-55表　大阪近郊の電鉄比較表**
(1931年度鉄道省監督局調査)

| 社　名 | 一日一粁当り収入 | 百分比 | 一粁当り建設費 | 百分比 |
|---|---|---|---|---|
| | 円 | | 円 | |
| 阪　神 | 240.08 | 307 | 396,000 | 102 |
| 阪　急 | 239.39 | 307 | 282,000 | 72 |
| 京　阪 | 196.05 | 251 | 374,000 | 96 |
| 大　軌 | 182.35 | 233 | 389,000 | 100 |
| 南　海 | 159.92 | 205 | 300,000 | 77 |
| 大　鉄 | 77.96 | 100 | 387,000 | 100 |
| 阪　和 | 68.04 | 87 | 408,000 | 105 |

(備考)　同前，148—149頁。

## 2　大阪鉄道の兼営事業と従業員の状態

以上、大阪鉄道時代の動向を瞥見してきたが、従業員の状況や兼営事業等にも目を移そう。まず最初の道明寺・布忍間電化にあたり、電動客車および付属機械は、高田商会を介して米国ウェスチングハウスその他と購入契約を締結している。[14] 運輸状況では、貨車収入の伸びが目立つ。「砂利土砂ノ運輸盛況ナリシト新線工事材料ノ輸送多カリシトニ因ル」[15]というが、路線の延長と貨物輸送の施設整備に伴い、この部門はかなり増加していく。もっとも、その後「阪和電鉄の材料運搬等により相当収入があったが」[16]、阪和電鉄の開通後は貨車収入は著しく減少してしまう。

大阪鉄道は蒸気鉄道から電気鉄道に転換したことによって、他の電鉄並みに沿線開発等兼営事業にも力を入れることになる。この部門は、大正末年から昭和初期にかけて著しく増大するが、これに伴い、兼営事業の収支も別途に計算することにしている。一九二八（昭和三）年度下半期において、「諸兼営事業への総投資高は約三百八十万円の多額に達し、これより生ずる兼営事業純益は同期中（半年間）約八万五千円」[17]となった。ただ、投資高に対する兼営事業益の利回りは決して高いものではなかった。

以下、そのいくつかの動向をみると、大阪への延長線完成を期して、一九二二（大正一一）年新設の天王寺事務所に新たに住宅係を設け、土地住宅経営を開始している。沿線の土地買収を行い、田園住宅地としての諸設備を施し、一九二四（大正一三）年末から昭和初期にかけて分譲が開始された。社史には、主なものとして、まず矢田経営地（中河内郡矢田村、土地一万六四六四坪）、恵我之荘経営地（南河内郡高鷲村、土地一万九四二八坪）、白鳥園経営地（南河内郡古市町、土地四万七八三三坪）、藤井寺経営地（南河内郡藤井寺町、土地一〇万八六六二坪）の概要が紹介されているが[18]、初期の状況を営業報告書によってみると、「南河内郡高鷲村大字西川経営地ニ於テ住宅建築ヲ開始セシニ当初ノ二十九戸ハ忽チ売却契約済トナリ、別ニ希望建築申込ヲ受ケタルモノ三十九戸ニ及ビ内既ニ二十戸ハ竣成セリ」[19]とある。右のうち、白鳥園経営地は、一九二五（大正一四）年三月沿線の古市町にて、町の有力者によって資本金五〇万円で設立された白鳥園住宅株式会社に端を発する。会社設立にあたり、大鉄と協力関係にあったことは、多少前述したところである。一九二九（昭和四）年末には、大鉄の直営地となった。藤井寺経営地には、藤井寺球場、藤井寺教材団等の施設も設置され、最大の規模を誇った。

さらに、土地住宅経営に関連し、一九二六（大正一五）年四月阿倍野橋南に面積一六二坪の平屋建家屋を建て、ここに四一にものぼる各種店舗を集め、「大鉄アーケード」を開設した。その他、遊園・温泉・食堂・自動車運輸事業等にも乗り出したが、乗合自動車による運輸事業は、鉄道の培養線としてある程度の成果をあげたといえよう。一九二七（昭和二）年六月、沿線の乗合自動車営業の免許を受け、翌年五月河内松原駅より北方東瓜破村および南方岡村に至る約四キロの第一号路線を開始したが、やがて大阪市内戎橋に本社を置く浪華自動車株式会社を買収、経営を委託して傍系事業とした。[20]

以上の兼営ならびに傍系事業は、大鉄更生の旗手佐竹三吾の下で拡充されていくが、その一つに「大鉄百貨店」の建設があげられる。電鉄会社のターミナル・デパートはすでに阪急に先例をみることができるが、大鉄の場合、大鉄アーケードの系譜を引くものの、いわゆる整理・更生の途上にあったため、資本金五〇〇万円の別会社として、一九三四（昭和九）年七月に発足させている。この前後には、「沿線開発並ニ乗客誘致ノタメ」多年懸案の運賃値下げを実施したことも注目される。すなわち、「四月一日（一九三三年―筆者注）ヨリ普通、定期、回数等旅客運賃ノ全般ニ亘リ大値下ケヲ断行セリ即チ普通運賃ノ基本率ニ於テハ最低二割最高二割八分ノ値下ケヲナシ定期、回数運賃モ亦之ニ準スル値下ヲナセリ、従来当社ノ旅客運賃ハ大阪ニ於ケル他ノ郊外電鉄ニ比シ最モ高率ナリシモ、右値下ニ依リ漸ク此非難ヲ緩和スルコトヲ得ルニ至リタル為メ、将来ノ沿線開発ニ対シ相当進展ヲ看ルベクソノ反映トシテ値下ケヲ実施後運輸収入ハ予想外ニ良好ノ成績ヲ収ムルコトヲ得タリ[21]」と。

一九三四（昭和九）年八月から、汐ノ宮温泉の営業は、汐ノ宮温泉興業株式会社へ経営を移しているし、[22]大鉄百貨店は、一九三七（昭和一二）年七月一部営業を開始し、翌年一〇月全店開業した。当時の営業概況をみると、つぎのように世相を反映した興味深い報告をしている。[23]

当期ノ運輸営業ハ支那事変ノ影響ヲ相当蒙ルモノト予想サレタルモ幸ニシテ予期以上好成績ヲ収メ得タリ、即チ前半期ニ於ケル遊覧客ハ事変ノ影響ニ因リ著シク減少シタルモ国民精神総動員強調ノ為メ後半期ニ於テ橿原神宮、楠公遺跡、皇陵巡拝ノ団体及ビハイキング客ノ激増並ニ大鉄百貨店ノ全店開業及大鉄ニュース会館ノ開業ニ因リ普通客ノ増加更ニ又沿線ノ発達、軍需工業ノ飛躍的発展等ニヨル沿線ヨリノ定期客ノ激増等相俟テ成績ノ好調ヲ促シ、客車収入ニ於テ九万四千九百余円（一割八厘）ノ増収ヲ示シタリ

なお、大鉄百貨店では女店員養成の目的をもって、一九三五（昭和一〇）年四月沿線矢田に城南女子商業専修学校（二か年制の乙種実業学校）を開校させている。佐竹三吾大鉄社長の方針によるものであるが、その卒業生は自ら大鉄百貨店に採用されることになり、異色ある女店員養成方法として、世人の注目をひいた。[24]

もう少し大鉄の推移をみておこう。前述の自動車運輸事業は、一九三一（昭和六）年（一九三三年実施）自動車交通事業法[25]が公布されたことによってさきの浪華自動車を解散させ、改めて乗合自動車および自動車営業の一切を大鉄の直営事業とした。電鉄会社としては、定期乗合自動車（バス）が中心であることはいうまでもないが、この前後、㈠松原・平野・藤井寺間（一五キロメートル）、㈡松原・黒山間（三・三キロメートル）、㈢古市・堺東間（一二・三キロメートル）の既存定期路線に加えて、一九三四（昭和九）年一一月には、南海滝谷駅・滝谷不動・南妣庵前間（約八キロメートル）を買収、一九三七（昭和一二）年一月には富田林・千早村間（一四キロメートル）の路線を営業していた金剛バスを傘下に収めるに至った。さらに、同年一二月には南和電鉄の新線延長計画に関連して、御所町駅を中心として東西南北に営業路線をもっていた大和自動車を買収した。かくて、同年末の直営の自動車運輸事業は河内平野から大和

**第3-56表　大阪鉄道の人員構成**

| 年次＼職名 | 支配人(又ハ副支配人) | 技師長 | 技師顧問 | 主事 | 技師 | 書記 | 技手 | 書記補 | 技手補 | 雇 | 傭 | 嘱託 | 合計人 |
|---|---|---|---|---|---|---|---|---|---|---|---|---|---|
| 1921年9月 | 1 | | | | 4 | 17 | 11 | 4 | | 52 | 74 | 1 | 164 |
| 22 〃 | 1 | 1 | | 1 | 4 | 25 | 19 | 5 | 2 | 56 | 117 | 1 | 232 |
| 23 〃 | 1 | 1 | | 1 | 3 | 28 | 29 | 4 | | 133 | 254 | 2 | 456 |
| 24 〃 | 1 | 1 | | 1 | 2 | 21 | 14 | 11 | 4 | 135 | 173 | 2 | 365 |
| 25 〃 | 1 | 1 | | 1 | 2 | 22 | 14 | 13 | 5 | 124 | 209 | 1 | 393 |
| 26 〃 | 1 | 1 | | 1 | 6 | 36 | 18 | 14 | 6 | 87 | 174 | 6 | 350 |
| 27 〃 | 1 | 1 | 1 | 5 | 5 | 52 | 35 | | | 155 | 279 | 8 | 542 |
| 28 〃 | 1 | 1 | 1 | 5 | 4 | 65 | 62 | | | 246 | 432 | | 817 |

（備考）　同前，413頁。

路へと拡がり、路線総延長六三キロ、車輛数乗合自動車二三一、貸切乗用車二を有し、大鉄のバス・ブロックを形成するに至った。これに投じた資金は、七万六〇〇〇円余に達したという。[26] しかし、この部門は戦時体制に突入とともに、「ガソリン消費統制ノ為メ運転回数ノ減少ト一部路線ノ運転休止ノ止ムナキニ至リ」[27]、また「時局ヲ反映シ遊覧的貸切自動車ノ需要ノ減少ニ因リ」[28]打撃を受けた。さらに、ガソリン消費規制が漸次強化されていく過程で、「極力代燃車ニ転換シ」[29]ていったのである。

ところで、時局下の電鉄経営はどうかといえば、前掲第3-54表のとおり、一応再興期を迎えたとみられよう。たとえば、一九三九（昭和一四）年前期末には「電力節約ノ影響」[30]を多少受けたが、翌年には「紀元二千六百年ニ際会シ乗客激増シタル、前年同期ニ比シ相当ノ減収ヲ予期シタルニ拘ラズ沿線ノ発展ニ基ク普通及定期乗客ノ増加並ニ国民保健運動ニ因ル郊外進出ニ依リ意外ノ好結果ヲ示シ、前年同期ニ比シ反テ幾分ノ増収ヲ見ルヲ得タリ」[31]という。

終わりに、大鉄従業員の状況をみておこう。前述のように、河陽鉄道から河南鉄道への改組時の職制は、支配人の下に庶務、会計、運輸、技術の四課を置き、駅には三、四名の駅員を配置する程度であり、乗務員を含め五〇名内外であったという。その後職制を整備し、従業員も増加、大鉄改称当時は約一〇〇名内外となるが、別の箇所でも述べたように、その労働力形成の型は、「殆んど凡て沿線近在の出身者で……恰も社内一家の気風」を伝統的精神としてきたのである。[32] だから、同社の場合、協調的精神が強く、労資の対立は比較的少なかったといえよう。一九二一（大正一〇）年以降の同社の人員構成は、第3-56表のとおりである。

ただ、一九二四（大正一三）年夏の関西電鉄労働界における一連の大争議は、大阪鉄道へも飛び火している。すなわち、待遇改善を要求し、罷業に突入した阪神電鉄談笑倶楽部（一九二二〈大正一一〉年）の動きを先駆とし、大阪市電従業員の高野山籠城ストを頂点に、賃金引き上げ、手当増額、労働時間短縮など労働条件の改善、生活の安定に関する要求を嘆願するものが続出したのだが、大鉄乗務員でも同年六月二八日より種々協議を重ね、三〇日午前一時沿線の中河内郡布忍村西除倶楽部に集合し、嘆願書提出を決議した。同日午前九時運転手らの代表者六名が本社支配人を訪れ、七月一日正午までに回答を求める旨を述べ、三六項目にわたる嘆願書を提出した。主な内容は、つぎのとおりである。[33]

一、今回の事件に対し絶対に犠牲者を出さぬこと
一、月給を二割増給すること
一、月賞与を本給に繰入れること
一、半期賞は出勤日数の三分の一以上支給すること
一、最低五銭以上の割にて年二回定期昇給を制定すること
一、一週一日の公休を与ふること
一、一哩一厘五毛の哩手当を支給すること
一、見習手当弁当料を値上すること
一、義務年限二年を一年とすること
一、一ヶ月五円の住宅補助料を支給すること
一、退職手当を左の如く支給すること

一年未満一百円、二年未満二百円、三年未満三百五十円、四年未満五百円、五年未満六百五十円、以上一ケ年を増す毎に百五十円を加給すること

代表六名は、七月一日正午会社で野田広三郎をはじめ専務、支配人、運輸課長と会見し、回答を求めたが、会社側は一人分三〇円余も多く支払うことはあまりに重大事だとして、一〇日まで回答延期の姿勢をとり、物別れとなった。この結果、全乗務員中二名を除く五六名は、従業員大会を開き協議の末、「十日の嘆願回答日まで謹慎する」ことを決議し、[34]二日初発より同盟罷業に突入したのである。社史によると、「運転手、車掌等二十余名は、無届欠勤をなして争議の口火を切った」[35]とある。

会社側は、車庫主任、監督等の非常召集を行い、乗務員の配置をして、運転回数を減少させたものの電車運転を継続した。罷業勃発するや所轄の富田林警察署では、非番巡査を召集し、私服巡査二名を各電車に乗車させ、また各駅には正服二名を配して駅構内の混雑整理と警戒にあたったという。罷業団の本部は、布忍村に置き、「アイスクリーム其他荒物雑貨行商隊を組織し制服制帽で中河内郡の各村や堺方面に四日より行商に出掛けることになったが」、会社側は五日までに就業せねば処分すると言明した。この間、会社側は一日より募集した乗務員志願者四〇名の試験を行い、罷業員の復職なきときはこれを採用するとしている。五日正后の回答期までに、五六名中二名が復職を申し出、五四名には解雇通知が発送された。のち一〇名は復職が認められたらしい。よくわからない面もあるが、どうやら三四名(?)が解雇されたという。罷業日数は一〇日間で、労働者側の惨敗に終わり、一一日から平常通りの運転に復した。[36]

さらに、戦前昭和期の状況をみよう。職員、従業員数は八五一人を数えた一九二九（昭和四）年以後、会社の窮迫とともに漸減して、一九三二（昭和七）年末より一九三三（昭和八）年初めにかけては六五〇人前後となっていた。整理開始後は、運転キロ数の増加、阿倍野橋・橿原神宮両駅の改築、変電所新設等諸設備の拡張、その他兼営事業の拡充等に伴い、一九三五（昭和一〇）年には約七〇〇人、一九三八（昭和一三）年には約八五〇人、一九三九（昭和一四）年には九

**第3-57表　大阪鉄道と他社との人員・給料比較**（1935年9月末）

| 社　名 | 人　員 | 給料月額 | 平均月額 |
|---|---|---|---|
| | 人 | 円 | 円 |
| 大阪鉄道 | 743 | 32,676.70 | 43.90 |
| 京阪電鉄 | 2,897 | 217,057.07 | 74.90 |
| 阪和電鉄 | 814 | 37,871.10 | 46.50 |
| 新阪堺電鉄 | 141 | 6,176.00 | 43.80 |

（備考）同前，208頁。

**第3-58表　大阪鉄道の職階別給料表**（1934年9月末）

| 摘　要 | 人　員 | 給　料　額 | 一人当り平均月額 |
|---|---|---|---|
| | 人 | 円 | 円 |
| 部課長 | 3 | 650 | 216.67 |
| 職　員 | 83 | 6,465 | 77.89 |
| 雇傭員 | 624 | 24,670 | 39.54 |
| 合　計 | 710 | 31,785 | 44.77 |

（備考）同前。ただし，一人当り平均月額は，筆者が算出した。

六〇余人と逓増し、整理完了後の一九四〇（昭和一五）年には一一六〇余人となる。この増加数は、主として現業従事員の増加によるものであるが、整理途上における経費節約方針に貫かれていたことも注目される。(37)

すなわち、一九三二（昭和七）年一一月職制の改正を断行し、これによって従来の支配人、秘書役以下五課制は支配人以下三課制としている。つまり庶務および経理の二課を廃して新たに総務課を置き、また電気および工務の両課を合わせて技術課を設けたのである。これと同時に、停年制を定めており、以上の結果、技師三名、主事二名、駅長五名、嘱託一名および傭二名の計一三名が退職したという。さらに、一九三四（昭和九）年七月以降、支配人の補充も行われなかった。(38) 要するに、事務簡素化、人件費節約により難局を切り抜けようとしたわけだが、とくに給与水準の低さは同業他社との比較においても明らかである（第3-57表）。しかも、それは圧倒的多数を占める雇傭員層に押しつけられていたとみてさしつかえあるまいと思われる（第3-58表）。

確かに、この点は、社史をして「元来当社の従業員は沿線農村の出身者が多く、其給与は以前より他社に比して若干低かったのであるが、其上に此節減方針が採られたのであるから、他社の給与水準との差は一層大となったに相違ない。而も整理期に入った当初の二、三年間は、其給与も支払日に正確に渡らなかったことも一再ではない……当時他の電鉄の従業員から、『大鉄の者は皆えゝとこのぼんちばっかりや』と云ふ冷語が聞かれたと云ふ話も、全く根拠のないことではない(39)」といわしめたほどである。給与の低水準は、整理が軌道に乗り、会社更生の見通しがついた後もなお継続され、平均給与がほぼ他社の水準と同額に引き上げられたのは、一九四一（昭和一六）年一一月のことであったという。

（1）「協定書謄本」（前掲鉄道院文書「大阪鉄道〈元河南鉄道〉」）。
（2）「契約書」（同右）。
（3）前掲『株主協会時報』一九二六年一月号、二六頁。
（4）南大阪電気鉄道（資本金三〇万円）について述べておくと、同社は一九二〇年三月大阪府堺市より奈良県北葛城郡高田町に至る鉄道敷設免許を得て、その後高田桜井線、浅香山支線、埴生天王寺線等総延長三七哩余の鉄道敷設免許を得た。しかし、第一次大戦後の不況、さらに関東大震災の余波等を受け、工事着手に至らず、大阪鉄道に合併されることになったのである。同社の「株主総会議事録要領書」は、「本会社ハ曩ニ大正拾五年弐月弐拾参日ノ株主総会ノ決議ニ基キ、本社免許線中古市以東約拾九哩ヲ大阪鉄道株式会社ニ譲渡シ、古市以西堺市ニ至ル区間ノ建設ヲ急施セントシタルモ、右ノ一部譲渡ハ鉄道省ノ許可ヲ得ル能ハス、依テ止ムヲ得ス同局ノ指示ニ従ヒ会社合併ヲ断行スルモノナリ」と記している。

他方合併申請に添付された「南大阪電鉄会計検査概要」は、同社の問題点を、つぎのように指摘している（前掲鉄道院文書）。

一、第一回払込ノ欠陥
第一回払込金拾万円中弐万五千円ハ現実ノ払込ヲ為サス別途預金ノ名目ヲ以テセリ……東海信託カ弐万五千円ノ犠牲ヲ払フヘキ理由存セサレハナリ
二、増資ノ不成功
大正十年八月四百万円ノ増資ヲ行ヒタルカ新株八万株中引受アリタルハ三千株余株ニ止リ、七万六千余株ハ不消化ニ終リ、形式上東海信託ノ引受ニ帰シタルモ実質ハ幽霊株タルニ了リタリ、二十分一ニモ充タサル引受ヲ以テ増資ヲ強行シタルハ不当モ亦甚シ
三、新株募集費
前項増資ハ無比ノ失敗ニ帰シタルニ拘ラス其ノ募集広告及印刷費六千円竝募集手数料一株当七拾銭ノ割合ニテ、合計六万壱千余円ヲ東海信託ニ交付シタリ、広告印刷費ハ別トシ東海信託自身ノ背負込株七万六千余株ニ対シテモ七拾銭ノ手数料ヲ交付セルハ資本充実ノ原則ニ反スル不当ノ支出ナリ
四、東海信託ニ対スル融資
十五銀行其他確実ナル銀行ニ保有シタル預金ヲ引出シ東海信託ニ預託シタル額ハ幾十回ニ亘リ十数万円ニ達ス、利鞘ニ於テ

利スル処アリト云フモ社会的ニ無信用ニテ一部重役薬籠中ノ小会社ニ資金ヲ融通スルハ失当ナリ

五、功労金

桜井線、天王寺線ノ敷設免許ニ関シ、功労金壱万三千円ヲ支出シタルカ、内四千五百円ハ十五銀行預金引出ニテ使途不明、八千五百円ハ東海信託ニ交付シタルモノナリ、旅費雑費等ニ充当シタルモノナリト云ヘルモ其支出ハ他ニ相当額アリ、重役手盛ノ功労金ヲ含ムモノナラサルカ、何レニセヨ不当支出タルヲ免レス

六、資産ノ内容

会社財産参拾四万五千円（十五年三月末）中預金及現金七千百余円、本社敷地建物六千百余円ハ確実ナリ、堺、南高田間、天王寺線、桜井線及浅香山線建設費計拾壱万四千余円ハ元弐拾四万余円ナリシヲ消却シタル残額ニテ測量費及総係費ニテ実質的価値ハ今後事業ノ成否ニ繋ル、又土地内払及仮出金七万六千余円土地買収権拾参万九千余円計弐拾壱万五千余円ハ浅香山及埴生野土地経営ノモノニテ何レモ鉄道開通ノ後ニ於テ初メテ其価格ヲ認メ得ルコトアルヘキニ過キス、殊ニ土地買収権拾参万九千余円ハ株式募集手数料、功労金、東海信託預託金利子未収等ヲ消却シタル欠陥ヲ補ヒ「バランス」ヲ保ツタメ計量シタル数額ニ由来シ、本来資産ニ計上スヘキモノニアラス即チ本鉄道ノ資産状態ハ不堅実ナルモノト認メラル（中略）

上記検査ノ結果ニ依レハ、紀志専務ノ経営振ハ始終真摯ナル態度ヲ認メ難ク、南大阪ト共ニ東海商事ヲ創立シ之ヲ傀儡トシテ縦横ノ様略ヲ弄シタルノ跡歴然タルモノアリ、司法方出身ノコトトテ契約書其他証拠書類ニ就テハ流石ニ間然トスル処ナル所アレトモ小手先ノ器用サニ止リ、之ヲ概観シテ作為ノ跡随所ニ指摘セラルルナリ……

(5) 青木栄一、前掲論文「日本の鉄道・京阪神圏（大阪近郊）の鉄道網のあゆみ」Ⅰ大阪東郊・奈良県、一〇一頁。
(6) 前掲『株主協会時報』一九二八年一一月号、四七頁。
(7) 前掲『大鉄全史』一三四―一三六頁。
(8) 「大阪鉄道株式会社第四十七回報告書」（一九二二年上半期）。
(9) 前掲『大鉄全史』四七三頁。
(10) 同右、一四一頁。
(11) 「大阪鉄道株式会社第六十五回報告書」（一九三一年前半期）。
(12) 前掲『大鉄全史』一六九頁。
(13) 「関西急行鉄道株式会社第六十五回報告書」（一九四三年三月）。

(14)　前掲「大阪鉄道株式会社第四十七回報告書」。
(15)　「大阪鉄道株式会社第五十二回報告書」(一九二四年後半期)。
(16)　前掲『株主協会時報』一九二九年一〇月号、一九頁。
(17)　前掲『大鉄全史』一一九頁。
(18)　同右、一二一―一二二頁。
(19)　「大阪鉄道株式会社第五十三回報告書」(一九二五年前半期)。
(20)　兼営事業の拡充は、前掲『大鉄全史』一〇八頁以下、二三〇頁以下に詳しい。
(21)　「大阪鉄道株式会社第六十九回報告書」(一九三三年前半期)。
(22)　「大阪鉄道株式会社第七十一回報告書」(一九三四年前半期)。
(23)　「大阪鉄道株式会社第七十八回報告書」(一九三七年後半期)。
大軌でも、一九三六年七月一日に本館地階および一階に食料品部を開業、九月二五日に呉服、雑貨および食堂の各部を加えて全館一斉開業している。百貨店開業に伴い、百貨店勘定を新設した(「大阪電気軌道株式会社第五拾弐回報告書」一九三六年九月)。開業後の景況は、つぎのとおりである。
一、全店開業以来日猶浅キニ拘ラズ良品廉売ニ努メタルト沿線顧客ノ増加ニ伴ヒ業績順調ニ進ミ所期ノ成績ヲ収メタリ(「同右第五十四回報告書」一九三七年九月)。
一、本期ハ百貨店法ノ実施ニ伴ヒ営業時間短縮ノ影響ヲ蒙リタルモ良品廉売竝ニ沿線顧客ノ漸増等ニ因リ相当ノ成績ヲ収メタリ(「同右第五十五回報告書」一九三八年三月)。
一、支那事変ニ伴フ物資及価格統制ノ強化竝ニ百貨店組合営業統制規程ノ実施等経営上種々ノ制限ヲ受ケタルモ幸ニ順調ナル成績ヲ収メ得タリ(「同右第五十七回報告書」一九三九年三月)。
一、時局下統制ノ強化ト物資需給ノ不円滑ニ因リ業績ノ振ハザリシハ遺憾ナリ(「同右第六十一回報告書」一九四一年三月)。
一、戦時体制ノ進展ニ伴ヒ諸般ノ統制益々強化セラレタル為予期ノ業績ヲ挙ゲ得ザリシハ遺憾ナリ(「同右第六十二回報告書」一九四一年九月)。
(24)　前掲『大鉄全史』二三五頁。
(25)　対象地域は違うが、自動車運輸事業の推移を扱った拙稿に、「生誕期和歌山県下の自動車運輸事業――白浜温泉自動車を中心として——」（前掲『交通史研究』第七号、一九八二年）、「和歌山県域におけるバス事業の成立——和歌山地方の動向をめぐって——」（森杉夫先生退官記念会編『政治経済の史的研究』巌南堂書店、一九八三年）がある。
(26) 前掲『大鉄全史』二五一—二五二頁。
(27) 「大阪鉄道株式会社第七十九回報告書」（一九三八年前半期）。
(28) 「大阪鉄道株式会社第八十回報告書」（一九三八年後半期）。
(29) 「大阪鉄道株式会社第八十六回報告書」（一九四一年後半期）。
(30) 「大阪鉄道株式会社第八十一回報告書」（一九三九年前半期）。
(31) 「大阪鉄道株式会社第八十五回報告書」（一九四一年前半期）。
(32) 前掲『大鉄全史』六三頁。
(33) 桑田次郎、前掲『電車ストライキ』増補版三〇五—三〇六頁。
(34) 同右、三〇六頁。
(35) 前掲『大鉄全史』一三二頁。
(36) 桑田次郎、前掲『電車ストライキ』増補版二三頁および三〇七—三〇八頁。
(37) 前掲『大鉄全史』三〇三—三〇四頁。
(38) 同右、二〇七頁。
(39) 同右、二〇九頁。

# あとがき──むすびにかえて──

本書は、主として日本資本主義の発展過程における鉄道建設の実態を、地域に視点を置き、若干の個別研究を試みたところに特徴があろう。「地方中小鉄道の興亡」というテーマが底流にあるといってよい。そこで取り上げたことは、マイナーなものではあるが、それをテコにトータルな把握を深めようという社会史的発想に立つものである。不十分ながら、ある程度、新事実をつきとめることができたといえよう。ただ、資料的制約もあって、かなり精粗が出たし、全体の構成にも問題がないわけではない。たとえば、南海を除く関西主要電鉄の成立過程は、きわめて概括的であり、電鉄経営と労働問題という形で、後日改めて取り上げることにしたいと思う。同様に、大阪市電の成立過程を割愛せざるを得なかったことは残念である。この点も、大正後期から昭和初期にかけての国鉄労働問題とならんで、別の形で体系化をはかりたいと思う。その際、都市交通の変貌、すなわち人力車、巡航船、市電、バスとの競合や交通労働問題についても一定の展望を加えることになろう。

さらに、地方鉄道網形成史についても、本書の寄与し得る範囲は、きわめて限られたものであろう。地域別の鉄道史が、ぼつぼつ公刊されはじめている研究史の現状からも、鉄道建設と地域社会に視点を置きながら、追究すべき課題は決して少なくないのである。たとえば、若干の蓄積がある和歌山県域の場合をみると、紀勢線の建設過程やそれとの関連で創設されることになった御坊臨港鉄道などの事例は、まさに政党の基盤と鉄道建設の係り方を典型的に示しているといえよう。(1) また、軽便鉄道網の拡大や海運・自動車交通の推移などとの関連も重要な課題となろう。

いずれにせよ、序説で述べたような視点から、全体の鉄道史を再構成するための事例研究を意図しているわけであるが、残された課題はきわめて多いといわざるを得ないであろう。また、戦時交通統制についての展望も不可欠であろう。かなり課題が大きいため、随分と時間がかかるであろうが、ささやかな積み重ねを続けていきたいと思う。

以上、若干の弁解なり、将来の構想について述べたが、多くの方々から受けた学恩に比べて、本書の成果は小さく、あまりにも実証的であり過ぎるかもしれない。ただ、実証上の空白部分を多少とも埋めることができ、関係者にいささか裨益する部分があれば、筆者としては望外の幸せである。終わりに、本書刊行の基因をつくってくれた関係各位に重ねてお礼申し上げる次第である。

(1) この点については、さしあたり、前掲拙稿「紀勢線の敷設問題とその周辺」および以下の論稿を参照されたい。

一、「地域社会と鉄道建設――御坊臨港鉄道の場合――」(大阪府立大学『歴史研究』第二二号、一九八二年)。

一、「地域社会における鉄道建設小史――御坊臨港鉄道創設関係資料の紹介――」(前掲『近畿大学短大論集』第一五巻第一号、一九八二年)。

一、「地域社会における鉄道誘致運動の展開――紀勢西線御坊延長をめぐって――」(前掲『交通史研究』第九号、一九八三年)。

都市近郊鉄道の史的展開(オンデマンド版)

2003年3月10日　発行

著　者　　武知　京三
発行者　　栗原　哲也
発行所　　株式会社　日本経済評論社
〒101-0051　東京都千代田区神田神保町3-2
電話　03-3230-1661　FAX　03-3265-2993
E-mail: nikkeihy@js7.so-net.ne.jp
URL: http://www.nikkeihyo.co.jp/
印刷・製本　株式会社　デジタル パブリッシング サービス
URL: http://www.d-pub.co.jp/

AB200

乱丁落丁はお取替えいたします。　Printed in Japan

ISBN4-8188-1606-X

〔著者略歴〕

**武知京三**（たけち・きょうぞう）
1940年　中国東北部に生まれる。
1970年　大阪府立大学大学院経済学研究科博士課程単位取得。
現　在　近畿大学商経学部教授。
著　書　『近代中小企業構造の基礎的研究』（雄山閣出版，1977年）
　　　　『明治前期輸送史の基礎的研究』（雄山閣出版，1978年）
　　　　『日本の鉄道』（共著，日本経済評論社，1986年）

**都市近郊鉄道の史的展開**

1986年7月5日　第1刷発行©

著　者　武　知　京　三
発行者　栗　原　哲　也

発行所　株式会社　日本経済評論社
〒101 東京都千代田区神田神保町3-2
電話03-230-1661　振替東京3-157198

乱丁落丁本はお取替え致します。　　奥田印刷・山本製本
ISBN4-8188-0106-2

# 索　　引

## 事　項　索　引

### 〈ア行〉



### 〈カ行〉

〈サ行〉

〈タ行〉

〈ナ行〉

### 〈ハ行〉

〈マ行〉



〈ヤ行〉



〈ラ行〉



〈ワ行〉



## 人 名 索 引

〈ア行〉

〈カ行〉

〈サ行〉



〈タ行〉

〈ヤ行〉



〈ラ行〉



〈ワ行〉